George   Neumond – Zeit der Erneuerung

Demetra George

NEUMOND –
Zeit der Erneuerung

Das Wissen der Dunklen Göttin

Die Originalausgabe erschien unter dem Titel
Dark Moon
bei HarperSanFrancisco, einer Tochter von HarperCollins Publishers, Inc.
© Demetra George 1992
© der Illustrationen: Gracie Campbell (S. 115, 119, 123, 126, 129, 134, 149, 165, 216),
Clyde H. Breitwieser (S. 13, 18, 21f., 30f., 36, 66f., 69f., 72, 74f., 91f., 95, 187–189),
Nancy Bright (S. 7), JAF (S. 9), Rohmana D'Arezzo Harris (S. 109),
Terrence Stark (S. 185)

Die Deutsche Bibliothek – CIP-Einheitsaufnahme
George, Demetra:
Neumond – Zeit der Erneuerung : das Wissen der dunklen Göttin /
Demetra George. [aus dem Amerikan. von Marita Böhm und
Susanne Kahn-Ackermann]. – München : Sphinx, 2000
(Sphinx)
ISBN 3-89631-249-9

© der deutschen Ausgabe Heinrich Hugendubel Verlag,
München 2000
Alle Rechte vorbehalten

Lektorat: Claudia Göbel
Umschlaggestaltung: Zembsch' Werkstatt, München,
unter Verwendung eines Motivs von Premium, Düsseldorf
Produktion: Maximiliane Seidl
Layout und Satz: Impressum, München
Druck und Bindung: Spiegel Buch, Ulm
Printed in Germany

ISBN 3-89631-249-9

Inhalt

Danksagung 8

TEIL I: DAS DUNKLE IN NEUEM LICHT BETRACHTET 9

1. Der Dunkle Mond 10
   Der Lunationszyklus 13
   Die Zeiten des Dunklen Mondes in unserem Leben 23
   Wie wir unseren Weg durch das Dunkel finden 28

2. Die Dunkle Göttin – der weibliche Schatten 32
   Die Verehrung der Göttin: Ihre Geschichte und Mythologie 34
   Der Wendepunkt in der Verehrung der Göttin 39
   Die Dunkle Göttin als der weibliche Schatten in der modernen Welt 47
   Heilung des Dunklen 56

**3. Eine lunare Geschichte des Weiblichen – Geburt, Tod
und Wiedergeburt der Göttin** 62
   Werden und Vergehen des Mondes 66
   Werden und Vergehen der Göttin 73
   Präzession, Weltzeitalter und der Niedergang des Weiblichen 91
   Die Dunkelmondphase der Göttin in neuem Licht betrachtet 98

TEIL II: GÖTTINNEN DES DUNKLEN MONDES 109

   Die Wächterinnen des Unbewußten 110
   Die Dunkle Göttin und das Unbewußte 111

4. Nyx, die Göttin der Nacht, und ihre Töchter 114
   Die Töchter der Nacht 117

5. Die schlangenhaarige Königin Medusa 146
   Medusas Geschichte 146
   Die Königin mit den Schlangenhaaren 155

6. Das dunkle Mädchen Lilith 163
   Liliths Geschichte 164
   Lilith als Schatten der weiblichen Sexualität und Freiheit 174

TEIL III: RITEN DER WIEDERGEBURT 185

7. **Die Dunkle Göttin als Muse von Menstruation und Menopause** 186
   Die Dunkle Göttin und die Menstruation 187
   Der lebenslange Zyklus der Blutmysterien einer Frau 199
   Der Archetyp der Dunklen Göttin 209

8. **Die Initiationsmysterien von Demeter und Persephone** 214
   Die Eleusinischen Mysterien 215
   Die Dunkelmond-Mysterien von Mutter und Tochter 229

9. **Die heilende Kraft der lunaren Dunkelheit** 240
   Die Stufen der psychischen Transformation 242
   Der Dunkle Mond und die Heilung der Seele 252

Literatur 265
Register 270

Widmung

Für Sie, die das Boot der silbernen Mondsichel
Durch die stillen dunklen Wasser
Unseres Werdens gleiten läßt.

Danksagung

Meine Liebe und Dankbarkeit gilt Art Fisher, Douglas Bloch, Jim, Michelle, Daniel, Reina Frankfort, Vicky Noble und den Schülerinnen und Schülern des Motherpeace Institute, dem Monday Night Circle, Natasha Kern, Barbara Moulton, Christiane Carruth, Suzette Bell, Yana Murphy, Jane Mara, Sarah Scholfield, Lynn Jeffries, Phil Russell, Tsering Everest, Fred Hesse, Charlie Tabasko, Mary Lou Miller, Rohmana Harris, Spot, Gabby und meinem spirituellen Lehrer Chagdud Tulku Rinpoche.

TEIL I
Das Dunkle in neuem Licht betrachtet

*Die Geschichte, die uns Luna, der Mond, erzählt,
handelt von Geburt, Wachstum, Reife und Fülle, Verfall, Verschwinden
und von Wiedergeburt und neuerlichem Wachstum.*

1. Der Dunkle Mond

O Mondin, deine Hörner weisen nach Osten;
Leuchte, wachse.
O Mondin, deine Hörner weisen nach Westen,
Schwinde, ruhe.
Christina Rossetti

Luna, die Königin der Nacht in all ihrem silbrigen Glanz, streckt die Arme nach uns aus, wenn sie über den dunklen Himmel gleitend ihr Licht ausstrahlt. Jede Nacht erscheint sie in einem anderen Gewand, das uns auf die Geheimnisse verweist, die ihr Schauspiel von sich entfaltendem Licht und Schatten umgeben. Wer ist diese Herrin des Mondes, und welche Gaben schickt sie mit ihrer Leuchtkraft zu den Geschöpfen der Erde hinab? Und was verbirgt sich, wenn sie allmonatlich für einige Tage ganz verschwindet, hinter ihrer dunklen, ihrer geheimnisvollsten Zeit?

Dieses Buch möchte durch die Erforschung der mythischen, psychologischen und spirituellen Symbolik der lunaren Dunkelheit das Geheimnis der rätselhaften dunklen Phase des Mondes enthüllen. Unsere Entdeckungen können uns beim Abbau unserer Ängste vor der Dunkelheit helfen.

Das Wort »Mysterium« kommt aus dem Lateinischen und leitet sich vom griechischen *musterion*, »geheime Riten«, und von *mustes*, dem in die geheimen Riten Eingeweihten, ab. Das Wort »Mond« geht auf die indoeuropäische Wurzelsilbe *me-* zurück und hat in ihren erweiterten Formen und Suffixen wie *men-, men-en-, men-s, men-ot-* die Bedeutung von Monat (einem uralten und universellen, vom Lauf dieses Himmelskörpers bestimmten Zeitmaß). »Dunkel« hat die Mitbedeutung von trübe, unklar oder auch, wie in diesem Fall, von *verborgen*.

In diesem Sinn geht es hier um die geheimen Riten der verborgenen Phase oder »Periode« des Monats: einen spezifischen Aspekt des Lebenszyklus, die dunkle Zeit, hier durch die dunkle Phase des Mondes symbolisiert.

In der Frühzeit wußten die Menschen, daß die Dunkelheit des Mondes die Kraft des Lebens in sich birgt. Doch nach Tausenden von Jahren vergaßen sie diese Wahrheit und begannen die dem abnehmenden und schließlich dunklen Mond innewohnende Kraft zu fürchten. Plutarch schrieb, daß der Mond, wenn er zunimmt, gute Absichten in sich birgt, doch wenn er abnimmt, Krankheit und Tod mit sich bringt. Die Menschen in späterer Zeit betrachteten also die Phasen des zunehmenden Mondlichts als günstig und förderlich, denn mit ihnen verbanden sich Leben und Wachstum. Gegenüber dem abnehmenden und dann dunklen Mond waren sie hingegen ganz anders eingestellt und assoziierten ihn mit Tod, Zerstörung und den Kräften des Bösen.

Der Mond mit seinen zyklischen Phasen des Zunehmens und Abnehmens war den Menschen in alter Zeit ein Symbol für Geburt, Wachstum, Tod und die Erneuerung aller Lebensformen. Sein Rhythmus zeigte sinnfällig das Moment der Schöpfung (im neuen Mond), gefolgt von Wachstum (bis zum Vollmond), und dann eine Minderung und den Tod (in den drei mondlosen Nächten, das heißt im Dunkelmond). Der Religionswissenschaftler Mircea Eliade spricht in seinem Buch *Ewige Bilder und Sinnbilder* davon, daß sich die frühesten menschlichen intuitiven Einsichten über den Wechsel von Leben und Tod sehr wahrscheinlich aus dem Bild des Mondes von ewiger Geburt und Tod speisten; woraus dann auch später der Mythos von der periodischen Erschaffung und Zerstörung der Welt entstand.

Der Mond spiegelt in seinen Wandlungen dieselbe Fluktuation von Zunahme und Abnahme wider, wie sie sich auch im Körper und in der Psyche des Menschen ereignet. Wir erleben in unserem Dasein den Wechsel zwischen Schöpfung und Zerstörung, Wachstum und Verfall, Geburt und Tod, Licht und Dunkel, Bewußtem und Unbewußtem. Unseligerweise wurden wir in unserer Gesellschaft gelehrt, die in der Dunkelheit, dem Verfall, Tod und Unbewußten zur Darstellung kommenden abnehmenden Energien zu fürchten und uns ihnen zu widersetzen. Dadurch ging uns unser Wissen über einen wesentlichen Bestandteil des zyklischen Lebensprozesses verloren, der sich in der dunklen Mondphase symbolhaft ausdrückt.

Sinn und Zweck der dunklen Phase eines jeden Zyklus ist der Übergang zwischen dem Tod des Alten und der Geburt des Neuen. Die dunkle Zeit ist eine Zeit des Rückzugs, der Heilung und des Erträumens der Zukunft. Die Dunkelheit wird von der Lichtdurchlässigkeit erhellt, die der Transformation eigen ist; und in dieser so wesentlichen und notwendigen Phase wird das Leben auf seine Geburt vorbereitet.

Das Dunkel leitet das Licht in gleicher Weise ein wie die Schwangerschaft der Geburt vorausgeht und der Schlaf die Möglichkeit zur Verjüngung und Erfrischung bietet. In der menschlichen Psyche machen wir dunkle Phasen durch, wenn wir in uns gekehrt sind und sich nichts zu ereignen scheint. Doch in der Rückschau merken wir dann oft, daß diese Zeiten des Brachliegens Phasen des Aufkeimens waren, die einem Kreativitäts- und Wachstumsschub vorausgingen.

Ohne Zeiten des Rückzugs, der Ruhe und Erholung von den Anforderungen, die die äußerlichen Aktivitäten des Lebens im bewußten Wachzustand an uns stellen, können Körper und Geist ihren Lebensenergievorrat nicht bewahren. Doch wenn wir das Dunkle und die Dunkelheit richtig verstehen, können wir uns ihren Schutz zunutze machen und in die Magie unserer eigenen speziellen geheimen Riten eintauchen, die zu einer Neubelebung und Auffüllung unserer Lebenskräfte zu führen vermögen.

Unglücklicherweise verbinden wir mit dem Begriff des Dunklen viele verwirrende und negative Assoziationen. Dunkelheit hat die Mitbedeutung von etwas Unbekanntem, Verborgenem, Verstecktem und Bösem. Wir wurden gelehrt, dem Unbekannten zu mißtrauen und es zu fürchten. Die dunkle Phase des Mondzyklus beherbergt alles, was mit dem bloßen Auge nicht gesehen und vom rationalen Verstand nicht erfaßt werden kann. Ihre Inhalte wurden mit dem Etikett »dunkel« versehen, als bedrohlich wahrgenommen und zum Tabu erklärt. Wenn das bewußte Ich die Erfahrungen und Weisheit dieser dunklen Phase ablehnt und leugnet, blähen sich deren Inhalte auf, verkörpern sie unsere schlimmsten Ängste und nehmen im Individuum wie auch in der Gesellschaft die erschreckende Gestalt des dämonischen »Schattens« an. Die Einstellungen der Gesellschaft gegenüber Menschen anderer Hautfarbe, der weiblichen Sexualität, dem Okkulten, dem Unbewußten, den medialen Künsten, den alten Menschen und dem Tod sind allesamt Manifestationen dieser angstbesetzten Projektionen auf den Dunklen Mond.

Unser mangelndes Nachtsichtvermögen brachte es mit sich, daß wir die Dunkelheit als schreckenerregend erfahren. Wenn wir unglücklich sind, sagen wir, daß wir eine dunkle Zeit durchmachen, und assoziieren das Dunkle mit Liebesverlust, Ängsten vor dem Verlassenwerden, Entfremdung, Isolation, Auflösungserscheinungen und Verrücktheit. Es steht als Symbol für unsere Ängste vor dem Altern, vor Krankheit, dem Sterben und dem Tod. Es bedeckt und verbirgt unsere schmerzlichen und schmachvollen geheimen Erinnerungen an Traumata wie Abtreibung, Inzest, Vergewaltigung, sexuellen Mißbrauch, physische Mißhandlung, Eßstörungen, körperliche Fehlfunktionen, Süchte, und hält diese geheimen Ängste tief im Unbewußten begraben.

Da unsere Wahrnehmung von der Dunkelheit mit Bildern von Verlust, Schmerz und Leid angefüllt ist, reagieren wir, wann immer wir eine der vielen dunklen Phasen in unserem Leben durchlaufen, mit Furcht, Panik, Angst, Verwirrung, Depression und Verzweiflung. Oft existiert das, was wir in der Vergangenheit erfahren haben und kannten, gar nicht mehr, und das Künftige ist noch nicht in Erscheinung getreten. Wir fühlen uns in der chaotischen, formlosen Leere des Nichtwissens gefangen. Viele von uns bezeichnen in dem Maß, wie sie die wahre Natur des Dunklen nicht verstehen, solche Zeiten als Depressionsphasen.

Die Mediziner nennen die Depression eine verheerende Krankheit, von der in den Vereinigten Staaten jährlich an die 20 Millionen Menschen betroffen sind. Eine unter dieser Krankheit leidende Person erzählt: »Ich schließe die Augen, ich sehe nichts, und wenn ich die Augen öffne, starre ich nur die Wände an. Ich bin ohne jede Hoffnung. Ich sehe für mich überhaupt keine Zukunft mehr. Gar keine.« Der Psychiater Harold Eist kommentiert: »Es ist eine schreckliche, schmerzvolle Krankheit, die diese Menschen in ihrer Antriebskraft lähmt, ihre Gedanken verwirrt, sie in Hoffnungslosigkeit stürzt, mit Verzweiflung und Selbsthaß erfüllt. Und schließlich ist der Schmerz so groß, daß sie als einzigen Ausweg nur noch ihre Selbstzerstörung sehen. Es gibt sehr wenige Krankheiten, die ein so gravierendes Ausmaß annehmen.«

Den meisten von uns ist nicht klar, daß wir alle viele dunkle Zeiten im Leben durchmachen und es sich dabei um eine sich ganz natürlich ereignende Phase handelt, die jedem Lebenszyklus innewohnt. Wir verstehen nicht, daß ein Ende der

Vorläufer eines Neuanfangs ist; und deshalb wissen wir, wenn uns unsere Lebensrhythmen in und durch diese dunklen Phasen führen, auch nicht, was da eigentlich geschieht. Wir finden uns erstarrt vor Angst oder panisch vor Verzweiflung. Wir befürchten, daß künftig das Chaos, die Ungewißheit und der Schmerz unser Leben bestimmen werden. Und das erzeugt noch mehr Angst und Panik.

Dieses Buch beabsichtigt, einen Blick auf unsere Vorstellungen vom Dunklen zu werfen und hier eine neue Sichtweise zu entwickeln. Es ist zu hoffen, daß die Leserinnen und Leser allmählich verstehen werden, daß die dunkle Phase des zyklischen Prozesses eine Zeit der Heilung und Erneuerung und nicht eine der Angst und des Nichtwissens ist; eine Zeit des Mysteriums, der Weisheit und der Heilkraft – allesamt Gaben der Dunklen Mondgöttin.

Der Lunationszyklus

Unter dem Lunationszyklus wird der Zyklus des Mondes im Verhältnis zur Sonne verstanden. Der Mond vollendet alle 29 Tage seinen Kreislauf um die Erde. Jeden Monat nimmt seine zunächst schmale Sichel zu, wächst sein Licht, bis er sich voll gerundet hat und hell erstrahlt. Dann nehmen seine Gestalt und sein Licht wieder ab bis hin zur dunklen Phase, in der er unsichtbar ist.

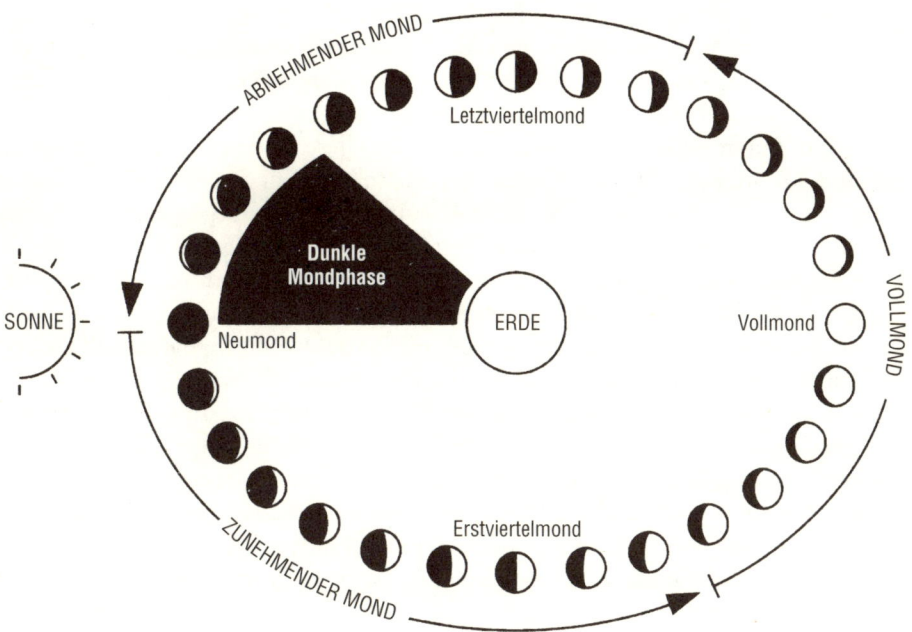

Der Lunationszyklus des Mondes

Das mit ihm verbundene Sagen- und Wissensgut wurde mit dem der Sonne vermengt, denn ohne deren Licht könnten wir den Mond nicht sehen. So müssen wir, um die Geheimnisse seiner Dunkelphase voll und ganz verstehen zu können, erst seine innige Beziehung zur Sonne erforschen.

Sonne und Mond weisen einen Beziehungszyklus auf, den man als Lunationszyklus oder auch als siderischen Mondzyklus bezeichnet. Er beinhaltet den Phasenzyklus des Mondes vom Neumond über den Vollmond bis zum Dunkelmond, in dem sich seine fließende und ständig wechselnde Beziehung zur Sonne von der Erde aus betrachtet abbildet.

Diese Beziehung zwischen Mond und Sonne folgt einem Wellenmuster, bei dem das Licht zunimmt und abnimmt, oder einem Muster der Entfernung und Rückkehr zur Sonne. Jede Nacht zeigt der Mond, indem er das Licht der Sonne in verschiedenem Maße reflektiert, eine andere Facette seines mal leuchtenden, mal verschatteten Gesichts. Er selbst verändert sich nicht, nur sein Licht. Was wir Erdenwesen als Mondphasen sehen, sind in Wirklichkeit Widerspiegelungen seiner wechselnden Beziehung zur Sonne.

Die Sonne und der Mond sind die herausragendsten astronomischen »Himmelskörper« an unserem Himmel. Gemeinsam verkörpern sie das Polaritätsprinzip sowohl in unserer physischen Welt wie in unserer psychischen Natur. In unserem Alltagsleben regulieren ihre wechselnden Rhythmen unsere Tag- und Nachtzyklen. Wie die Sonne über das Tageslicht des Bewußtseins und unsere äußere objektive Welt herrscht, herrscht der Mond über die Nacht des Unbewußten und unser inneres intuitives und instinkthaftes Leben. Die Dunkelheit und das Licht spiegeln unsere empfänglichen und kreativen und unsere kontemplativen und aktiven Phasen wider.

In alten Zeiten personifizierten die Menschen diese beiden Lichter als Sonnengott und Mondgöttin, die als Quelle der männlichen und weiblichen Energien angesehen wurden. Sonne und Mond sind komplementäre Gegensätze. Als in der Vorstellung von einem Gott und einer Göttin verkörpertes männliches und weibliches Prinzip sind sie die polaren Manifestationen derselben undifferenzierten göttlichen Urkraft. Sie entspringen derselben Quelle und kehren zur selben Quelle zurück. Wenn sich diese beiden Polaritäten periodisch vereinen, dargestellt als heilige Hochzeit von Gott und Göttin, erschaffen sie eine mystische Dimension, die als Einssein, Vereinigung, Erleuchtung beschrieben wird. Sind diese beiden Polaritäten periodisch voneinander getrennt, gebären sie symbolisch das Göttliche Kind, die mystische Dimension der manifesten Welt mit all ihren Lebensformen.

Die helles Licht und Wärme ausstrahlende Sonne projiziert ihre feurige kreative Energie nach außen. Der Mond in seiner reflektierenden Art streut in den nächtlichen Stunden des Taus und der Feuchtigkeit dieses Licht auf die Erde und liefert die fruchtbare Matrix, aus der Leben hervorkeimen und wachsen kann. Der Mond, Luna, vermittelt als Muse zwischen Sonne und Erde. Die Erdenwesen können die machtvollen Energien der Sonne nicht direkt in sich aufnehmen, ohne von den

Flammen dieser ständigen Hochspannungsenergie verzehrt zu werden. Der Mond tritt hier für uns dazwischen und verteilt das Licht der Sonne in einem rhythmischen Muster von Zunahme und Abnahme, das wir in den Gezeiten der Ozeane und im Fluß des Menstruationsbluts erleben. So ermöglicht er es den Erdenwesen, das Sonnenlicht nach und nach zu absorbieren und für die Erschaffung unseres organischen und psychischen Lebens zu nutzen.

Sonne und Mond, Sol und Luna, sind keine gegensätzlichen Kräfte in dem Sinn, daß sie miteinander in Konflikt sind und sich unversöhnlich gegenüberstehen. Die ständige Interaktion und wechselseitige Durchdringung der solaren und lunaren Kräfte erschaffen die für die Existenz auf Erden notwendigen Lebensbedingungen. Wir können sehen, wie sie in ihrem Tanz ewig zueinander hin- und dann wieder voneinander wegstreben, nur um wieder, sich in heiliger Hochzeit umarmend, zueinander zurückzukehren. Denken wir daran, wenn wir nun im Verlauf dieses Buches über die Mondzyklen sprechen, daß diese sich in den Mondphasen zeigende Symbolik aus dem Mysterium der Beziehung des Mondes zur Sonne, von Luna zu Sol, entsteht.

In der Frühzeit war das Leben der Menschen sehr stark auf diesen als Mondphasen wahrgenommenen Rhythmus der soli-lunaren Beziehung ausgerichtet. Nacht um Nacht schauten sie zu dieser sich ewig wandelnden silbernen Herrin am Himmel empor, sahen sie ihren Ort, ihre Gestalt, ihre Farbe verändern, sahen sie verschwinden und wieder zum Vorschein kommen. Aus ihrem Schauspiel erahnten die Alten nach und nach die Wahrheiten um das große Mysterium von Leben und Tod. Der Mond wurde zum Symbol für die Themen von Fruchtbarkeit und Geburt, Zeit und Schicksal, Veränderung und Transformation, der Geheimnisse des Unbekannten und von Tod und Wiedergeburt. Er galt als Aufenthaltsort der Verstorbenen, als Lagerhaus für die Saat des Lebens und wurde auch aus diesem Grund als weiblich wahrgenommen.

Die Völker der Frühzeit glaubten, der Mond sei die Kraft, die alles neue Leben befruchtete und kräftigte. Die Paarungszyklen der Tiere und die jahreszeitliche Natur der Ernteproduktion wie auch die menstruellen Zyklen und Schwangerschaften der Frauen standen für das rhythmische Ebben und Fluten seiner Fruchtbarkeitskräfte. Auch waren sie sich seiner Beziehung zu den Gezeiten bewußt. Er galt als Herrscher über die Wasser der Ozeane, der Schoß, aus dem, so wurde gesagt, einst alles Leben hervorging.

Der Mond wurde schon immer mit der Zeit und dem Schicksal in Verbindung gebracht. Die ersten Kalender, die bis 33 000 v. u. Z.* ins Jungpaläolithikum** zurückreichen, waren in Knochen und Elfenbein geritzte Einkerbungssequenzen,

---

* Ich verwende bei Zeitangaben die Formulierungen »v. u. Z.« für »vor unserer Zeitrechnung« bzw. »u. Z.« für »unserer Zeitrechnung«, weil sie im Gegensatz zu »v. Chr.« (»vor Christus«) und »n. Chr.« (»nach Christus«) sowohl Christen als auch Nichtchristen ansprechen.

** Paläolithikum = Altsteinzeit

Sonnengott und Mondgöttin

Zeitnotierungen auf der Grundlage der Mondphasen. Diese Kalender markierten auch die Tage des Menstruationszyklus der Frau, verwiesen auf die Phasen ihrer Empfängnisbereitschaft und auf die Mondmonate der Schwangerschaft bis zur Geburt. Mondgöttinnen wie die Moiren wurden als »Schicksalsgöttinnen« geschildert und dargestellt, die das Maß der Lebensspanne einer Person festsetzten und ihr Schicksal woben.

Der Mond verkörperte mit seiner Fähigkeit, sich jede Nacht in anderer Gestalt, anderer Farbe und an einem anderen Ort zu zeigen, auch die Grundwahrheit von Veränderung und Transformation. Sein kontinuierlicher Lauf über den Himmel, seine wechselnden lichten und dunklen Gesichter lehrten die Menschen, daß nichts statisch ist, daß alles sich im Fluß befindet, aufsteigt und fällt, stirbt und wiedergeboren wird. Er wurde zum Symbol des Transformationszyklus und der Fähigkeit, sich von einem Ding in ein anderes zu verwandeln. Man glaubte, daß diese Transformationskraft allen Frauen innewohnte, die ja den mit der Nahrungszubereitung verbundenen Mysterien vorstanden: Aus grasartigen Getreidehalmen wurde durch das Kochen der Körner Brot. Und wenn die Frauen diese Kraft in ihrem Innern wirksam werden ließen, verwandelten sie ihr Blut in Milch, um das aus ihrem Körper hervortretende neue Leben zu nähren.

Während das Sonnenlicht die Stunden des Tages dominierte und den Lauf des Mondes unsichtbar machte, herrschte dieser in der Nacht an oberster Stelle über den Himmel. Alle Dinge waren unter dem Mantel der nächtlichen Dunkelheit verborgen, und so assoziierte man den Mond allmählich mit allen verborgenen Dingen und den Mysterien des Unbekannten. Er wachte über die geheimen Lehren in den Bereichen der Sexualität, Weissagung und Magie und schützte dieses Wissen vor dem Mißbrauch durch Uneingeweihte.

Das allergrößte Mysterium, das von Tod und Wiedergeburt, war in seinem geheimsten Aspekt, in seiner dunklen Phase enthalten. Die drei dunklen mondlosen Nächte korrespondierten mit dem Ende des Lebens, doch am vierten Tag wurde er wiedergeboren und signalisierte damit einen Neubeginn. Man stellte sich vor, daß die Toten in gleicher Weise zu neuem Leben fänden. Die Alten glaubten, daß sich die Verstorbenen entweder zum Mond oder in die Unterwelt im Innern der Mutter Erde begaben, um dort die zur Regenerierung notwendigen Kräfte zu erhalten. Die sich häutende und erneuernde Schlange, die deshalb dem Mond und seinen Zyklen vergleichbar war, galt als Verkörperung der Mysterien von Tod und Erneuerung. Dieses lunare Tier wurde zum Symbol der transformativen Kraft der weiblichen Energie.

Die Beobachtung, daß die 29 Tage des Mondzyklus den 29 Tagen des Menstruationszyklus der Frau entsprachen, lieferte den Alten einen weiteren Hinweis darauf, daß der Mond weiblicher Natur sein müsse. Und so personifizierten sie ihn in der Gestalt der Großen Göttin. In ihrer hellen Phase war die Mondgöttin die Lebensspenderin, die alles Nötige tat, um Fruchtbarkeit und Fortpflanzung zu fördern. In ihrer dunklen Phase war sie die Verwalterin der zerstörenden Naturkräfte. Aus unserer modernen rationalen Sicht kann eine Gottheit entweder gütig oder böse sein, aber nicht beides zugleich. Doch die Anbeter der Mondgöttin sahen in ihrer Doppelnatur keinen Widerspruch. Sie verstanden, daß ihre lichten und dunklen Seiten, Schöpfung und Zerstörung, wesentliche Aspekte der Lebensprozesse waren.

Im reproduktiven Zyklus der kosmischen Mondmutter spiegelten sich die progressiven Phasen von Geburt, Wachstum, Tod und Erneuerung aller Lebensformen. Als die Große Mutter symbolisierte sie das große Mysterium von Leben und Tod; sie war die fruchtbare Matrix, aus der alles Leben geboren und in die alles Leben wieder aufgenommen wurde. Jedes lebende Ding schwang in ihrem instinkthaften Rhythmus von Entstehung, Erfüllung und Vollendung.

Als die ackerbautreibenden Völker den vegetativen Zyklus der Pflanzen entdeckten, sahen sie, daß sich der Mondrhythmus im Wachstumszyklus ihrer Feldfrüchte spiegelte. Wir können diesen Prozeß besser verstehen, wenn wir die Mondphasen mit dem Lebenszyklus der Pflanze vergleichen.

Der *Neumond/neue Mond* korrespondiert mit dem Aufkeimen des Samenkorns in der Erde, wenn die Lebenskraft der Pflanze die Samenkapsel durchbricht. Sein zunehmendes Licht entspricht den ersten aufstrebenden zarten Sprößlingen. Die Pflanze sendet ihre Wurzeln nach unten ins Erdreich aus, um daraus Nahrung zu beziehen, und ihre Stiele und Blätter recken sich empor, um die Energie des Sonnenlichts in sich aufzunehmen.

Während das reflektierte Licht des Mondes weiter zunimmt, enthalten die Knospen die bange Erwartung eines künftigen Versprechens. Der *Vollmond* gipfelt in einem Maximum an Ausstrahlung von Licht, und die Pflanze gibt ihre Blüte und Frucht frei. In diesem Stadium verkörpert die Frucht die volle Verwirklichung der Essenz des Samenkorns.

Das abnehmende Mondlicht korrespondiert mit dem Einsammeln und Lagern der Ernte. Während der abnehmenden *dunklen Phase* des Mondzyklus schrumpeln und zerfallen die an der Pflanze verbliebenen Früchte, die die neuen Samenkörner enthalten. Die Pflanze konzentriert ihre verbleibende Lebenskraft in dem in der Erde ruhenden Samenkorn, das auf sein mit dem nächsten Zyklusbeginn einhergehendes Aufkeimen wartet.

Alles Leben entfaltet sich in harmonischem Einklang mit diesem lunaren Rhythmus in spiralförmigen Kreisläufen, vom Neubeginn über die volle Entfaltung zur Dunkelheit und dann wieder zum Neubeginn. Alles Leben ist in seiner Grundbewegung zyklisch. Der Lunationszyklus ist prototypisch für den progressiven phasenhaften Prozeß der Entfaltung und ständigen Erneuerung aller Lebensformen. Er wird vom rhythmischen Pulsschlag des Tanzes des Mondes mit der Sonne getragen. Er gibt den Takt für das Wiederholungsmuster an, nach dem sich das Leben erschafft, erfüllt und zerstört, nur um aufs neue geboren zu werden.

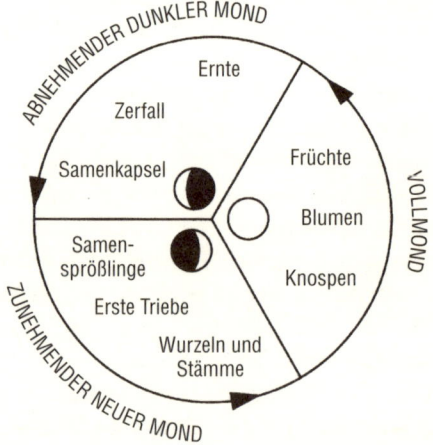

Die Mondphasen und der Lebenszyklus von Pflanzen

Die dunkle Phase des Mondes

Die dunkle Phase des Mondes, nicht zu verwechseln mit der ins Dunkel getauchten Mondseite, ereignet sich jeden Monat in den drei Tagen, die dem Erscheinen des neuen Mondes unmittelbar vorausgehen. In dieser Zeit löst sich die im Abnehmen befindliche Mondsichel in Dunkelheit auf und entzieht sich unserer Sicht. Da das vom Mond ausgehende Licht in Wirklichkeit das reflektierte Sonnenlicht ist, zeigt er nun in gewissem Sinn sein wahres Gesicht.

Die Menschen in alter Zeit empfanden während dieser dunklen Mondphase vielerorts Furcht und Ehrfurcht. Für sie barg sie alles in sich, was sie mit dem bloßen Auge nicht sehen und mit dem rationalen Verstand nicht begreifen konnten. In der Frühzeit und noch bis weit in die patriarchale Epoche hinein war diese Dunkelheit des Mondes ein Symbol für Weissagung, Erleuchtung und Heilkräfte. Als die Menschen im Lauf der Jahrhunderte aufhörten, die Mondgöttin zu verehren, verbanden sie die Mysterien des Dunkelmondes mit dem Schreckenerregenden und Bösen. In der Folgezeit glaubten sie, daß das Verschwinden des Mondes daher rühre, daß er von einer dunklen dämonischen Macht verschlungen wurde. Die Phase des abnehmenden Mondes stand ihnen nun für die stärksten Kräfte der Vernichtung und des Todes, in der man auf Überschwemmungen, Stürme, Katastrophen und Seuchen gefaßt sein mußte. Und jedes Unternehmen in dieser Zeit, in der alle Dinge einer Schwächung unterworfen waren und zu ihrem Tiefpunkt gelangten, wurde als unter einem unheilvollen Stern stehend betrachtet. Der Dunkle Mond war der Anführer der Geisterschar und die »Herrin der schwarzen Magie«. Es war die Zeit, in der die Geister umgingen und die Menschen heimsuchten, in der die Hexenkräfte herbeibeschworen wurden und sich ungehindert austoben konnten. Es war eine Zeit der ruchlosen Taten und der Vorboten des Todes.

Die Schlange, dieses lunare und als monströser Dämon der Versuchung und des Bösen am schlimmsten verteufelte Tier, wurde seit jeher mit den Mysterien des Dunklen Mondes in Verbindung gebracht. Schlangen hausen in dunklen Löchern und verkriechen sich durch Spalten in die Tiefe der Erde, in eine unterirdische Region, die für die Menschen in alter Zeit die Unterwelt war. Auch die dunkle Phase des Mondes wurde mit der Unterwelt in Verbindung gebracht, weshalb deren Gottheiten oft in Schlangengestalt oder mit Schlangen im Haar auftraten.

In Indien symbolisierte die als *Kundalini-Energie* zusammengerollte Schlange, die im Wurzelchakra am unteren Ende des Rückgrats ihren Sitz hat, die Regenerationskräfte des Dunklen Mondes, die durch die Teilnahme an rituellen Sexualpraktiken geweckt wurden. Ihr schrieb man die Gaben der Inspiration, Prophetie und Weissagung zu. Wie man glaubte, wurden diese von Schlangen transportiert, deren Gift man benutzte, um sich in transzendentale visionäre Bewußtseinszustände zu versetzen. Man sagte auch, daß es die Schlange war, die den Menschen die bewußtseinserweiternden Eigenschaften des *Somatranks* enthüllte, der die Inspirationskraft des Dunklen Mondes in sich birgt. Laut mancher Mythen wurde dieser Somatrank, dem die Gottheiten ihre Weisheit und Unsterblichkeit verdankten, aus den Früchten eines mythischen Mondbaums gebraut. Dessen irdisches Gegenstück war eine in Nordwestindien wachsende Pflanze (wahrscheinlich *Asclepias acida* oder *Sarcostemna viminale*), aus der ein Wein mit narkotisierender und berauschender Wirkung hergestellt wurde. Diesen tranken die Menschen bei religiösen Riten und Zeremonien, um die Vereinigung mit dem göttlichen Geist zu erfahren.

In sehr viel früheren Zeiten, als sich die Gesellschaften noch vorwiegend an den lunaren Rhythmen ausrichteten, war die Rolle des Mondes sowohl eine des Seins wie auch des Werdens. Er durchlitt den Tod und blieb dennoch unsterblich; sein Tod bedeutete niemals das Ende, sondern immer nur eine Regenerierungspause. In seiner dunklen Phase stand er für das Land der Toten, für den Aufenthaltsort der Seelen zwischen ihren Reinkarnationen. Der Mond beherbergte und beschützte die Toten und die Ungeborenen, die ja identisch waren.

Der Dunkle Mond führt in die Unterwelt, ermöglicht aber auch die Transformation. Heute gilt die dunkle Mondseite unserer Psyche als die Region unseres persönlichen Heils, unserer individuellen Erlösung. Durch den Abstieg ins Reich des Unbewußten können wir die Geheimnisse der Erneuerung entdecken – Geheimnisse, die unseren bewußten Ansichten und Anschauungen oftmals diametral entgegenstehen. Wir alle treten immer wieder in die abnehmende dunkle Mondphase der Lebenserfahrung ein. Solche Abstiegszeiten geben uns die Möglichkeit, die Samenkörner unserer Wiedergeburt zu befruchten und zum Keimen zu bringen. Der Dunkle Mond birgt in sich die Kraft zu zerstören oder zu heilen und zu regenerieren – je nach unserem Vermögen, seine Bedeutung zu verstehen und uns fließend in seinem Rhythmus zu bewegen. Wie Esther Harding schrieb, müssen wir einsehen lernen, daß, wenn der Weg des Sichelmondes auch abwärts führt, er doch die Verwandlung der Persönlichkeit herbeiführen und eine wirkliche Neugeburt einleiten kann.

Die dunkle Phase des zyklischen Prozesses Die dunkle Mondphase beinhaltet die Schlußphase des zyklischen Prozesses sowie die Übergangsphase zur nächsten Entwicklungsspirale. Alle Zyklen weisen eine dunkle, sich natürlich ereignende rückläufige Phase auf, in der die ihr Leben fortsetzende Wesenheit eine wichtige Verwandlung und Regnerierung ihrer Form erfährt. In einer linearen Sichtweise des Lebens bedeutet diese Schlußphase absolute Endgültigkeit, die die Angst vor dem Unbekannten hervorruft. Wenn wir jedoch das Leben als etwas Zyklisches begreifen, verstehen wir die Schlußphase als eine Übergangsphase hin zur Erneuerung. Im zyklischen kosmologischen Weltbild korrespondiert die dunkle Mondphase mit der Zeit, in der jener sich fortsetzende Lebensimpuls im Schutz der Dunkelheit in die unterirdische Region wandert, um sich sowohl in seiner Form als auch in seinem Inhalt zu reinigen, neu aufzuladen und zu regenerieren.

Im Zyklus der Jahreszeiten und der Pflanze korrespondiert die dunkle Mondphase mit der Samenhülse oder Samenkapsel, die die Essenz der Pflanze in sich birgt

Der Pflanzenzyklus

und im Winter im dunklen fruchtbaren Erdreich begraben liegt, um auf ihr Aufkeimen im Frühjahr zu warten. Auf unser Menschenleben übertragen treten wir durch den Tod in die dunkle Phase ein und erwarten dann, in ihrem dunklen nährenden Schoß heranreifend, die Wiedergeburt. Der Bär im Winterschlaf, das Küken, das im Ei ausgebrütet wird, und die im Kokon eingesponnene Raupe spiegeln alle die dunkle Phase in den Lebenszyklen des Tierreichs wider.

Die dunklen Nächte vor dem Erscheinen des neuen Mondes haben in allen natürlichen Zyklen der Erde ihr Äquivalent. So entspricht die dunkle Mondphase auf den Wechselrhythmus von Tag und Nacht bezogen der tiefsten Zeit der Nacht, den zwei Stunden vor Anbruch der Morgendämmerung. Dies ist eine Zeit hoher Inspiration, in ihr können wir im Gebet und in der Meditation für die feinen Schwingungen intuitiver Eingebungen, Visionen und Einsichten in höchstem Maße empfänglich sein. Schlafen wir in diesen letzten Stunden vor dem Erwachen für den Tag, werden uns durch unsere Träume Bilder von der Zukunft enthüllt.

Der Jahresrhythmus der Drehung der Erde um die Sonne beschert uns den Wechsel der vier Jahreszeiten. Der Frühling reift zur Fülle und Fruchtbarkeit des Sommers heran, auf den der Herbst und die Ernte folgen. In diesem Kreislauf entfaltet sich die dunkle Mondphase, wenn der Winter das Leben in den warmen, dunk-

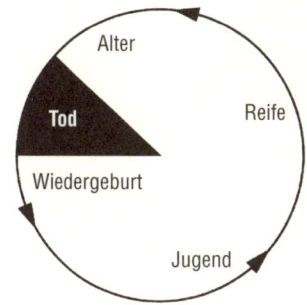

Der Zyklus des menschlichen Lebens

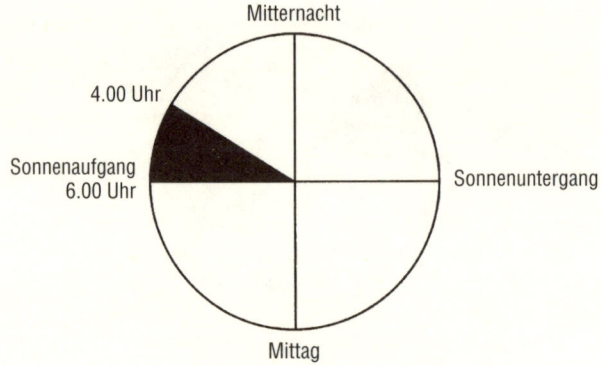

Der Tageszyklus

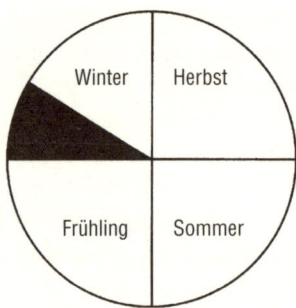

Der Jahreszyklus

Das Jahresrad

len, schützenden Untergrund zurücknimmt, damit es schläft und von seiner neuerlichen Wiedergeburt träumt.

Innerhalb des Keltischen Jahresrads beginnt die dunkle Phase an Hallowmas oder Hallowen, heute als Halloween (31. Oktober) bekannt, wenn der Sage nach der Vorhang, der die Welt der Lebenden von der der Toten trennt, am durchlässigsten ist. Diese Phase umfaßt die kürzesten Tage des Lichts im Jahr bis zur Wiedergeburt der Sonne am Tag der Wintersonnenwende.

Die Zeiten des Dunklen Mondes in unserem Leben

Wir erleben die dem Dunkelmond zugeordneten Eigenschaften viele Male und auf vielerlei Weise. Immer wieder machen wir Zeiten durch, die einige Tage, Wochen, Monate oder sogar Jahre dauern können, in denen die Schlußphase des Dunklen Mondes wirksam ist. Das sind die Zeiten für den Tod und den erneuernden Übergang in unserem Leben. Es gibt auch generelle Zeitabschnitte, in denen alle zur selben Zeit oder alle gleichen Alters diese dunklen Phasen erleben. Viele esoterische Traditionen lehren, daß es mit Hilfe der althergebrachten Systeme der Astrologie, des Tarots und der Numerologie möglich ist, diese Zeiten und ihre Dauer in unserem Leben vorherzusagen und zu bestimmen.*

Wie wir jede Nacht schlafen gehen, um uns für einen weiteren neuen Tag zu erfrischen, müssen wir auch manchmal loslassen, uns zurückziehen, nach innen wenden, um uns in der dunklen Stille einer anderen Art von Übergang zu erneuern. Die Gelegenheit für diese innere Arbeit bietet sich nicht nur in den Tagen, die jeden Monat dem Neumond vorausgehen, sondern auch jede Nacht in den letzten Stunden vor Anbruch der Morgendämmerung oder dem Erwachen für den Tag; und für Frauen jeden Monat während ihrer Menstruation sowie nach der Menopause. Die Energien der dunklen Phase herrschen zudem jährlich im Monat vor unserem Geburtstag vor, in den Wochen vor der Wintersonnenwende, wenn die Tage »am kürzesten« sind, und im letzten frostigen Abschnitt des Winters vor dem Tauen im Frühling.

---

* Bei astrologischen Zyklen bezieht sich die Dunkelmondphase nicht nur auf die balsamische Phase im Geburtshoroskop und deren Progression, sondern auch auf Mondfinsternisse und das zwölfte Haus. Ihre Eigenschaften werden bei Pluto-Transiten über sensible Punkte im Geburtshoroskop, bei Transiten von Planeten durch das zwölfte Haus und im letzten Jahr oder in den letzten Jahren wirksam, in denen einer der langsameren Planeten (also Saturn und so weiter) an seinen Ausgangspunkt im Geburtshoroskop zurückkehrt. Die mit den Energien der dunklen Mondphase assoziierten Signifikatoren sind Pluto, der Asteroid Lilith, der Dunkelmond Lilith, der Schwarzmond Lilith und die anderen Asteroiden-Göttinnen wie Persephone, Hekate, Moira, Medusa, Nemesis und Atropos.

Die dunkle Mondphase und der Monat vor dem Geburtstag Der Monat vor unserem Geburtstag stellt eine dunkle Mondphase in unserem persönlichen Jahreszyklus dar. Irgendwann in den mittleren Jahren unseres Erwachsenenlebens kommt der Punkt, an dem wir nicht mehr in kindlicher Vorfreude unseren Geburtstag herbeisehnen, sondern uns allmählich vor diesem Tag graut. Uns wird schmerzlich bewußt, daß wir wieder ein Jahr älter geworden sind, daß wieder ein Jahr vergangen ist, in dem wir unsere Hoffnungen und Träume nicht verwirklicht haben, daß wir nun unserem Lebensende um ein weiteres Jahr näher gerückt sind. Oft fühlen sich die Menschen in dieser Zeit einsam und von Verzweiflung überwältigt.

In unserer Kultur ist das Altern für Frauen gemeinhin eine schwierigere Angelegenheit als für Männer. Die Gesellschaft geht davon aus, daß alternde Männer zu ihrer Macht und Weisheit gelangen. Frauen werden dagegen als weniger attraktiv, weniger begehrenswert und als auf dem Arbeitsmarkt kaum mehr vermittelbar angesehen.

Wir machen uns in den Wochen vor unserem Geburtstag sorgenvolle Gedanken, wer wohl mit einer Glückwunschkarte oder einem Geschenk an uns denken und wer uns vergessen haben wird. Unvermeidlich erfüllen unsere Geburtstage, ganz gleich, wie gut sie verlaufen, doch letztlich nie unsere unausgesprochenen Erwartungen und Phantasien. Am Tag danach stoßen wir einen tiefen Seufzer der Erleichterung aus, weil die Sache nun vorbei ist und wir endlich wieder unser Alltagsleben aufnehmen können. Es ist eine Tatsache, daß sich mehr Menschen in den vier Wochen vor ihrem Geburtstag das Leben nehmen als sonst im ganzen Jahr.

Es ist wichtig zu begreifen, daß die *meisten Menschen* während der dunklen Mondphase im Monat vor ihrem Geburtstag diese Gefühle und Empfindungen haben; daß es ganz natürlich ist, daß in dieser Zeit Angst- und Unsicherheitsgefühle aufkommen. Wir *haben* weniger Energie für äußere Aktivitäten und die Erfüllung der Erwartungen anderer Menschen, da es Sinn und Zweck dieser dunklen Phase ist, daß wir uns auf die inneren Dimensionen unseres Körpers und Geistes konzentrieren. Wenn wir lernen, uns auf die natürlichen Rhythmen von Ebbe und Flut in unserem Leben einzustellen, können wir die den dunklen Zeiten immanente Funktion zur Heilung und Erneuerung nutzen. Wenn wir uns dieser nach innen gerichteten Bewegung in unserer Psyche widersetzen, ist die Wahrscheinlichkeit größer, daß unsere Emotionen von Angst, Streß und Furcht besetzt werden.

Die dunkle Mondphase und die Wintersonnenwende Dieselben Themen sehen wir im Jahreszeitenzyklus in Erscheinung treten, in dem die dunkle Mondphase mit dem Monat vor Weihnachten und Hanukkah korrespondiert. Dies ist ebenfalls eine Zeit der hohen Selbstmordraten, da sich viele Menschen von Gefühlen der Entfremdung oder Unverbundenheit mit einer Familie oder Gruppe überwältigt sehen. Andere treibt die Angst um beim Versuch, die unrealistischen Erwartungen ihrer Kinder zu erfüllen oder dem Wunsch des Partners oder der Partnerin nach Geschenken als Liebesbeweis zu genügen.

Diese Feiertage und Winterferien beginnen zur Wintersonnenwende, wenn das Licht der Sonne seine Wiedergeburt erfährt. Christen feiern zu dieser Zeit die Geburt des Gottessohns. In den vorangehenden Wochen, in denen das Tageslicht am kürzesten währt, herrscht die dunkle Kraft vor. Auch hier ruft uns der jahreszeitliche Rhythmus dazu auf, still zu werden, unsere Energien nach innen zu ziehen und dort zu versammeln, uns zurückzuziehen, auszuruhen und nachzudenken. Statt dessen stehen wir unter dem Druck, aus uns herauszugehen, hektisch einzukaufen, Unsummen von Geld auszugeben, was wir uns gar nicht leisten können, Geschenke zu basteln und einzuwickeln, Partys zu planen und zu besuchen und uns in endlosen Vorbereitungen für den Höhepunkt des großen Tages zu ergehen. Damit soll die Bedeutung und die Freude am Feiern dieser Erneuerung nicht geschmälert, aber doch die Erkenntnis gefördert werden, daß die negativen Aspekte des Dunklen zum Vorschein kommen, wenn wir uns der natürlichen Strömung dieses zyklischen Prozesses verweigern oder gegen sie ankämpfen. Wenn wir uns sowohl persönlich wie auch als Gesellschaft darauf besinnen könnten, dieser Zeit auf einfachere Art Ehre zu erweisen, auf eine, die sich mit den natürlichen Rhythmen in Einklang befindet, könnten wir viel von diesem sich in der Weihnachtszeit ausbreitenden Irrsinn transformieren.

Die dunkle Mondphase und Menstruation, Schwangerschaft und Menopause
Die dunkle Mondphase ist auch mit der Menstruation oder Periode der Frau verknüpft. Wenn sich der lunare Zyklus mit dem Menstruationszyklus deckt, korrespondiert der Vollmond mit der Zeit des Eisprungs und der Dunkelmond mit der Menstruation (siehe Abb. S. 187 in Kapitel 7). Während der Zeit des Eisprungs sind Frauen offen, fruchtbar, magnetisch, für andere empfänglich und fürsorglich. Auf rein biologischer Ebene sind diese gefühlsmäßigen und chemischen Botschaften der sexuellen Vereinigung, Befruchtung, Fortpflanzung oder dem Fortbestand der Spezies förderlich. Während der Menstruation hingegen wird die Lebenskraft nicht mehr auf die anderen und nach außen, sondern mehr auf das eigene Selbst und die Innenschau gerichtet.

Wenn Frauen auf ihren eigenen Körperrhythmus eingestellt sind, wollen sie, wenn sie bluten, sich eigentlich nur in ihr Schlafzimmer zurückziehen, die Jalousien herunterlassen, sich ins Bett legen und in der süßen Stille der Erneuerung ausruhen. Doch im allgemeinen erfährt eine solche Reaktion in unserer Gesellschaft keine Ermunterung oder Unterstützung. Frauen fühlen sich gezwungen, weiterzumachen wie sonst auch, so zu tun, als sei nichts anders, und sie genieren sich, wenn ihr »Geheimnis« durchsickert. Wenn wir unsere mit der Menstruation verbundenen Bedürfnisse negieren, durchbricht unser unbewußtes Selbst die Barrieren unserer gesellschaftlich konditionierten Persönlichkeit und wird zur wütenden Furie. Hier liegen die Gründe für die Schmerzen, Spannungen, Tränen, Wut, Hysterie, Überempfindlichkeit, Emotionalität und Irrationalität des Prämenstruellen Syndroms (PMS), das wir mittlerweile mit »dem Fluch« (wie die

Menstruation im angelsächsischen Sprachraum auch genannt wird) in Verbindung bringen.

In den alten Kulturen, in denen Die Göttin verehrt wurde, wußte man, daß die Menstruationszeit die allmonatlich wiederkehrende machtvollste Zeit der Frau ist, in der ihre psychischen, medialen und spirituellen Energien aufs höchste sensibilisiert sind. Aus diesem Grund zogen sich die Frauen während ihrer »Mondzeit« in Menstruationshütten zurück, um in der Meditation, im Gebet und Ritual mit den Gottheiten zu kommunizieren und Heilung und Wahrheit zu suchen. Als die Kulturen dann zur Verehrung eines männlichen Gottes übergingen, blieben die Frauen weiterhin während ihrer Mondzeit separiert und isoliert, doch nun nicht mehr deshalb, weil sie heilig waren, sondern weil die Männer sich vor ihren starken medialen Kräften in dieser Zeit fürchteten. Menstruierende Frauen wurden schließlich als tabu und unrein betrachtet. Diese Auffassung findet sich auch heute noch in vielen Kulturen, in denen menstruierende Frauen von religiösen Zeremonien ausgeschlossen werden.

Viele Frauen begreifen heute nicht mehr, daß ihr Instinkt sie dazu anleitet, sich während der Menstruation zurückzuziehen, um sich allmonatlich mit mächtigen psychischen und medialen Energien in Verbindung zu bringen, die sie zur Heilung und zu tiefen Einsichten gelangen lassen. Statt dessen wurde die Menstruation, als eine dunkle Mondphase, zu etwas Schmerzhaftem, Schmutzigem, für das sie sich genieren, und das zu Chaos, Zurückweisung und Isolation führt.

Der letzte Schwangerschaftsmonat ist ebenfalls eine Zeit der dunklen Mondphase. Bei aller erwartungsvoller Vorfreude auf das neue Kind fühlen sich doch viele Frauen durch ihren unförmigen und ungelenken Körper irritiert, frustriert und unbeweglich und empfinden einen unbestimmbaren Ärger und Zorn. In dieser Zeit sehen sie sich mit ihrer Angst vor den Wehenschmerzen und der Möglichkeit ihres eigenen Todes oder dem ihres Kindes bei der Geburt konfrontiert.

Uns modernen Menschen wurde das Wissen um die Vorgänge bei der Geburt, wie auch um die beim Sterben, genommen. Die meisten Frauen, die zum erstenmal in die Wehen kommen, haben noch nie zuvor einer Geburt beigewohnt oder an den diesbezüglichen Erfahrungen einer anderen Frau teilgehabt. Sie haben nur im Flüsterton weitergegebene angsterregende Geschichten über die damit verbundenen Qualen und Leiden vernommen. Wieder ist es unsere Unwissenheit über das Dunkle, hier das Tor zwischen Tod und Geburt, die Ängste in uns aufsteigen läßt und zu unserem Schmerz beiträgt.

Die Menopause, der Markstein des letzten Lebensdrittels einer Frau, ist die dunkle Mondphase ihres dreifaltigen sexuellen Lebenszyklus, der auch die Menarche (die erste Menstruation) und die Kindsgeburt mit einschließt (siehe Abb. S. 188 in Kapitel 7). Für viele Frauen bedeutet die Menopause eine sehr traurige und schmerzliche Zeit. Nachdem sie ihr Leben der Familie gewidmet haben, ihre Kinder erwachsen und ihre Ehemänner verstorben sind, teilt ihnen die Gesellschaft nun mit, daß sie nutzlos und nicht länger erwünscht sind. Die menopausale dunkle

Phase eines Frauenlebens zeichnet sich oftmals durch Einsamkeit, gesellschaftliche Ablehnung und einen fehlenden Sinn im Leben aus.

In den alten Kulturen wurden die älteren Frauen als weise Alte, als Stammesälteste geehrt. Man glaubte, daß sie zu ihrer Macht als Heilerinnen, Seherinnen und Magierinnen gefunden hatten. Doch unsere moderne Gesellschaft, die das Dunkle in seinem Wert nicht mehr versteht, projiziert nun viele ihrer Ängste vor dem Unbekannten auf die älteren Frauen, die die Menopause durchlebt haben. Heute signalisiert diese den Beginn der Verbannung der Frau aus der Gesellschaft; jetzt verkörpert sie deren Schrecken vor der Macht der älteren Frau während der dunklen Phase ihres Lebens. Die Frauen selbst haben vergessen, daß die Menopause sie in das Stadium psychischer Reife initiiert. Wenn sie zu einem Verständnis des wahren Sinns und Zwecks des Dunklen zu gelangen vermögen, können sie auch ihre Energien von der vorrangigen Fürsorge für andere abziehen und sich dem Nähren ihrer eigenen Kinder des Geistes und der Kreativität widmen.

In Kapitel 7 werden die Themen der Menstruation und Menopause im Zusammenhang mit dem Dunklen Mond ausführlicher besprochen.

Die dunkle Mondphase, das Altern und der Tod Die tiefste dunkle Mondphase beginnt, wenn wir uns dem Ende unseres Lebens nähern, eine Zeit, in der wir oft Krankheit und zunehmende Behinderungen erfahren. Wir sind mit der Unausweichlichkeit des Todes und unseren Glaubensvorstellungen über das Danach konfrontiert. In den westlichen Kulturen, die für den Reinkarnationsgedanken nur Spott und Hohn übrig haben, beinhaltet der Tod die Angst vor endlosen Qualen in der Hölle oder einem Zustand der Endgültigkeit und des Nichtseins. Dies ist zum Teil der Grund, warum wir uns in unserer Gesellschaft in der Anwesenheit von alternden und sterbenden Menschen so bedrückt, verstört und unbehaglich fühlen. Ältere Menschen spiegeln die Gewißheit des uns allen irgendwann bevorstehenden Todes wider.

Die allgemeine gesellschaftliche Verleugnung oder Verdrängung des Todes hatte zur Folge, daß die älteren Menschen in ihrer Mehrheit aus dem Gesamtgeschehen ausgegliedert wurden. Sie gelten als auf dem Arbeitsmarkt nicht mehr verwendbar und werden aus ihm herausgenommen. Manche sind in der Lage, ihr Dasein als Rentner oder Pensionäre zu genießen, doch viele sind über den Mangel an den ihnen zur Verfügung stehenden Kanälen für ihre Weisheit, Fähigkeiten und Kreativität, die durch das Alter nicht gemindert wurden, frustriert. So wird das Alter für die Menschen, die den Schikanen der Gesellschaft hilflos ausgeliefert sind, zu einer sie einhüllenden dunklen Wolke, während sie im Sessel vor dem Fernseher sitzen und auf ihren Tod warten. Sie werden in Wohnanlagen für Senioren zusammengepfercht oder in Pflegeheime gesteckt. Man hindert sie an einer weiteren Interaktion mit dem Rest der Welt.

Die meisten modernen Menschen versuchen, jeglichem Kontakt mit dem Tod auszuweichen. Die Sterbenden werden in Krankenhausabteilungen isoliert, von ihren Familien oft gemieden und nach ihrem Tod zum Bestattungsunternehmer gekarrt, dessen Aufgabe dann die Kaschierung des Antlitzes des Todes ist. Im Lauf der Geschichte wurden unser Wissen und unsere Kenntnisse vom Tod durch moderne westliche religiöse und philosophische Vorstellungen und Grundgedanken ausradiert, und nun wird der Tod vor allem anderen gefürchtet. Erst unsere Generation hat wieder ein paar klare Informationen darüber erhalten, was sich in der Übergangsphase des Todes ereignen mag, zum Beispiel durch die Arbeit und die Bücher von Elisabeth Kübler-Ross. Die Forschungen auf diesem Gebiet haben zu einer mitfühlenderen Einstellung gegenüber den Älteren und Sterbenden geführt und tragen dazu bei, daß sich die Menschen von ihren Ängsten vor der letzten dunklen Mondphase in ihrem Leben befreien können.

Die dunkle Mondphase und die Erfahrung eines persönlichen Verlusts Abgesehen von diesen generellen dunklen Mondphasen passieren wir sie auch immer dann, wenn wir ganz persönlich einen Verlust erfahren und eine Zeit des Bruchs, der Zerrüttung, des Kummers und der Trauer durchleben. Wir durchreisen das Dunkel des Mondes, wann immer wir in die Endphase einer Beziehung, eines Arbeitsverhältnisses, eines Glaubenssystems, eines familiären Zusammenhalts, einer speziellen Identität, der Verantwortlichkeiten, eines Lebensumfelds oder einer Sucht eintreten; wann immer wir mit irgendeiner Form von Verlust konfrontiert sind, die unserem Leben Struktur und ein Identitätsgefühl verlieh. Es mag sein, daß wir, im Chaos der Formlosigkeit gefangen, freischwebenden Ängsten ausgesetzt sind. Was war, ist nicht mehr, und was künftig sein soll, ist noch nicht in Erscheinung getreten. Möglicherweise überfällt uns eine Depression, die uns erstarren läßt, fühlen wir uns im Kummer und in der Trauer über unseren Verlust eingekerkert oder in der Falle der Verrücktheit, der Ungewißheit unserer Situation gefangen.

Die neuesten Forschungsergebnisse haben uns darüber aufgeklärt, daß die normale Trauerzeit zwei Jahre oder in manchen Fällen noch länger dauern kann. Elisabeth Kübler-Ross definierte die Stadien des Trauerprozesses. Demnach durchlaufen wir Phasen der Negierung oder Verweigerung, der Isolation, der Wut, des Verhandelns oder Schacherns und der Depression, bevor wir schließlich die Situation akzeptieren und zu einer neuen Ausdrucksform unserer Identität und unseres Lebens fortschreiten können. Wenn wir uns diese Zeit des Trauerns und Daniederliegens nicht zugestehen, können daraus später ernste Probleme für uns erwachsen.

Wie wir unseren Weg durch das Dunkel finden

Wenn wir in eine dieser dunklen Mondphasen, die einige Tage bis hin zu ein paar Jahren dauern können, eintreten, können wir sie in Frieden und Vertrauen statt in Angst und Panik durchleben, wenn wir eine Vorstellung davon entwickeln, auf was wir gefaßt sein müssen und wie wir die Energien im Verlauf der verschiedenen Stadien am besten nutzen können. Die dunkle Mondphase korrespondiert mit der Schlußphase eines jeglichen zyklischen Prozesses, wenn irgend etwas in unserem Leben endet, und überspannt die Übergangsphase zu etwas anderem, das einen Neubeginn symbolisiert. Um das Warum des Geschehens dieser dunklen Zeit besser begreifen zu können, sollten wir diese Endphase innerhalb eines umfassenderen Zyklus und auch die nachfolgenden Stadien des Transformationsprozesses selbst verstehen.

Alles Leben setzt sich aus in Bewegung befindlichen Materieteilchen zusammen. Die Wissenschaftler wissen, daß sich alles Stoffliche in einem fortwährenden Kreislauf von Entstehung, Aufrechterhaltung und Zerfall zwischen seinem Zustand der Form, Materie genannt, und seinem Zustand der Formlosigkeit, Energie genannt, hin- und herbewegt. Den Punkt zwischen Zerstörung und Entstehung oder Erschaffung, wo Materie zu Energie wird, nennt man das Transformationsstadium. Die Transformation findet während der dunklen Mondphase des zyklischen Prozesses statt. Hier löst sich die Materie, die von einer Form zusammengehalten wurde, welche nun ihre Funktion erfüllt und ihren Vorrat an Lebensessenz aufgebraucht hat, wieder in Energie auf. Die hohe Schwingungsfrequenz dieses Mediums, der Transformationsprozeß, reinigt und läutert diese *prima materia* oder Urmaterie, lädt sie wieder mit Energie auf und bereitet sie für eine neue und frisch belebte Formschaffung vor.

Der Mondzyklus spiegelt in seinen Phasen den Zyklus von Entstehung, Aufrechterhaltung und Zerfall wider, wie wir ihn in der Anfangs-, Mittel- und Endphase aller unserer Unternehmungen beobachten.

Der Zyklus wird durch einen Schöpfungsakt eingeleitet, der mit der Neumond-Phase korrespondiert. Eine Bestrebung wird als durch eine Motivation angetriebene Gedankenform geboren und energetisch freigesetzt. Diese Bestrebung könnte zum Beispiel der Gedanke sein, sich genügend Ressourcen zu erwerben, um ein Haus bauen und der eigenen Familie ein Zuhause geben zu können. Die zunehmende Phase im lunaren Zyklus beinhaltet den Versuch des Aufbaus von irgendeiner Form, die diesen Impuls, Traum oder diese Absicht in sich aufnehmen kann. Die rohe ungeformte Energie verdichtet sich und nimmt die Gestalt unserer Bestrebung an.

Auf die Schöpfung folgt die Aufrechterhaltung oder Bewahrung. Ist der zyklische Prozeß in die Vollmondphase gelangt, dann ist es Zeit, diese Form mit Inhalt zu füllen, damit sich die Bedeutung der Form erfüllen kann. Auf unser Beispiel bezogen baut der Zimmermann das Haus, und dies entspricht dem Aufbau der Form. Doch erst, wenn die Familie in das Haus einzieht und es in ein Zuhause verwandelt, erfüllt sich der Sinn und Zweck des Hauses. Auf den Vollmond folgt die Zeit, in der wir die Bedeutung und das Ziel unserer Bestrebungen konkret ausleben sollen. Die Kinder wachsen und gedeihen nun in diesem Zuhause.

Die abnehmende Phase im lunaren Zyklus korrespondiert mit dem Zerfall oder der Zerstörung. Was geschehen wollte, ist geschehen, das Ziel ist erreicht worden, die Funktion der Form hat sich erfüllt. An diesem Punkt kann die Form nun überholt, ausgelaugt, nutzlos, in ihrer Lebensenergie erschöpft sein. Die Kinder sind erwachsen und weggezogen. Das große Haus braucht für seine Instandhaltung größere Summen und mehr physische Kräfte, als die nun alternden Eltern aufbringen können. Es ist Zeit, sich von einer Form zu verabschieden, die ihre Funktion erfüllt hat und der ursprünglichen Absicht nicht länger dient. Vielleicht muß das alte, heruntergekommene Haus verkauft werden und müssen die Eltern in eine Umgebung ziehen, die ihren veränderten Lebensbedürfnissen besser entspricht.

An diesem Punkt treten wir in die dunkle Mondphase ein, in den Übergang zwischen der Zerstörung des Alten und der Erschaffung des Neuen. Diesen Prozeß nennt man Transformation, und er ereignet sich immer dann, wenn eine Lebensform ihren Zweck erfüllt und ihren Vorrat an Lebensenergie aufgebraucht hat: Die Form muß zerbrochen werden, damit die in ihr enthaltene Energie befreit, erneuert, wieder aufgeladen und für das Einströmen in eine neue Lebensform verfügbar gemacht werden kann.

In der dunklen Phase des zyklischen Prozesses finden Heilung und Erneuerung statt. In der dunklen Zeit gibt jede Form, die ihre Funktion erfüllt und ihre Lebenskraft erschöpft hat, ihre Struktur auf. Die Materie bricht auf, löst sich auf und kehrt in den formlosen Zustand des Nichtseins zurück, ganz ähnlich wie das Universum in schwarze Löcher zurückfällt. Oder wie es in der Bibel (Genesis 3,19) heißt:

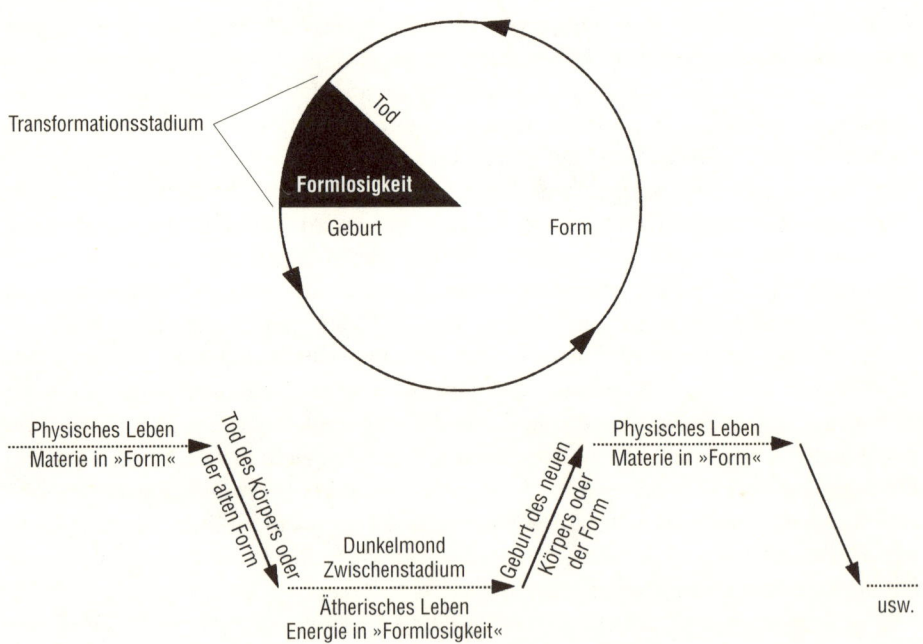

Die Transformation von Form in Formlosigkeit

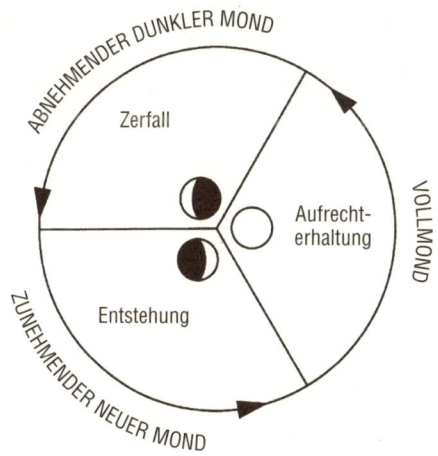

Der Zyklus von Entstehung, Aufrechterhaltung und Zerfall

»Denn Staub bist du, zum Staub mußt du zurück.« Diese Formen können sich auf unsere persönliche Lebensspanne oder unsere gesellschaftlichen Funktionen bis hin auf unsere Beziehungen, Überzeugungen und Identitäten erstrecken. In der dunklen Phase wird die Essenz dieser Form gereinigt, destilliert, mit neuer Energie aufgeladen und mit einer Vision verbunden, die dann im Augenblick der Erneuerung als neue Form geboren wird.

Der Transformationsprozeß zerstört alte Gedanken- und Verhaltensmuster, die unsere Weiterentwicklung blockieren. Alte Konzeptionen und die ihnen entsprechenden Lebensstrukturen, die nicht länger einem kreativen Zweck dienen oder das Wachstum verhindern, müssen ausgeräumt werden. Dieser Freisetzungsprozeß der Lebensenergie aus nutzlosen Formen oder unproduktiven psychischen Gewohnheitsmustern mag viel Schmerz und Qual auslösen, aber dies ist auch genau die Energie, die uns nährt und befähigt, uns zu neuem Wachstum aufzumachen. Das Endergebnis zeigt sich vielleicht erst, wenn wir uns über unsere neue Vision klargeworden und sie im Ansatz ausagiert haben, und das braucht oft Zeit.

In diesem Prozeß werden wir unvermeidlich mit unserem Schrecken vor dem Unbekannten und auch unseren Vorstellungen über das Dunkle konfrontiert, und wir fühlen uns vor Angst in die Enge getrieben. Es bedarf einer mutigen Bewegung hin zur Akzeptanz der Ganzheitlichkeit unseres Wesens, die sich unserer durch eine frauenfeindliche gesellschaftliche Konditionierung bedingten Angst vor dem großen dunklen Unbekannten entgegenstellt. Ein Verständnis von der Dunklen Göttin wird uns bei der Entwicklung unseres Nachtsichtvermögens helfen, wodurch wir einen Weg durch die Dunkelheit finden und diese als den Ort unserer Wiedergeburt wahrnehmen können.

2. Die Dunkle Göttin – der weibliche Schatten

Es reicht nicht aus zu sagen, daß wir in unserer Zeit eine neue Beziehung zum Weiblichen brauchen. Wir brauchen eine Beziehung zur dunklen Seite des Weiblichen.
Fred Gustafson

Die frühen Gesellschaften, die den Mond als die Göttin verehrten, personifizierten dessen dritte dunkle Phase in der weisen und mitfühlenden Dunklen Göttin, die über die Mysterien von Tod, Verwandlung und Wiedergeburt herrschte. Im Lauf vieler Jahrtausende wurde diese Mondgöttin allmählich durch andere Gottheiten ersetzt, und das Wissen von der sich in den Mondphasen spiegelnden zyklischen Natur unserer Realität ging verloren.

In unserer heutigen Gesellschaft sind sich die meisten Menschen des natürlichen Heilungs- und Erneuerungspotentials nicht mehr bewußt, das der dunklen Mondphase eines zyklischen Prozesses innewohnt. Statt dessen assoziieren wir das Dunkle mit dem Tod, dem Bösen, der Zerstörung, der Isolation und dem Verlust. In einer Gesellschaft, in der das von Weißen diktierte, am Solaren orientierte Bewußtsein vorherrscht, wurden wir gelehrt, alles, was sich gedanklich mit dem Dunklen verbindet, zu fürchten, abzulehnen, abzuwerten und zu entmachten – Menschen mit anderer Hautfarbe, Frauen, Sexualität, Menstruation, die Natur, das Okkulte, das Pagane, die Nacht, das Unbewußte und Irrationale und den Tod selbst. Auf mythischer Ebene haben sich diese Ängste vor dem Dunklen in der Gestalt des weiblichen Bösen verkörpert, der Dunklen Göttin, die aufs engste mit dem Dunklen Mond verbunden ist.

Ihre ursprüngliche Rolle als Erneuerin wurde im Lauf der Geschichte vergessen, und sie wurde nun als Zerstörerin gefürchtet. Weltweit wurde sie in einer Vielzahl von Mythologien als die ewige Versucherin, die Schreckliche Mutter und die todbringende Alte dargestellt. Ihre späteren Biographen schilderten sie als schwarzes, böses, giftiges, dämonisches, schreckenerregendes, übelwollendes, feuriges und grausames Wesen. Als sich die patriarchale Kultur immer stärker durchsetzte, wurde sie zum Symbol einer verzehrenden und vernichtenden weiblichen Sexualität, die die Männer zum Verrat ihrer moralischen und religiösen Überzeugungen verleitet, sie dann in tödlicher Umarmung umschlingt und ihre Lebenskraft aussaugt.

Ihre ursprüngliche Natur erfuhr in der mythischen Phantasie männlich dominierter Gesellschaften eine Verzerrung, und sie nahm schreckenerregende Ausmaße an. Als Kali tritt sie mit einer Totenkopfgirlande geschmückt und das abgeschlagene bluttriefende Haupt ihres Gefährten Shiva in der Hand haltend an Verbrennungsstätten in Erscheinung. In Gestalt der Lilith fliegt sie als Dämonin durch die Nacht, verführt die Männer, gebiert Dämonen und tötet kleine Kinder. Als Medusa wird aus ihrer wunderschönen füllligen Haarpracht eine Krone aus zischenden Schlangen und läßt ihr Blickstrahl Männer zu Stein erstarren. Als Hekate lauert sie mit ihren bösartigen Höllenhunden nächtens Männern an Kreuzwegen auf und verfolgt sie.

Es drängt sich die Frage auf, warum die Dunkle Göttin zu einer so schreckenerregenden Gestalt wurde. Auf welche Weise bedroht sie und ihr psychisches Äquivalent, das dunkle Weibliche, unsere Sicherheit und richtet sie in unserem Leben Unheil an? Und in welcher Beziehung steht ihre zerstörerische Kraft zu ihren Fähigkeiten der Heilung und Erneuerung? Wie kam es dazu, daß die Dunkle Göttin zur Verkörperung unserer Ängste vor dem Dunklen wurde, unserer Ängste vor dem Okkulten, vor dem Tod und der Veränderung, vor der Sexualität und vor der Konfrontation mit unserem eigentlichen Selbst und unserer eigenen Interpretation von Wahrheit?

Die Antworten auf diese Fragen lassen sich im Übergang von der matriarchalen zur patriarchalen Kultur finden, der sich vor etwa 5000 Jahren ereignete. Gegenwärtige Altertumsforschungen im Bereich der Theologie, Archäologie, Kunstgeschichte und Mythologie haben Hinweise darauf erbracht, daß sich um 3000 v. u. Z. in den damals vorherrschenden religiösen und politischen Strukturen eine Wandlung zu vollziehen begann. Matriarchale Gesellschaften, die Erd- und Mondgöttinnen, wie Inanna, Ishtar, Isis, Demeter und Artemis, verehrten, wichen patriarchalen Gesellschaften, die Sonnengöttern und Helden wie Gilgamesch, Amen Ra, Zeus, Jahwe und Apollon anhingen.

Vor dieser Zeit unterrichtete die sich zyklisch erneuernde Mondgöttin die Menschen über den Zusammenhang von Tod und Wiedergeburt. Ihre Lehre besagte, daß der Tod nur der Vorläufer der Wiedergeburt ist, und daß die sexuellen Energien nicht nur für die Fortpflanzung, sondern auch für ekstatische Erfahrungen, Heilung, Regenerierung und spirituelle Erleuchtung eingesetzt werden können. Als die Menschen zur Anbetung von Sonnengöttern übergingen, verschwanden die Symbole der Göttin allmählich aus den Kulturen und wurde ihre Lehre vergessen oder unterdrückt und verzerrt.

Heutige Forscherinnen und Forscher decken Belege für die Unterdrückung der Göttin, die Zerstörung ihrer Tempel und Artefakte, die Verfolgung und Ermordung ihrer Anhänger und die Verleugnung ihrer Realität auf. Das mit dem Eroberungszug der patriarchalen Stämme einhergehende neue solare Glaubenssystem schaffte die Konzeption von einer zyklischen Erneuerung ab und zerstörte damit den Kreislauf der Mondgöttin von Geburt, Tod und Erneuerung.

Wir wollen uns nun in größerem Detail der historischen und psychologischen Entwicklung des Archetyps der Dunklen Göttin, diesem dritten Aspekt der uralten Dreifaltigen Göttin, zuwenden. Die Dreifaltige Mondgöttin diente mit ihren drei Phasen des neuen, vollen und Dunklen Mondes als Modell für die weibliche Natur in ihrer Gesamtheit, die sich in ihren Aspekten von Mädchen oder Jungfrau, Mutter und Greisin oder weise Alte entfaltete. In ihrem dritten Aspekt dieser lunaren Dreifaltigkeit wurde die Dunkle Göttin ursprünglich für ihre Weisheit und Geheimlehren über die Erneuerung verehrt, geliebt und akzeptiert. Doch im Entwicklungsverlauf der patriarchalen Kultur wurden sie und ihre Lehre aus der etablierten Gesellschaft verstoßen und in die dunklen Ecken unseres Unbewußten verbannt.

Die Verehrung der Göttin:
Ihre Geschichte und Mythologie

Die Geschichte der Dunklen Göttin begann vor Tausenden von Jahren in einer Zeit, über die uns keine historischen Aufzeichnungen vorliegen, und in der der Mond als vorrangige weibliche Gottheit verehrt wurde. Die Erzählungen von ihr führen uns durch viele Regionen dieser Welt, in denen sie unter einer Vielfalt von Namen bekannt war. Als Kali in Indien, Hekate und Persephone in Griechenland, Lilith im Nahen Osten, Ereshkigal in Sumer, Morgan in Britannien und Hel in Skandinavien. Man nennt sie die Moiren, die Schicksalsgöttinnen, die Furien, Medusa, Medea, Circe, Nemesis, Nyx, die Gorgonen, die Sirenen, die Schwarze Madonna, Cerridwen, Nephtys, Schwarze Isis, Oya, Coatlicue, Frau Holle, Baba Yuga, die Schwarze Dakini, die Schreckliche Mutter, die böse Fee und die böse Hexe.

Es gibt Belege dafür, daß die Menschen schon im Jungpaläolithikum, vor 40 000 Jahren, eine weibliche Gottheit anbeteten. Diese Verehrung kam in ihrer sakralen Symbolik und Kunst, in Darstellungen von Göttinfiguren aus Ton, Knochen, Stein oder Elfenbein zum Ausdruck. Bei ihnen sind die Brüste, der Bauch und die Vulva stark betont, ein Zeichen für die Ehrfurcht, die die Menschen der Vorgeschichte den lebenspendenden und lebenerhaltenden Kräften des Weiblichen entgegenbrachten. In den letzten hundert Jahren haben Archäologen Tausende dieser Statuetten und Amulette in einem geographischen Bereich, der sich von Spanien über Eurasien bis nach Zentralsibirien erstreckt, ausgegraben.

In dieser Vorzeit nahmen die Menschen die Große Göttin als ein strukturierendes Prinzip des Universums wahr, die in ihrer Gestalt alle Kräfte von Leben, Tod und Wiedergeburt verkörperte. Ihr Herrschaftsbereich erstreckte sich nicht nur auf die Welt der Menschen, sondern auch auf das Reich der Pflanzen und Tiere, auf die Erde und den Himmel und die Zyklen der Jahreszeiten und der Himmelskörper. Die Göttin war die Lebenskraft, die alles Existierende beseelte.

Dieser Glaube wurde das Fundament der Verehrung der Großen Göttin im Neolithikum, der Jungsteinzeit, die im 9. Jahrtausend v. u. Z. ihren Anfang nahm. Vor etwa 11 000 Jahren errichteten Ackerbau betreibende Völker die ersten Siedlungen im Fruchtbaren Halbmond am Mittelmeer, darunter Çatal Hüyük, Jericho und Hacilar. Sie entwickelten eine komplexe Religion und ein kosmologisches Weltbild, in deren Mittelpunkt die Verehrung der Dreifaltigen Mondgöttin mit ihren Grundfunktionen als Lebenspenderin, Beherrscherin des Todes und Erneuerin stand.

Diese neolithische Göttin barg die ständige periodische Erneuerung des Lebens in sich, in dem der Tod nichts vom Leben Getrenntes war. Diese Religion bezeugte tiefen Respekt vor den natürlichen Zyklen der Frau. Das männliche Prinzip wurde im jungen gehörnten Gott, dem Sohn, Geliebten und Gefährten der Göttin anerkannt und geehrt. Auch er nahm an den Riten von Geburt, Tod und Erneuerung teil. Die Sexualität war etwas Heiliges und wurde als etwas Sinnenhaftes, Vergnügliches, Erotisches und Heilendes gefeiert.

Die Große Göttin trat in vielen Kulturen der Alten Welt in Erscheinung. Sie hatte viele Namen und Gesichter und manifestierte sich in einer Vielfalt von Formen, um den verschiedenen Bedürfnissen der Menschen zu entsprechen, die sich auf ihre Weisheit und ihr Mitgefühl verließen. Im Nahen Osten wurde sie als Inanna, Tiamat, Ishtar und Astarte verehrt; in Ägypten als Isis, Hathor, Neith und Maat; in Griechenland als Demeter, Hera, Artemis und Aphrodite. Im Fernen Osten war sie als Shakti, Adati und Durga in Indien, als Tara in Tibet und als Kuan Yin in China und Japan bekannt. In einer späteren Entwicklungsform trat sie in den jüdisch-christlichen Kulturen als Jungfrau Maria, Sophia und Shekinah in Erscheinung.

Die Göttin wohnte aller Natur inne, und die Menschen errichteten Schreine an Quellen, in Hainen, Höhlen, auf Berggipfeln, an Herden und an Brunnen, um sie zu ehren und mit ihr zu kommunizieren. In den Gesellschaften, in denen sie verehrt wurde, hatten die Frauen die Rolle der Priesterinnen, Führerinnen, Heilerinnen, Hebammen und Prophetinnen inne. Ausgrabungen förderten über 30000 weibliche Figuren aus Ton, Marmor, Stein, Kristall, Kupfer und Gold zutage, die in den letzten hundert Jahren an fast 3000 Stätten des alten Europas und Nahen Ostens gefunden wurden. Die Kunstgegenstände, Artefakte und frühen Schriften dieser Menschen belegen, daß es sich um friedliche, in harmonischer partnerschaftlicher Verbundenheit lebende, matrilineare Ackerbaugesellschaften handelte. In Kapitel 3 werden wir ausführlicher auf die prähistorischen Anfänge der Göttinreligion aus zyklischer Sicht zu sprechen kommen.

Die Dreifaltige Mondgöttin

Der Rhythmus des Mondes, dessen Phasen sich im Menstruationszyklus der Frauen widerspiegeln, hatten in den Mythen, der Religion und den Symbolen der Göttin einen besonderen Platz. Die Alten nahmen den Mond mit seinen Gezeiten von Geburt, Leben und Tod als weiblich wahr und personifizierten ihn in der Großen Göttin, die über die drei großen Mysterien herrschte. Wenn er sich vom Neumond zum Vollmond und dann Dunkelmond wandelte, wurde er als eine Verkörperung jeder dieser drei Phasen verehrt – von daher die Dreifaltige Mondgöttin, die sich auf vielen Ebenen in dreifach aspektierter Gestalt zeigte.

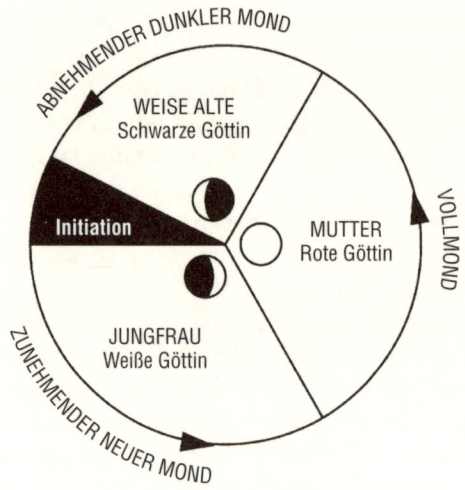

Die Dreifaltige Mondgöttin

Auf der Ebene absoluter Energie, auf der unser Kosmos als in Bewegung befindliche Materieteilchen existiert, die zwischen den Zuständen von Form und Formlosigkeit hin- und herpendeln, begriffen die Alten die dreifache Natur der lunaren weiblichen Energie als die zyklischen Kräfte von Entstehung, Bewahrung und Zerstörung, die das Universum in Bewegung hielten. Begann diese Energie sich in den Bereichen der Form zu verdichten, stellte man sie sich als die den Himmel bewohnenden Gottheiten vor, die die Erscheinungsformen der Göttin von Jungfrau, Mutter und Greisin annahmen. Verfestigte sich die Energie im physischen Bereich der menschlichen Manifestation, wurde die dreifaltige Natur der weiblichen lunaren Energie als die drei grundlegenden Stadien im Frauenleben erfahren: der neue Mond als junges Mädchen und Braut, der Vollmond als die voll aufgeblühte Mutter und Ehefrau und der Dunkle Mond als weise Großmutter und Witwe.

Jeden Monat zeigte sich die Dreifaltige Göttin zunächst als die Weiße Jungfrau des zunehmenden neuen Mondes, die neues Leben gebar und Neuanfänge versprach. In ihrer Jugend und Unschuld herrschte sie über die Jahreszeit des Frühlings und die obere Himmelsregion. Von gespannter Neugier erfüllt, ist die Göttin des Neuen Mondes abenteuerlustig, sorglos und bezaubernd und sprudelt über vor Enthusiasmus und unbegrenzter Energie.

Sie ist die Jägerin und Kämpferin und die Herrin der heldenhaften und gefährlichen Tiere, wie Löwen, Tiger, Panther, Katzen, Rehe und Hirsche. Künstlerische Darstellungen zeigen sie manchmal als junges halbnacktes Mädchen mit sichelmondförmigem Kopfschmuck, einem um die Hüften geschlungenen Gürtel und mit Schmuck behängt. Sie wird auch als Herrin der wilden Tiere oder als junge starke furchtlose Amazone geschildert. Artemis, Diana und Pallas Athene sind einige ihrer Namen.

Wenn der Mond an Licht und Größe zunimmt, entwickelt sich die Göttin zur Roten Mutter des Vollmonds, die das Leben nährt und aufrechterhält. Mit ihrer Fruchtbarkeit und Produktivität herrscht sie über die Jahreszeiten des Sommers und des Herbstes mit ihrer Fülle und über die mittlere Region des Landes und des Meeres. Die Göttin des Vollmonds ist reif, üppig, voller Saft und Kraft und mächtig. Sie schützt grimmig alles, was sie erschafft und liebt.

Die Göttin des Vollmonds symbolisiert Liebe und Fruchtbarkeit. Ihr zugeordnet sind all die nährenden Tiere, wie Kühe, Ziegen und Schafe, wie auch die mit der Liebe assoziierten Tiere, so etwa die Tauben und die Bienen. Künstlerische Darstellungen zeigen sie oft mit gewölbtem, schwangerem Bauch, zwischen üppigen Schenkeln gebärend oder ein Kind an ihren ausladenden Brüsten stillend. Göttinnen wie Demeter, Isis, Aphrodite, Tara und Kuan Yin verkörpern ihre Natur.

Wenn das Mondlicht abnimmt und schwindet, verwandelt sie sich in die Schwarze Greisin oder Weise Alte des abnehmenden Dunklen Mondes, die die Verstorbenen in Empfang nimmt und sie auf die Wiedergeburt vorbereitet. *Aus ihr leitet sich ursprünglich die Dunkle Göttin her.* In ihrer Weisheit, die ihrer Erfahrung entspringt, regiert sie die Jahreszeit des Winters und die Unterwelt. In innerer Stärke fest gegründet ist die Dunkle Mondgöttin voller Mitgefühl und Verständnis für die schwache menschliche Natur, und ihr Rat ist weise und gerecht.

Sie herrscht über die Künste der Magie, das Geheimwissen und die Orakel. Ihre Tiertotems sind die Tiere, die unter der Erdoberfläche leben – Schlangen und Drachen –, und die Tiere der Nacht – Eulen, Raben, Krähen, weiße und schwarze Hunde und Pferde. Künstlerische Darstellungen zeigen das zornige Gesicht der Göttin, die das Leben verschlingt, und manchmal auch ihre Vulva als Symbol für die nachfolgende Erneuerung. Königinnen der Zauberei und der Unterwelt wie Hekate, Kali und Ereshkigal verkörpern ihre Wesensnatur.

Zu den geheiligtsten Riten der Göttin in allen drei Manifestationen gehörte der rituelle Geschlechtsverkehr, den ihre Priesterinnen mit den Angehörigen der Gemeinschaft vollzogen, die zu den Tempeln kamen, um Sie anzubeten. Die Priesterinnen agierten dabei als Energiekanäle, die den Segen der Liebe und Fruchtbarkeit der Göttin in das Leben der Menschen brachten. Aus der Schlacht heimkehrende Krieger suchten als erstes diese Priesterinnen auf, um rituell vom Makel, getötet zu haben, gereinigt zu werden. Sie nahmen an einem Ritus teil, in dessen Vollzug sie durch die Sexualität der Göttin geläutert, geheilt und erneuert werden konnten.

So wurde die Göttin in ihrem, sich in den Mondphasen ausdrückenden, zyklischen Wandel und ewig erneuernden Licht gesehen. Sie wurde in allen ihren drei Aspekten geliebt und akzeptiert, und ihre dreifaltige Natur war in die Glaubensvorstellungen von der Realität der Natur eingewoben. Im Reich der Dreifaltigen Göttin begriff man die Zeit nicht als linear, sondern als zyklisch, und der Kreislauf der Jahreszeiten mit seinen zunehmenden und abnehmenden Phasen von Leben, Tod und Wiedergeburt lag als fundamentales Muster allem Denken zugrunde.

Die Dunkle Göttin in alter Zeit Als die Dreifaltige Mondgöttin angebetet und verehrt wurde, wurden die dunklen Phasen des Mondzyklus als prototypisch für den Tod im Kontext der Lebensspanne eines Menschen begriffen. Ebenso wurde die Sexualität während der Dunkelheit des Mondes als Bindeglied zur Regenerierung und Wiedergeburt verstanden. Durch die Beobachtung des sich ewig erneuernden Mondlichts entwickelten die Alten einen damit verbundenen Glauben an die Wiedergeburt.

Sie sahen, daß, so wie der Mond verschwand und dann wieder erschien, auch das Samenkorn sproß, Früchte trug, dahinwelkte, verschwand und durch neuerliches Aufkeimen wieder in Erscheinung trat. Es gab keinen Grund anzunehmen, daß die Menschen sich von den lunaren und vegetativen Zyklen unterschieden, in deren Rhythmen sie auf so innige und harmonische Weise lebten und eingewoben waren. Wie das Licht des Mondes nach einer Zeit der Dunkelheit wieder aufleuchtet, wurde auch der einzelne Mensch wieder ins Licht hineingeboren. Das war das Gesetz des Kreislaufs, und keine Macht konnte dieses sich drehende Rad anhalten.

So wurde die Dunkle Göttin, indem sie die dunkle Phase des Mondzyklus verkörperte, für ihre Rolle als Herrscherin über die Initiationen in die geheimnisvolle Phase zwischen Tod und Wiedergeburt verehrt. Ihre Titel waren unter anderem Weise Alte, Großmutter, Königin der Schattenwelt, Führerin in die Unterwelt, Herrin der Initiation und Torwächterin der Reiche des Geistes. Sie spendete den Menschen Trost und weisen Rat, wenn sie sich dem Ende ihres Lebens näherten.

Sie war mit unendlichem Mitgefühl und Erbarmen für die Menschen da, die den Tod vor Augen hatten. Sie verstand den Grund für alle ihre Fehler und Fehlschläge und vergab ihre Fehltritte. Ihre geachteten Priesterinnen unterwiesen sie in den Erfahrungen, die sie bald auf ihrer Reise in die Dunkelheit und dann wieder hinaus ans Licht machen würden.

Die Priesterinnen der Dunklen Göttin sorgten für die Todkranken, saßen bei den Sterbenden im Moment ihres letzten Atemzugs, bereiteten ihre Körper für die Bestattung vor, wachten über die Begräbnisrituale und berieten die trauernden Familien. Alte Legenden berichten von sexuellen Leidenschaften, die die Dunkle Göttin in den Sterbenden im Augenblick ihres Todes erweckte, wodurch sie, ähnlich den Geburtswehen, durch orgasmische Kontraktionen in den Todeskanal hineingeführt wurden.

Die Alten wußten, daß sie zwar jeden Monat mit dem alten Dunklen Mond starb, doch mit dem neuen zunehmenden Sichelmond wiedergeboren wurde. Die Dunkle Mondgöttin in ihrem Aspekt der Greisin und weisen Alten nahm das Leben zurück in ihren Schoß. Und unter ihrem Aspekt als die jungfräuliche Göttin des neuen Mondes gebar sie das Leben aufs neue, brachte es wieder hervor. Die weise Alte war die Todbringerin, so wie die Jungfrau die Lebenbringerin war. Die Reinkarnation kam in der neuerlichen Fruchtbarkeit der Greisin-die-zur-Jungfrau-wurde zum Ausdruck. Diese wechselwirksame Zerstörung, die zur Schöpfung wird, ist ihr ewiger Tanz, der den Kosmos aufrechterhält.

Die Dunkle Göttin vernichtete und verschlang alles, was alt, heruntergekommen, in seiner Energie erschöpft und nutzlos geworden war. Sie verwandelte dessen Substanz in ihrem magischen Kessel und bot es neuerlich als Elixier an. Wie sich aus ihren geheimen Initiationsriten ablesen läßt, teilten alle alten Religionen die Vorstellung von einer Unterwelt, in der die Dunkle Göttin die Seelen durch die finsteren Sphären der Formlosigkeit geleitete. Hier ließ sie ihre geheimen Kräfte der Regenerierung wirksam werden.

Unsere »Hölle« verdankt ihren sprachlichen Ursprung dem unterirdischen Reich der skandinavischen Göttin Hel, das aber kein Ort der Bestrafung war. Es war nur der dunkle Schoß, symbolisiert durch die Höhle, den Kessel, den Abgrund, den Brunnen oder das Berginnere. Die Dunkle oder Schwarze Göttin wurde nicht gefürchtet, und ihr Ort war kein Ort der Qualen und Torturen. Sie erwartete ihre Initianden auf dem Friedhof, der Pforte zu ihrem Tempel. Durch den Tod traten die Menschen in die dunkle Phase ihres eigenen Zyklus ein; dort trafen sie die Dunkle Göttin, die sie durch diese Zwischenphase hindurch und wieder zurück zur Geburt geleitete.

Wo diese Schluß- und Transformationsphase der Lebensspanne verstanden und akzeptiert wurde, ehrte man diese Göttin für ihre Weisheit, und sie wurde dafür geliebt, daß sie die Wesen der Erde am Ende in Empfang nahm und ihnen tiefstes Mitgefühl entgegenbrachte. Sie wurde von den Menschen, die die Mondgöttin verehrten und den Tod als einen sich immer wieder auftuenden Spalt in der spiralförmigen Kontinuität der Zeit begriffen, nicht gefürchtet.

Der Wendepunkt in der Verehrung der Göttin

Die Epoche um 3000 v. u. Z. war eine kritische Zeit im Lebenszyklus der Mondgöttin und der sie verehrenden Menschen. Es begann der Abstieg und Verfall der Göttinkulturen, die überall auf der Welt 30 000 Jahre lang eine Blüte erlebt hatten. Merkmal dieser Epoche sind auch der Aufstieg der patriarchalen, Sonnengötter anbetenden Stämme sowie die Anfänge der Geschichtsschreibung. Letztere soll in der Zivilisation, die in der Talebene zwischen Tigris und Euphrat, dem heutigen Irak, angesiedelt ist, ihren Ausgang genommen haben.

Der Beginn des Niedergangs der Göttin läßt sich bis zum ausklingenden Neolithikum und Heraufdämmern der Bronze- und Eisenzeit zurückverfolgen. Zwischen 4000 und 2500 v.u.Z. fielen immer wieder proto-indoeuropäische Stämme aus Nordeuropa und Zentralasien in Westeuropa, Nahost und Indien ein. Diese hellhäutigen kriegerischen Nomadenstämme ritten auf Pferden und kämpften mit Waffen aus Bronze. Sie verehrten einen im Himmel angesiedelten Vatergott, und dieser feurige solare Lichtbringer-Gott schleuderte Blitze, die man auf Berggipfeln aufflammen und über den Himmel zucken sehen konnte. Seine Hauptfeinde waren die die große Muttergöttin anbetenden Völker, und seine Anhänger fielen in die ansässigen Göttinkulturen ein und eroberten und zerstörten sie.

Regiert wurden diese nomadischen Invasoren von Priestern und Kriegern. In Indien waren sie als »Arier« bekannt, im Fruchtbaren Halbmond waren es die Hethiter und Mitaner, in Anatolien die Luwer, in Osteuropa die Kurgan-Völker, später in Griechenland die Achäer und Dorer sowie in Palästina die Semiten und Hebräer. Es gibt archäologische Funde, die belegen, daß sich ab dieser Zeit Auflösungserscheinungen bemerkbar machten. Neben den Invasionen geschahen auch Naturkatastrophen, die große Verwüstungen und Erschütterungen in den neolithischen Kulturen Europas und des Nahen Ostens nach sich zogen.

Ein Durchforsten der Mythen und historischen Überlieferungen sowie archäologische Funde lassen uns auf die Gewalt und Zerstörung schließen, der sich die Anhängerinnen und Anhänger der Göttin allerorten ausgesetzt sahen. Sie wurden vergewaltigt und niedergemetzelt, ihre Heime und Ansiedlungen ausgeplündert und niedergebrannt, ihre Wert- und Glaubensvorstellungen unterdrückt. Sie wurden versklavt, ausgebeutet und verbannt. Die Frauen wurden ihrer Führungspositionen im Gemeinwesen, ihrer Entscheidungsgewalt und auch ihrer spirituellen Autorität als Priesterinnen beraubt. Sie konnten ihre Funktionen in den beruflichen und heilerischen Bereichen nicht mehr ausüben, und alle Ausdrucksmöglichkeiten ihrer Sexualität, Intelligenz und Autonomie wurden ihnen zunehmend verwehrt.

Die patriarchalen Stämme gelangten rasch an die Macht und bauten ihre Zivilisationen auf den Ruinen der Völker auf, deren Leben sich nach den Rhythmen der Erde als Mutter und des Mondes als Göttin gerichtet hatte. Sie zwangen ihre Ideologien und Lebensweisen den von ihnen eroberten Stämmen und Gebieten auf. Riane Eisler schreibt, daß die entscheidende durchgängige Eigenschaft dieser einfallenden Stämme ihr Herrschaftsmodell der gesellschaftlichen Organisation war, und daß sie ihren materiellen Wohlstand nicht durch die Entwicklung neuer Produktionstechnologien, sondern durch zunehmend effektivere Zerstörungstechnologien schufen. Die Werte der Göttinreligion und die künstlerischen und gesellschaftlichen Beiträge der Frauen, die ihre Priesterinnen und Anhängerinnen waren, verschwanden allmählich aus der Kultur, und es setzte eine kulturelle und zivilisatorische Rückentwicklung ein.

In den Mythen und historischen Berichten finden diese Ereignisse in den Geschichten von weiblichen Gottheiten der Göttinreligion ihren Niederschlag, die durch männliche Gottheiten der Indoeuropäer ersetzt werden. Die oberste Gottheit, die Große Göttin, Mutter des Universums und aller Schöpfung, erfährt eine Geschlechtsumwandlung und wird nun zum Großen Gott, Vater des Universums und der Menschheit. So wird beispielsweise Tiamat durch Marduk ersetzt, Gaia durch Uranos, und Inanna durch Dumuzi. Der Gott, König, Priester und Vater nimmt nun die Rollen und Positionen der Göttin, Königin, Priesterin und Mutter ein. Die Göttin wurde umbenannt und ihre Mythen wurden umgeschrieben. Was sich nach 2500 v.u.Z. abspielte, war eine Vermengung der alteuropäischen und der indoeuropäischen mythischen Systeme.

In den mythischen Erzählungen von diesem kulturellen Übergang taucht nun der junge Gott auf, zunächst als Sohn/Geliebter/Gemahl der Göttin. Dann gewinnt er an Macht und überflügelt sie schließlich, um der Gott/König und ihr Schöpfer, Ehemann und Vater zu werden. Hier wird ganz konkret geschildert, wie die männlichen Eroberer die Frauen als religiöse und politische Führerinnen absetzten und die Königinnen und Priesterinnen als Faustpfand benutzten, um ihr gottgegebenes Recht als Könige und die patriarchale Nach- und Erbfolge durchzusetzen.

Während ursprünglich die Göttin an oberster Stelle und allein regierte, verwiesen sie die patriarchalen Kulturen später auf eine zweitrangige Position als Mutter des Gottes/Königs, so wie bei Isis als Mutter von Horus oder Maria als Mutter von Jesus. Nun wurde der Gott ihr Schöpfer wie im Fall der biblischen Schöpfungsgeschichte, wo Eva aus Adams Rippe entsteht. Die Göttinnen wurden auch gezwungen, Götter als ihre Ehemänner zu akzeptieren – Hera mußte Zeus ehelichen und Isis Osiris. Durch die Zwangsehen zwischen den Priesterinnen der Göttin und den patriarchalen Stammesführern sollte die matrilineare Erbfolge zerstört werden und das königliche Blut auf eine patriarchal bestimmte Erblinie übergehen. Priesterinnen, die sich einer solchen Ehe verweigerten, wurden isoliert und zum Zölibat gezwungen wie die römischen Vestalinnen.

Dieser Abhängigkeitsstatus der Göttin wurde später noch verschärft, als sie schließlich zur Tochter statt zur Ehefrau des allmächtigen Vatergotts gemacht wurde und alle seine Eigenschaften erbte. Dieses Muster zeigt sich beispielhaft in der Geschichte von Athene, die dem Haupt des Zeus entspringt; sie bewahrt sich ihre Vorrangstellung als Lieblingstochter des Vaters, indem sie leugnet, je eine Mutter gehabt zu haben, und indem sie ihre matriarchalen Vorfahrinnen, wie Medusa und Pallas, vernichtet.

Der endgültige Triumph in dieser Phase der Auseinandersetzung und des Übergangs wird in den indoeuropäischen Mythen geschildert, in denen wir in zahlreichen Versionen die patriarchalen Sonnenheroen Drachen und Schlangen erschlagen sehen. Die Schlange und der Drache sind die primären Repräsentanten in Tiergestalt der Göttin oder ihres Sohngeliebten und ein Symbol für die alte Göttinreligion. Die Schlangensöhne Gaias, Typhon und Python, wurden von Zeus, dem Blitzeschleuderer, und vom Sonnengott Apollon getötet. Marduk ermordete seine Drachenmutter Tiamat, Perseus enthauptete die schlangenhaarige Gorgo Medusa, und Jahwe vernichtete das Schlangenungeheuer Leviathan.

Diese Bewegung gipfelte im Judentum, Christentum und Islam in dem Versuch, die Göttin ganz und gar zu verbannen. So befiehlt Jahwe seinem Volk, alle Stätten, an denen die von ihm besiegten Völker ihren Gottheiten auf Berggipfeln, auf Hügeln und in Hainen dienten, zu zerstören und ihre Namen auszulöschen. »So sollt ihr gegen sie vorgehen: Ihr sollt ihre Altäre niederreißen, ihre Steinmale zerschlagen, ihre Kultpfähle umhauen und ihre Götterbilder im Feuer verbrennen« (Deuteronomium 7,5).

In der Psyche der Menschen fand eine Polarisierung zwischen den männlichen Göttern, Lichtträgern, die von oben kamen, und den in der Finsternis der Höhlen und Erde hausenden weiblichen Gottheiten statt. Das Licht wurde mit dem Guten und das Dunkle mit dem Bösen gleichgesetzt. Die gegen die Göttin geführten Kriege wurden als Schlachten zwischen den Mächten des Lichts und jenen der Finsternis aufgefaßt. In Indien überwältigten die hellhäutigen »Arier« aus dem Norden die matriarchalen dunkelhäutigen Drawiden-Stämme im Süden. Sie führten das Kastensystem ein, um die dunkelhäutigen Anhänger der Göttin auf niedrigster Kastenebene untergeordnet zu halten.

Als die Göttin, die ehemals erbarmungsvolle Mutter, die Quelle und Erhalterin allen Lebens, nun zu einem mit den Kräften der Finsternis und des Bösen assoziierten Symbol wurde, betrachtete man auch die Frauen, ihre irdischen Manifestationen, als unrein, böse und der Erbsünde schuldig – als Menschen, die bestraft werden mußten. Sie wurden das Eigentum ihrer Väter und Ehemänner. Frauen, die die Verpflichtung zur Monogamie mißachteten und außereheliche Beziehungen eingingen, stellten eine Bedrohung für die Garantie der Vaterschaft und der durch die Blutsverwandtschaft legitimierten männlichen Erbfolge dar und wurden als Huren ausgestoßen und getötet; ihre illegitimen Kinder wurden aller ihrer Rechte beraubt und gesellschaftlich geächtet.

Im Griechenland des klassischen Altertums, das als die Geburtsstätte der Demokratie gepriesen wird, hatten die Frauen keine Bürgerrechte und kein Stimmrecht, und durften ihren Namen nicht auf ihre Kinder übertragen. Als ideale Liebe galt die Liebe zwischen zwei Männern, vor allem die zwischen einem älteren und einem jüngeren Mann. Frauen wurden als einer bedeutungsvollen emotionalen und intellektuellen Beziehung unwürdig erachtet; sie hatten einzig die Funktion, legitime Kinder in die Welt zu setzen, an die die Eigentumsrechte vererbt werden konnten.

Die frühen römischen Christen unterdrückten konsequent alles Wissen und alle Informationen, die nicht ihrer Kirche entstammten. Sie schlossen die alten griechischen Akademien und verbrannten die Bücher der großen klassischen Dichter, Philosophen und Gelehrten. Die ewige Flamme der Vestalischen Jungfrauen in Rom wurde gelöscht, der große Einweihungstempel im griechischen Eleusis zertrümmert und dessen Riten wurden verboten. Im 5. Jahrhundert wurde die großartige Bibliothek von Alexandrien dem Erdboden gleichgemacht und damit die letzte Sammelstätte der Weisheit und des Wissens der Alten vernichtet.

Das Päpstliche Konzil von Konstantinopel verfemte, ebenfalls im 5. Jahrhundert, den Reinkarnationsgedanken und die Vorstellung von zyklischer Erneuerung. Was später im Mittelalter als Heidentum und Hexerei angeprangert wurde, waren lediglich die Sitten und Gebräuche der Menschen auf dem Land. Diese bezogen sich immer noch auf die Kräfte der Natur und feierten ihre durch den Feldanbau und Jahreszyklus bestimmten Feste und Rituale. Die Hexenjäger des Mittelalters eliminierten systematisch all jene, die sich weiterhin an das Wissensgut der alten Religion erinnerten, es praktizierten und weitergaben. Hebammen, Heilerinnen und Seherinnen, die alten Anhängerinnen der Göttin, wurden als Hexen gebrandmarkt. Sie wurden verfolgt und ermordet, und ihr Hab und Gut wurde von der Kirche konfisziert.

Das Matriarchat und die Göttinverehrung wurden im Dunkel der Vorgeschichte begraben und ins Reich der Legende verwiesen. Die noch verbliebenen Restbestände der matriarchalen Lehren lassen sich in den Mysterienkulten der Demeter in Griechenland, Isis in Ägypten, Kali in Indien, Kybele in Kleinasien und in den paganen (»heidnischen«) Kulten und in der Hexenkunst des alten Europa entdecken.

Der schöpferische Geist wurde nun als männlich betrachtet, und die patriarchalen Religionen bewegten sich zunehmend auf den Monotheismus zu, der an die Stelle des vormaligen Pantheons von vielen Göttern, Göttinnen und Elementargeistern trat. Der aus dem männlichen Geist abgeleitete eine und absolute Vatergott herrschte allein und uneingeschränkt über Himmel und Erde und verurteilte all die alten Gottheiten als »heidnische Götzen«. Die endgültige Vernichtung der alten Dreifaltigen Göttin erfolgte, als sie in die Trinität von Vater, Sohn und Heiligem Geist umgewandelt wurde.

In den neuen monotheistischen Kosmologien der patriarchalen Kultur wurden die ersten beiden Aspekte der alten Göttintriade stillschweigend anerkannt – die Jungfrau und die Mutter. Sie wurde nun als ideale Gestalt des Weiblichen betrachtet, die ohne die Besudelung des Geschlechtsverkehrs den Heiligen Sohn gebar. Die Sexualität der Frau wurde nur für die Zwecke der Fortpflanzung und des Fortbestands der menschlichen Rasse akzeptiert, und die Erinnerung daran, daß die sexuellen Energien der Göttin auch dem Ritual, der Heilung und Erneuerung dienten, wurde ausgelöscht.

Die religiösen Doktrinen lehnten den dritten dunklen Aspekt der Göttin, die todbringende weise Alte, vollkommen ab. Die Menschen verloren die Rolle aus dem Blickfeld, die die Sexualität und der Tod als integraler Bestandteil des der dunklen Phase innewohnenden Erneuerungsmoments spielten, und der Glaube an die zyklische Erneuerung und Wiedergeburt war gleichbedeutend mit Gotteslästerung. Die in der Kunst der Begräbnisrituale und heiligen regenerierenden Sexualität bewanderten Priesterinnen wurden gefürchtet und abgelehnt.

Die Entwicklung der linken Gehirnhälfte und die Angst vor dem Tod

Der Untergang der Göttinnen und Aufstieg der männlichen Götter kann auch im Licht der Veränderungen gesehen und verstanden werden, die sich während dieser Übergangsepoche im menschlichen Gehirn vollzogen. Zeitgenössischen psychologischen und wissenschaftlichen Theorien zufolge üben die linke und die rechte Gehirnhälfte unterschiedliche Funktionen aus. Die rechte Gehirnhälfte wird dem weiblichen oder *Yin-* und die linke Gehirnhälfte dem männlichen oder *Yang*-Pol der Energie zugeordnet.

Julian Jaynes, Professor an der Princeton University, vertritt in seiner umstrittenen Studie über das menschliche Bewußtsein die These, daß die Menschen in alter Zeit auf andere Weise »dachten« als wir heute. Sie waren »bikameral«, das heißt, sie wurden durch »Stimmen« angeleitet, die von der rechten Gehirnhälfte ausgingen und von der linken Gehirnhälfte wahrgenommen wurden. Sie begriffen diese als göttliche Stimme und gehorchten ihr fraglos, bis eine Reihe von Naturkatastrophen und die zunehmende Komplexität der Gesellschaftsstrukturen sie zwangen, »bewußt« zu werden. Jaynes nimmt an, daß die Menschen bis etwa vor 1500 v.u.Z. über kein Bewußtsein, so wie wir es verstehen und welches er mit den Funktionen der linken Gehirnhälfte assoziiert, verfügten. Hier sei angemerkt, daß dieser Autor insofern frauenfeindliche Vorurteile erkennen läßt, als er in seiner Definition das Bewußtsein ausschließlich den Funktionen der linken Gehirnhälfte zuordnet und impliziert, daß die Prozesse der rechten Gehirnhälfte unbewußter und damit untergeordneterer oder geringerer Natur sind. Und das ist, wie wir noch sehen werden, ganz sicher nicht der Fall.

Die sich während der Herrschaft der Göttin herausbildende Kosmologie entstand aus gedanklichen Prozessen, die in erster Linie die Domäne der rechten Gehirnhälfte sind. Diese ist energetisch weiblich gepolt, in der Bewegung kreisförmig, vom Wesen her intuitiv und stark auditiv ausgerichtet. Sie erfaßt die Dinge in ihren Zusammenhängen und eint sie; sie konzentriert sich auf eine holistische Sicht, erkennt das Gleiche oder Ähnliche und die wechselseitige Verbundenheit der Dinge. Wenn die rechte Gehirnhälfte vorherrscht, werden die Menschen, Tiere, Pflanzen und die physische Welt, auf der sie alle leben, der Himmel, das Land und die Meere, die Unterwelt und die spirituelle Welt der Gottheiten als wechselseitig voneinander abhängige Aspekte eines einzigen lebendigen Wesens begriffen. Das Universum ist lebendig und agiert auf intelligente, planvolle und sinngerichtete Weise.

Auch versteht die rechte Gehirnhälfte die Zeit als etwas Zyklisches. So verehrte die Menschheit damals eine weibliche lunare Gottheit, die sich zyklisch ständig erneuerte. Sie erhellte das Geheimnis, wonach sich Ende und Anfang am selben Punkt ereignen, sich Rücken an Rücken berühren. Und daher verstanden die Menschen den Tod und die Sexualität als Vorläufer der Wiedergeburt. Sie fürchteten sich nicht vor der Dunkelheit des Todes, der Ekstase der Sexualität oder der Göttin und ihren Priesterinnen, die ihnen den Übergang zwischen den Leben erleichterten.

Jaynes geht nicht auf den Wechsel von den Göttinnen zu den Göttern ein, dokumentiert aber die Katastrophen und Zusammenbrüche, die sich ab Mitte des 2. Jahrtausends v.u.Z. zu ereignen begannen. Neben den Vulkanausbrüchen, Flutwellen und ungeheuren Überschwemmungen zählt er dazu ausgedehnte Kriege und Vertreibungen, die wir bereits als patriarchale Invasionen identifiziert haben. Jaynes vertritt die These, daß der rationale, logische, analytische Verstand (Funktionen der linken Gehirnhälfte) entwickelt wurde, um der Menschheit durch die zunehmende

Komplexität ihrer sich wandelnden Welt hindurchzuhelfen. Er präsentiert Beweismaterial dafür, daß die Funktionen der linken Gehirnhälfte in dieser Zeit stärker aktiviert wurden und zunehmend die Art der Realitätswahrnehmung des Menschen beeinflußten.

Die linke Gehirnhälfte ist energetisch männlich gepolt, in ihrer Bewegung linear, logischer Natur und in ihrer Wahrnehmung visuell ausgerichtet. Sie dominierte vor allem in dem analytischen, technologischen und wissenschaftlichen Intellektualismus unserer modernen Zeit. Während sich die rechte Gehirnhälfte auf die Gleichheit und Gemeinsamkeit der Dinge konzentriert, betont die linke Gehirnhälfte deren Verschiedenheit. Sie entwickelt unsere Fähigkeiten zu analysieren und zu unterscheiden, und nimmt innerhalb dieses Prozesses ein Getrenntsein von Subjekt und Objekt wahr.

Diese dualistische Weltsicht und Wahrnehmungsweise, die eine Trennung zwischen dem Ich und den anderen, zwischen uns und ihnen vornimmt, führt unvermeidlich zu einem Krieg der Gegensätze, der einen Unterdrücker und ein Opfer hervorbringt. Unser Selbsterhaltungsdrang erzeugt die Angst, von irgend etwas überwältigt zu werden, das wir als von uns getrennt und als außenstehend wahrnehmen. Die Ichanhaftung führt, wenn sie bis zum Extrem getrieben wird, zu Isolationsgefühlen und dem Empfinden, mit nichts verbunden zu sein. Diese Denkweise führt zu Schlußfolgerungen, die sich die einzelnen Menschen in einem zufälligen, chaotischen, sinnentleerten und ohne Intelligenz agierenden Universum entfremdet fühlen lassen. Der daraus entstehende Leidensdruck weckt einen tieferliegenden, weniger bewußten Drang nach Wiederversöhnung; so kommt es zu der dynamischen Spannung zwischen Gegensatzpaaren.

Als die Menschen nach 1500 v. u. Z. begannen, vorrangig von der mit dem männlichen Prinzip assoziierten linken Gehirnhälfte geleitet zu agieren, fingen sie an, sich selbst als vom Rest der Schöpfung verschieden und getrennt zu sehen. Da sie sich nun vor der bedrohlichen Möglichkeit einer Überwältigung durch äußere und andersartige Kräfte fürchteten, stieg in ihnen der Wunsch auf, das in der Göttin verkörperte weibliche Prinzip, die Frauen und die Natur zu besiegen, statt in Harmonie mit ihnen zu leben.

Neben der Angst vor dem anderen war auch die Angst vor dem Tod ein Produkt der Wahrnehmungsweise der linken Gehirnhälfte, die ja die Zeit nicht als zyklisch, sondern als linear begreift. Aus dieser Sicht heraus ist das Ende nicht mehr mit dem Anfang verknüpft. Das Ende ist das Ende, und der Tod ist der endgültige Schlußpunkt des Lebens. Leben und Tod werden nicht als zwei sich abwechselnde Phasen einer zyklischen Existenz gesehen, sondern als sich bekriegende Gegensätze. Der Tod bedeutet im Kontext einer Kosmologie, in der er als etwas absolut Endgültiges und nicht etwas Zyklisches und Erneuerndes verstanden wird, ein Höchstmaß an Entsetzen und Schrecken. Der Höhepunkt der christlichen monotheistischen Religion war der Grundgedanke der Auferstehung; der endgültige Triumph des ewigen Lebens über den Tod.

Nun herrschte die Lehre vor, daß dem Menschen nur ein einziges Leben zur Verfügung stand, das er in Befolgung der von den solaren Göttern offenbarten neuen Moralgesetze zu leben hatte. Ungehorsam ihnen gegenüber bedeutete den Flirt mit dem Weg der Sünde und Bestrafung. Sexuelle Aktivitäten innerhalb der gesetzlichen monogamen Ehe, die nicht ausschließlich dem Zweck der Fortpflanzung dienten, standen im absoluten Widerspruch zu einem spirituellen Leben. Diese Negierung der ekstatischen und heilenden Kräfte der Sexualität führte dazu, daß diese für die heiligen Männer zur schrecklichsten aller Versuchungen wurde. Sie mußten stets argwöhnen, daß die Frauen mit ihrer unzüchtigen und lasterhaften Natur sie dazu verleiteten, schwach zu werden und zu sündigen. Wenn sich die Menschen nicht zum Glauben an den zornigen patriarchalen Gott bekehrten und ihn um Vergebung und Erlösung anflehten, waren sie dazu verdammt, ewige Qualen im Höllenfeuer zu erleiden. Es gab keine Gnade, kein Pardon, keine Chance zu erklären oder aus den Fehlern zu lernen und Wiedergutmachung zu leisten.

Die Religion der Göttin beinhaltete zwar immer die Vorstellung von einer Unterwelt, doch diese war kein Ort der Bestrafung. Sie war lediglich der Spalt zwischen den Leben, der dunkle Schoß der Göttin, wo man gereinigt, geläutert, geheilt und auf die Wiedergeburt vorbereitet wurde. Es waren die patriarchalen, monotheistischen Religionen mit ihrer von der linken Gehirnhälfte beherrschten Mentalität, die sich einen Himmel und eine Hölle samt der damit verbundenen Vorstellungen von Gut und Böse, Belohnung und Bestrafung, ausdachten. Und in der Hölle dieses zornigen Vatergotts warteten sadistische Folterungen und Leiden ohne Ende.

Da begannen die Menschen, die Dunkelheit des Todes zu fürchten. Jene, die nicht durch eine religiöse Bekehrung zum Vater gerettet wurden, sahen einem absolut endgültigen Tod und ewiger Qual entgegen. Ihr Schrecken und Entsetzen erstreckte sich auf die Dunkle Göttin des Dunkelmonds, die nun nur noch die Todbringerin und nicht mehr auch die Erneuerin war. Die Göttin wurde von ihrer Rolle bei der zyklischen Regenerierung abgespalten, und aus ihrem dritten dunklen Aspekt wurde die angsteinflößende Gestalt des weiblichen Bösen, die verführte, verschlang und dem Leben der Menschen ein für allemal ein Ende setzte. Der dunkle Aspekt der Göttin wurde nun gehaßt, verfolgt, unterdrückt und in die Vordämmerung der Geschichte und die Tiefen des Unbewußten verbannt. Ins Exil abgeschoben, wurde die Dunkle Göttin verdrängt und dann verzerrt, bis schließlich ihre menschenzerstörerische Kraft in der mythischen Phantasie der Menschheit überwältigende Ausmaße annahm.

Als die Energien der linken Gehirnhälfte in steigendem Maße aktiviert wurden, gewann auch das männliche Prinzip an Einfluß auf die Glaubensvorstellungen der Menschen. Männer und männliche Götter stiegen zu Machtpositionen in den Bereichen der irdischen und spirituellen Belange auf. Mit der Minderung der Wahrnehmung der rechten Gehirnhälfte gerieten die zyklische Natur der Zeit und der Tod als Bestandteil zyklischer Wiedergeburt in Vergessenheit. Die Angst vor dem Tod führte zusammen mit der Angst vor der Sexualität zum »Märchen« von der Dunklen Göttin als übelwollender weiblicher Zerstörerin und der sich daraus ergebenden Dämonisierung des dunklen Aspekts des Weiblichen als das Böse schlechthin.

Die Dunkle Göttin als der weibliche Schatten in der modernen Welt

Heute steht die Dunkle Göttin alter Zeit für viele der abgelehnten Aspekte der Trinität weiblicher Ganzheitlichkeit. Die Lehren der Dunklen Göttin des Dunkelmonds haben mit Weissagung, Magie, Heilen, heiliger Sexualität, den nichtphysischen Dimensionen des Seins und den Geheimnissen von Geburt, Tod und Erneuerung zu tun. Und diese Lehren, heutzutage Pseudowissenschaften genannt, wurden und werden von den modernen Institutionen im Bereich der Religion und des Erziehungs- und Ausbildungswesens als legitime Forschungsbereiche abgelehnt.

In den meisten Menschen ruft alles, was sie über die Sicherheit der Grenzen ihres Bewußtseins hinaustragen könnte, den zwanghaften Drang hervor, es zu verdrängen und in seiner Existenz zu leugnen. Das dunkle Weibliche und die Lehren des Dunkelmonds wurden aus dem akzeptierten Dogma der patriarchalen Gesellschaft verbannt. Diese Ablehnung geht mit der Entwicklung des Schattens in der Psyche des einzelnen und der Gesellschaft einher. Die Leugnung und Verdrängung eines zur Ganzheitlichkeit gehörenden Aspekts ist wesentlichster Bestandteil der Formierung des Schattens.

Gemäß der Jungschen Psychologie ist der Schatten der dunkle, abgelehnte Teil der Psyche. Er besteht aus all den Eigenschaften, die wir, von den Werten unserer Kultur beeinflußt, für nicht wünschenswert oder akzeptabel halten und daher nicht als Teil unserer Persönlichkeit zum Ausdruck bringen wollen. Er enthält alles, was wir an uns nicht mögen, bedrohlich, beschämend und unangemessen finden, sowie gewisse von uns geschätzte und positive Eigenschaften, die zu unterdrücken und zu verleugnen wir gedrängt werden. Wir lehnen diese negierten und abgewerteten Teile unseres Selbst auf individueller und kollektiver Ebene ab, verbannen sie ins Unbewußte und lassen sie nicht als Teil unserer bewußten Identität gedeihen. Der Schatten ist auch der Bote des Unbewußten, der uns über Träume und Bilder die unterhalb unserer Bewußtseinsschwelle agierenden Mechanismen unseres inneren Wesens enthüllt.

Die Götter und Göttinnen der Religion und Mythologie korrespondieren mit den archetypischen Gestalten, die unsere Psyche bevölkern und sich als die verschiedenartigen Kräfte unserer Persönlichkeit zum Ausdruck bringen. Wie die Kultur auf kollektiver Ebene die mythische Dunkle Göttin verbannt und diffamiert hat, wurden wir als Einzelpersonen dazu konditioniert, jene Teile unserer Persönlichkeit zu verleugnen und zu verabscheuen, die mit deren Eigenschaften in Verbindung gebracht werden. In ihr vereinigten sich schließlich die abgelehnten Aspekte weiblicher Ganzheitlichkeit, und somit symbolisiert sie nun den weiblichen Schatten. Zwar beinhaltet dieser weibliche Schatten vor allem die magischen und regenerierenden Qualitäten der Dunklen Greisen Göttin der dritten dunklen Phase des Mondes, er birgt aber auch einige Eigenschaften des Jungfrauen- und Mutteraspekts der Dreifaltigen Göttin in sich, Eigenschaften wie Unabhängigkeit, Durchsetzungskraft, Sexualität, Macht und weltliche Errungenschaften und Leistungen. In dem Maße, wie die patriarchalen Kulturen diese Aspekte weiblicher Ganzheitlichkeit fürchten, sehen sich Frauen dazu gedrängt, diese Teile ihrer selbst abzuwerten und zu verleugnen.

Wann immer Aspekte unserer Ganzheitlichkeit nicht ausgedrückt und akzeptiert, sondern negiert und abgelehnt werden, werden sie verbogen und verzerrt. Wenn der Schatten in die dunklen Bereiche des Unbewußten eingesperrt wird, verkommt er zu etwas Eingeschnürtem, Verdrehtem, Deformiertem. Und während er gärt und schwärt, werden toxische Nebenprodukte in unserem Körper und Geist freigesetzt, Gifte, die unsere Physis verbiegen und auch die mentale Linse unserer Wahrnehmung verdunkeln. Sie fließen in unsere Gedankenströme ein und färben unsere Sicht von uns, von anderen und von der Welt.

Die ursprüngliche wesensmäßige Natur der Dunklen Göttin, die sowohl den Tod wie die Wiedergeburt brachte, ist nun seit Tausenden von Jahren unterdrückt und verleugnet worden. Die im Exil durch Gärung entstandenen toxischen Dämpfe haben unsere Wahrnehmung von einem wesentlichen Aspekt der weiblichen Natur verzerrt und vergiftet.

Heute finden wir in den Mythen eine Fülle von Darstellungen der Dunklen Göttin, die sie als Übeltäterin und das weibliche Böse schildern und ihre Lehren über die Bedeutung und Inhalte des Dunklen, der Sexualität und des Todes völlig verdrehen. Sie wurde als Schicksalsgöttin gefürchtet, die im Augenblick unserer Geburt den Zeitpunkt unseres Todes unabänderlich festsetzt; als Nemesis, Göttin des Gerichts und der raschen Vergeltung; als die Furien, die einen Mann unerbittlich in den Wahnsinn und Tod trieben. Sie terrorisierte die Männer in der Gestalt der Medea, die ihre Kinder tötete; als Circe verwandelte sie die Männer in Schweine; als Medusa verwandelte sie sie in Stein. In Gestalt der Lamien saugte sie den Menschen das Blut aus; als Lilith verführte sie die Männer, um aus ihrem Sperma Dämonen hervorzubringen; und als Hekate, Königin der Hexen, entführte sie sie in die Unterwelt.

Wir haben alle durch die kulturelle Konditionierung diese negativen und falschen Bilder des dunklen Aspekts des Weiblichen geerbt. Die Art von Frau, die für die patriarchale Kultur eine Bedrohung darstellt, wird gefürchtet, lächerlich gemacht und als hinterhältig, manipulativ, eifersüchtig, gierig, aggressiv, fordernd, rücksichtslos und rachsüchtig hingestellt. Auf archetypischer Ebene tritt sie als die Böse Königin, die Ausgestoßene Tochter, die Gefallene Frau, die Schreckliche Mutter, die Böse Hexe, die Böse Stiefmutter, die Herrschsüchtige Schwiegermutter, die Obdachlose und die Häßliche Alte in Erscheinung.

Diese verzerrten Aspekte des dunklen Weiblichen sind in uns allen, ob nun Mann oder Frau, als negative Gedankenmuster lebendig. Sie nehmen die Form von unseren ganz persönlichen Dämonen an, die die Psychologen als unsere Neurosen, Komplexe, Zwangsvorstellungen und zwanghaften Verhaltensweisen bezeichnen. Unsere inneren weiblichen wie männlichen Dämonen gedeihen in einer Umwelt, die von Selbstsucht, Schuld- und Schamgefühlen, Täuschung, Schuldzuweisung und Verurteilung geprägt ist. Ständig wispern sie uns Versprechen von Mißerfolg, Verlassenwerden, Unwürdigkeit und Ablehnung ins Ohr. Und sie bewahren uns eifersüchtig vor einer Preisgabe unserer schändlichen Geheimnisse, die uns als Süchte, Störungen, Unvollkommenheiten, Gewalt, Inzest, Mißbrauch und Vergewaltigung umgeben.

Im Exil scheint der Schatten aufzublühen und an Stärke zu gewinnen. Er agiert dann auf subversive Weise, um unsere Persönlichkeit zu beherrschen. Wenn wir vor Erschöpfung oder unter extremem Streß am verletzlichsten sind, kann er plötzlich voller Wut aus dem Unbewußten hervorbrechen. Wenn unsere inneren Dämonen aktiviert sind, brechen sie als unser Ärger, Haß, unsere Eifersucht und Gier los und bringen uns dazu, in gewaltsamer, selbstzerstörerischer und obsessiver Weise zu handeln, die unsere positiven Bemühungen untergräbt und Verwüstungen in unserem Leben anrichtet.

Es gibt Zeiten, in denen wir bis an die Grenzen unserer Belastbarkeit gedrängt werden, und der unbewußte Teil unserer Psyche kann nicht länger die schwelende Wut und den Groll über alles, was wir abgelehnt, abgewertet und verleugnet haben, zurückhalten. Dann übernimmt der durch die Verdrängung und Unterdrückung verkümmerte und verbogene Schatten unsere Persönlichkeit, und das bewußte Selbst verliert die Kontrolle. Wir mögen zwar über das, was da aus unserem Innern hochsteigt, schockiert und entsetzt sein, aber wir fühlen uns nicht imstande, diesem Verhalten ein Ende zu setzen. So wird auch der weibliche Schatten für uns sichtbar, wenn er gegen einzelne Personen und eine Kultur zurückschlägt, die bestimmte Aspekte der weiblichen Ganzheitlichkeit unterdrückt.

Er tritt im zwang- und suchthaften Verhalten der Frau zutage, die zu sehr liebt, in der verstoßenen Geliebten, der betrogenen Ehefrau oder verrückten Ex-Ehefrau. Hera, die gezwungen wurde, Monogamie zu geloben und dann von ihrem ungetreuen Ehemann verraten wurde, suchte sich an Zeus, seinen Mätressen und deren Kindern zu rächen. Ebenso läßt unser Schatten seinen Wut- und Rachegefühlen gegenüber unseren Partnern und deren Geliebten freien Lauf. Oder er läßt seine Verzweiflung und Wut an unseren Kindern aus, wie Medea, die ihre Kinder tötete, um Jason zu bestrafen, der sie um einer anderen willen abwies. Das Verhalten der hysterischen prämenstruellen Frau, der ewig klagenden und unzufriedenen Frau in den Wechseljahren oder der sexuell manipulativ und sich wahllos hingebenden Frau sind sämtlich Manifestationen einer abgelehnten weiblichen Natur, die in ihrer Schmerzensqual unkontrollierbar hervorbricht.

Ist der Schatten aktiviert, entstehen viele schmerzhafte und schwierige Situationen, die uns zur Auseinandersetzung mit diesen verborgenen und verhaßten Teilen unseres Selbsts zwingen. Es widerstrebt uns, diese Aspekte anzuerkennen, die der Grund für unsere Scham, Demütigung oder unser Scheitern sind, und von denen wir hoffen, daß sie nie jemand entdeckt. Möglicherweise rationalisieren wir unsere Reaktion und sagen: »Ich weiß nicht, was über mich gekommen ist; ich war nicht ich selbst«, und tun den Ausbruch als einen Einzelfall von geistiger Verwirrung ab, der wahrscheinlich nie wieder vorkommen wird. Doch eine solche Reaktion läßt uns die Gelegenheit verpassen, uns das Wesen unserer unbewußten Mechanismen vor Augen zu führen und sie kennenzulernen. Wichtig ist, daß wir uns klarmachen, daß sowohl der weibliche Schatten wie auch die mythischen Gestalten der Dunklen Göttin nicht von Natur aus böse sind; wir haben aufgrund von Druck und unserer kulturellen Konditionierung die weiblichen Aspekte der Ganzheitlichkeit verleugnet und unterdrückt und haben so diese zerstörerischen Auswirkungen herbeigeführt.

Wir mögen zwar die Schattenaspekte unseres Wesens ablehnen, können uns aber deren Einfluß niemals ganz entziehen. Was an einer Stelle verdrängt wird, kommt unvermeidlich an einer anderen wieder hoch. Der Schatten lebt nicht nur in Gestalt unserer persönlichen Dämonen in uns, er scheint auch ein eigenständiges Leben außerhalb von uns zu führen. Wenn er nicht ans Licht gebracht wird, projizieren wir ihn auf andere. Unsere geistigen Bilder sind die Samenkörner für die äußere Realität, die wir uns erschaffen. Wenn wir unseren Schatten nach außen projizieren, verlagern wir diese inneren verzerrten Bilder nach außen und stülpen sie anderen über, wodurch wir unsere Fähigkeit zum Aufbau von geschützten und ehrlichen Beziehungen untergraben.

Dann nehmen wir die Außenwelt durch den inneren Filter unserer negativen Emotionen und Gedanken wahr. Wenn wir innerlich von Angst und Haß erfüllt sind, sehen wir in den anderen die Personifizierung all dessen, wovor wir uns am meisten fürchten und was uns am meisten verhaßt ist. Die magischen, sexuellen und regenerativen Kräfte der Dunklen Göttin wurden abgelehnt und in ihrem Wesen entstellt und verzerrt. In der Folge wurden sie als die dämonischen Kräfte des Bösen projiziert. Das Dunkle wurde als Dunkle Göttin personifiziert, die von einer rasenden zerstörerischen Wut besessen war und die das ihr Zustehende einzufordern versuchte.

Diese abgelehnten Aspekte unseres Selbst nehmen in unserer äußeren Welt die Formen des Bösen und der Versuchung an. Sie werden zu all unseren Feinden. Unser Schatten wird dann zu allem, was unsere Geborgenheit und Sicherheit bedroht.

Edmond Whitmont faßt dieses Phänomen der Schattenprojektion zusammen: »Bitten Sie jemanden, den Charaktertyp zu beschreiben, mit dem er seiner Meinung nach am unmöglichsten zurechtkommt, und er wird eine Beschreibung seiner eigenen unterdrückten Charaktermerkmale liefern – eine Beschreibung von einem Selbst, das ihm völlig unbewußt ist und ihn immer und überall quält, weil er dessen Auswirkungen von anderen zu spüren bekommt.«

Dies wird besonders gefährlich, wenn die Gesellschaft kollektiv einen Schatten auf eine Gruppe projiziert und sie sich als Feind zurechtphantasiert. Gesellschaftliche Vorurteile gegenüber Schwarzen, Juden, Homosexuellen, Hexen, Fremden, Kommunisten oder dem Teufel haben zu Intoleranz auf breiter Ebene und sogar zu Verfolgungen, Inquisitionen und anderen Manifestationen des Hasses geführt, die alle die Opferung eines Sündenbocks beinhalteten. Die Dunkle Göttin und ihre Lehren haben die Gestalt des kollektiven weiblichen Schattens des Patriarchats angenommen, das sich sie als den Feind vorstellte, den es zu zerstören galt. Dieses Muster von Unterdrückung und Projektion war es, das im Mittelalter zur Dämonisierung der Dunklen Göttin und ihrer Lehren führte und dazu, daß mehrere Millionen Frauen als Hexen verbrannt wurden.

Der hinsichtlich der Sexualität rigide Moralkodex patriarchaler Gesellschaften wurde ihnen als die böse Macht verführerischer Hexen zurückgespiegelt, die mit dem Teufel Unzucht trieben und für die Sicherheit der Gemeinschaft eine Bedrohung darstellten. Aus der patriarchalen Angst vor der Sexualität heraus wurde der dunkle weibliche Schatten als »verhexende Versucherin« wahrgenommen. Die Frau, die ihrer Leidenschaft Ausdruck gab, wurde als Verführerin, Hure, Nymphomanin und kastrierendes Weib angeprangert und geächtet. Aus der Angst vor dem Tod heraus wurde die mitfühlende weise Alte zur abscheulichen häßlichen alten »Vettel« und Kindsräuberin. Die ältere Frau, auf dem Höhepunkt ihrer Weisheit, wurde ebenfalls als nutzlos und grotesk von den patriarchalen Kulturen ausgestoßen.

Heutzutage werden Frauen, die ihre Unabhängigkeit, Sexualität und Weisheit zum Ausdruck bringen, ein wenig mehr akzeptiert. Maxine Harris stellt in ihrem Buch *Sisters of the Shadow* die Frage, was also gegenwärtig der Inhalt des weiblichen Schattens ist. Sie zeigt auf, daß viele moderne Frauen ihre Aspekte von Verletzlichkeit, Entfremdung, Aggressivität und Rebellentum verleugnen. Als archetypisches Opfer, Verbannte, räuberisches Wesen und Rebellin ist es heute die obdachlose Frau, die die Trägerin der verleugneten und unausgelebten Aspekte des weiblichen Bewußtseins geworden ist.

Wichtig ist, daß wir uns klarmachen, daß das Schattenmaterial fast immer im Unbewußten bleibt, und daß der intellektuelle Verstand und gute Absichten gewöhnlich nicht das Problem dieser unerfreulichen Teile unserer Persönlichkeit oder Gesellschaft zu lösen vermögen. Mir müssen uns unbedingt unserer eigenen dunklen Aspekte bewußt werden, um uns selbst und andere akzeptieren zu können, und diese Bemühung erfordert Hingabe an die innere Arbeit.

Wenn sich unsere Minderwertigkeiten in unserer Persönlichkeit ein wenig ausdrücken dürfen, gelangen Schatten und bewußtes Selbst zu mehr Ausgewogenheit. Wenn wir jedoch extrem selbstgerecht und rigide sind, nimmt der Schatten übertriebene Ausmaße an und wird zerstörerisch. Dasselbe gilt für die Gesellschaft. Je engstirniger und restriktiver sie ist, desto größer ist der kollektive Schatten. Die bösen Kräfte des dunklen Unbewußten nehmen dann riesige bedrohliche Ausmaße an, gegen die wir uns zur Wehr setzen müssen, indem wir sie verbannen und ihre Existenz verbieten.

Welche Lehren der Dunklen Göttin fürchtete die patriarchale Kultur, und wie wurden sie in der Folge als Schatten verteufelt? Denken wir daran, daß genau die gleichen Eigenschaften, die wir brauchen, um nun diesen Fragen nachzugehen, es uns auch ermöglichen, uns durch unser Unbewußtes und die dunklen Passagen unserer Transformation und Erneuerung zu bewegen.

Unsere Angst vor den Dunkelmond-Lehren der Göttin Die Menschheit hat unter der Herrschaft des Patriarchats die Geheimlehren der Göttin in bezug auf die Sexualität und den Tod – als integralem Bestandteil des zur Erneuerung führenden zyklischen Prozesses – vergessen. Diese Lehren wurden in die finsteren Bereiche des Nichtanerkannten abgedrängt und in der Folge als die dunklen Kräfte des Bösen dämonisiert. Heute beinhalten die Bilder und Vorstellungen vom Dunklen, von Sex, Tod, Magie und Weissagung das, was vom modernen Menschen am meisten gefürchtet und am gründlichsten mißverstanden wird.

Patricia Weis schreibt in einem Artikel über die Dunkle Göttin: »Das Dunkle, wie wir es mit unserem rationalen Verstand wahrnehmen, steht heute für all die Kräfte, die unsere Sicherheit, Geborgenheit und den gesunden Menschenverstand in unserer Welt bedrohen. Die meisten Menschen versuchen sich vor ihren Ängsten zu schützen, indem sie das Dunkle leugnen. Wir leugnen unsere Sexualität und begraben sie unter Schichten von Moralität. Wir leugnen den Tod, indem wir unsere Alten isolieren und einen der Jugend und körperlichen Schönheit gewidmeten Kult schaffen. Wir leugnen die Angst selbst, indem wir eine imaginäre Sicherheit um uns herum aufbauen, angefangen bei der Lebensversicherung bis hin zu den Atomwaffen.«

Während wir in der Angst vor dem Dunklen zu leben lernten, hat die patriarchale Kultur Bilder von einer mit der Sünde der Sexualität und dem Schrecken des Todes assoziierten Dunklen Göttin fabriziert. Unter der Herrschaft der Göttin trat der Tod gewöhnlich aus natürlichen Ursachen oder aufgrund eines Unfalls ein. Er wurde nicht gefürchtet, da man implizit von einer Wiedergeburt ausging. Unter der Herrschaft der neuen Götter mit ihrer männlichen, der linken Gehirnhälfte zugeordneten Mentalität, wurde der Tod vor allem anderen gefürchtet, weil er in ihrer linearen Sichtweise nicht mehr als Vorbereitungsstadium für die Erneuerung betrachtet wurde.

Die Christen verboten den Glauben an die Reinkarnation und behaupteten, daß wir nur ein einziges Leben haben. Sie besiegten den Tod mit dem Versprechen eines ewigen (nicht zyklischen) Lebens im himmlischen Königreich. Doch dies war nur jenen vorbehalten, die durch das Annehmen des Vaters, des Sohnes und des Heiligen Geistes als ihre Erlöser gerettet worden waren; alle anderen waren zu nie endendem Leiden verdammt. Die patriarchalen Gesellschaften des Ostens, die den Reinkarnationsglauben bewahrt hatten, münzten den positiven Wert der zyklischen Erneuerung ebenfalls ins Negative um, indem sie die These vertraten, daß die zyklische Existenz gleichbedeutend mit dem »leidvollen Leben im *Samsara*«, das heißt der physischen Welt der Phänomene, ist. Sie lehrten, daß das Ziel der Erleuchtung darin besteht, daß man sich vom Rad der Wiedergeburt löst und ins Reich des Reinen Lands eingeht, das dem Himmel des Westens nicht unähnlich ist. So wurde auch hier der Tod vor allem anderen gefürchtet, weil seine positive und essentielle Verbindung mit der zyklischen Erneuerung gekappt worden war.

Am Beginn der Herrschaftsepoche des Patriarchats stand das Bronze- und Eisenzeitalter. In dieser Ära nahm der gewaltsame Tod verhängnisvolle und erschreckende Ausmaße an. Die Anhänger der solaren Götter entwickelten Zerstörungstechnologien und tödliche Waffen, nicht um Tiere zu töten und sich von deren Fleisch zu ernähren, sondern um andere Menschen zu töten und die Macht und Herrschaft zu erlangen und zu bewahren. Ein Krieger, der in blutigen Schlachten sein Leben aufs Spiel setzte und dem Tod trotzte, wurde für seinen Mut als heroischer Held glorifiziert. Für jene, die die Opfer waren und in der Schlacht geschlagen wurden, war der Tod in diesem linearen Weltbild nicht mehr mit Erneuerung verknüpft, sondern stellte die allerhöchste Bedrohung dar, durch die sich der Dominierende die Kapitulation und Unterwerfung verschaffen konnte.

Wenn wir unsere Vorstellungen vom Dunklen korrigieren wollen, müssen wir auch unsere mit dem Tod verbundenen Überzeugungen und Glaubenssätze überprüfen. Die Dunkle Göttin lehrt uns, den Tod nicht als etwas Endgültiges und Absolutes, sondern als Bestandteil des natürlichen Zyklus des Lebens, das sich ständig selbst erneuert, zu verstehen. Dieses Wissen kann uns die Terrorherrschaft auflösen helfen, die durch religiöse und politische Machtstrukturen errichtet wurde und weltweit die Menschen durch ihre Angst vor dem Tod einschüchtert und in Schach hält.

In ihrem Versuch, die todbringende Dunkle Göttin, die auch die Geheimnisse der Sexualität in sich birgt, zu verleugnen, hat die patriarchale Kultur auch das Wissen über die mit ihrer Sexualität verbundenen heilenden und verjüngenden Gaben vor uns verborgen. Nicht nur hat dieses hier vorliegende gewaltige Mißverständnis die Beziehung zwischen Mann und Frau vergiftet, sondern die Ablehnung der weiblichen regenerativen sexuellen Kraft hat auch zur Stagnierung und zum Verfall unserer Körper und der Erde geführt.

In unserer heutigen Kultur ist die Sexualität der Dunklen Göttin ein Tabu. Frauen werden dazu gebracht, sich ihres rohen, instinktiven sexuellen Verlangens zu schämen und ihr Menstruationsblut für etwas Schmutziges und Widerliches zu halten. Die Schlange, das Symbol der weiblichen sexuellen Kraft, wird dafür gehaßt, daß sie die Vertreibung aus Jahwes Paradiesgarten verursachte. Männer haben den Orgasmus als *le petit mort*, den kleinen Tod, bezeichnet, als eine Minderung ihrer Vitalität. Sie haben die Vorstellungen von der Frau und der Dunklen Göttin zu schreckenerregenden Vorstellungen von der Sexualität und vom Tod verbogen und verzerrt. Die regenerativen Eigenschaften der Schlange wurden mit der verschlingenden Sexualität der Frau gleichgesetzt, die den Mann versucht, verführt und dann dem Untergang weiht.

Die uralte Kraft und Fähigkeit der Dunklen Göttin, zu heilen, zu regenerieren und zu erneuern, gründete sich auf ihre ekstatische Sexualität. Für den Übergang zur patriarchalen Herrschaft und die Anbetung der neuen Sonnengötter mußten sich die Menschen von den heiligen rituellen Sexualpraktiken der Göttin abwenden. Um dies zuwege zu bringen, mußten die männlich dominierten Kulturen die Macht, die die Sexualität der Frau ausübte, zerstören und sich selbst von ihr absondern. So wurde die weibliche Sexualität zur bösen Versuchung deklariert, mit einer Ausnahme, nämlich der zum Zweck der Fortpflanzung innerhalb der streng definierten Grenzen der Monogamie. Den Frauen wurde die sexuelle Freiheit verwehrt und die Macht genommen, ihrer instinktiven Sexualität Ausdruck zu geben.

Mit der Unterdrückung der Sexualität der Göttin in uns selbst und in der Gesellschaft haben wir uns von ihren Erneuerungskräften abgeschnitten, jenen Kräften, die uns das Heilen unserer Wunden erlauben, damit wir transformiert und aufs neue geboren werden können. Wenn Wunden nicht heilen können, schwären und eitern sie, werden toxisch und schwächen unser ganzes System. Diese giftigen Nebenprodukte verzerren unsere Wahrnehmung von der Beziehung zwischen Sexualität und Tod. Die Zunahme der durch den Geschlechtsverkehr übertragenen Krankheiten, von denen manche unheilbar sind und zum Tod führen, ist letztlich ein Symbol für eine Gesellschaft, die sowohl die Sexualität wie den Tod fürchtet und verleugnet. Es ist der Aufschrei der Dunklen Göttin, die uns dazu auffordert, unsere Haltung und unser Handeln in bezug auf diese beiden machtvollsten Kräfte unseres Lebens zu überprüfen und zu korrigieren.

Die stetige Zunahme der degenerativen, durch Umwelteinflüsse bewirkten und das eigene Immunsystem angreifenden Krankheiten, die zu einem vorzeitigen Tod führen, hat bewirkt, daß uns das unvermeidliche Ende unseres Lebens allgemein bewußter geworden ist. Die Gesellschaft kann dessen Realität und Präsenz nicht länger leugnen. Wenn wir nun dabei sind, uns eine den Tod akzeptierende Haltung wieder zu eigen zu machen, können die sexuellen Energien der Dunklen Göttin in jeder und jedem einzelnen von uns wieder geheilt und gestärkt werden. Soll diese Heilung effektiv sein, müssen wir uns mit unseren tiefsitzenden Ängsten vor der Dunklen Göttin auseinandersetzen.

Männer wie Frauen müssen ihre unbewußte Furcht vor einer Zerstörung durch sexuelle Energien erforschen, heilen und transformieren. Diese unterschwellige, doch sehr machtvolle angstbesetzte Einstellung verhindert, daß wir uns für eine andere Person sexuell und emotional völlig öffnen können. Unsere falschen Vorstellungen treiben uns auch dazu, daß wir unsere sexuellen Energien einsetzen, um einander zu verletzen, zu beherrschen, herabzuwürdigen und zu zerstören. Das Geheimnis von Sexualität und Tod als Erneuerer des Lebens ist das Geheimnis der Dunklen Göttin, das das Patriarchat im Namen des Tabus vor uns zu verbergen versucht hat.

Abgesehen von den Lehren in bezug auf die Sexualität und den Tod sind auch jene Lehren der Dunklen Göttin verbannt und unterdrückt worden, die mit Weissagung, Magie und der nichtphysischen Dimension des Seins zu tun haben. Die Phase des Dunklen Mondes existiert als Aspekt in allen Lebenszyklen und Wissenssystemen. Die Mondgöttin verbirgt jeden Monat, wenn sie ins Dunkel gleitet, ihre Geheimnisse hinter einem dunklen Schleier. Die Inhalte dieser Phase des zyklischen Prozesses sind die verstecktesten und am schwierigsten zugänglichen. Weil wir gelehrt wurden, das, was wir nicht sehen können, zu fürchten, haben wir diesen Quell geheimer Weisheit für schlecht und böse gehalten. Doch die Eingeweihten haben sich schon immer der dieser geheimsten Zeit innewohnenden, ganz besonderen Qualitäten für das Heilen und Prophezeien bedient.

Die wesentlichsten Qualitäten des Dunkelmonds sind Veränderung und Transformation. Heute haben wir vor vielen seiner Lehren Angst, wie zum Beispiel denen der Alchemie, Astrologie und anderen psychospirituellen Disziplinen, die uns Informationen über die unbewußten oder subtilen Dimensionen des Seins enthüllen. Die Bibel hat uns erzählt, daß sie Teufelszeug sind und dem Willen Gottes entgegenstehen. Ausbilder erzählen uns, daß sie nicht wissenschaftlich beweisbar und diejenigen, die sie praktizieren, Quacksalber und Scharlatane sind.

Doch diese Lehren, die auf der Berechnung zyklischer Muster basieren, geben uns einen Leitfaden an die Hand, mit dessen Hilfe wir die dunklen nichtphysischen Dimensionen des Seins – von Tod und Wiedergeburt, Ende und Neuanfang – mit Klarheit und Zuversicht statt in Panik und Schrecken durchlaufen können. Philosophische Traditionen haben uns wiederholte Male erklärt, daß die Antworten auf die letzten Fragen zu Leben und Tod nicht in der äußeren Welt, sondern tief in den dunklen Winkeln unseres Geistes und unserer Psyche zu finden sind.

Die Lehren des Dunkelmonds beinhalten Kenntnisse über *Karma*, Reinkarnation und bewußtes Sterben. Wir können uns durch Meditation, Rituale, schamanische Reisen und andere Trancetechniken, die eine Brücke zwischen den bewußten und unbewußten Dimensionen der Realität bilden, in diese nicht alltäglichen Bereiche begeben. Die intuitiven medialen Künste wie Astrologie, Tarot und Numerologie eröffnen einen Zugang zu diesen Geheimnissen. Der Zutritt zur Weisheit des Dunklen kann durch Channeln, intuitive Visionen und orakelhafte Weissagung erlangt werden. Im Bereich der Frauenspiritualität gehören die Initiationsriten und die mit dem Blut verbundenen Mysterien der dunklen Mondphase an. Die schwer zu fassenden esoterischen und geheimen Traditionen, wie etwa die des Tantra des Ostens, der Hermetik des Westens, der Sufis im Mittleren Osten, der Gnostiker, der Druiden, der Rosenkreuzer, der Essener, der paganen Kulte, der Kabbalisten und vieler anderer, bewahren die Geheimnisse der Transformation und Erneuerung.

In der Psychologie gewinnt man Zugang zu den unbewußten Bereichen des Dunkelmonds durch Psychotherapie, Traumarbeit, Hypnose, Regression, Bioenergetik und Atemtechniken. Viele dieser Methoden werden von den etablierten Ärztevereinigungen, wenn überhaupt, nur in Grenzfällen akzeptiert. Erst in neuerer Zeit wurde den Erfolgen von Programmen wie dem des Zwölf-Schritte-Prozesses, der uns durch unsere Suchtabhängigkeiten und Verletzungen zur Heilung führen kann, widerstrebend Anerkennung zuteil.

Doch noch verborgener und stärker mit Ängsten besetzt ist das dunkle Teilstück innerhalb einer jeden dieser Dunkelmond-Lehren. Astrologen zucken zusammen, wenn sie Planeten im zwölften Haus, der Dunkelmondphase innerhalb des Häuserzyklus, sehen. Tarotkundige fürchten sich davor, die Bedeutung der Tod-Karte erklären zu müssen, wenn sie in einem Reading auftaucht. Was die mit dem Blut verbundenen Frauenmysterien angeht, so wird die Menstruation als »Fluch« empfunden. Das Sprechen über die heilenden und magischen Kräfte des Menstruationsbluts ruft bei den Leuten Verlegenheit und Abscheu hervor. Innerhalb des Jahresrads waren die rituellen Feiern zu Halloween speziell der ehrfurchterregenden Dunklen Göttin gewidmet, die nun zu der mit Halloween assoziierten schwarzen Hexe herabgewürdigt worden ist. Schlangen und Spinnen, die mit den Mysterien der Göttin verbundenen Totemtiere, rufen noch immer ein irrationales Entsetzen hervor. Die Schlange steht für die Fortdauer des Bösen im Paradiesgarten und die Spinne gilt als Vorbotin eines gräßlichen Todes.

Wir wurden dazu konditioniert, das Dunkel des Mondes in all diesen Systemen zu fürchten und abzuwerten, das durch die tiefsten Stunden der Nacht, die Weisheit unserer nächtlichen Träume, die Todesphase des zyklischen Lebens, den Schatten des Unbewußten, die Menstruation und Menopause, Magie und Weissagung, die kahle trostlose Winterzeit und die Ernte im Alter symbolisiert wird. Wenn wir unsere Vorstellungen vom Dunklen überprüfen und korrigieren, müssen wir auch den dunklen Teil innerhalb der Dunkelmond-Lehren von unseren Ängsten befreien.

Heilung des Dunklen

Die im kollektiven Unbewußten existierenden Bilder der Dunklen Göttin samt deren Verbindungen mit den Dunkelmond-Lehren existieren auch im persönlichen Unbewußten in jeder und jedem von uns. Beim Versuch, uns die heilenden und regenerierenden Kräfte der Dunklen Göttin wieder anzueignen, müssen wir eine positive Beziehung zum weiblichen Schatten, so wie er in jeder Frau und in jedem Mann agiert, entwickeln. So wie die Menschheit insgesamt dahin kam, das dunkle Weibliche als Bedrohung für das bewußte, rationale Ego und die etablierte gesellschaftliche Ordnung anzusehen, haben auch wir im einzelnen dessen Qualitäten in uns verleugnet und unterdrückt. Dabei haben wir uns von der Akzeptanz und dem Ausdruck unserer vollständigen psychischen Realität abgeschnitten, eine Abtrennung, die zu tiefer Verwundung und zu Krankheiten in unserer Seele geführt hat.

Für manche Menschen sind die im weiblichen Schatten enthaltenen Archetypen der Dunklen Göttin wichtige Themen, die sich durch ihr ganzes Leben hindurchziehen und immer wieder im Zusammenhang mit anderen Menschen und Situationen auftauchen. Bei anderen Menschen beschränkt sich das Hervorbrechen des weiblichen Schattenmaterials auf ein paar unkontrollierte Blackouts in ihrem Leben und operiert ansonsten vorwiegend auf unbewußte, verborgene und subversive Weise.

Der Schatten beherbergt zwar viele abgelehnte Teile der Psyche, ist aber auch der Bote des Unbewußten. Er drängt uns aus dem tiefen Innern zur Reinigung von unseren Giften und zur Klärung unserer mentalen und emotionalen Bilder und Vorstellungen von uns selbst. Was können wir, wenn wir die Themen der Dunklen Göttin auf dämonische, gewalttätige, schmerzliche, zerstörerische und erschreckende Weise erleben, tun, um diese für unser Wohlsein bedrohliche Negativität zu verstehen, mit ihr umzugehen und sie vielleicht zu transformieren?

Wenn wir uns im Strudel der durch die Projektion des weiblichen Schattenmaterials eingefärbten Traumata befinden, können wir entweder die Person sein, die projiziert, oder aber die, auf die projiziert wird. Das hat in beiden Fällen oft beunruhigende Folgen, und es ist schwer, den sich daraus ergebenden Wirrwarr zu entwirren. Im ersten Fall kann es sein, daß wir die negierten und verhaßten Aspekte unseres Selbst auf andere Menschen projizieren. Dann vergiften wir unsere psychische Umwelt, indem wir andere zwingen, die Last unseres eigenen Schattenmaterials zu tragen, und bringen sie unabsichtlich dazu, auf eine für uns sehr bedrohliche und unbequeme Weise zu handeln. Unsere Beziehungen werden chaotisch und von Mißtrauen, Enttäuschung, Verrat und Schuldzuweisungen schwer belastet.

Im zweiten Fall, wenn wir nicht mehr mit unserer Ganzheitlichkeit in Kontakt sind, werden wir dafür anfällig, die Empfänger der Projektionen einer anderen Person auf uns zu sein. Dann machen wir uns ihr verhaßtes und negiertes Material zu eigen und glauben schließlich, daß es ein echter Teil von uns ist. Wir verfangen uns in einem Netz aus Selbsthaß und armseligem Selbstwertgefühl. Die Heilung des dunklen Weiblichen erfordert, daß die Person, die die Projektion »empfängt«, das abgelehnte Schattenmaterial bestätigt und an den Sender zurückschickt, der oder die sich dann diese negierten Teile des Selbst wieder zu eigen machen und in seine oder ihre Gesamtpersönlichkeit integrieren muß.

Ganz wichtig ist, daß uns klar wird, daß das bösartige Wesen der Dunklen Göttin, das sich in unserer Psyche als dem weiblichen Schatten innewohnende persönliche Dämonen verkörpert, nicht von Natur aus böse ist. Sie besitzt auch abgesehen von unseren geistigen Projektionen keine unabhängige Existenz außerhalb von uns selbst. Diese Negativität und das mit dem dunklen Weiblichen assoziierte Böse ist nicht ihre wahre Essenz; sie wurde nur durch unsere persönlichen und kulturellen Unterdrückungsmechanismen in dieser Weise verbogen und verzerrt.

Das Dunkle wird nur dann zu etwas Erschreckendem und Destruktivem, wenn wir es ablehnen und verleugnen. Wenn wir leugnen, daß sich in unserer Kindheit je sexueller Mißbrauch ereignet hat, werden wir unter Umständen emotional frigide oder paranoid. Wenn wir leugnen, daß wir in einer Alkoholikerfamilie aufgewachsen sind und dies ein maßgeblicher Faktor in unseren frühen Jahren war, haben wir Schwierigkeiten, unseren Partnern oder Freunden zu vertrauen oder zu glauben.

Wenn wir irgendeinen Aspekt von uns selbst verleugnen, kommt er zurück und verfolgt und quält uns in Gestalt anderer Menschen. Die Verleugnung eines wesentlichen Faktors in unserer Vergangenheit, der nun vergessen und unbewußt ist, oder die Ablehnung eines Aspekts unserer Persönlichkeit, den wir nicht akzeptieren können, spielen eine wesentliche Rolle bei den Problemen, mit denen wir uns später konfrontiert sehen. Diese können von Depressionen und sexuellen Hemmungen bis zu aus der Kindheit übernommenen Verhaltensmustern, Ängsten vor einer Schwangerschaft und kreativen Blockaden reichen.

Die Jungsche Psychologie erklärt uns, daß wir uns für die Heilung der Wunden und Leiden, die durch die Verleugnung und Ablehnung von Aspekten unserer Ganzheitlichkeit verursacht wurden, zuerst ins Reich unseres Unbewußten begeben und eine Beziehung zu unserem Schatten entwickeln müssen. Wir müssen erkennen, daß all diese verhaßten und verbannten Teile unseres Selbst ein legitimes Existenzbedürfnis haben und ausgedrückt werden müssen. Wenn wir die ganze Palette unserer wesensmäßigen menschlichen Natur bestätigen, uns zu den wünschenswerten wie den unerwünschten Eigenschaften bekennen können, haben wir die Möglichkeit, die unseren Schmerz und unser Leid verursachenden problematischeren Energien in eine konstruktive Aktivität umzuwandeln, die sich auf unser Leben und unsere Beziehungen positiv auswirken wird.

Wenn wir allmählich weniger ängstlich werden und uns gestatten, uns das, was wir verborgen haben, anzuschauen, können wir damit beginnen, uns das dunkle Weibliche zurückzuholen und unsere Psyche zu heilen. Es ist wichtig, daß wir uns, wenn wir uns auf die heilsame Reise ins Reich des weiblichen Schattens begeben, ihm mit Achtung, Respekt und Freundlichkeit nähern. Es kann sein, daß wir uns bei der ersten Konfrontation von der Traurigkeit und dem Schmerz der verstoßenen Teile unseres Wesens überwältigt fühlen. Wir müssen dieses Leiden, das wir vor uns selbst und anderen versteckt haben, zulassen. Dadurch werden die Grenzen dessen, was wir nach unserem Dafürhalten zu ertragen vermögen, auf sanfte Weise ausgedehnt; und diese Erweiterung macht uns für größere Kräfte offen und empfänglich.

Wenn wir den Schmerz durchleben, der durch die Ablehnung von Teilen unseres Selbst und unserer traumatischen Erinnerungen entsteht, können wir die im Unbewußten schwärenden und blockierten Energien freisetzen. Wir können einen Heilungsprozeß für die Wunden in unserer Seele in Gang setzen, wenn wir uns von den toxischen Nebenprodukten der negativen emotionalen Muster reinigen, die wir über Jahre hinweg, ja sogar im ganzen Leben der Unterdrückung und falschen Überzeugungen angesammelt haben. Wenn wir unseren Schmerz und unsere Angst durchleben, entkleidet uns die Dunkle Göttin aller Dinge, die an uns nicht authentisch sind, der Illusionen von einer falschen Sicherheit und unserer Anpassungen an die gesellschaftlichen Normen; und sie legt die in unserem dunklen Wesenskern existierende Stärke und Essenz unserer wahren Natur bloß.

Es ist wichtig, daß wir bei diesem Prozeß, durch den wir uns die Dunkle Göttin und den weiblichen Schatten wieder aneignen, den schwachen und unerwünschten, vormals verachteten und abgelehnten Aspekten unserer Persönlichkeit Mitgefühl entgegenbringen. Letztlich können wir nur durch ein Akzeptieren der und Einfühlen in die verhaßten und negierten Teile unseres Selbst die Wunden des Schattenselbst verwandeln und heilen.

Der tibetische Buddhismus erklärt uns die Dämonen als aus unserem Bewußtsein hervorgehende Erscheinungen, die die Gestalt unseres Zorns, unseres Hasses, unserer Gier, unseres Stolzes und unserer Unwissenheit annehmen. Im Rahmen der Lehren dieser Philosophie und Religion gibt es eine Meditationspraxis der Schwarzen Mutter, eine orientalische Version der Dunklen Göttin. Diese *Chöd* genannte Praxis wurde im 11. Jahrhundert durch die Yogini Machig Labdrönme enthüllt und in Tibet verbreitet. Ihr Zweck besteht in der Besänftigung und Austreibung der Dämonen, die durch unsere negativen emotionalen Muster erweckt werden. *Chöd* bedeutet wörtlich »abschneiden, durchtrennen«, wobei hier das Durchtrennen der Wurzel der Angst und falschen Vorstellungen gemeint ist.

Die Chöd-Praxis geht von der Grundannahme aus, daß die richtige Vorgehensweise bei der Austreibung von Dämonen nicht darin besteht, daß man sie tötet, verbannt oder zerstört, sondern sie als geehrte Gäste zu einem großen Festschmaus einlädt. Dabei visualisiert man viele verschiedene Speisen, aber auch andere wünschenswerte Dinge, zu denen die eigenen Ich-Anhaftungen gehören, die dann den Dämonen geopfert werden. Die hungrigen, bedürftigen, ausgeschlossenen, abgelehnten Aspekte unseres Selbst kommen und nehmen an diesem Festschmaus teil, bis sie ganz und gar gesättigt und zufrieden sind. Danach sind sie besänftigt und verschwinden als dämonische zerstörerische Einflüsse aus unserem Leben.

Tsultrim Allione, eine Lehrerin des tibetischen Buddhismus, schreibt: »Wenn wir unseren Dämon mit Zorn und Frustration nähren, wird er uns weiterhin quälen; wenn wir ihm Liebe und Mitgefühl entgegenbringen, wird er sich verflüchtigen. Liebe bringt den Dämon zum Schmelzen. Die Spannung liegt in der Dualität begründet, und ein Wegstoßen der Dämonen verursacht noch mehr Leiden … Durch Liebe und Mitgefühl können sich die Dämonen schließlich weiterentwickeln und werden befreit.«

In gleicher Weise müssen wir uns in unsere Dunkelheit begeben und Frieden mit unseren verlorenen Anteilen schließen, um die Kräfte der Heilung und Erneuerung freizusetzen. Wir müssen unsere Dämonen aus dem Hinterhof hereinrufen, wo sie hungerten und in die regendurchnäßte Hundehütte verbannt waren. Wir müssen sie in die Wärme unserer Küche einladen und ihnen die Nahrung zukommen lassen, die ihre durch Ablehnung und Zurückweisung entstandenen Wunden heilt. Wir werden feststellen, daß in dem Maß, wie wir unsere inneren Bilder von der Dunklen Göttin durch Liebe und Akzeptanz reinigen und läutern, unsere Erfahrungen von Angst, Wut, Ablehnung, Scheitern, Enttäuschung, Täuschung und Haß in der äußeren Welt abnehmen werden. Auf diese Weise dringen wir zu der in uns existierenden ursprünglichen, wahren Essenz des dunklen Weiblichen vor, eine Essenz, die nicht mehr von Schichten der Verzerrung verfinstert wird.

Wie uns die Märchen angewiesen haben, den Frosch zu küssen, um ihn in einen Prinzen zu verwandeln, können wir das Untier in die Schöne verwandeln, wenn wir uns die verlorenen und abgelehnten Teile unseres Selbst wieder aneignen und in die Ganzheit unseres Wesens integrieren. Wir können unser Schattenselbst oft dadurch akzeptieren, daß eine andere Person unsere schlimmsten Aspekte zu sehen bekommt, uns aber dennoch liebt und akzeptiert. So gelangen wir zu Heilung und Transformation.

In gleicher Weise können wir uns das heilende und regenerierende Potential der dunklen Mondenergien zu eigen machen und dann Zugang zur Dunklen Göttin gewinnen, die uns ihre aus dem Unbewußten kommenden Gaben anbietet: Gaben der Heilung, Prophetie, ekstatischen heiligen Sexualität, Erneuerung und des spirituellen Wachstums.

Die Reise des Helden oder der Heldin in die Unterwelt, um sich vom Monster den gestohlenen Schatz wiederzuholen, ist kein leichtes Unterfangen und birgt viele Gefahren in sich. In unsere Dunkelheit einzutreten, sich dem Untier in uns selbst zu stellen, das Dunkle zurückzufordern und sich die Nacht wieder anzueignen, verlangt viel Mut, innere Stärke und Hingabe an den Prozeß der physischen Gesundung, psychischen Ganzheitlichkeit und des spirituellen Wachstums. Wenn wir uns auf ein Akzeptieren unseres gesamten Wesens zubewegen, müssen wir uns unvermeidlich auch durch unsere Ängste vor der Dunkelheit durcharbeiten.

Wir müssen die Dunkle Göttin anrufen und preisen, die in die vernachlässigten Nischen unserer Psyche verbannt worden ist. Letztlich besteht ihre Funktion darin, uns die in der Dunkelheit stattfindende Transformation zu ermöglichen. Sie beschwört den Tod unseres Egos, unserer alten Formen und Muster und unserer falschen Grundannahmen herauf, damit wir das Neue gebären können.

Wenn wir das Dunkle liebevoll akzeptieren und zulassen, daß wir uns in die unbekannten Dimensionen unseres Geistes und unserer Psyche begeben, können wir zu unserer Heilung, Rettung, Transformation und Erneuerung geführt werden. Psychologische und spirituelle Übungsprogramme und Selbsthilfegruppen können uns helfen, uns mit unseren Verdrängungsmechanismen auseinanderzusetzen und die Realität unserer unbewußten Einstellungen und Projektionen anzuerkennen, die ihren Beitrag zu unserem Leben, so wie es ist, geliefert haben. Wie Ariadnes Faden den Weg durch das geheimnisvolle Labyrinth zeigte, können wir auf unserem gefahrvollen gewundenen Weg durch die Dunkelheit diesem schimmernden Faden der Veränderung folgen. Wir müssen mutig sein im Wissen, daß wir ans Licht zurückkehren werden.

Die sich im Dunklen ereignende Heilung geht der Erneuerung voran, und wir tauchen mit der Weisheit des Wandels versehen wieder auf zurück ins Licht. Unsere persönlichen Heilerfahrungen werden dann zum Übungsfeld für das Mitgefühl, das unsere Potentiale als verwundete Heilerin durchdringt.

Das Geheimnis der Göttin des Dunkelmonds

Worin besteht nun die Geheimlehre der Göttin des Dunkelmonds, wer wurde der Schattendämon der patriarchalen Kultur, und wessen Weisheit wurde im Namen des Tabus vor uns verborgen? Was steckt hinter unserer Angst vor der ewigen Dunkelheit des Todes und des Nichtseins, derer sich die patriarchalen Institutionen bedient haben, um die Massen einzuschüchtern, zu terrorisieren und zu beherrschen?

Hinter dem leuchtenden dunklen Schleier ist es die sexuelle Vereinigung von Gott und Göttin, die die Welt erschafft und beseelt. Wenn sie sich einander in Liebe hingeben, strömen ihre Orgasmen aus wie Wellen, die sich in den Wassertümpeln versammeln, aus denen das Leben hervorgeht. Wenn sich die Mondgöttin allmonatlich in ihre dunkle Phase zurückzieht, ruht sie zwischen dem Erdenkind und dem Sonnengott. Ihr erleuchtetes Gesicht wendet sie der Sonne und ihr dunkles Gesicht der Erde zu.

Dies ist die dunkle Zeit, die die Kluft zwischen dem alten und dem neuen Mond überbrückt. Dies ist die Ruhezeit, die Reinigung, Läuterung und Regenerierung möglich macht. Dies ist die Todeszeit, die die Erneuerung sicherstellt.

Das Geheimnis der Göttin des Dunkelmonds ist, daß Tod und Geburt die Zwillingsaspekte ihres allmonatlichen kosmischen Orgasmus mit dem Sonnengott zum Zeitpunkt der Sonne-Mond-Konjunktion sind. Von Liebe erfüllt nimmt sie ihr ewiges Kreisen um die Erde wieder auf und sendet einen Segensschauer auf sie hinab verbunden mit dem Wissen, daß es keine Auslöschung gibt.

3. Eine lunare Geschichte des Weiblichen – Geburt, Tod und Wiedergeburt der Göttin

Nacktes Gewahrsein von der Dunklen Göttin heißt die Zerstörung und den Tod des Alten sehen und dies freudig und liebevoll als ein Zeichen der unmittelbar bevorstehenden Erneuerung akzeptieren.

Die Göttin stellt im wesentlichen eine Personifizierung der lunaren Energien des Mondes dar. Wie der Mond einen Kreislauf vom neuen über den vollen zum Dunklen Mond durchläuft, hat auch sie Lebenszyklen von Geburt, Wachstum, Tod und Wiedergeburt. Der Mond wird während seiner allmonatlichen Dunkel- und Ruhephase für einige Tage unsichtbar, danach erscheint sein Licht neu in Form der jungen schmalen Sichelmondphase. Dieses Licht nimmt weiter zu und erreicht bei Vollmond seinen Gipfelpunkt, nimmt anschließend allmählich ab, verschwindet ganz, um dann wieder aufs neue zu erscheinen.

In diesem Kapitel möchte ich eine Theorie vorstellen, die mir bei einem Spaziergang am Strand der Küste von Oregon kam, wo ich lebe. Als ich an einem Ort über den Mond und die Göttin nachdachte, wo die Rhythmen ihrer Gezeiten jeden Tag zu beobachten sind, begann ich mich zu fragen, ob es einen Zusammenhang zwischen dem Verschwinden der Göttin und der Dunkelphase des Mondes gab.

Ich stellte mir die Frage, ob ihr Verschwinden in den letzten fünftausend Jahren patriarchaler Herrschaft letztlich gar nicht auf ihre Unterdrückung und Zerstörung durch das Patriarchat zurückzuführen sei, sondern der Eintritt in ihre eigene Dunkelmondphase war. Vielleicht war es ganz einfach so, daß innerhalb ihres eigenen lunaren zyklischen Prozesses unausweichlich die Zeit gekommen war, loszulassen und sich zurückzuziehen, um sich heilen und erneuern zu können. Und nun mußte sie zur Neumondphase ihres Zyklus mit dem Versprechen und der Hoffnung, die die Wiedergeburt des Lichts begleiten, wieder auftauchen.

Dazu kommt, daß die Menschheit innerhalb der Präzessionszyklen* der Weltzeitalter nun am Übergang vom Ende des Fische-Zeitalters zum Anfang des Wassermann-Zeitalters steht. Solche Übergangsperioden können ungefähr fünfhundert

---

* Der Begriff »Präzession« beinhaltet das langsame Vorrücken des Fixsternhimmels durch die Bewegung der Erdachse. Siehe auch S. 91 ff.

Jahre dauern und beinhalten eine Zeit großer Transformation. Wir befinden uns gegenwärtig in der Dunkelmondphase des Fische-Zeitalters. Nach Aussage einiger Astrologen bedeutet diese Epoche nicht nur das Ende von 2300 Jahren Fische-Zeitalter, sondern auch das eines ganzen 26 000 Jahre währenden Präzessionszyklus der Erdachse. Wenn das stimmt, haben wir es nun menschheitsgeschichtlich mit einer außerordentlich machtvollen Dunkelmondphase zu tun.

Die Geheimlehren der Göttin befassen sich im Kern mit Tod und Wiedergeburt. Die Göttin wurde in einer Zeit der transformativen Dunkelmondphase des Zeitalterpräzessionszyklus wiedergeboren, in der der Tod auf Erden auf massive Weise allgegenwärtig ist. Überall stirbt das Alte, um das Neue zu gebären. Das zeigt sich an der Verschmutzung, Vergiftung und dem Sterben der Wälder, des Bodens, der Gewässer und der Meere, der Luft, der Erdatmosphäre, der Tier- und Pflanzenarten und an der raschen Zunahme von Degenerationskrankheiten bei den Menschen. Die Göttin ist zu einem kritischen Zeitpunkt innerhalb eines großen umfassenden kosmischen Zyklus zu den Erdenwesen zurückgekehrt, um uns ihre Weisheit zu übermitteln und uns zu zeigen, wie wir am besten den dunklen Korridor des Todes passieren und zur Heilung und Erneuerung gelangen können.

Lassen Sie mich noch einmal betonen, daß die im folgenden vorgetragenen Ansichten und Theorien spekulativer Natur sind und auf meinen eigenen Überlegungen basieren. Es handelt sich nicht um unbestreitbare Fakten, sondern um Einsichten, über die Sie, wenn Sie möchten, im Zuge einer Neubewertung der Dunkelheit nachdenken können. Versuchen Sie intuitiv herauszufinden, ob diese Gedanken eine innere Saite in Ihnen anschlagen und Widerhall finden. Letztlich können wir nur in uns selbst die Wahrheit einer Sache bestätigen, wenn dafür keine unbestreitbaren, präzisen und unvoreingenommenen historischen Belege existieren.

Unsere Gesellschaft ist gegenwärtig Zeugin einer weltweiten Frauen- und Ökologiebewegung, die von vielen als die »Rückkehr der Göttin« interpretiert wird. Seit Beginn der Frauenbefreiungsbewegung und Wiedergeburt der weiblichen Spiritualität in den frühen 70er Jahren erwacht in immer mehr Menschen der Sinn für die Schönheit, Weisheit und Stärke des Weiblichen. Wir entdecken und erinnern uns nun an die Mythen, Symbole und Rituale der Göttin.

Mit ihrer Wiedergeburt hat auch eine kenntnisreichere und mitfühlendere Herangehensweise an das Sterben und den Tod in das allgemeine Bewußtsein Eingang gefunden, nicht zuletzt dank der Bemühungen von Heilerinnen wie Elisabeth Kübler-Ross. Auch unsere Sexualität, die so lange unterdrückt war, kommt allmählich wieder zum Vorschein. Mehr Informationen und ein umfassenderer Ausdruck unserer vielseitigen sexuellen Natur befreien Männer und Frauen aus gesellschaftlichen und religiösen Mustern der Verleugnung, Ablehnung und Schuld im Zusammenhang mit dieser unserer machtvollsten Lebenskraft. Diese Bewegung beinhaltet auch eine Erweckung der Heilenergien in unserem Planeten und in Einzelpersonen, da uns unsere wechselseitige Abhängigkeit von der Ökologie der unsere Existenz aufrechterhaltenden Mutter Erde bewußt wird.

In der gegenwärtigen diesbezüglichen Literatur herrscht Unklarheit darüber, ob dieser auferstandene Frauengeist von einem neuen weiblichen Bewußtseinszentrum in der menschlichen Psyche oder der Erweckung einer alten schlummernden Kraft und Macht herrührt. Wir werden im Verlauf der folgenden Diskussion entdecken, daß beides der Fall ist. Das weibliche Prinzip wurde an einem weiteren Wendepunkt seiner evolutionären Spirale wiedergeboren und hat in seiner Neumondphase eine neue Vision freigesetzt, die gegenwärtig im Geistesstrom der Menschheit aufkeimt.

Im Zuge der Entdeckung und Erforschung der alten Geschichte der Göttin, auf die wir in Kapitel 2 eingingen, kamen viele feministische Wissenschaftlerinnen zu der Schlußfolgerung, daß die matriarchalen Göttinkulte und die machthabenden Frauen von patriarchalen Gottkulten unterdrückt und vernichtet wurden. Merlin Stone ist davon überzeugt, daß archäologische, mythologische und historische Fakten deutlich zeigen, daß die weibliche Religion keineswegs von selbst verschwunden ist. Vielmehr sei sie »in Jahrhunderten fortwährender Verfolgung und Unterdrückung den Verfechtern der neuen Religionen zum Opfer« gefallen, deren höchste Gottheiten männlich waren.

Ein überwältigendes Beweismaterial läßt uns zu dieser für unser Bewußtsein offensichtlichsten Schlußfolgerung gelangen. Wenn wir jedoch unser Wahrnehmungsvermögen ausdehnen und die langfristigen kosmischen Zyklen, an denen die Erde und der Mond teilhaben, mit in Betracht ziehen, kann das Verschwinden der Göttin auch im Kontext ihres eigenen Lunationszyklus verstanden werden.

Wenn wir davon ausgehen, daß die Göttin und ihre alten Lehren in bezug auf den Tod wieder auftauchen, sollten wir uns Fragen stellen wie: *Wer war sie, bevor sie verschwand, warum entschwand sie, wo ist sie gewesen, und was brachte sie dazu, nun wieder zu erscheinen?* Wir werden in diesem Kapitel die zwischen der Mondzyklus-Symbolik und der Gleichsetzung des Mondes mit der Göttin bestehende Verbindung erforschen. Diese Korrespondenz kann uns als Modell dienen, das uns das Geheimnis um den Zyklus von Geburt, Tod und Wiedergeburt der Göttin erhellt. Und wir werden auf das Ableben der Göttin vor dem Hintergrund der durch die Präzession wechselnden Zeitalter eingehen.

Lassen Sie mich, bevor wir fortfahren, noch kurz etwas zur symbolischen Bedeutung von zyklischen Mustern sagen. Es scheint eine, nicht notwendigerweise kausal bedingte, Entsprechung zwischen den Übergängen bei den kosmischen planetarischen Zyklen und den Veränderungen bei den religiösen und kulturellen Symbolen, die in den verschiedenen Epochen der Erde auftauchen, zu geben.

Der Psychoanalytiker C. G. Jung benutzte den Begriff »Synchronizität«, um Licht auf das geheimnisvolle Phänomen der bedeutungsvollen Koinzidenzen zu werfen – verwandte Ereignisse, die jenseits der Grenzen von Zeit und Raum simultan auftreten, ohne daß sich dabei eine direkte Beziehung von Ursache und Wirkung erkennen läßt. Die Frage, warum sich derartige Korrelationen jenseits des Bereichs reiner Zufälligkeit ereignen, fasziniert die Menschen seit Jahrtausenden.

Und obschon wir nicht wissen, warum es so funktioniert, verweist das Phänomen der Synchronizität doch auf ein dem Universum zugrundeliegendes Verbindungsmuster intelligenter Strukturierung.

Es gibt viele verschiedene sich wiederholende Zyklen, die mit der Entfaltung der menschlichen und planetarischen Evolution in Wechselbeziehung stehen. Die Naturwissenschaft kennt die periodischen Veränderungen, denen die Umwelt unseres Planeten aufgrund von Eiszeit-, Sonnenflecken-, Eklipsen-, Gezeiten- und Wetterzyklen unterworfen ist. In den esoterischen Diziplinen kennen wir die vielen verschiedenen planetarischen und numerologischen Zyklen, die uns einen Hintergrund liefern, vor dem wir die Entwicklungsverläufe der Geschichte von Einzelpersonen und der Menschheit allgemein besser verstehen können.

Wenn wir sie innerhalb eines zyklischen Kontexts betrachten, formen sich separate, anscheinend unzusammenhängende Ereignisse zu Bedeutungsmustern und werden als miteinander in Beziehung stehend erkannt. Jeder Zyklus hat seine eigene Zeitabfolge von Beginn, Kulmination und Vollendung, die ein Ende, eine Veränderung und einen Neuanfang mit sich bringen. Zwar hat jeder Zyklus seinen eigenen Rhythmus und seine eigene Dauer, aber die verschiedenen Zyklen überlappen einander. Manchmal erreichen zwei oder mehr Zyklen an kritischen Punkten ihrer eigenen Entwicklung gleichzeitig einen Gipfelpunkt. Diese Nebeneinanderstellung bringt oft bedeutsame Veränderungen mit sich, die noch machtvoller sind als gewöhnlich. Das ist es, was sich in der Epoche des Verschwindens der Göttin ereignete und sich jetzt am Ende des 20. Jahrhunderts wiederholt.

Werden und Vergehen des Mondes

Alle Lebensformen weisen Zyklen von Geburt, Wachstum, Tod und Erneuerung auf, die sich in den progressiven Phasen des Mondzyklus widerspiegeln. Viele Kulturen haben den Mondzyklus im Versuch, seine holistische Bedeutung konzeptionell zu erfassen, in drei Phasen und vier Viertel unterteilt. Die Dreifach-Unterteilung, die sich auf ein Dreieck (das Bild der weiblichen Polarität) gründet, besteht aus drei Phasen: dem neuen Mond des zunehmenden Lichts, dem total erleuchteten

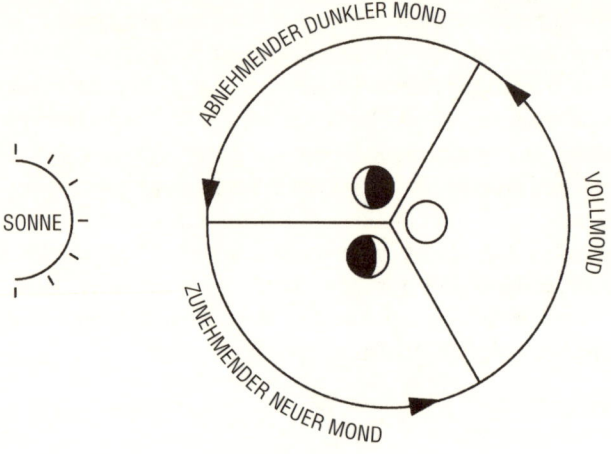

Die drei Phasen des Mondes

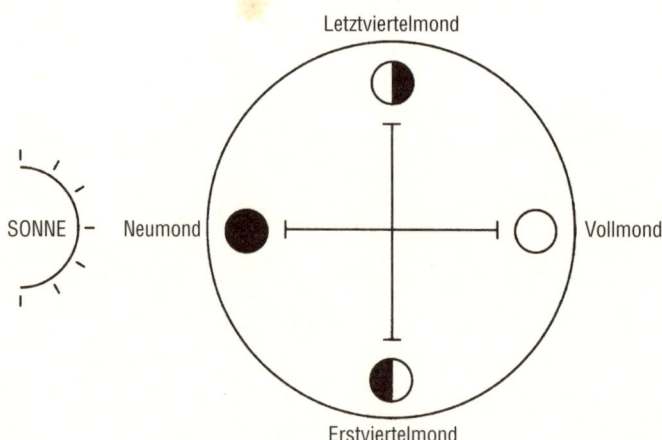

Die vier Viertel des Mondes

Vollmond und dem Dunklen Mond des abnehmenden Lichts. Die Vierfach-Unterteilung, die sich aus einem Quadrat oder Kreuz ableitet (dem Symbol der männlichen Polarität), beinhaltet den Erstviertelmond, den Vollmond, den Letztviertelmond und den Neumond, der sich Rücken an Rücken mit dem Dunkelmond befindet.

Die acht Lunationsphasen

Dunkelheit wird Dämmerung

I. In der **Neumond-Phase** taucht der soli-lunare Energiefluß auf und aktiviert und projiziert auf instinktive und subjektive Weise den Kern- oder Keim-Impuls, der sich als Zweck und Ziel im Verlauf der Entfaltung des Zyklus erfüllen und vollenden wird.

– Der Mond geht in der Morgendämmerung auf und bei Sonnenuntergang unter.
– Der Mond befindet sich zwischen 0–45 Grad vor der Sonne.
– Bis zu 3½ Tage nach dem offiziellen Neumond

Licht gewinnt an Kraft

II. In der **Sichelmond-Phase** trifft der Lebensimpuls auf eine Herausforderung, da er sich aus der Trägheit und dem Beharrungsvermögen des vergangenen Zyklus freikämpfen muß; er mobilisiert seine Energien und Ressourcen und bewegt sich voran. Mit dieser Regung des Lichts mögen die ersten Eindrücke von einer Vision wahrgenommen werden. Das symbolische Samenkorn durchbricht seine Samenkapsel, treibt aus, und die ersten jungen Triebe durchbrechen die Scholle.

– Der Mond geht in der Mitte des Vormittags auf und nach Sonnenuntergang unter.
– Der Mond befindet sich 45–90 Grad vor der Sonne.
– Zwischen 3½ und 7 Tagen nach Neumond

Licht und Dunkel in Balance,
das Licht nimmt zu

III. In der **Erstviertel-Phase** muß sich die Lebenskraft in ihrer Umgebung fest etablieren und direkt etwas zum Aufbau der organischen Struktur unternehmen, die das Vehikel ihres Lebensziels werden soll. Das strukturelle Gerüst für das, was werden soll, nimmt mit dem zunehmenden Licht Form an. Das symbolische Samenkorn festigt seine Wurzel- und Stengelstruktur.

- Der Mond geht mittags auf und um Mitternacht unter.
- Der Mond befindet sich 90–135 Grad vor der Sonne.
- Zwischen 7 und 10½ Tagen nach Neumond

Licht dominiert

IV. Die **Buckelmond-Phase** erfordert, daß das in der vorangegangenen Phase Entwickelte analysiert und die Form perfektioniert wird, damit sie effizient und effektiv operieren kann. Während das Licht dominant wird, findet eine Suche nach Offenbarung statt. Das symbolische Samenkorn treibt Knospen.

- Der Mond geht in der Mitte des Nachmittags auf und gegen 3 Uhr morgens unter.
- Der Mond befindet sich 135–180 Grad vor der Sonne.
- Zwischen 10½ und 14 Tagen nach Neumond

Licht erreicht Gipfelpunkt

V. Die **Vollmond-Phase** ist die Blütephase des Zyklus. Die Bedeutung des Lebensziels offenbart sich und muß in die während der zunehmenden Phase des Prozesses aufgebaute Struktur gegossen werden. Wenn die Form unzureichend oder untauglich ist, um die Bedeutung in sich aufnehmen zu können, oder wenn die Bedeutung der Form nicht würdig ist, kann an diesem Punkt ein Zusammenbruch, eine Abtreibung oder eine Auflösung des Lebensimpulses erfolgen. Dies ist der Gipfelpunkt des Lichts, und diese Phase beinhaltet das Versprechen der totalen Erhellung der Vision. Das symbolische Samenkorn entfaltet seine Blüte.

- Der Mond geht bei Sonnenuntergang auf und in der Morgendämmerung unter.
- Der Mond befindet sich 180–135 Grad hinter der Sonne.
- 15 Tage nach Neumond

Erste Regung des Dunklen

VI. Die **Aussaat-Phase** korrespondiert mit der Zyklusphase der Verwirklichung oder Erfüllung. Das zu Neumond aufkeimende Samenkorn ist nun das geworden, was es werden sollte. Der Lebensimpuls muß seinen Zweck und sein Ziel erfüllen, indem er die Energie verteilt und seine Bedeutung aussät. Mit der ersten Regung des Dunklen geht der Drang einher, den Wert der Bedeutung auszuleben und mitzuteilen. Das symbolische Samenkorn trägt Früchte.

- Der Mond geht in der Mitte des Abends auf und mitten am Vormittag unter.
- Der Mond befindet sich 135–90 Grad hinter der Sonne.
- Zwischen 3½ und 7 Tagen nach Vollmond

Licht und Dunkel in Balance,
das Dunkle nimmt zu

VII. In der **Letztviertel-Phase** hat der Lebensimpuls seine Mission erfüllt und beginnt nun, sich auf eine vage erahnte Zukunft auszurichten. Rebellion gegen alte Muster und ein Zusammenbruch der alten nutzlosen Formen sind Merkmale einer inneren Revolte und Krise im Bewußtsein. Das Dunkle wird immer vorherrschender, während sich die Lebenskraft abwendet, verringert und das Alte kompostiert. Das symbolische Samenkorn verdorrt und schrumpelt an der Rebe und zerfällt.

- Der Mond geht um Mitternacht auf und am Mittag unter.
- Der Mond befindet sich 90–45 Grad hinter der Sonne.
- Zwischen 7 und 10½ Tagen nach Vollmond

Tiefe der Dunkelheit

VIII. In der **balsamischen Phase** destilliert und konzentriert der Lebensimpuls die Weisheit des gesamten Zyklus in einer Samenkapsel der Ideen für die Zukunft. Während dieser Dunkelphase des Mondes transformiert die Lebenskraft die Vergangenheit, wandelt sie in Zukunft um und geht die Verpflichtung ein, neue Konzepte innerhalb alter Strukturen auszusäen. Das symbolische Samenkorn kehrt wieder einmal in sich selbst zurück.

- Der Mond geht um 3 Uhr morgens auf und zur Mitte des Nachmittags unter.
- Der Mond befindet sich 45–0 Grad hinter der Sonne.
- Zwischen 10½ Tagen nach Vollmond bis zum nächsten Neumond

Wird die vierfache Unterteilung des allmonatlichen Umlaufs des Mondes um die Erde noch einmal geviertelt, ergeben sich acht verschiedene lunare Phasen. Sie werden jeweils als die Neumond-, Sichelmond-, Erstviertel-, Buckelmond-, Vollmond-, Aussaat-, Letztviertel- und balsamische Phase bezeichnet. Jede Lunationsphase steht für eine ganz bestimmte Qualität und Energieart, die in den verschiedenen Wachstums- und Entwicklungsstadien jeglicher organischer Form nutzbar gemacht

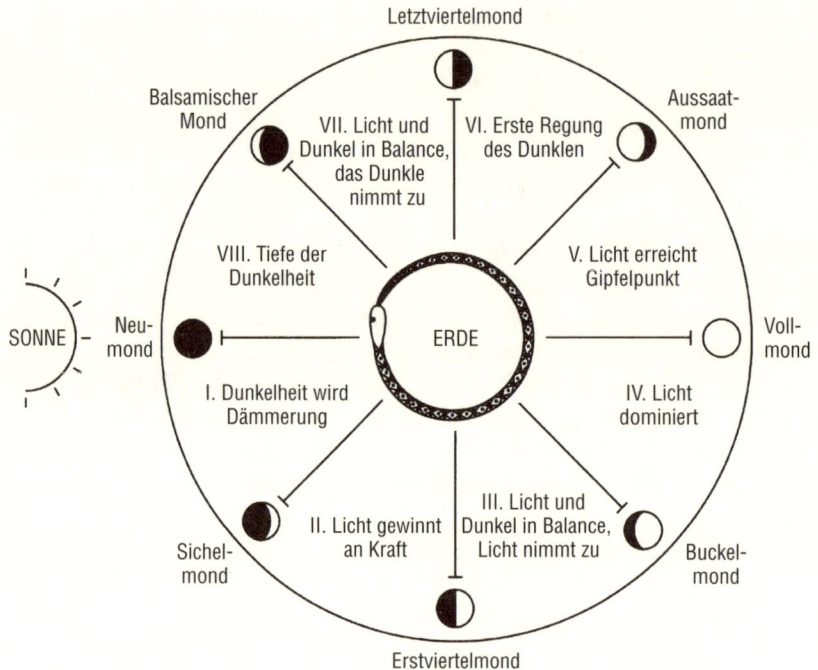

Die achtfache Unterteilung des Mondzyklus

werden. Als der Astrologe Dane Rudhyar diesen alten Lunationszyklus wiederentdeckte, entwickelte er aus diesen acht Phasen ein ganzheitliches Konzept der Persönlichkeitstypen und ihrer Funktionen, wobei er sich zur Verdeutlichung der Metapher des Wachstums einer Pflanze bediente.

Lassen Sie uns nun noch einmal einen kurzen Blick auf die sukzessiven Stadien der zyklischen Entwicklung einer jeden Lebensform werfen, wie sie sich in der Symbolik des in acht Phasen unterteilten Lunationszyklus des Mondes darstellen (siehe die Skizzierung der acht Lunationsphasen auf der vorigen Seite und die Abbildung auf dieser Seite). Der Prozeß beginnt mit der Neumond-Phase, in der ein Samenkorn in der Dunkelheit aufkeimt, das eine mit Absicht aufgeladene neue Vision in sich birgt. Mit dem Licht der zunehmenden Sichelmond-Phase haben sich die ersten zarten Triebe dieser Vision durch das Erdreich nach oben gekämpft und die Erdoberfläche durchbrochen. Während der Erstviertel-Phase schlägt die Lebenskraft dieser Vision Wurzeln, indem sie sich etabliert; ihre Stengel- und Blätterstruktur bildet sich zu einer starken und fest umrissenen Form heraus.

Die zunehmende Buckelmond-Phase korrespondiert mit der Herausbildung von Knospen und ist mit dem Versprechen und der Erwartung der Blütenentfaltung während der Vollmond-Phase verbunden. Bei Vollmond ist der lunare Zyklus zur Hälfte vollendet, und nun ist die Vision voll erhellt und mit Bedeutung und Inhalt geladen. Die abnehmende Buckelmond-Phase, auch Aussaat-Phase genannt, korrespondiert mit dem Moment der Verwirklichung oder Erfüllung innerhalb des Zyklus. Die Vision wird durch das Leben der Menschen ausgeführt oder ausagiert und erfüllt somit ihren Zweck.

Die Letztviertel-Phase korrespondiert mit dem Einfahren der Ernte, wir verdauen und assimilieren das, was wir im Verlauf des Zyklus erkannt und verwirklicht haben. Danach wird die Essenz der Vision in einer Samenkapsel destilliert und während der dunklen oder balsamischen Phase des Zyklus in der Erde begraben, wo sie genährt und auf die Wiedergeburt vorbereitet wird. Der Keimgedanke wird in der Folge mit Beginn des neuen Zyklus freigesetzt.

Diese achtfache Unterteilung des lunaren Zyklus entspricht der solaren Symbolik des europäischen paganen Jahresrads. Das Jahresrad, die Grundlage der Kulte, Rituale und Festtage der alten Ackerbaugesellschaften, hat als Ausgangspunkt die beiden Sonnenwenden und Tagundnachtgleichen und weist zudem noch vier weitere dazwischenliegende Feste auf. Diese sind:

- Jule zur Wintersonnenwende (20.–23. Dezember)
- Lichtmeß (2. Februar)
- Frühlingstagundnachtgleiche (20.–23. März)
- Beltane (1. Mai, beginnt am Vorabend mit der Walpurgisnacht)
- Sommersonnenwende, auch als Mitsommernacht bekannt (20.–23. Juni)
- Lammas, auch als Lugnasad bekannt (1. August)
- Herbsttagundnachtgleiche (20.–23. September)
- Halloween, auch als Samhain bekannt (31. Oktober)

Dieser Zyklus des zunehmenden und abnehmenden Sonnenlichts, der sich aus der augenscheinlichen alljährlichen Bewegung der Sonne nördlich und südlich des Äquators ergibt, kennzeichnet den Rhythmus der Jahreszeiten und der Gezeiten der Natur. Die Alten feierten diese acht Festtage und glaubten, daß sie Zeiten der Kraft und Macht waren, in denen sich ein Spalt oder ein Tor zwischen den Welten auftat. In diesen Zeiten konnte die heilige Energie des Kosmos voll und ganz in die irdische Ebene einfließen.

Wenn sich der Rhythmus des Lunationszyklus (der Mond als weibliches Wesen gesehen) im Jahresrad spiegelt, wird die Göttin alljährlich zur Wintersonnenwende (Neumond) wiedergeboren. Zu Lichtmeß (Sichelmond) ist sie eine zarte, zerbrechliche neue Hoffnung und zur Frühlingstagundnachtgleiche (Erstviertelmond) ein Kind geworden. Das junge Mädchen entdeckt seine Sexualität zu Beltane (Buckelmond); und es wird zur Sommersonnenwende (Vollmond) die Mutter allen Lebens. Zu Lammas (Aussaatmond) reift sie zur Matrone heran; sie erreicht die Menopause zur Herbsttagundnachtgleiche (Letztviertelmond) und vollendet ihren Lebenszyklus als alte weise Frau, die sich auf ihren Tod an Halloween (dunkler balsamischer Mond) vorbereitet.

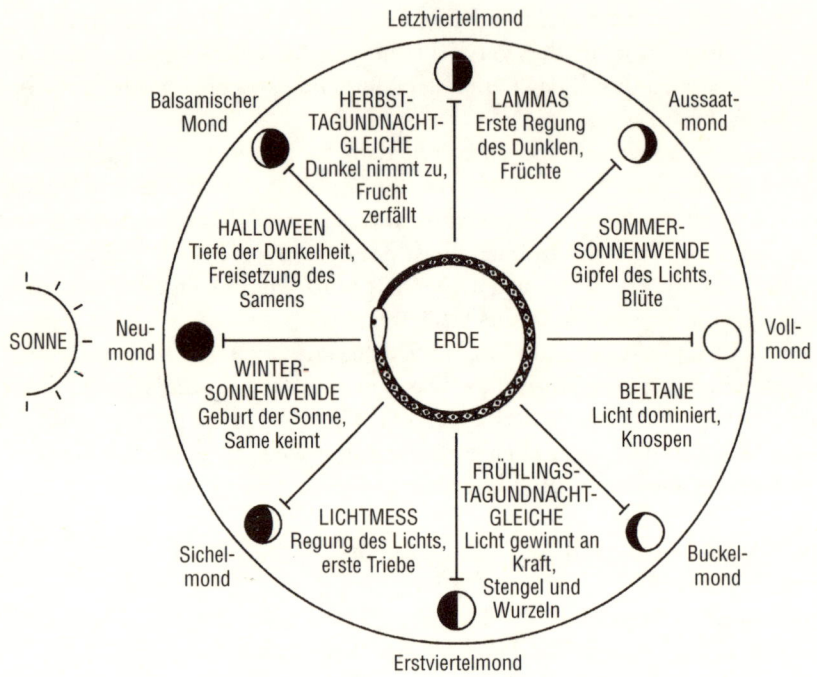

Die Lunationsphasen und das Jahresrad

Die Geschichte, die uns der Mond erzählt, handelt von Geburt, Wachstum, Fülle und Verwirklichung, Verfall, Verschwinden und dann Wiedergeburt und neuem Wachstum. In jedem Zyklus ereignet sich ganz natürlich eine dunkle Phase, in der die Lebenskraft für eine gewisse Zeit zu verschwinden scheint. Über diesen rezessiven Teil des Zyklus ist der Mantel der Dunkelheit gebreitet, er ist für das bewußte bloße Auge unsichtbar. Dies ist der Ort, wo sich das Leben reinigt und läutert, wieder mit Energien auflädt und sich in seiner evolutionären Entwicklung transformiert, sich spiralförmig auf den harmonischen Einklang mit seiner Wesensnatur zubewegt.

Wenn die Göttin ihrer Wesensnatur treu ist und sich in Übereinstimmung mit den Gezeitenrhythmen des Mondes befindet, wird sie sich, wie der Mond, periodisch in die dunkle Phase ihres Zyklus zurückziehen. Hier führt sie ihre geheimnisvollen Rituale der Erneuerung durch.

Wenn wir uns den Rhythmus des Mondzyklus genau ansehen, können wir erkennen, daß die Entwicklungs- und Blütephase der Göttin, ihr nachfolgendes Verschwinden und ihr gegenwärtiges Wiederauftauchen, möglicherweise auf ihren natürlichen Zyklus von zunehmenden und abnehmenden Phasen zurückzuführen sind.

Werden und Vergehen der Göttin

Die Mondgöttin ist die Verkörperung der im Lunationszyklus symbolisierten und im Jahresrad gefeierten, sich ständig erneuernden Energie. Im zyklischen Rhythmus des zunehmenden und abnehmenden Lichts schwingend hat auch sie selbst ihre Zyklen von Wachstum und Minderung, die über Generationen der Zeit hinweg in die kulturelle Evolution der Menschheit einfließen.

Wir werden nun noch einmal einen Blick auf den Aufstieg und Fall der Göttinkultur und -religion werfen. Diesmal wollen wir ergründen, ob wir eine Entsprechung zwischen dem Lebenszyklus eines sich herausbildenden weiblichen Prinzips und der symbolischen Bedeutung der sukzessiven Phasen des Lunationszyklus entdecken können.

Wir wissen, daß der Niedergang der Göttinkultur um 3000 v.u.Z. seinen Anfang nahm. Unsere Märchen berichten davon, daß Schneewittchen und Dornröschen von der bösen Stiefmutter beziehungsweise bösen Fee vergiftet wurden und dann in einen langen todähnlichen Schlaf fielen. Wir finden in diesen Geschichten die mythische Gestalt der Göttin und des Weiblichen, die ebenfalls lange und tief geschlummert haben. Auch wird in den mythologischen Erzählungen immer wieder von der Mondgöttin gesprochen, die regelmäßig verschwand, um durch ein Bad in den heiligen Quellen ihre Jungfräulichkeit wiederherzustellen und neu geboren zu werden. Wir, die wir am Beginn des Jahres 2000 stehen, erleben jetzt, daß die Göttin definitiv wiedergeboren wurde. Davon zeugt die gegenwärtige Verbreitung ihrer Zirkel, Geschichten, Gesänge, Bilder und Rituale.

Abgesehen von einem gelegentlichen und kurzen Hochsprudeln ihrer Quellen in verschiedenen Epochen und an verschiedenen Orten waren ihre Bilder und Symbole während ihrer Schlummerzeit in der Kultur praktisch nicht existent. 5000 Jahre mögen sich zwar wie eine lange Zeit ausnehmen, eine Epoche, die im übrigen unsere gesamte Geschichtsschreibung umfaßt, aber angesichts der menschlichen Entwicklunggeschichte (2,5 Millionen Jahre) und der geologischen Entstehungzeit unseres Planeten (6 Milliarden Jahre) handelt es sich doch um eine relativ kurze Zeitspanne.

Wir können also schätzen, daß die weiblichen Energien etwa fünftausend Jahre lang aus der Kultur so gut wie verschwunden waren. Wenn wir diese Schlummer- oder Ruhephase in den Kontext des Lunationszyklus stellen, würde dies einer fünftausend Jahre (3000 v.u.Z.–2000 u.Z.) währenden Dunkelphase eines historischen Zyklus entsprechen. Wenn die dunkle balsamische Phase ein Achtel des Lunationszklus ausmacht, muß der gesamte vorangegangene auf die Göttin bezogene lunare Lebenszyklus eine Dauer von achtmal 5000 oder 40 000 Jahren haben.

Nach unserer Hypothese weist auch ein sich entfaltendes, in der Symbolik der Mondgöttin verkörpertes, weibliches Prinzip Zyklen von Geburt, Wachstum, Tod und Erneuerung auf. Wenn es stimmt, daß der vorangegangene Zyklus seiner Entwicklung 40 000 Jahre dauerte, können wir annehmen, daß um 38 000 v.u.Z. eine neue Vision und ein neues Bestreben des weiblichen Prinzips geboren und mit der beginnenden Neumond-Phase in einem seiner Lebenszyklen freigesetzt wurde.

Wir werden nun dieser langfristigen Entwicklung eines weiblichen Prinzips nachgehen. Erstens werden wir einen Überblick über die Epoche des Jungpaläolithikums geben, um die Hauptthemen im Zusammenhang mit der Geburt und Entwicklung der Göttinkultur aufzuzeigen. Zweitens werden wir tiefer in die einzelnen, mit den Phasen des Lunationszyklus korrespondierenden Unterepochen eintauchen. Legen wir nun unser theoretisches Modell vom Lunationszyklus der Göttin über das Zeitschema der verschiedenen archäologischen Epochen der Vorgeschichte.

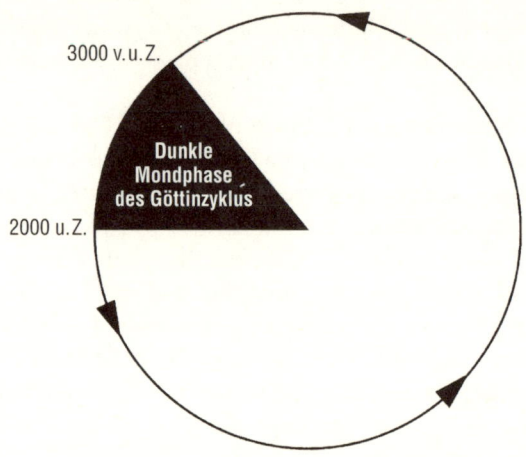

Die Göttin taucht aus der dunklen Mondphase auf

Die Abbildung auf der gegenüberliegenden Seite zeigt die Daten und Bezeichnungen auf, die die Paläoanthropologen den einzelnen Abschnitten des Jungpaläolithikums und dessen Unterepochen in Europa gegeben haben. Diese Unterteilungen basieren auf den verschiedenen Arten aufgefundener Artefakte, die das Produkt verschiedener Völkerstämme waren, die wiederum unterschiedliche Werkzeuge, Sprachen, Geschichten und Wirtschaftssysteme hatten. (Andere Paläoanthropologen verwenden auch noch andere Datierungssysteme. Die Daten sind ungefähre Angaben und variieren je nach Region.) Diese Unterteilungen umgrenzen das Zeitschema der acht Lunationsphasen eines 40000 Jahre währenden Göttinzyklus, der 38000 v.u.Z. seinen Anfang nahm. Wenn wir uns diese Abbildung anschauen, sehen wir, daß 38000 v.u.Z., der angenommene Beginn des Lebenszyklus der Göttin zur Neumond-Phase, auch das Datum ist, das die Wissenschaftler für den Beginn des Jungpaläolithikums ansetzen. Der *Homo sapiens*, der anatomisch gesehen moderne Mensch mit ungeheuer erweiterten intellektuellen Kräften, von dem sich die heutige Menschheit herleitet, tauchte zum erstenmal vor 40000 Jahren in Europa auf. Das Jungpaläolithikum dauerte bis zur neolithischen Revolution, die um 8000 v.u.Z.

ihren Anfang nahm, was wiederum mit dem Zeitpunkt korrespondiert, an dem die vermutete Letztviertelmond-Phase dieses 40 000 Jahre währenden Zyklus eintrat. Der Beginn der Auflösung der Göttinkultur zeigt sich ganz klar um 3000 v.u.Z., eine Epoche, die der dunklen balsamischen Mondphase des Zyklus analog ist. Unsere gegenwärtige Epoche, 2000 u.Z., die die Rückkehr der Göttin ankündigt, fällt mit der nächsten Neumond-Phase zusammen, die eine Art von Wiedergeburt signalisiert. Sehen wir, ob wir Themen entdecken können, die zu Beginn des Zyklus ihren Anfang nahmen und sich dann während des gesamten Zyklus weiterentwickelten, Früchte trugen und auf den Verlauf der menschlichen Zivilisation Einfluß nahmen.

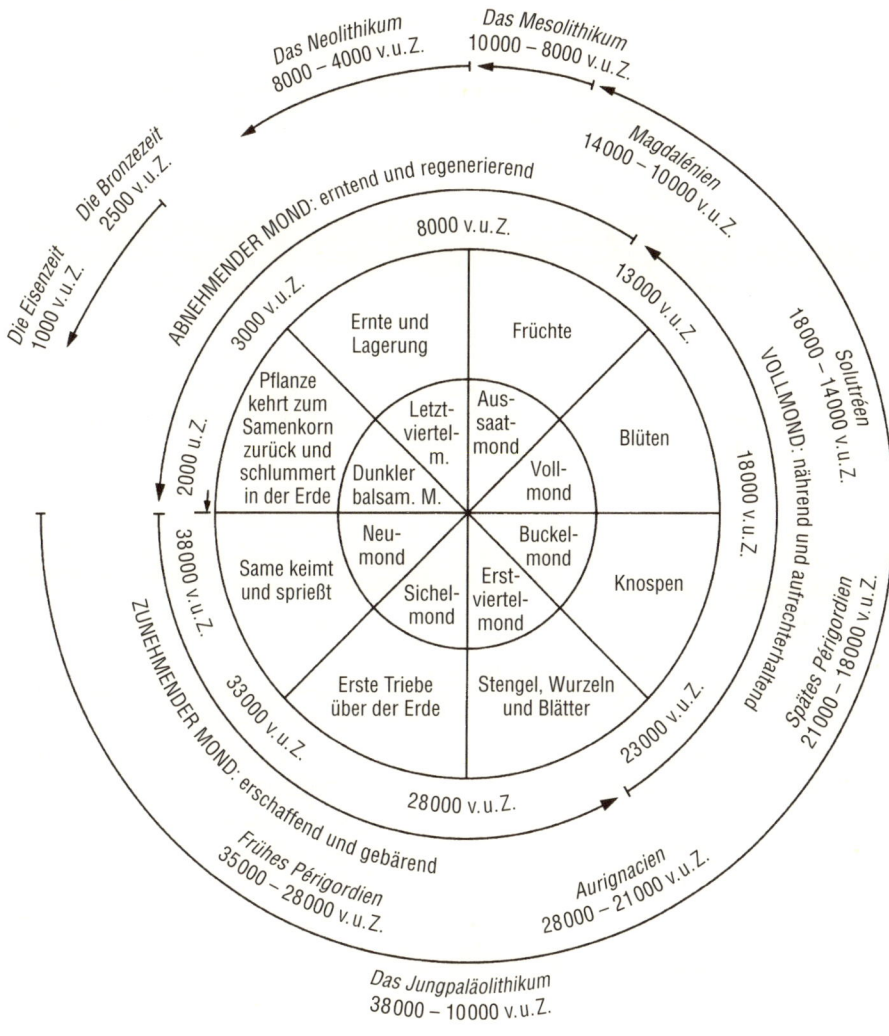

40 000 Jahre lunarer Geschichte des Weiblichen

Übersicht über das Jungpaläolithikum

Randall White zufolge war das Heraufdämmern des Jungpaläolithikums eine revolutionäre Epoche menschlicher Errungenschaften, in der sich geradezu eine Explosion symbolhaften Verhaltens ereignete. Wie er schreibt, tauchte in Europa der voll ausgebildete moderne Mensch auf und ging mit der Geburt unserer eigenen Art eine kreative Explosion einher – ein Ausbruch an Erfindungsreichtum und Sensibilität, wie er bislang in der langen Geschichte der Menschheitsfamilie nicht seinesgleichen kannte.

Drei bedeutsame Entwicklungen markierten den Übergang zum Jungpaläolithikum. Erstens tauchte, wie schon gesagt, eine neue Spezies in Europa auf, der *Homo sapiens,* der eine neue Art von Werkzeug bei sich hatte. Sein Erscheinen fällt mit dem Verschwinden der vormaligen Bewohner, der Neandertaler, zusammen, deren Vorfahren vordem die Welt eine halbe Million Jahre lang bevölkert hatten. Zweitens zeigte dieser neue Menschenschlag eine Fähigkeit zur Gestaltung von Bildern und Symbolen, die schließlich zu einer erstaunlichen Entfaltung von künstlerischen Leistungen führte. Drittens belegen archäologische Funde von ihren Kunstwerken und Artefakten, daß sie eine weibliche Gottheit verehrten.

Diese für das Jungpaläolithikum bezeichnenden großen technologischen und kulturellen Fortschritte stehen im scharfen Gegensatz zu dem sehr langsamen Entwicklungsprozeß in den dieser Epoche vorangehenden Zeiten. Fossile Funde haben recht klar gezeigt, daß die Gattung *Homo* vor etwa 2,5 Millionen Jahren affenähnlichen Vorfahren entsprang, die in Afrika lebten. Fast eine Million Jahre verlief die menschliche Evolution unendlich langsam. Dann wurde vor etwa 1,6 Millionen Jahren aus den frühen Hominiden der *Homo erectus.* Dieser noch immer primitive Mensch zähmte das Feuer und entwickelte fortgeschrittenere Jagdtechniken und Sammelmethoden. Vor etwa einer Million bis 700 000 Jahren v. u. Z. schwärmte der *Homo erectus* aus Afrika in den Nahen Osten, nach Europa, Asien und Indonesien aus. In Eurasien entwickelte er sich vor etwa 125 000 Jahren zum Neandertaler.

Diese waren zwar geschickte Jäger und imstande, unter den gefährlichen Bedingungen der Eiszeit zu überleben, aber sie unternahmen nur wenige oder keine Anstrengungen zu einer Veränderung der Welt, in der sie lebten. Ihre vom *Homo erectus* vor einer halben Million Jahre ererbte Technologie war auf langsame Veränderungen bei den Grundwerkzeugen beschränkt. Ihnen mangelte es an visueller Vorstellungskraft und an Begriffsvermögen, und sie konnten sich wahrscheinlich auch nicht über eine voll ausgebildete Sprache verständigen. Doch sie waren ihrem Wesen nach nicht roh und gefühllos. Hinweise belegen, daß sie mitfühlend waren, sich um ihre Kranken kümmerten und ihre Toten bestatteten.

Mit dem plötzlichen Auftauchen des *Homo sapiens* in Europa veränderte sich der Charakter der menschlichen Bevölkerung radikal. Diese Menschen waren intelligent, in technologischer Hinsicht geschickt und auf kultureller Ebene hoch entwickelt. Es gibt große Kontroversen darüber, woher sie ursprünglich kamen und ob sie sich an einem Ort oder in vielen Gebieten zugleich entwickelten.

Eine vorherrschende Ansicht unter den Paläoanthropologen besagt, daß alle modernen menschlichen Populationen ihren Ursprung auf jenen *Homo erectus* zurückführen können, der vor einer Million Jahren Afrika verließ und in andere Teile der Welt auswanderte. Diese Theorie geht davon aus, daß der *Homo erectus* an jedem seiner Orte allmählich zum modernen *Homo sapiens* wurde, sich unabhängig voneinander in den verschiedenen Regionen mehr oder weniger gleichzeitig weiterentwickelte. Doch viele andere Wissenschaftler sind anderer Meinung, und die Verfechter der sogenannten Arche-Noah-Theorie halten dagegen, daß sich unsere unmittelbaren Vorfahren nur in Afrika entwickelten und von dort in andere Gegenden der Welt ausschwärmten. Dieser Anschauung zufolge waren die anatomisch gesehen modernen Menschen, die da mit dem Heraufdämmern des Jungpaläolithikums in Europa auftauchten, keine Abkömmlinge der Neandertaler und hatten sich auch nicht in Europa entwickelt. Der Anthropologe Brian Fagan glaubt, daß die europäischen Neandertaler nicht in direkter evolutionärer Linie die Vorfahren des modernen Menschen waren. Seiner Ansicht nach starben sie aus, überwältigt von einer neuen, sich rapide entwickelnden Steinzeitwelt.

1987 wurde von einem Biochemiker-Team im kalifornischen Berkeley eine neue umstrittene Theorie hinsichtlich unserer Ursprünge vorgetragen. Diese gründet sich auf die genetische Mutationsrate in den Mitochondrien der DNS und kommt zu der Schlußfolgerung, daß jede heute auf Erden lebende Person ihren Ursprung auf eine einzige Frau zurückführen kann, der man den Namen Eva gab und die vor etwa 200 000 Jahren in Afrika lebte. Dieser Eva-Hypothese zufolge waren also unsere direkten Vorfahren, die zu Beginn des Jungpaläolithikums in Europa auftauchten, die Nachkommen dieser einen afrikanischen Frau – unser aller Mutter und Urahnin der gesamten heutigen Menschheit.

Diese neuen Menschen breiteten sich in den nächsten paar Jahrhunderten immer mehr aus, und die Neandertaler verschwanden ganz. Was uns vom Neandertaler unterscheidet, ist unsere kreative Fähigkeit und unsere Erfindungsgabe. Randall White zufolge haben wir von diesen Menschen die Fähigkeit ererbt, eine Sprache zu entwickeln und eine auf Symbolik basierende Sprache zu verstehen, wie auch die Fähigkeit, unser Verhalten innerhalb eines Bezugrahmens gemeinsamer Normen und Werte zu überwachen und anzupassen, des weiteren die Fähigkeit, uns Dinge vorzustellen, die wir nie beobachtet haben, und die Gabe, physische Fähigkeiten in Form von Werkzeugen nach außen zu verlagern.

Die letzten Eiszeiten fanden während des Jungpaläolithikums statt. Die menschliche Population breitete sich im Verlauf dieser Epoche auf die meisten bewohnbaren Gebiete des Globus aus, die Bereiche des heutigen Nord- und Südamerika und Australien eingeschlossen. Sie entwickelten ein breites Spektrum an technologischen Innovationen. Viele wichtige Erfindungen tauchten zu dieser Zeit auf, darunter Nadel und Faden, aus Häuten fabrizierte Kleidung, mit Griffen versehene

Stein- und Knochenwerkzeuge, die Harpune, der Speer und Ausrüstung zum Fischen. Archäologische Ausgrabungen zeigen, daß zumindest ab 27 000 v. u. Z. menschliche Behausungen in Form von unterirdischen Höhlen und von Hütten existierten, die aus Häuten, Mammutknochen, Holz, Lehm und Stein als Schutz vor Wind und Schnee errichtet wurden.

Die Gemeinschaften wurden zu größeren komplexeren Gruppen umorganisiert, die weniger häufig und weniger weit umherwanderten. Auch was die Nahrung und den Nahrungserhalt anging, änderte sich einiges. Wichtig und interessant ist das plötzliche und weitverbreitete Auftauchen von Statuetten, Malereien, Skulpturen, Schnitzereien, Musikinstrumenten, wie Pfeifen und Flöten aus Knochen, und anderen Gegenständen, in denen sich eine kreative Entwicklung von Kunst, Tanz, Zeremonien und Ritualen widerspiegelt.

Es existieren zwar keine schriftlichen Aufzeichnungen, doch die Artefakte dieser Eiszeitmenschen, die man in den Ruinen ihrer in ganz Eurasien – von den Pyrenäen bis zum Baikalsee – verstreuten Wohnstätten fand, geben Zeugnis von ihren Glaubensvorstellungen. Man hat zusätzliche Informationen über ihre Wertvorstellungen durch die Felsskulpturen und beeindruckenden Malereien an den Wänden ihrer Höhlen gewonnen, die man in den bewaldeten Bergregionen Nordspaniens, im Südwesten Frankreichs, in Süddeutschland und in der Tschechei entdeckte.

Diese archäologischen Funde deuten darauf hin, daß die zu Beginn des Jungpaläolithikums plötzlich auftauchenden Menschen das Weibliche verehrten. Überall in Eurasien wurden Hunderte von kleinen herausgemeißelten, geschnitzten und eingravierten Frauenfiguren und Amuletten entdeckt, die zumindest bis 25 000 v. u. Z. zurückreichen. Diese Statuetten, die als Venusfiguren bekannt wurden, betonen die mit der Sexualität und Fruchtbarkeit assoziierten weiblichen Körperteile. Sie stellen gesichtslose Göttinnen/Frauen mit ausladenden Brüsten und üppigem Körper dar.

Dazu fand man Tausende von Amuletten in Form von Brüsten, Vulva und Gesäß, die sogar noch weiter in die Vorgeschichte hineinreichen. Marija Gimbutas zeigt in ihren Forschungsarbeiten, daß diese Artefakte insgesamt die Frau als leben- und fruchtbarkeitspendende und gebärende Kraft und Macht darstellen. Die Kontinuität und Verbreitung dieser Bilder und Figuren beweisen, daß diese Göttinverehrung fast 30 000 Jahre Bestand hatte.

Nach unserem Modell des Lunationszyklus der Göttin gebar das sich zu Beginn des Jungpaläolithikums herausbildende weibliche Prinzip eine Vision, die sich dann im Verlauf ihres 40 000 Jahre währenden Lebenszyklus entfaltete. Diese Vision sollte durch die Entwicklung des zu dieser Zeit in Europa auftauchenden *Homo sapiens* zur Verwirklichung und zum Ausdruck kommen. Im Kern beinhaltete sie die Ehrfurcht vor dem Mysterium der lebenspendenden Kräfte des Universums und die Absicht, die Geheimnisse der Erschaffung, Aufrechterhaltung und Regenerierung des Lebens zu entschlüsseln. Die Verehrung des Lebens schloß nicht nur die Menschen, sondern auch die Pflanzen, die Tiere, die Erde, auf der sie alle wohnten, und den Himmel, der sie mit dem Universum verband, mit ein.

Die Ehrfurcht vor der Lebenskraft setzte sich auch in eine Ehrfurcht vor der Frau um. Zwar gibt es Hinweise darauf, daß diesen frühen Menschen die Rolle des Mannes bei der Fortpflanzung bekannt war, doch waren es die im weiblichen Körper – der ja das Leben zu erschaffen und zu ernähren schien – stattfindenden Veränderungen, die dieses Geheimnis versinnbildlichten. So wurde das Weibliche für seine anscheinend wundersame Fähigkeit geehrt, nicht nur neues Leben aus seiner Vulva hervorbringen, sondern es auch mit der aus seinen Brüsten fließenden Milch ernähren und erhalten zu können. Außerdem konnten Frauen, ohne verwundet zu sein, bluten, sich mit jedem Mond selbst heilen und sich mit der Kraft ihres Menstruationsbluts selbst und andere regenerieren.

Doch man brachte nicht nur den Geheimnissen von Geburt und Leben Ehrfurcht entgegen, sondern auch jenen, die sich mit dem Tod und der Wiedergeburt verbanden. Die Bestattungsgebräuche dieser Menschen weisen auf einen Glauben an ein Leben nach dem Tod hin. Sie begruben ihre Toten feierlich, oft unter dem Boden ihrer Wohnräume, umgaben deren Körper mit vaginaförmigen Kaurimuscheln und verzierten sie mit rotem Ocker als Symbol für die lebensbekräftigenden Eigenschaften des Blutes. Sie hofften, auf diese Weise die Lebenskraft wieder in die Verstorbenen zurückzuziehen und sie zur Wiedergeburt zu bringen.

Auch die Erde wurde als weiblich wahrgenommen, ein Hügelpaar wurde als ihre Brüste, Täler als ihre Vulva, Höhlen als ihre Vagina und Flüsse als ihre Blutadern gesehen. Die ersten Schreine wurden zu Ehren der sexuellen lebenserhaltenden Kräfte der Erdmutter an diesen heiligen Stätten errichtet. Der am Himmel kreisende Mond, der den Rhythmus des Menstruationszyklus der Frauen markierte, wurde als die Göttin verehrt, die die göttlichen Aspekte des Weiblichen zur Darstellung brachte.

Für die prähistorischen Menschen entschied die Fähigkeit, sich einen ausreichenden Nahrungsvorrat sichern zu können, darüber, ob das Leben überleben konnte oder nicht. So gehörte zum Anliegen des sich entfaltenden weiblichen Prinzips die Suche nach Mitteln und Methoden, mit deren Hilfe sich die Lebenskraft lebendig und dauerhaft erhalten ließ. Der weibliche Körper barg in sich das Geheimnis der Produktion von Nahrung für das Kleinkind; mit welchem Schlüssel ließ sich das im Körper der Erde verborgene Geheimnis enträtseln, mit dem sich auch eine relativ vorhersehbare und sichere Nahrungsquelle zur Aufrechterhaltung des Lebens ihrer erwachsenen Menschenkinder erschließen ließ? In der ersten Hälfte des Paläolithikums konzentrierten sich die technologischen Fortschritte auf die Erfindung und Verfeinerung von Werkzeugen, um Tiere, die vorrangige Nahrungsquelle, besser jagen, abhäuten und zubereiten zu können.

Die Verwirklichungs- und Erntephase der sich entwickelnden Göttin: Die Entdeckung des Ackerbaus Die Verwirklichungsphase im Lunationszyklus der Göttin fand um 11000 v. u. Z. statt. Zu dieser Zeit sollen die Frauen das Geheimnis des Ackerbaus entdeckt und die Erfindung des Kochens gemacht haben, wodurch sie den Samen in Korn und dieses wiederum in Brot verwandeln konnten. Die Fähigkeit, Nahrung zu produzieren, statt sie nur zu jagen und zu sammeln, stellt den Gipfelpunkt im Zyklus der Göttin dar. Diese Errungenschaft führte zur Erntephase während der neolithischen Epoche, in der schließlich die Zivilisation geschaffen werden konnte. Das also war der Höhepunkt und Hauptbeitrag der Göttinkultur zur Evolution der Menschheit – der Ackerbau, der die Grundlage lieferte, auf der sich künftige Zivilisationen errichten ließen.

Die in der Kunst und in den Zeremonien der Menschen des Jungpaläolithikums festgehaltene Vision ist eine der Ehrfurcht vor der lebendigen Schöpfung, verkörpert in der heiligen Natur der Erde, des Mondes und des Weiblichen. Ihr zyklisches Verständnis von der Wirklichkeit schloß auch das Geheimnis des Todes und das Versprechen von Erneuerung mit ein, so wie der zerfallende und faulende Kompost die fruchtbare Krume liefert, in der sich die schlummernde Lebenskraft wieder regenerieren kann.

Diese Glaubensvorstellungen bildeten das Fundament der Verehrung der Großen Göttin während der neolithischen Zeiten. Diese Epoche, in der sich die ersten festen Siedlungen herausbildeten und allmählich zu blühenden und gedeihenden Kulturen entwickelten, korrespondiert mit der Erntephase des Lunationszyklus der Göttin. Die Hauptaspekte der allmächtigen neolithischen Dreifaltigen Göttin lassen sich allesamt bis in die Zeit um 25 000 zurückverfolgen, als die ersten Symbole und Skulpturen der Göttin aus Knochen, Mammutzahn und Stein aufkamen.

Der Lunationszyklus der Göttin

Nachdem wir uns nun einen Überblick über die Neumond- bis hin zur Letztviertelmond-Phase des Lunationszyklus der Göttin verschafft haben, können wir tiefer in die jeweiligen einzelnen Unterepochen eintauchen. Wir werden sehen, wie sich die progressiven Entwicklungsstadien der Jungpaläolithikum-Menschen im Zyklus der lunaren Phasen widerspiegeln.

Neumond- und Sichelmond-Phase: Frühes Périgordien Wenn wir uns die Abbildung auf Seite 75 anschauen, können wir sehen, daß die erste Unterepoche des Jungpaläolithikums (38000–28000 v.u.Z.) in etwa mit den ersten beiden Phasen des Lunationszyklus zusammenfällt. Sie entspricht der Neumond- und Sichelmond-Phase, in der die neue Lebensvision ihre Samenkapsel durchbricht, aufkeimt und die ersten Triebe an der Erdoberfläche erscheinen. Man nannte die frühesten Vertreter der neuen Spezies Combe-Capelle-Menschen, und sie ähnelten den zierlicher gebauten heutigen Mittelmeerraumbewohnern. Diese Unterepoche zeichnet sich durch die Erfindung der Feuersteinklinge und anderer spezieller Werkzeuge sowie der frühesten Musikinstrumente, zum Beispiel der Flöte, aus. Die ältesten Kunstgegenstände der Welt wurden an den Wohnstätten aus dieser Epoche ausgegraben. Zu ihnen gehören auch Dutzende von eingravierten und modellierten Abbildern von weiblichen Brüsten, Vulven, Gesäßen und Göttinfigurinen.

Eine dieser frühesten Statuetten, etwa 33 000 v.u.Z., die »Venus von Willendorf«, wurde in Österreich entdeckt. Sie ist nackt, hat große Hängebrüste, einen stark gewölbten Bauch und trägt immer noch Spuren von rotem Ocker, Symbol für das lebenspendende oder menstruelle Blut. Die in der paläolithischen Kunst zur Darstellung gebrachte Sexualität diente nicht erotischen oder obszönen Zwecken, sondern war vielmehr ein Symbol für die fruchtbare Lebenskraft. An diesem Punkt der sich entfaltenden Kernvision wurden die Große Muttergöttin und ihre irdischen Repräsentantinnen, die Frauen, als die Quelle dieser Lebenskraft begriffen.

Die Erstviertel- und Buckelmond-Phase: Das Aurignacien und Späte Périgordien Während der Erstviertelmond-Phase des zyklischen Prozesses schlägt die Vision Wurzeln, verfestigt sich, verankert ihre Lebenskraft. Die Erstviertelmond-Phase des Lunationszyklus der Göttin hätte nach unserem Schema um 28 000 v.u.Z. beginnen müssen. In der Tat geben die Prähistoriker diesen Zeitraum für die zweite große Unterepoche des Jungpaläolithikums an, 28 000 bis 21 000 v.u.Z. für das Aurignacien, und 21 000 bis 18 000 v.u.Z. für die dritte Unterepoche, das Späte Périgordien. Beide zusammengenommen umfassen die nun folgenden lunaren Phasen, die Erstviertel- und die Buckelmond-Phase. Die Cro-Magnon-Menschen, großgewachsen, kräftig und den heutigen Nordeuropäern gleichend, gelangten in dieser Zeitperiode zur Vorherrschaft. Sie entwickelten die ersten Messer mit geradem Rücken und die Feuersteinklinge zu einem abgeschrägten Meißel, woraus eine ganze neue Reihe von Werkzeugen aus Tierknochen und Horn entwickelt wurde.

Die archäologischen Funde aus dieser Periode haben eine Menge eingekerbter, eingeritzter und verzierter Stücke aus Knochen, Horn, Mammutzahn und Stein zutage gefördert. Alexander Marshack glaubt, daß diese Markierungen Notierungen sind und ein Mittel zur Zeitbestimmung und Zeitberechnung auf der Grundlage eines Mondphasenkalenders waren. Er zieht auch die Möglichkeit in Betracht, daß sie einen Bezugsrahmen für die Geschichten und Mythologien ihrer sich auf den Mond- und Jahreszeitenzyklus gründenden Rituale lieferten.

Ein Kalksteinrelief aus dem Aurignacien, das man am Eingang zu einer Halbhöhle in der französischen Dordogne fand, hat man »Erdmutter von Laussel« (etwa 25 000 v.u.Z.) genannt. Sie zeigt einen gewölbten Bauch als Hinweis darauf, daß sie schwanger ist; ihre linke Hand deutet auf ihre Vulva, und in der rechten Hand hält sie ein mondsichelförmiges Horn, das ein Symbol für das neue Leben sein könnte. Die 13 in das Horn eingravierten Kerben stehen möglicherweise für die 13 Monate des Mondkalenders und könnten zudem darauf verweisen, daß die Empfängnis am 14. Tag der Mondzeit einer Frau, das heißt ihrer Menstruation, stattfindet.

Übergang von der Zunahme zur Abnahme Während der ersten Hälfte des Lunationszyklus vom Neumond bis zum Vollmond wird das Samenkorn als Gedanke, Idee oder Vision entlassen und entwickelt seine strukturelle Form. Irgend etwas wächst und entwickelt sich spontan, weil ein organisches Bedürfnis nach dem, was aus dem Samenkorn potentiell werden könnte, existiert. Die allgemeine Verbreitung der weiblichen Figuren und Bilder in der Epoche des Aurignacien und Périgordien zeigt, daß diese Menschen über ein erweitertes Bewußtsein verfügten, was die Vorgänge im Zusammenhang mit dem aus dem weiblichen Körper hervorgehenden neuen Leben anging, und zudem ein großes Geschick entwickelten, ihr Wissen auf künstlerische symbolische Weise zur Darstellung zu bringen. Die dem sich entfaltenden weiblichen Prinzip innewohnenden Eigenschaften des Gebärens, Ernährens und Erneuerns wurden gefeiert und hervorgehoben.

Im Verlauf der zweiten Hälfte des Lunationszyklus vom Vollmond bis zum Dunkelmond wird die Bedeutung in die Form gegossen und die Vision verwirklicht. Die letzten beiden Unterepochen des Jungpaläolithikums, das Solutréen (18 000–14 000 v. u. Z.) und das Magdalénien (14 000–10 000 v. u. Z.), entsprechen vom Zeitschema her in etwa der Vollmond- und Aussaatmond-Phase. Sie spiegeln die Stadien wider, in denen die Kernvision ihre Blüten entfaltet und Früchte trägt. Die Kultur des Magdalénien wurde von Archäologen als das »Goldene Zeitalter des Paläolithikums« beschrieben, als ein »Gipfelpunkt wahrer Kultur in der Menschheitsgeschichte«. (Nach anderen Datierungssystemen begann das Magdalénien um 18 000 v. u. Z.)

Die Vollmond- und die Aussaatmond-Phase: Das Solutréen und das Magdalénien Zur Zeit der Solutréen-Kultur herrschte ein äußerst kaltes Klima, und das Siedlerleben der vormaligen Einwohner unter den wärmeren klimatischen Bedingungen des Aurignaciens und Périgordiens wich nun einem von nomadischen Jägern bestimmten Leben, die ihren wandernden Herden folgten. Es gibt einige Hinweise darauf, daß diese Epoche von kriegerischen nordischen Pferdejägern geprägt wurde, die über die offenen Grassteppen in Europa einfielen. Diese Zeit ist für die schönsten Beispiele von paläolithischer Feuersteinhandwerkskunst in Westeuropa, so etwa für ihre lorbeerblattförmigen Dolche, bekannt.

Unsere Lunationsphasen-Analogie wird, was die Vollmond-Phase in der Solutréen-Epoche angeht, zunächst ein bißchen verwirrend, weil es nur wenige Hinweise auf Göttinstatuetten aus dieser Zeit gibt. Tatsächlich sind Kunstfunde aus dieser Zeit überhaupt selten; sie bestehen hauptsächlich aus Reliefs und Steingravuren. Doch zu dieser Zeit beginnt die Höhlenmalerei zu florieren, wo wir Horn- und Huftiere wie den Auerochsen, Stier und Wisent abgebildet sehen. Diese verschiedenen Tiere versinnbildlichen das männliche Prinzip der Lebenskraft und sind in wunderschöner Form und in anmutig fließender Bewegung dargestellt. In neueren Forschungsarbeiten wird die Theorie vertreten, daß manche dieser abgebildeten weiblichen Tiere trächtig und daß die aufgefundenen eingekerbten Knochen Kalender sind und den Schwangerschaftszyklus dieser großen Tiere vermerken.

Im zyklischen Prozeß entspricht die Vollmond-Phase der Vereinigung mit dem anderen. Im Menstruationszyklus der Frau entspricht sie dem Eisprung, der optimalen Zeit für eine Empfängnis. Ganz ähnlich muß die Blüte bestäubt werden, um

Früchte tragen zu können. Ich hege die Vermutung, daß das sich im Bewußtseinsstrom der Aurignacien-Périgordien-Menschen entfaltende weibliche Prinzip, die die Symbole weiblicher Sexualität in der Schaffung von Tausenden von Göttinstatuetten gefeiert und hervorgehoben hatten, nun in der Vollmond-Phase des Solutréens von einem männlichen Prinzip befruchtet und geschwängert wurde, das in der Höhlenkunst durch die Tiersymbolik dargestellt wurde. Unter den frühesten Höhlenmalereien finden sich solche von schwangeren Frauen, die mit Tieren tanzen, von denen manche auch trächtig sind. Auf einem kleinen Stück Rentierknochen findet sich eine Szene eingraviert, auf der man die Hinterbeine und den Phallus eines Rentiers erkennt, das über einer nackten schwangeren, auf dem Rücken liegenden Frau steht.

Die letzte Kulturepoche des Jungpaläolithikums, das Magdalénien, entspricht der Verwirklichungsphase des Lunationszyklus, und der Reichtum und die Vielfalt ihrer Kunstformen bezeugen diesen Höhepunkt der Entwicklung prähistorischer Kunst. Ihr hervorragendstes Merkmal waren die großartigen Höhlenmalereien, Gravuren und Skulpturen, in denen die großen Tiere, der Wisent, das Pferd, das Rentier, das Mammut, der Moschusochse, der Steinbock und der Hirsch, verherrlicht wurden.

Die Wissenschaftler haben die Bedeutung und den Zweck dieser Höhlenkunst noch nicht ganz ergründet, aber man vertritt die Theorie, daß diese Höhlen als Tempel dienten und keine Wohnstätten waren. Viele Malereien finden sich an abgelegenen, fast unzugänglichen Stellen wie Felsüberhängen oder verborgenen Nischen im Innersten des Heiligtums. Nur gegen Ende dieser Zeit tauchten diese Malereien auch im äußeren Eingangsbereich und in Halbhöhlen auf, Orte, die vom Tageslicht erhellt wurden.

André Leroi-Gourhan, eine führende Autorität auf dem Forschungsgebiet der Höhlenmalerei und Symbole der Eiszeit in Europa, stellt die Hypothese auf, daß diese Höhlenmalereien nach einem bestimmten vorbedachten Plan ausgeführt wurden. Sie übermittelten Glaubensvorstellungen und erzählten Geschichten, deren Bedeutung sowohl für die Künstler wie auch die Betrachter klar waren. Er meint zudem, daß ihnen eine geschlechtsspezifische Struktur zugrunde lag, die die verschiedenen Zeichen und Tiere in männliche und weibliche Gruppen unterteilte. Zu den männlichen Symbolen gehörten die Kreuze, kurzen Striche und Punkte und das Pferd, der Steinbock, der Hirsch und das Rentier; zu den weiblichen Symbolen gehörten das Dreick, das Rechteck und das Oval der Vulva, der Wisent, der Ochse und das Mammut.

Bestimmte Tiere/Zeichen wurden durchgängig mit anderen Tieren/Zeichen kombiniert. Zum Beispiel treten fast immer Pferd und Wisent als Paar auf. Die männlichen Zeichen und Tiere erscheinen an den Eingängen, in den Passagen und tiefen Höhlennischen, während die männlich/weiblichen Paare in den großen zentralen Räumen vorherrschen. Leroi-Gourhans Theorie zufolge deutet diese Struktur darauf hin, daß die Magdalénien-Menschen eine philosophische und religiöse

Anschauung vertraten, wonach die Welt sich in zwei gegensätzliche und komplementäre Prinzipien aufteilte. Diese Sichtweise bildete die Grundlage für viele andere großen Religionen, die auf ähnlichen Dualitätsprinzipien basieren.

In der kosmologischen Sicht von der Erde als heilige lebendige Mutter galten die Höhlen als ihre Vagina, die den inneren Schoß mit der Außenwelt verband. Man hielt sie für die Durchgangswege zwischen dem Reich der Toten und Ungeborenen und dem der Lebenden. Tief in ihrem inneren Schoß vereinten sich das weibliche Ei und das männliche Sperma, verschmolzen miteinander, und es wurde Leben empfangen. Von daher waren die Höhlen die perfekten Stätten für die Initiationsriten, in denen die großen Geheimnisse von Geburt und Tod offenbart wurden.

Manche Wissenschaftler glauben, daß die die Höhlenmalereien begleitenden abstrakten Zeichen und Symbole eine frühe Schriftsprache darstellen, was impliziert, daß die Magdalénien-Menschen lesen und schreiben konnten. Man fand auch eine vielfältige und spektakuläre Reihe von kleineren tragbaren Objekten und ausgefeilten und ganz speziellen Werkzeugen aus Knochen und Hirschhorn, die aus der mittleren Periode dieser Epoche stammen. 80 Prozent der uns bekannten jungpaläolithischen Kunst gehen auf das Madalénien zurück, und in dieser Zeit tauchen auch wieder viele weibliche Figuren und Darstellungen von Frauen auf.

Viele Prähistoriker halten aus einem patriarchalen Denken heraus diese prähistorischen Menschen für aggressiv, primitiv und barbarisch und heften ihnen Etikette an wie der »Mensch, der Jäger«, der »Mensch, der Werkzeugmacher« oder »Killer-Affe«. Diese Geschichtswissenschaftler sind es auch, die die paläolithische Kunst als Totemismus und Jagdzauber abtun. Sie halten die Frauenfiguren und Amulette einfach für erotisch-pornographische Fetische eines Fruchtbarkeitskults und meinen, daß die Tierdarstellungen der Höhlenmalereien der Unterstützung bei der Jagd dienen sollten. Diese Sichtweise ist unrealistisch, da die Tiere in friedlicher Haltung gezeigt werden, keine Zeichen von Verwundung aufweisen und auch keine tödlichen Waffen zu sehen sind. Die Einkerbungen und Gravuren auf Knochen und Elfenbeinstücken, die vormals als Speere, Harpunen und Pfeile gedeutet wurden, hält man heute für Pflanzen, nicht für Waffen.

Neuere archäologische Funde deuten, wenn sie aus weiblicher zyklischer Sicht betrachtet werden, darauf hin, daß die Venus-Statuetten und Höhlenmalereien der jungpaläolithischen Menschen Bestandteil ihrer heiligen Kunst waren. Diese Bilder und Figuren spielten eine wesentliche Rolle bei ihren Ritualen und Zeremonien, in denen das weibliche und männliche Prinzip, das sich in der Menschheit, der Erde, den Tieren und Pflanzen, der Sonne und dem Mond und in allen fühlenden Wesen, die an diesem großen Mysterium teilhatten, manifestierte, geehrt wurde.

Gegen Ende des Jungpaläolithikums hatte die Menschheit die meisten ihrer grundlegenden Werkzeuge erfunden; sie hatte gelernt, für Obdach und warme Kleidung zu sorgen, verfügte über fein gearbeitete Waffen und war gut ausgerüstet, um auch die machtvollsten Tiere jagen zu können. Die Schlüsselsymbole ihrer Kosmologie, die die grundlegenden Bedeutungen der Inhalte der Göttinreligion transportierten, waren schon zur Eiszeit in der Kunst und im Ritual ausformuliert. Der Bezugsrahmen für den Mythos des heiligen Weiblichen, der sich dann zur Großen Göttin der neolithischen Kultur entwickeln sollte, war bereits etabliert.

Übergang: Das Mesolithikum Eine kurze Übergangsperiode, das Mesolithikum (10000–8000 v.u.Z.), schlug die Brücke von der (paläolithischen) Alt- zur (neolithischen) Neusteinzeit. Die im Jungpaläolithikum hervorgebrachten Fähigkeiten und Fertigkeiten, Überlieferungen an Wissensgut und Traditionen (wozu die Kenntnisse im Bereich der Paarung, der Wanderwege, der Tiergeburten, des Keimenlassens und Heranziehens von Früchten gehörten), wie auch der Gebrauch von Notierungen und Symbolen und das Geschichtenerzählen sollten sich im Verlauf von wenigen tausend Jahren auf dramatische Weise zu einer echten Schrift, Astronomie, Landwirtschaft, Agrikultur, Arithmetik und zu einer hochstrukturierten vergleichenden Religion und Mythologie entwickeln. In dieser Übergangsperiode gelangte der Lunationszyklus der Göttin zum Gipfelpunkt, und der Same brachte seine Frucht hervor.

Am Ende der letzten Eiszeit (etwa 10000 v.u.Z.) wurde das Klima wärmer, und die Gletscher zogen sich zurück. Die Wildpferde und Rentiere folgten dem Eis nach Norden, und viele Magdalénien-Menschen folgten diesen Tieren nach. Es gibt Theorien darüber, daß diese Menschen ihre Kultur in den kälteren Klimazonen fortsetzten und die Vorfahren jener »Horden aus dem Norden« waren, die im 4. und 3. Jahrtausend v.u.Z. die patriarchalen Invasionen in Südeuropa, Kleinasien und Indien anführten. Im 10. Jahrtausend v.u.Z. war die Magdalénien-Kultur zu Ende gegangen. Die verbliebenen Völker wurden unter anderen Namen bekannt, und ihre Kulturen leiteten das Mesolithikum, die Mittlere Steinzeit, ein, die die nächsten zwei Jahrtausende (10000–8000 v.u.Z.) andauern sollte. Das mildere und feuchtere Klima erlaubte, daß sich in den Wäldern und Gewässern eine üppige Flora und Fauna entwickelten, und diese neuen Umweltbedingungen bereiteten die Bühne für radikale Veränderungen in der Lebensweise der Menschheit vor.

Von einem größeren und leichter zugänglichen Nahrungsvorrat umgeben, erzielten die Menschen des Mesolithikums ungeheure Verbesserungen bei ihren Jagd- und Sammelmethoen. Sie errichteten die ersten Siedlungen, in denen sie das ganze Jahr über blieben; sie lernten, Fische und Fleisch zu trocknen und andere Nahrung als Vorrat einzulagern, wie Samen, Nüsse, Beeren und Früchte, die sich je nach Jahreszeit an bestimmten Örtlichkeiten fanden.

Da sich die Menschen des Mesolithikums mehr und mehr mit dem vegetativen Zyklus von Wildfrüchten befaßten, erweiterten sie auch ihre Kenntnisse darüber. Von da aus war es ein einfacher Sprung zur entscheidendsten Errungenschaft in der Menschheitsgeschichte – der Entdeckung des Ackerbaus. Den Menschen wurde klar, daß sie den Samen von Wildgrassorten einpflanzen und daraus neue Pflanzen ziehen konnten, die sich ernten und einlagern ließen. Es gibt Hinweise darauf, daß sie eine primitive einfache Form von Ackerbau betrieben. Die Archäologen fanden an einer dieser frühen Höhlenstätten die Überbleibsel von 10 000 Miniaturmessern mit Grasrückständen, woraus sich schließen läßt, daß sie zum Grasschneiden benutzt worden waren. In der Nähe davon wurden Mörser und Stößel zum Zermahlen von Korn gefunden, wie auch die Überreste von Feuerstätten, wo Brot gebacken wurde.

Die Entdeckung des Ackerbaus ist die Frucht der Vision, die zu Beginn des Jungpaläolithikums zu keimen begann. Nachdem das sich herausbildende weibliche Prinzip einen neuen Wachstumszyklus eingeleitet hatte, führte nach 28 000 Jahren die Ehrfurcht vor den lebenspendenden und lebenserhaltenden Kräften der Großen Göttin zur Enthüllung des Geheimnisses einer stabilen und vorhersehbaren Nahrungsquelle aus dem Körper von Mutter Erde selbst.

Die Letztviertelmond-Phase: die neolithische Revolution Die Letztviertelmond-Phase des zyklischen Prozesses korrespondiert mit dem Einbringen der Ernte. Nach dem Lunationszyklus der Göttin fällt sie in die Zeit um 8000 v. u. Z. Das ist das Datum, das die Historiker für den Beginn des Neolithikums, der Jungsteinzeit, ansetzen. Die neolithischen Kulturen entwickelten und verfeinerten die Kunst des Ackerbaus und begannen auch mit der Domestizierung von Tieren. Die Menschen konnten, da sie nun von einer unvorhersehbaren halbnomadischen Existenz, die sie um des Überlebens willen zum Jagen und Sammeln zwang, befreit waren, an einem festen Ort bleiben und ihre Nahrung produzieren und einlagern. Dies ließ ihnen wiederum mehr Zeit, sich auch anderen Aktivitäten zu widmen – der Religion, der Politik, dem Handel, der Wissenschaft und den Künsten; kurzum, dem Aufbau einer Zivilisation. Dieser schicksalhafte Moment in der Menschheitsgeschichte ist als die neolithische Revolution bekannt.

Riane Eisler schreibt: »Fast alle Stätten, an denen die technische und soziale Entwicklung ihre ersten Gehversuche unternahm, hatten ein gemeinsames Charakteristikum: die Verehrung der Göttin.« Doch spielten die Göttin und die Frauen eine weitaus größere Rolle als nur die der Mutter und Nahrungsbereiterin. Frühe Beschreibungen der Göttinnen, die vom keltischen Britannien über Rom, Griechenland, Nahost bis Indien reichen, stellen sie als die Zivilisationsbegründerinnen dar.

Sich mit dieser Materie befassende Prähistoriker fangen nun an, den Frauen die Entdeckung des Ackerbaus und die Erfindung des Kochens zuzuschreiben. Es waren die Frauen, die Samen von vielen verschiedenen Pflanzen kultivierten, die den Samen pflanzten, sich um die Pflanzen kümmerten, das Korn ernteten, enthülsten, mahlten und zu Brot buken. Die Frauen lernten, die Flachs- und Baumwollfasern zu Fäden zu spinnen, sie mit Haar und der Wolle von ihren Tieren zu verflechten und daraus Stoffe zu weben. Ebenso lernten sie, haltbare Töpferwaren herzustellen, indem sie sie in Öfen brannten.

Das Weben und das Töpfern galten als Geschenke der Göttin und wurden das Vehikel für die Entwicklung neuer künstlerischer Formen. Man hat in den Tempeln der Göttin Werkstätten mit Webstühlen und Brennöfen entdeckt. Dort wurden auch ursprünglich die Behälter mit Korn und Honig gelagert, die ganze Fülle der Gaben der Erdmutter an die Menschheit. Die Tempelpriesterinnen entwickelten ein System der Notierung und Mathematik, um die Verteilung von Nahrungsmitteln an die Mitglieder der Gemeinschaft festzuhalten. Da sie auch Streitigkeiten schlichteten, schufen diese Priesterinnen die Grundlage für die Entwicklung von Gesetz und Gerechtigkeit.

Wir können also mit Blick auf den Lunationszyklus der Göttin sehen, daß diese neolithische Göttin, die in dieser Epoche revolutionärer Veränderungen zur Blüte gelangte, den Gipfelpunkt jenes wachsenden Bewußtseins darstellte, das als Vision schon in den frühesten weiblichen Statuetten der paläolithischen Kunst zum Ausdruck kam. Alexander Marshack, der an sich von einem anderen Ansatz ausging, kommt zu einer ähnlichen Schlußfolgerung. Er stellt die Frage, ob es sein könnte, daß die Ursprünge der mit vielen Geschichten verbundenen agraren »Muttergöttin« schon im Jungpaläolithikum ihren Anfang nahmen, Tausende von Jahren vor der eigentlichen Entwicklung des Ackerbaus. Könnte es sein, daß das Wissensgut und die Riten der »Göttin« einer der kognitiven, intellektuellen Fäden war, der den Weg für den Ackerbau bereitete und zu ihm führte? Marshack schreibt weiter: »Dann ist es möglich ... daß die Göttin mit dem Horn (die ›Erdmutter von Laussel‹) eine Vorfahrin der späteren neolithischen Varianten ist. Sie war die Göttin, die man die ›Herrin der Tiere‹ nannte, mit der sich eine lunare Mythologie verband, und die ihre Zeichen, Symbole und Attribute um sich versammelte, zu denen der Sichelmond, die sichelförmigen Stierhörner, der Fisch, die Winkelzeichen für Wasser, die Vulva, die nackte Brust, die Pflanze, die Blume, der Vogel, der Baum und die Schlange gehörten. Diese spätere Göttin wurde in den Geschichten mit einem Begleiter oder Gefährten assoziiert, der ebenfalls Bestandteil der jahreszeitlichen und kalendarischen Mythologie war, ein Jäger, der den Stier und Löwen, den Hirsch und Steinbock jagte, aber auch mythische Tiere, gleich ob sie sich nun in einem Labyrinth, in großer Tiefe oder im Himmel aufhielten. Er war oft die ›Sonne‹ der Göttin ›Mond‹. In diesen späteren Kulturen finden sich auch Bilder von Männern und Frauen in ehrfürchtiger Haltung, die Arme entweder zu einem Gott, dem Himmel oder zu Tiergestalten emporgereckt. Es finden sich auch Bilder von Jägern, die mit einer mythologischen oder zeremoniellen Jagd oder Kampfeshandlung oder mit einem Tötungsritual befaßt sind.«

Eine zur Neumond-Phase am Beginn des Jungpaläolithikums freigesetzte Keimvision vom weiblichen Prinzip als Quelle und erhaltendes und regenerierendes Element des Lebens hatte sich nun in der Erntephase des Letztviertelmonds zu einem komplexen Glaubenssystem entwickelt. Nachdem der Lunationszyklus der Göttin zu drei Vierteln vollendet war, konnten die Menschen nun die grundlegende Verbindung erkennen, die zwischen den Geheimnissen des Lebens, der Rolle der Frau als Gebärende, Nährende und Erneuerin und der Erde und dem Mond als dem heiligen Weiblichen bestand. Die Menschen des Neolithikums nahmen diese Glaubensvorstellungen von der Natur der Realität in sich auf und brachten sie durch ihre künstlerischen, kulturellen, zivilisatorischen und religiösen Schöpfungen zum Ausdruck, in denen die Göttin, die Frauen, die Erde und der Mond als simultane Manifestationen der allmächtigen Mutter verehrt wurden.

Man fand in den Ruinen der frühesten neolithischen Siedlungen wie zum Beispiel Jericho (9500 v. u. Z.), Çatal Hüyük (6500 v. u. Z.), Hacılar (5600 v. u. Z.) und in Südosteuropa (7000 v. u. Z.) zahlreiche Zeugnisse für die Göttinverehrung. Die architektonische Gestaltung dieser Stätten, weibliche Bauformen und keine Schutzwälle, die zahlreichen Schreine und Heiligtümer, die Votivfigurinen, die Kunst und Artefakte – all das weist darauf hin, daß die Menschen des Neolithikums eine zentrale und tiefe Beziehung zur Göttin hatten.

Als schöpferische Quelle brachte sich das weibliche Prinzip nicht nur als das zum Ausdruck, was die Kinder gebiert, erhält und ernährt, sondern auch als das, was im mentalen und kreativen Bereich Kinder hervorbringt. Die Verehrung der Göttin inspirierte zu einer immensen Produktivität auf dem Gebiet der Malerei, Plastik, Töpferei, des Webens, der Musik, des Tanzes, des Gesangs, der Dichtung und der Geschichten, die sie lobpriesen. Diese ungeheure Kreativität, die Archäologinnen wie Marija Gimbutas an Hand von aufgefundenen Göttinfigurinen und Artefakten aus dem alten Europa der Zeit zwischen 9000 und 4000 v.u.Z. dokumentierten, geben Zeugnis von der prachtvollen und üppigen Erntephase des Lunationszyklus der Göttin.

Als die Aktivitäten und Manifestationen der Göttin so zahlreich und vielfältig wurden, stellte man sie sich allmählich in dreifaltiger Form vor, in der sich die drei Mondphasen und drei Welten – Himmel, Erde und Unterwelt – widerspiegelten. Mit vielen Gesichtern ausgestattet, führte sie den Vorsitz bei all den unzähligen Entfaltungen ihrer schöpferischen Essenz. Als oberste Gebieterin über alles Wilde wurde sie oft als die Herrin der Tiere dargestellt, flankiert von wilden Löwen, Wölfen, Hirschen und Rehen, Schlangen, Vögeln und Bären, die an die Göttin mit den Tieren der Höhlenmalereien des Magdaléniens denken lassen. Die enge Beziehung der paläolithischen Göttin zu den männlichen Tieren hatte sich nun in der neolithischen Zeit in eine Beziehung zu dem jungen gehörnten und mit Hufen ausgestatteten Gott, dem König der Hirsche, umgewandelt, der ihr Sohn-Geliebter und Gefährte war.

Das weibliche Prinzip hatte zwar Vorrang, doch die Bedeutung des männlichen Prinzips wurde ebenfalls anerkannt. Die im Einklang mit den zyklischen Rhythmen von Geburt, Tod und Erneuerung schwingende Vereinigung der männlichen und weiblichen Energien wurde in ein Gesamt von Ritualen und Zeremonien eingebettet, die als große Übergangszeiten im vom Mond und den Jahreszeiten bestimmten Kalender gefeiert wurden. Es entwickelte sich eine Religion, die im Jahresrad symbolischen Ausdruck fand, eine Darstellung des alljährlichen Sonnenzyklus, bei dem der sterbende und wiederauferstehende junge Gott, in den verschiedenen Kulturen als Tammuz, Adonis, Dumuzi, Baal und Dionysos bekannt, auch dem vegetativen Zyklus der Göttin folgte.

In der Tradition des Jahresrads symbolisieren die Geschichte vom Sohn, den die Große Mondmutter zur Wintersonnenwende gebiert, das Auftauchen der wiedererwachten Göttin als Tochter zu Lichtmeß und deren gemeinsames Aufwachsen über die Frühlingstagundnachtgleiche hinweg, die Wiedergeburt der Welt. Zu Beltane feiern die Liebenden die Rituale der Heiligen Hochzeit und vollziehen ihre Vereinigung in der Fruchtbarkeit der Erde zur Sommersonnenwende. Zu Lammas stirbt der reife Gott und geht in das Korn ein, das zur Herbsttagundnachtgleiche geerntet wird. Zu Halloween, der dunklen Phase des solaren Zyklus, betrauert die Göttin des Mondes sein Opfer und wird alt, aber dann wird sie aufs neue schwanger mit ihm. Er wird zusammen mit der Wiedergeburt des Sonnenlichts zu Jule, der Wintersonnenwende, wiedergeboren.

Die neolithischen Kulturen ehrten das weibliche und männliche Prinzip als gemeinsame Schöpfer in diesem Geheimnis der Erneuerung des Lebens. Riane Eisler dokumentiert in ihrer Forschungsarbeit die vielen Gesellschaften jener Zeit, in denen beide Geschlechter friedlich zusammenlebten. Wenn alles Leben und alle Bewohner wertgeschätzt werden, braucht kein Individuum oder keine einzelne Nation oder Kultur sich als überlegen oder beherrschend zu geben und durchzusetzen.

Kein einziger Fund aus diesen alten Stätten der neolithischen Epoche läßt auf Krieg, Gewalt oder Grausamkeiten schließen. Es gibt keine Darstellungen von Kriegern, keine Kampfszenen, keine tödlichen Waffen wie etwa Speere oder Schwerter und keine Abbildungen von Gefangenen oder Sklaven. Es gab auch keine militärischen Festungen. Wir können daher davon ausgehen, daß diese Menschen, die 35000 Jahre lang die sich zyklisch erneuernde Göttin verehrten, friedlich und gleichberechtigt zusammenlebten.

All das begann sich mit dem Eintreten der letzten Phase des Lunationszyklus, der dunklen Phase, zu ändern, die um 3000 v. u. Z. ihren Anfang nahm. Die Historiker sprechen hier vom Beginn der Bronzezeit. Im Nahen Osten entdeckten die Menschen, daß sie aus einem Zinn- und Kupfergemisch ein neues Metall produzieren konnten, aus dem sich hervorragende Waffen herstellen ließen. Die Bronzezeit zu Beginn der dunklen Phase des Lunationszyklus der Göttin kennzeichnet den Übergang zwischen dem Abstieg der Göttinnen und dem Aufstieg der Götter. Zu dieser Zeit fielen die patriarchalen Nomaden zum erstenmal in das Land der neolithischen Göttin ein.

Die dunkle Mondphase: Der Tod der Göttin

In Kapitel 2 gaben wir einen Abriß über die Ereignisse, die schließlich zur Abschaffung und zum Tod der Göttin, der Unterdrückung der Frauen und zur Entwertung der Natur und des Weiblichen führten. In diesem Abschnitt werden wir sehen, wie sich durch den Lunationszyklus der Göttin erklären läßt, warum im 3. Jahrtausend v.u.Z. der fundamentale kulturelle Einfluß des weiblichen Prinzips abnahm und das männliche Prinzip in der Folge zunahm und zur vorherrschenden und regierenden Kraft in Religion und Gesellschaft wurde.

Wie schon früher erwähnt, wurden die matriarchalen Kulturen, die seit dem Jungpaläolithikum die Göttin verehrten, von patriarchalen kriegerischen Völkern, die mit überlegenen Waffen ausgestattet waren, erobert und zerstört. Waren die Menschen, die den solaren Göttern folgten, von Natur aus gewalttätig und zerstörerisch und gingen deshalb so erbarmungslos gegen die Anbeterinnen und Anbeter der Mondgöttin vor? Oder waren mächtigere, auf kosmischer Ebene agierende Kräfte im Spiel, die uns eine umfassendere Sichtweise von den gewaltigen Veränderungen ermöglichen, die zu jener Zeit das Antlitz der Erde verwandelten?

Aufgrund unserer Analyse des Lunationszyklus der Göttin können wir von der Hypothese ausgehen, daß es sich beim Abstieg der Göttin um einen natürlichen Faktor der abnehmenden und sich zurückziehenden Energien handelte, die einen der dunklen Mondphase innewohnenden Aspekt bilden. Das sich in der Symbolik der Göttin verkörpernde, sich herausbildende weibliche Prinzip hatte zu Beginn des Jungpaläolithikums einen neuen Wachstumszyklus in Gang gesetzt, dessen Keimvision am Ende des Neolithikums verwirklicht worden war. Das Geheimnis des Lebens war auf der Ebene der Beziehung zwischen den männlichen und weiblichen Energien entschlüsselt worden, was den Weg für die Entdeckung des Ackerbaus und die Schaffung einer Zivilisation geebnet hatte – das heißt, für die Entwicklung von Politik, Handel, Künsten, Gesetzgebung und Wissenschaft.

Wie schon in Kapitel 1 besprochen, muß die Form, wenn sie ihren Sinn und Zweck in bezug auf den Zyklus erfüllt hat, aufgegeben werden. Die Göttin lehrte getreu ihrem dritten Aspekt als Göttin des Todes, daß der Erneuerung die Zerstörung vorausgehen muß. Und so trat sie in Verkörperung ihrer Geheimlehren in ihre dunkle Mondphase ein, zog sich zurück und verschwand, um sich für eine weitere Wachstumsrunde zu heilen, zu transformieren und zu erneuern.

Das 3. Jahrtausend v.u.Z. war die kritische Übergangsperiode zwischen den matriarchalen und patriarchalen Kulturen. Es markierte nicht nur die dunkle Mondphase im 40 000 Jahre währenden Lunationszyklus der Göttin, sondern fiel auch mit einer wesentlichen Verlagerung in einem weiteren großen Zyklus zusammen, dem 26 000 Jahre dauernden Präzessionszyklus der Zeitalter. Hier löste das Widder-Zeitalter das Stier-Zeitalter ab. Diese Nebeneinanderstellung von kritischen Wendepunkten in diesen beiden langfristigen Zyklen erlaubt uns ein umfassendes Verständnis von den Geschehnissen im Zusammenhang mit dem Tod der Göttin. Dieses Ereignis läßt sich durch beide zyklischen Prozesse – den Lunationszyklus der Göttin und den Präzessionszyklus der Zeitalter – begreifen. Machen wir nun, bevor wir uns weiter mit der Entfaltung der dunklen Phase des Lunationszyklus befassen, einen kurzen Abstecher und betrachten, wie sich der Niedergang des Weiblichen auch durch einen weiteren kosmischen planetarischen Zyklus erklären läßt, der zu jener Zeit wirksam war.

Präzession, die Weltzeitalter und der Niedergang des Weiblichen

Präzession und die Weltzeitalter – ein Exkurs Zusätzlich zu den augenfälligeren Bewegungsarten unseres Erdplaneten, namentlich seiner Drehung um die eigene Achse und seinem Umlauf um die Sonne, weist er noch eine dritte Bewegung auf, die sich nur über sehr lange Zeiträume hinweg beobachten läßt. Diese Präzession genannte Bewegung braucht für eine komplette Umdrehung oder Vollendung eines Zyklus 26 000 Jahre. Die Präzession ist eine langsame Kreiselbewegung oder Kegeldrehung der Erdachse, bewirkt durch die Anziehungskräfte, die die Sonne, der Mond und die Planeten auf den Äquatorwulst ausüben.

Aufgrund der Präzession beschreibt die Erdachse im Verlauf von 26 000 Jahren in ihrer gedachten Verlängerung einen Kreis am Himmel und weist dabei mit ihrer nördlichen Spitze immer wieder auf einen anderen Polstern. Gegenwärtig nähert sich diese Polaris, unserem Polarstern, im Sternbild des Kleinen Bären (Ursa Minor). Doch dies war nicht immer so. 14 000 v. u. Z. war Alpha Cephei unser nördlicher Polstern, 8500 v. u. Z. Wega und 3000 v. u. Z. Alpha Draconis. In Zukunft wird unsere Erdachse wieder zu diesen Positionen zurückkehren (7500 zu Alpha Cephei, 14 000 zu Wega, 21 500 zu Alpha Draconis und 28 000 zum Polarstern).

Dieser Wechsel des Himmelsnordpols ist nicht die einzige Folge der Präzession. Dieser Zyklus regiert auch die Präzession des Frühlingsäquinoktialpunkts oder Frühlingspunkts durch die zwölf Tierkreiszeichen, was wiederum darüber bestimmt, in welchem Weltzeitalter wir leben. Während die meisten Menschen sich unter Weltzeitalter noch etwas vorstellen können und wissen, daß wir nun ins Wassermann-Zeitalter eintreten, sind die meisten jedoch nicht mit den astronomischen

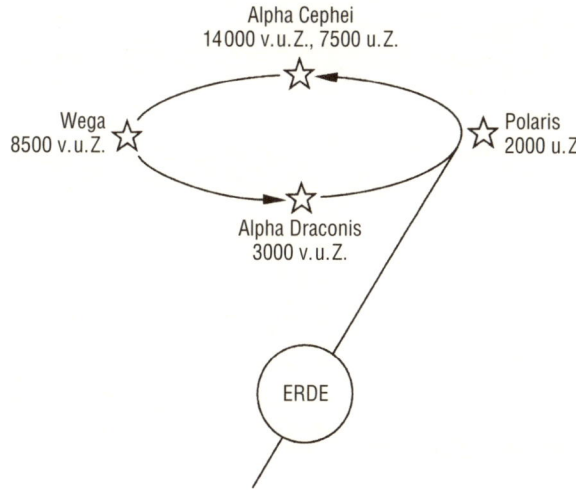

Der große siderische Jahreszyklus (Weltjahreszyklus)

Hintergründen dieses Phänomens des »Wechsels der Weltzeitalter aufgrund der Präzession der Äquinoktialpunkte« vertraut.

Der Tierkreis (Zodiak) ist ein die Erde umgebender gedachter Gürtel, der durch die Tierkreiszeichen in zwölf gleich große, je 30 Grad umfassende Abschnitte geteilt wird. Diese Tierkreiszeichen tragen folgende Namen: Widder, Stier, Zwillinge, Krebs, Löwe, Jungfrau, Waage, Skorpion, Schütze, Steinbock, Wassermann und Fische. Doch diese gleichsam als Meßskala dienenden Sternzeichen oder Tierkreiszeichen (tropischer Tierkreis) decken sich infolge der Präzession der Erdachse heute nicht mehr mit den gleichnamigen Sternbildern (siderischer Tierkreis), die im übrigen unterschiedliche Ausdehnungen und Helligkeitsgrade aufweisen.

Obschon diese zwölf Sternbilder nur einen winzigen Ausschnitt des uns umgebenden gestirnten Himmelsgewölbes darstellen, stachen sie doch für die Sternenbeobachter in alter Zeit stark hervor. Von der Erde aus gesehen schien es so, daß der Weg der Sonne bei ihrer alljährlichen Reise um die Erde durch diese Sternbilder des Tierkreises führte.

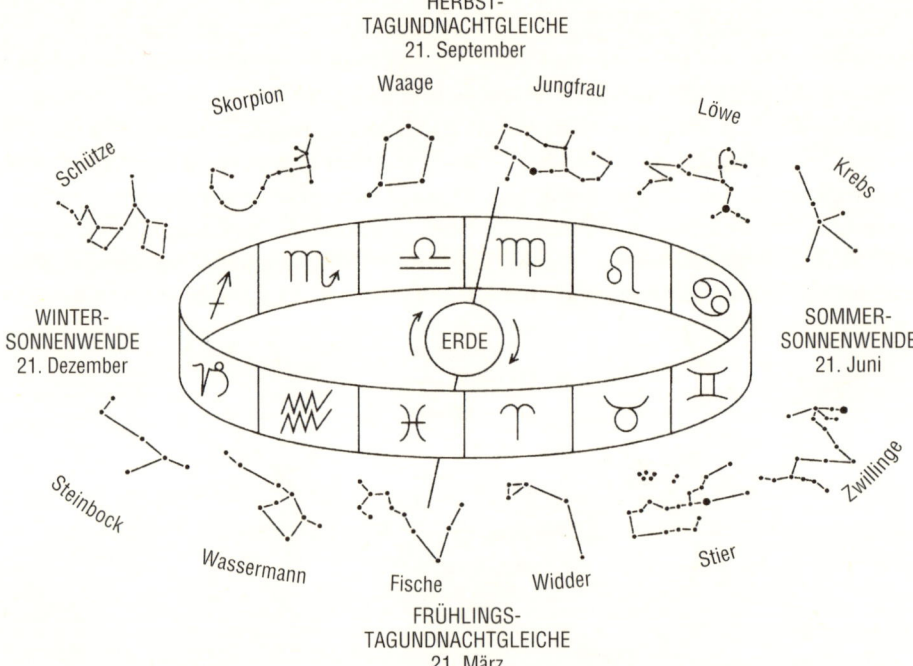

Die zwölf Tierkreiszeichen von der Erde aus gesehen
Wie gesagt sollten die zwölf »Sternzeichen« des »tropischen Tierkreises«, auf die sich der Jahreszeitenzyklus gründet, nicht mit den zwölf »Sternbildern« des »siderischen Tierkreises« verwechselt werden. Zu einer bestimmten Zeit, um 600 v. u. Z., stimmten die Sternzeichen und Sternbilder überein. Doch seither hat sich aufgrund der Präzession zwischen beiden Gürteln eine Verschiebung von etwa 23 Grad ergeben. Das heißt, daß der erste Grad des Sternzeichens Widder nun mit 23 Grad im Sternbild Fische zusammenfällt.

Diese von der Sonne im Verlauf eines Jahres durchwanderte Bahn nennt man die Ekliptik. Auch die Planeten und der Mond bewegen sich an beiden Seiten dieser Ekliptik entlang und zwar innerhalb eines Gürtels von etwa 20 Grad. Die Alten, die die Geheimnisse des Universums zu entschlüsseln versuchten, beobachteten, daß die meisten Bewegungen der Planeten und Himmelskörper in unserem Sonnensystem vor dem Hintergrund des siderischen Tierkreises abzulaufen schienen. Wollte man die Position eines bestimmten Planeten oder Sterns bestimmen, brauchte man unbedingt einen festgelegten Ausgangspunkt für dieses Meßsystem.

Dieser Ausgangspunkt, der Frühlingsäquinoktialpunkt oder Frühlingspunkt, ist der Punkt am Himmelsäquator (die Projektion des Erdäquators auf das scheinbare Himmelsgewölbe), an dem dieser am kalendarischen ersten Frühlingstag, am 21. März, von der Ekliptik oder Sonnenbahn geschnitten wird. Dieser Frühlingspunkt wird vor dem Hintergrund der Tierkreiszeichen gesehen. Infolge der Präzession bewegt sich auch er am Himmel in westlicher Richtung durch die Tierkreiszeichen, das heißt, er durchwandert sie rückwärts, und das mit einer Geschwindigkeit von 50 Bogensekunden pro Jahr.

Das Tierkreiszeichen, in dem wir den Frühlingspunkt wahrnehmen, bestimmt das Weltzeitalter, in dem wir leben. Da ein vollständiger Präzessionszyklus etwa 26 000 Jahre dauert, hält sich der Frühlingspunkt in jedem der zwölf Tierkreiszeichen etwa 2300 Jahre auf. Während der christlichen Ära durchlief er das Zeichen der Fische, und nun, zu Beginn des 21. Jahrhunderts, wird er in das Zeichen des Wassermanns eintreten und somit das »Wassermann-Zeitalter« einleiten.

Der Niedergang des Weiblichen, durch den Präzessionszyklus der Weltzeitalter erklärt Sehen wir uns nun an, welches Licht dieser Präzessionszyklus der Weltzeitalter auf die großen Veränderungen in den vorherrschenden Kulturen auf der Erde wirft, wobei wir mit dem 3. Jahrtausend v. u. Z. beginnen.

Polaris ist gegenwärtig unser Himmelsnordpolstern, doch das war nicht immer so. 2750 v. u. Z., in jener kritischen Epoche, deutete die Erdachse auf den Stern Alpha Draconis, auch Thuban genannt, im Sternbild des Drachen. Für die damaligen Menschen sah es so aus, als ob sich die Erde um diesen Fixstern drehte. Dies muß diesem Drachen, der auf die Erde herunterblickte, eine übernatürliche Bedeutung verliehen haben. Im alten Ägypten orientierte man sich beim Bau der Pyramiden für ihre nördliche Ausrichtung an Thuban, dessen Licht direkt in ihre Eingangspassagen fiel.

Der Drache ist ein Abkömmling der alten Mutter Schlange. Man glaubte, daß die Schlange die Geheimnisse der Göttin von Tod und Erneuerung in sich verkörperte. In der alten Sternenkunde war Thuban mit dem Drachen/der Schlange Ladon assoziiert, die die goldenen Äpfel der Unsterblichkeit im Garten der Hesperiden bewachte. Die Araber nannten Thuban den »Durchtriebenen« oder »Gewitzten«, was ihn mit der durchtriebenen oder gewitzten Schlange verbindet, die Eva im Paradiesgarten in Versuchung führte und dazu drängte, vom verbotenen Apfel zu essen.

Thuban war auch als die Drachengestalt Tiamat bekannt, die alte Muttergöttin des sumerischen Babyloniens, die vom Sonnengott Izhdubar oder Marduk erschlagen wurde.

Im Verlauf der patriarchalen Übergangsphase wurden die Drachen und Schlangen, die Tiere, die die Geheimnisse der Göttin symbolisierten, in monströse Ungeheuer umgedeutet. Die mythologischen Geschichten von den Sonnengöttern und Helden, die diese Ungeheuer besiegen, geben Zeugnis von den Kämpfen und gewalttätigen Auseinandersetzungen, mit denen sich der Übergang von der alten Ordnung der Göttinnen zur neuen Ordnung der Götter vollzog. Die alten Griechen kannten Thuban als den von der Erdmutter Gaia geborenen Drachen Typhon, ein grimmiger feuerspeiender Beschützer der alten Göttinnen.

Eine Legende erzählt davon, daß die patriarchalen Götter des Olymps einmal vor Typhon, der Geißel der Menschheit, nach Ägypten fliehen mußten. Und als dieser plötzlich über sie kam, verwandelten sie sich in alle möglichen Tiergestalten, um ihr Leben zu retten. Zeus verwandelte sich in einen Widder, den Typhon völlig übersah. Danach verewigte Zeus den Widder im Sternbild des Widders, dem Zeichen des zur Herrschaft gelangenden Patriarchats.

Eine andere Geschichte beschreibt den Kampf zwischen den alten Titanen und der neuen Generation olympischer Götter um die Oberherrschaft im Universum. Man erzählte, daß die für die Olympier kämpfende Minerva, Tochter des Zeus, den Drachen beim Schwanz packte und in den Himmel schleuderte. Der in das Himmelsgewölbe segelnde Drache verbog und verzerrte sich und erstarrte, als er in die Nähe des kalten Himmelsnordpols gelangte.

Der Drache/die Schlange, Repräsentantin der Geheimnisse der Göttin, umschloß zur Zeit der neolithischen matriarchalen Gesellschaften als Sternbild den Himmelsnordpol. Die mythischen Erzählungen aus der Übergangsepoche schildern, wie die Schlange verunglimpft, herabgewürdigt und besiegt wurde und am Ende der langen und heftigen Kriege, die den Niedergang der Göttinnen und den Sieg der triumphierenden Götter besiegelten, zur Ausgestoßenen wurde.

Das Stier-Zeitalter Während der Epoche, in der das Sternbild des Drachen/der Schlange als Himmelsnordpol am Nachthimmel kreiste, durchlief der Frühlingspunkt das Sternbild des Stiers. Diese Periode markierte den Gipfelpunkt der neolithischen Ära, in der die Göttin die Herrschaft innehatte. Nach 2700 v.u.Z. begann eine allmähliche Verlagerung des durch die Erdachsenausrichtung bestimmten Himmelsnordpols weg von Thuban und hin zu Polaris im Sternbild des Kleinen Bären. Um 2300 v.u.Z. hatte der Frühlingspunkt das Sternbild des Stiers verlassen und trat in ein neues Sternbild ein, das des Widders, Tiersymbol der patriarchalen Invasoren.

In der althergebrachten astrologischen Wissenschaft gilt das Stierzeichen als weiblich in seiner Polarität und als Zeichen, in dem der Mond erhöht ist. Von Erhöhung spricht man, wenn ein Planetenprinzip durch die Charakteristiken eines

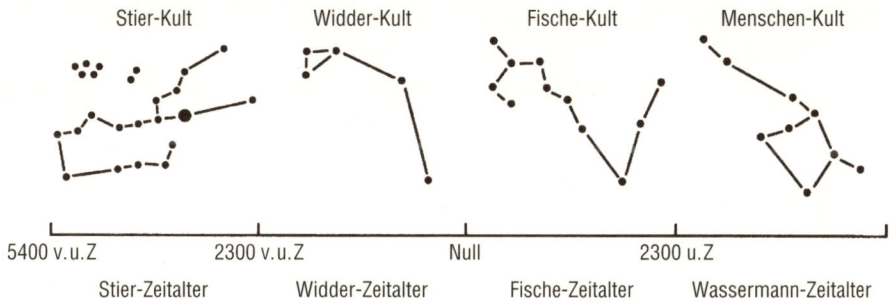

Präzession der Weltzeitalter

Tierkreiszeichens verstärkt wird. Das Widderzeichen ist männlich in seiner Polarität, es ist das Zeichen, in dem die Sonne erhöht ist. Weiterhin gilt der Planet Venus, das Prinzip des Friedens und der Harmonie, als Herrscher in Stier, während Mars, das Prinzip des Kampfes und der Eroberung, in Widder herrscht.

Die mit dem Tierkreiszeichen, das der Frühlingspunkt gerade durchwandert, verknüpfte Symbolik spiegelt sich in den kulturellen und religiösen Vorstellungen und Bildern des damit verbundenen Weltzeitalters wider. Esoteriker und Astrologen erklären dieses Phänomen mit dem Glauben, daß dem Universum eine intelligente Struktur zugrunde liegt und daß die verschiedenen Konstellationen und Gruppierungen verschiedene mentale Konstrukte oder Gedankenformen und -muster symbolisieren. Wenn die Erde auf eine bestimmte Konstellation ausgerichtet ist, agieren diese Konstrukte als Filter, durch den wir die kosmischen Energien empfangen und entsprechend deuten.

Während des Stier-Zeitalters, etwa 4200–2300 v. u. Z., verehrte die Menschheit weltweit die Heilige Kuh, das Goldene Kalb und die Färse. In Indien erschien Krishna und verbreitete den Kult der Kuh; die Semiten beteten den Stiergott El an; und auf Kreta war es Europa, die in der Gestalt einer Kuh den Stierkönig Minos gebar.

Die Ägypter glaubten, daß ihr Gott Ptah, der Allschöpfer, sich im Körper eines ganz besonderen Stiers, Apis, auf Erden inkarnierte. Die Große Göttin Hera wurde als die kuhäugige Königin und Hathor als die himmlische Kuh verehrt, und auch auf den Mittelmeerinseln Zypern, Malta und Sardinien praktizierten die Menschen einen Kuh- und Stierkult.

Was die vier Elemente Feuer, Luft, Erde und Wasser angeht, so ist das Stierzeichen mit dem Erdelement verbunden. Das Erdzeitalter des Stiers korrespondierte mit den Fortschritten, die durch die Domestizierung der Rinder und das Anwachsen der sich auf den Ackerbau gründenden Gesellschaften in der »Landwirtschaft« erzielt wurden. In den Stierhörnern sah man den Sichelmond widergespiegelt. Wie der Mond im Zeichen des Stiers erhöht steht, durchdrang in diesem Weltzeitalter die Verehrung der neolithischen Mondgöttin die Lande.

Das Widder-Zeitalter Zur Mitte des 3. Jahrtausends v.u.Z. begann der Frühlingspunkt ins Sternbild des Widders zu wandern. Dieses Ereignis fand in der alttestamentarischen Geschichte seinen Niederschlag, in der Moses sich auf den Berggipfel begab und dort Gott sich in einem brennenden Busch offenbaren sah. Dann stieg Moses vom Berg herab und verkündete den Wechsel der Weltzeitalter, indem er in ein Widderhorn blies und den Menschen erklärte, daß sie nun nicht länger das Goldene Kalb anbeten durften, sondern zu Ehren der Götter das Opferlamm darbringen mußten.

Die Ägypter führten den Kult des widderköpfigen Gottes Amen-Ra ein und die Israeliten das Osterlamm. In Griechenland machten sich die Argonauten in Sonnenbooten auf die Suche nach dem Goldenen Vlies, dem Fell eines goldenen Widders, wobei sie sich mit dessen vormaligen Hütern, einem nie schlafenden unsterblichen Drachen und feuerschnaubenden Stieren, herumschlagen mußten. Pallas Athene, die erhabenste Göttin im olympischen patriarchalen Pantheon, legte die Rüstung eines Soldaten an und setzte sich einen Helm aus Widderhorn auf. Mithra, der Sonnengott Persiens, den man den heiligen Stier zu nennen pflegte, wurde nun zum Stiertöter. Und Apollon, der Sonnengott in Griechenland, wurde der Schutzpatron der Schafhirten und ihrer Herden.

Das Widderzeichen ist mit dem Feuerelement und der feurigen Sonne assoziiert. Während des Widder-Zeitalters verlagerte sich die Verehrung der Mondmuttergöttinnen hin zur Verehrung der Sonnenvatergötter. Widder wird von Mars, dem Kriegsgott, regiert, und diese Epoche erlebte den Aufstieg von Hirten und Kriegsherren zu Priesterkönigen. Nomadenstämme durchzogen erobernd das Land und löschten die einheimische ackerbautreibende Bevölkerung aus oder zwangen sie gewaltsam zum Glaubenswechsel.

2300 Jahre später trat der Frühlingspunkt in das Sternbild Fische ein, und Christus war der Messias, der zum nächsten Weltzeitalter hinüberführte. Er versammelte um sich seine Jünger, die Fischer waren, und vollbrachte seine Wunder mit Brotlaiben und Fischen. Das Fischezeichen ist in seiner Polarität weiblich, und hier steht der mit der Göttin der Liebe assoziierte Planet Venus erhöht. Doch die in dieser Zeit verkündete Botschaft Christi von Liebe, Mitgefühl und Hingabe (allesamt Fische-Themen) wurde von den Menschen auf Erden nicht voll verwirklicht. Dies war unter anderem auf die Tatsache zurückzuführen, daß das weibliche Prinzip während des größten Teils des Fische-Zeitalters in einer dunklen Mondphase schlummerte, während die männliche Energie weiterhin ungehindert ihren Aufstieg nahm.

Die Endphase eines Weltzeitalters entspricht seiner Dunkelmondphase. Diese Übergangsperiode zwischen zwei Weltzeitaltern oder die Eingangsphase eines neuen Weltzeitalters, die einige hundert Jahre dauert, ist immer eine Zeit äußerst starker Veränderungen, in denen das Alte stirbt, um das Neue zu gebären. Es war die Übergangsphase zwischen dem Stier- und Widder-Zeitalter, in der die Göttinkulturen ihren Niedergang erlebten.

Solche Umwandlungen und Veränderungen ereignen sich auch auf breiter, kollektiver Ebene, wenn die Menschheit insgesamt einen Prozeß von Tod und Wiedergeburt durchlebt. Vieles von dem Tod, der die individuelle und kollektive Realität während einer solchen Übergangsphase und Eingangsphase eines neuen Weltzeitalters durchzieht, findet sich Rücken an Rücken mit dem raschen Auftauchen von radikal neuen Vorgehensweisen in der Welt. Unsere gegenwärtige Zeit ist auch von der Eingangsphase des Wassermann-Zeitalters geprägt, und wir leben in einer solchen Epoche der globalen Transformation.

Wir können uns nun den augenscheinlichen Tod der Göttin vor dem Hintergrund des Präzessionszyklus der Weltzeitalter ansehen. Die Spitze der Erdachse deutete auf den Stern im Sternbild der alten Mutter Schlange und signalisierte damit, daß der Zeitpunkt gekommen war, wieder einmal die Haut abzustreifen und sich zu erneuern. Mit dem Wechsel vom weiblich gepolten Stier-Zeitalter zum männlich gepolten Widder-Zeitalter ging auch ein Wechsel der religiösen Vorstellungen und des kosmologischen Weltbilds der Menschen einher. Der Gipfelpunkt der Verehrung der Mondgöttinnen, die in der Vorstellung von der fruchtbaren Erde als Mutter wurzelte, war überschritten, und es begann der Aufstieg der Sonnengötter, die als ein aus dem Himmel herabkommender Vater verehrt wurden.

Im politischen Bereich wichen die friedlichen matriarchalen Ackerbaukulturen den kriegerischen patriarchalen nomadischen Kulturen. Das weibliche Prinzip zog sich nach innen in seine dunkle Schlußphase zurück, und das männliche Prinzip trat nach außen, um nun die gedanklichen Vorstellungen der Menschen zu formen und zu prägen; männliche Götter und irdische Männer stiegen im Bereich der spirituellen und weltlichen Angelegenheiten in Machtpositionen auf. Was die Evolution des menschlichen Gehirns anging, so wurden die vorherrschende weibliche Polarität und die auf das Zyklische ausgerichteten Prozesse der rechten Gehirnhälfte zunehmend durch die Aktivierung der männlichen Polarität und der auf das Lineare abgestellten Funktionen der linken Gehirnhälfte ersetzt. In dieser neuen linearen Weltsicht wurde die zyklische Erneuerung geleugnet, und man begann sich vor der Dunkelheit des Todes zu fürchten.

Aus der umfassenderen Perspektive der wechselnden Weltzeitalter kann der sich im 3. Jahrtausend v. u. Z. ereignende Niedergang der Göttin als Bestandteil der Rhythmen von Wechsel und Veränderungen begriffen werden, die den kosmischen planetarischen Zyklen, ja allen zyklischen Prozessen innewohnen. Wenden wir nun unsere Aufmerksamkeit wieder der dunklen Mondphase des Lunationszyklus der Göttin zu.

Die Dunkelmondphase der Göttin in neuem Licht betrachtet

Wenn wir die Möglichkeit in Betracht ziehen, daß das Verschwinden der Göttin nicht einzig und allein auf eine ganz bewußte und beabsichtigte Zerstörung durch das Patriarchat zurückzuführen war, sondern doch mehr durch einen Faktor ihres natürlichen Zyklus von zunehmenden und abnehmenden Phasen bedingt wurde, können wir zu tiefen Einsichten über die Gründe für ihren Niedergang gelangen. Zum ersten können wir erkennen, daß die Zerstörung der Göttinkultur ein notwendiges Vorspiel für ihre nachfolgende Regenerierung und dieser Prozeß in ihre Kosmologie von Tod und Wiedergeburt eingebettet war. Zweitens wird uns klar, daß, da sich mit den Jahren das Wissen um die zyklische Erneuerung gemindert hatte, die ja tatsächlich auftretende Gewalt und Brutalität und das Chaos eine Panikreaktion der Menschen war, als sie eine dunkle Mondphase des weiblichen Zyklus durchliefen. Und drittens können wir alle, die wir Vertreterinnen des weiblichen Prinzips sind, von unserer, unser Ohnmachts- und Machtlosigkeitsgefühl verstärkenden Opferhaltung befreit werden.

Erinnern wir uns, wenn wir jetzt an die weitere Ausführung dieser Thematik gehen, an unsere Kenntnisse und an unser Verständnis vom zyklischen Prozeß und den langfristigen kosmischen Zyklen. Denken wir auch daran, daß es unsere Furcht vor der Dunkelheit ist, die all den Schmerz und das Leid heraufbeschwört, die mit unseren dunklen Mondphasen-Zeiten und unserem durch die Verdrängung erschaffenen Schatten assoziiert werden. Diese erweiterte Sicht kann dazu beitragen, daß wir, die wir nun an der Vision ihrer Wiedergeburt teilnehmen, unsere Wahrnehmungsweise verändern, zu anderen Schlußfolgerungen in bezug auf den Tod der Göttin gelangen und unsere Gabe des Verzeihens und des Mitgefühls entwickeln.

Feministische Wissenschaftlerinnen decken seit einiger Zeit die Frühgeschichte der Göttin auf, die unter den Schichten patriarchaler Unterdrückung und der Verleugnung ihrer Existenz begraben lag. Diese Erkenntnisse nehmen immensen Einfluß auf das Bewußtsein der Frauen und die feministischen Bewegungen in vielen Ausdrucksbereichen, einschließlich der Politik, Ökologie, Wirtschaft, des Erziehungs- und Ausbildungswesens, der Spiritualität, Psychologie, des Heilwesens und der Künste. Doch manche Schlußfolgerungen, zu denen wir gelangt sind, haben uns in die Falle eines sehr patriarchalen dualistischen Denkens gelockt, aus der wir uns nun zu befreien suchen.

Viele Menschen kommen zum Schluß, daß die Göttinkultur zerstört wurde und die patriarchalen Eroberer in einem beabsichtigten, als negativ und böse zu bewertenden Akt den Frauen gewaltsam ihre Macht und Positionen entrissen haben; daß die Unterdrückung der Werte der Göttin zu einem Niedergang der Lebensqualität auf Erden und letztlich zu unserer heutigen Krise geführt hat. Und daß sich als Konsequenz aus dieser Entmachtung ergibt, daß die Frauen heute ihre verlorengegangene Macht zurückfordern und ihr Geburtsrecht in allen Lebensbereichen wieder geltend machen müssen.

In dem Maße, wie diese Anschauung von Wut, Rachegelüsten und dem Wunsch nach Vergeltung genährt wird, halten wir die Spannung zwischen Unterdrücker und Opfer aufrecht. Die Unterscheidung zwischen »uns« und »ihnen« als voneinander getrennte Wesen ist die Grundursache von *Samsara*, dem buddhistischen Begriff für das allseits verbreitete menschliche Leiden und Elend. Die Zwillingskräfte des Verhaftetseins mit dem Selbst-Schutz und der Abneigung gegen alles, was das Selbst bedroht, führt zur Erschaffung einer feindseligen Realität, in der sich die meisten Menschen verängstigt und entfremdet fühlen. Das ist das unvermeidliche Resultat der von der linken Gehirnhälfte gesteuerten männlichen dualistischen Denkweise, die unser Selbst oder unsere Gruppe als anders und besser als die anderen wahrnimmt, woraus sich eben die Notwendigkeit ergibt, unser Selbst oder unsere Gruppe vor anderen zu schützen.

Hier müssen wir einräumen, daß auf einer äußeren Ebene die Gewalt, die friedlichen Menschen angetan wurde, eine konkrete Realität war, daß Frauen und das Weibliche während der Epoche der patriarchalen Vorherrschaft tatsächlich sehr gelitten haben. Wir haben die Verantwortung uns selbst, anderen und dem Wohl des Planeten gegenüber, daß wir die Freiheit, Gerechtigkeit, Gleichberechtigung und den Schutz für Frauen sicherstellen. Es ist wichtig, daß Frauen dahin gelangen, voll und ganz an allen gesellschaftlichen Strömungen und Bereichen teilhaben zu können; daß sie gleichberechtigten Zugang zu allen Aspekten der Arbeitswelt, des Ausbildungswesens, der bürgerlichen Rechte, der öffentlichen Dienstleistungen und des Familienlebens haben; und daß sie etwas unternehmen, um den weiblichen Werten in der Welt wieder Geltung zu verschaffen.

Doch wenn wir uns wahrhaft wieder mit den auf Gleichberechtigung und Synthese aufbauenden Werten der Göttin verbinden wollen, müssen wir unsere gedankliche Perspektive fundamental verändern. Die Frauen müssen ihre Vorstellung von »wir«, die Guten und unglücklichen Opfer, und »sie«, die bösen Unterdrücker, aufgeben und anfangen, die Einheit aller Menschen und aller fühlenden Lebewesen zu sehen. Im Herzen der Göttin werden alle Wesen gleichermaßen geliebt, akzeptiert, verstanden, und allen wird in ihrem unendlichen mütterlichen Mitgefühl gleichermaßen vergeben.

Wenn wir uns die Geheimlehren der Göttin wieder aneignen und die patriarchale verzerrte Sichtweise vom Dunklen korrigieren, können wir akzeptieren, daß Auflösung und Verfall wesentliche und notwendige Stadien sind, die den Weg für die Erneuerung vorbereiten. Und so befinden sich das Verschwinden und der Tod der Göttin in Einklang mit ihren Gezeitenrhythmen. Auf das Signal des Sterns in der Konstellation des Drachens/der Schlange achtend, zog sie sich in die Dunkelmondphase ihres Zyklus zurück.

Die alten Griechen erzählten in ihren mythischen Geschichten, daß die Mondgöttin Hera, Königin des Himmels, regelmäßig fortlief und sich während der Dunkelphase des Mondes versteckte. Sie hüllte sich in Trauergewänder und vollzog ihre geheimsten Rituale zur Erneuerung ihrer Jungfräulichkeit. Mit dem neuen Mond tauchte sie als Anandos – die auferstehende Göttin – wieder auf und kehrte zu ihren Leuten und ihrem Mann als Jungfrau und Braut zurück.

In der Endphase eines 40 000 Jahre langen Zyklus begab sich das entfaltende, in der Göttin verkörperte, weibliche Prinzip in eine tiefe Inkubation. Es begab sich in die Dunkelheit, um die im Verlauf des Zyklus gesammelte Weisheit zu destillieren und in einem neuen Samenkorn zu kristallisieren. Die zerfallenden kompostierenden Elemente ihrer sich auflösenden Kultur lieferten den fruchtbaren Boden, in dem der sich entwickelnde Embryo mit seinen unbegrenzten Möglichkeiten genährt werden konnte. Die alten Eleusinischen Mysterien sagen uns, daß das Göttliche Kind in der Unterwelt empfangen wird. Dieses Sinnbild verweist auf die Tatsache, daß die Empfängnis der künftig zu verwirklichenden Vision in der Dunkelmondphase des vorangegangenen Zyklus stattfindet.

In den letzten 5000 Jahren ihres Verschwundenseins hat sich die Göttin auf ihre Wiedergeburt vorbereitet, ihren Körper und Geist regeneriert und ihre Emanationen neu belebt. Mit ihrer kürzlichen Wiedergeburt hat sich ein Kreis vollendet und begann ein neuer Zyklus.

Wenn wir die zyklische Natur der Entfaltung der Göttin in Zeit und Raum akzeptieren, befreien wir uns von der Anschauung, daß das, was passiert ist, ein Fehler war, etwas Schlechtes, und daß jemand anders dafür verantwortlich ist. Die Aufgabe unserer verurteilenden und schuldzuweisenden Haltung kann uns helfen, unsere dualistische Vorstellung von der Realität, die uns nach wie vor unterdrückt, zu transzendieren. Letztlich wird die Lösung für den Frieden zwischen Einzelpersonen und Nationen nicht auf der politischen, sondern auf der spirituellen Ebene gefunden. Sie beinhaltet die Erkenntnis, daß andere nicht von uns getrennt existieren. Der nächste Schritt besteht darin, daß wir sehen, ob wir in uns tiefes Mitgefühl entwickeln und jenen vergeben können, die während der Übergangsphase all die Gewalt und Brutalität auslösten und ausagierten.

In dem Maße, wie wir uns weigern, das Alte loszulassen und die unvermeidliche Veränderung zu akzeptieren, wird unser unbewußtes Selbst eine sogar noch mächtigere gegnerische Kraft erzeugen, um uns aus unseren Anhaftungen herauszureißen und uns zu befreien. Auf dieses Thema werden wir in Kapitel 9 näher eingehen. Aus zyklischer Sicht muß der Kampf ums Überleben ausbalanciert werden durch die Erkenntnis von der Veränderlichkeit aller Dinge und das Bewußtsein vom der Zerstörung und dem Tod innewohnenden Regenerierungspotential.

Als die Göttin sich zurückzog, reagierten die Menschen mit all der Angst und Panik, die unsere dunklen Mondphasen begleiten, wenn wir nur noch den Verlust und die Zerstörung unserer Lebensstrukturen und Identität sehen und uns nicht daran erinnern, daß der Tod des Alten der Vorläufer der Wiedergeburt des Neuen ist. Die Menschen, die nicht länger auf das zyklische Wesen der Göttin eingestimmt waren, empfanden ihr Verschwinden als ein »Imstichlassen« und fühlten sich von der Großen Mutter aufgegeben. Sie wußten nichts vom Wechsel der Weltzeitalter und dessen Zusammentreffen mit der dunklen Phase des Lunationszyklus der Göttin. Und sie verstanden auch nicht ganz, daß die Polaritätsveränderungen in ihrem Gehirn ihre Wahrnehmungsweise von der Realität beeinflußten. Sie fühlten vielleicht, daß die Göttin, die sie unterstützt hatte, nicht mehr da war. Die Priesterinnen konnten trotz aller Gebete und Opfer das Orakel der Göttin nicht mehr anrufen, um vernünftigen und hilfreichen Rat zu erteilen. Die Herrscherinnen vermochten nicht länger Strukturen aufrechtzuerhalten, die den Menschen Schutz und Sicherheit boten, noch konnten sie sie vor dem brutalen Gemetzel der Invasoren bewahren. Die alten Lebensweisen und Glaubensvorstellungen trugen sie nicht länger, und die Welt, so wie sie sie kannten, ging in Brüche.

Was konnte die Ursache einer solchen gegen das Weibliche gerichteten Wut sein? Vielleicht war es die gleiche Wut, die in einem Kind aufsteigt, wenn es sich von seiner Mutter verlassen oder abgelehnt fühlt. Wir wissen nur, daß die giftigen Nebenprodukte des Hasses ein verzerrtes Bild vom dunklen dritten Aspekt der Mondgöttin, dem der Mutter Tod, fabrizierten, nämlich eines der schrecklichen weiblichen Zerstörerin. Die Menschen, die den neuen Göttern anhingen, gingen geradezu besessen daran, die Erinnerung an eine Mutter, die sie verlassen hatte, auszulöschen, und ihre irdischen Repräsentantinnen, die Frauen, für diesen Akt des Verlassens zu bestrafen.

Als die Menschen alles, was mit der Göttin verbunden war, verleugneten und unterdrückten, gärte und schwärte dieses verdrängte Material im kollektiven Unbewußten. Dann brach es als dämonischer Schatten in Gestalt des großen Ungeheuers Tod gewaltsam hervor und entfesselte eine Schreckensherrschaft des Abschlachtens und Niedermetzelns. Die Menschen verfingen sich in der Raserei und dem Irrsinn, die sich ausbreiten, wenn ihre Realität zerschlagen und zerstört wird und sie gegen die Dämonen ihrer unbewußten Projektionen kämpfen.

In einer von der linken Gehirnhälfte gesteuerten Wahrnehmungsweise und dualistischen Realität festsitzend, sahen sie ihr Selbst als vom anderen getrennt und in eine sich feindlich gegenüberstehende Polarität von Männlich und Weiblich aufgespalten. Die Unterdrücker behandelten ihre Opfer auf brutalste Weise, und ein jeder projizierte die Essenz seiner eigenen schlimmsten Ängste auf den anderen. Unsere unbewußten kollektiven Erinnerungen an die Schrecken jener Zeit beinflussen bis heute die Art und Weise, in der Männer und Frauen (und das von Jung als Animus und Anima definierte Männliche und Weibliche in jeder Person) aufeinander reagieren. Das ist die Wunde, die beim nächsten Wendepunkt im Zyklus der Göttin geheilt werden muß. So wie die Schöne das häßliche Ungeheuer erst lieben muß, um es erlösen zu können, kann auch das bösartige Wesen des Dämons nur durch Liebe aufgelöst werden.

Die chinesische Philosophie lehrt, daß die Gesundheit eines Organismus von der Integration und Ausgewogenheit von *Yin* und *Yang,* der weiblichen und der männlichen Polarität, abhängt. Das sich entfaltende weibliche Prinzip hatte 3000 v. u. Z.

seine Entwicklungsphase als eigenständiges Wesen vollendet. Es trat mit dem Männlichen hauptsächlich nur in Wechselbeziehung, um den Lebensfluß zu erschaffen und in Gang zu halten. Die Vorstellung vom Aufbau einer elementaren Beziehung mit dem Männlichen auf der Grundlage mentaler, emotionaler und spiritueller Gleichberechtigung war keine Priorität dieses Zyklus des sich entfaltenden weiblichen Prinzips. Mit der Ankunft der solaren Götter trat die männliche *Yang*-Energie als eine Kraft aus eigenem Recht (wieder) in die planetarische Biosphäre ein und etablierte sich als Präsenz und Funktion im größeren Ganzen. Zu dieser Zeit wurde es für die Frauen unumgänglich, sich in neuer Weise auf das Männliche zu beziehen und Formen von wechselseitigen, kooperativen und liebevollen Beziehungen zu entwickeln. Dies wurde dann das Samenkorn, das während der dunklen Phase genährt und mit dem Wiedererscheinen der Göttin geboren werden sollte.

Während des Mittelalters fand sich die mythologische Weisheit der Alten in Märchen verschlüsselt. Die Menschenprinzessin Psyche muß sich in einen totenähnlichen Trancezustand begeben, bevor sie in eine Göttin und die himmlische Braut von Eros verwandelt werden kann. Dornröschen und Schneewittchen machen dieselbe Inkubationsphase durch, bevor sie durch den Kuß des Prinzen wiedererweckt und ins Leben zurückgebracht werden. Als das sich entfaltende weibliche Prinzip in seine dunkle Mondphase eintrat, bestand eine seiner Absichten in der Transformierung, Sensibilisierung und Stärkung der weiblichen ätherischen Energiekanäle, damit es die machtvolle Kraft des Männlichen in sich aufnehmen kann, ohne überwältigt und zerstört zu werden.

In den Mythen werden die Sterblichen immer wieder davor gewarnt, einer Gottheit direkt ins Antlitz zu blicken, weil sie sonst von deren strahlendem Licht verbrannt werden. In der Geschichte von Eros und Psyche wird erzählt, wie die sterbliche Psyche in eine Gottheit verwandelt wird, nachdem sie die Unterwelt durchwandert hat, und sich dann in göttlicher Ehe mit Eros vereint. Das weibliche Prinzip schuf während seiner dunklen Phase der Transformation und Erneuerung einen neuen Energiekörper, der eine Verschmelzung und Integration mit der männlichen Kraft erlaubt. In diesem neuen Zyklus wird die bewußte Beziehung mit dem anderen einer der Wege zur spirituellen und evolutionären Entwicklung sein.

Die Keimvision der Neumondgöttin/Neuen Mondgöttin birgt in sich die Heilung der Wunden, die Männer und Frauen einander geschlagen haben. Diese Heilung beinhaltet auch eine Ausbalancierung der Polarisierung des männlichen und weiblichen Prinzips in jeder Person, die für sich Ganzheitlichkeit anstrebt. Das bezieht sich auch auf die Polaritäten, wie sie in homosexuellen oder lesbischen Beziehungen wirksam sind. Es ist wichtig, daß wir diese Machtkampfmentalität, die unsere Werte bestimmt, transformieren. Wenn jeder Mann und jede Frau in sich, und jede Person und ihr Feind oder ihre Feindin diese Konflikte zur Aussöhnung bringen und die Wunden heilen, wird sich diese Heilung nach außen hin ausdehnen und die aus einer dualistischen Wahrnehmung entstehenden gegnerischen oder antagonistischen Kräfte miteinander versöhnen. Auf diese Weise kann die Göttin das Gleichgewicht, die Ganzheitlichkeit und das Wohlergehen der Erde und ihrer Bewohner wiederherstellen.

Die Wiedergeburt der Göttin

Ein alter chinesischer Fluch lautet: »Mögest du in interessanten Zeiten wiedergeboren werden.« Die heute im ausgehenden 20. Jahrhundert lebenden Menschen sind tatsächlich in eine bedeutungsvolle Zeit hineingeboren worden, zu einem kritischen Moment innerhalb zweier großer kosmischer Zyklen. Wir stehen an einem Punkt, der den Beginn eines neuen, 40 000 Jahre dauernden Lunationszyklus der Göttin und das Ende des 2300 Jahre währenden Fische-Zeitalters und vielleicht auch das Ende eines ganzen Präzessionszyklus der Weltzeitalter von 26 000 Jahren überspannt. Der Wiedergeburt der Göttin dicht auf den Fersen, folgt rasch das Heraufziehen eines neuen Zeitalters – des Wassermann-Zeitalters, das einigen Astrologen zufolge der Beginn eines weiteren großen Präzessionszyklus sein wird.

Nach Aussage des Astrologen Daniel Giamario gründet sich der Haupthinweis für die These, daß ein weiteres großes Weltzeitalter seinen Anfang nimmt, auf den Glauben vieler kalendarischer und medizinischer Traditionen, daß die Wintersonnenwendepunkte das Ende und den Beginn kalendarischer Zyklen markieren. 1898/99 deckte sich der Wintersonnenwendepunkt in seiner Präzession zum einzigen Mal innerhalb eines Zyklus von 26 000 Jahren genau mit dem Punkt, an dem sich die Milchstraße (unsere Galaxie) und der Zodiak (unser Sonnensystem) kreuzen. (In okkulten Traditionen galt das galaktische Zentrum als eines der Tore, durch das die Seelen der Verstorbenen die Inkarnation verlassen.) Die Sternenkunde nennt einen weiteren Faktor zur Bestimmung des Endes und Anfangs eines Zyklus, nämlich das Datum, an dem wir einen Polstern in präziser nördlicher Position haben. 2100 wird Polaris dem Himmelsnordpol so nahe sein, wie es ein Stern nur sein kann.

Eingedenk dessen, daß es bei den Geheimlehren der Göttin um Tod und Wiedergeburt geht, ist es doch sehr augenfällig, daß ihre Wiedergeburt zu Beginn eines neuen Lunationszyklus mit einer Zeit zusammenfällt, in der wir uns in breitem Ausmaß mit Tod und Zerstörung konfrontiert sehen – ein Zeichen dafür, daß wir es tatsächlich mit der dunklen Schlußphase des Präzessionszyklus der Weltzeitalter zu tun haben. Die gegenwärtigen Phasen dieser beiden Zyklen liefern eine Erklärung dafür, warum sich heutzutage so viele Menschen von anscheinend widersprüchlichen Gefühlen überwältigt sehen. Der eine Gefühlsstrang drückt sich in der Hoffnung und dem Optimismus aus, die sich mit der Wiedergeburt des weiblichen Geistes und den Möglichkeiten des Neuen Zeitalters verbinden. Der andere Strang kommt in der überwältigenden Verzweiflung und Hoffnungslosigkeit angesichts des Sterbens unseres Planeten und seiner Lebewesen zum Ausdruck. Im folgenden werden wir auf beide Themenstränge eingehen und die Mondgöttin bitten, unser inneres Verständnisvermögen zu erwecken.

Schneewittchen und Dornröschen erwachen schließlich aus ihrem langen Schlaf und übernehmen ihre rechtmäßige Rolle als Königinnen. Die alten Anhängerinnen und Anhänger der Göttin nehmen nun in diesem Jahrhundert an ihrer Wiedererweckung teil und leisten bei ihrer Wiedergeburt Hebammendienste. Die Rückkehr der Göttin zeigt sich an der Entdeckung ihrer Geschichte und der Wiederbelebung ihrer Kulte. Die Spiritualität der Frau ist das kosmologische Glaubenssystem, das hinter der globalen Frauenbewegung steht, die Gerechtigkeit für Frauen im politischen, ökonomischen und sexuellen Bereich anstrebt. Sie ist auch die Quelle der gegenwärtigen lebensbejahenden Bewegungen zur Heilung und Genesung sowie der Ökologiebewegung (Ökofeminismus), die die Erde als den Körper der Großen Mutter anerkennt, die unsere Existenz aufrechterhält.

In der esoterischen Astrologie geht die Entdeckung neuer Planeten und Himmelskörper in unserem Sonnensystem mit der Aktivierung neuer Bewußtseinszentren einher. Genauer gesagt werden die mythologischen Archetypen, die sich den Namen mit diesen Planeten und Asteroiden teilen, zu aktiven Kräften in unserer Psyche und Kultur. 1801 wurde der erste der vielen (zwischen Mars und Jupiter angesiedelten) Asteroiden entdeckt und nach der gräko-romanischen Großen Mutter Ceres (Demeter) benannt. In den folgenden Jahren wurden Pallas Athene, Vesta (Hestia) und Juno (Hera), allesamt große Göttinnen der Antike, gesichtet, identifiziert und in der menschlichen Psyche erweckt.

Im frühen 19. Jahrhundert führten Ceres, Pallas Athene, Juno und Vesta die Prozession der wiedererweckten weiblichen Energie an und kündeten damit vom Beginn eines neuen Lunationszyklus. In den Vereinigten Staaten und in Europa setzte die erste Welle des Feminismus ein und befaßte sich mit den Themen der Gleichberechtigung der Frau, des Patriarchats und der Spiritualität der Frau. Die zeitlosen Geschichten dieser Göttinnen sprechen die drängenden psychischen Probleme unserer heutigen Zeit an, die der Heilung bedürfen. Sie sind Symptome einer zerrütteten Gesellschaft, die im Dualismus gefangen ist, in der großen Abspaltung des Selbst vom anderen, was auch zur Trennung von Körper, Geist, Emotionen und Seele in jeder Einzelperson führt. Mit der Wiedergeburt der Göttin wenden sich die Menschen nun gesellschaftlichen Problemen zu, wie Krieg, Vergewaltigung, Hunger, Obdachlosigkeit, Tierrechten, Sexismus und Rassismus und dem Wohlergehen des Planeten.

Die Göttin ist gereinigt, geläutert und regeneriert wieder erschienen. Nachdem sie in der dunklen Phase ihre Jungfräulichkeit wiederhergestellt hat, kommt sie wie ein junges Mädchen wieder hervor – lebensprühend und voller Hoffnung und Visionen für künftige offenstehende Möglichkeiten. Sehen Sie sich um. Frauen verbünden sich bei großen nationalen und internationalen Konferenzen und Festivals wie auch in kleinen Gruppen und Zirkeln miteinander. Frauen geben einander wieder Kraft, ermächtigen sich, bestätigen erneut die Stärke und Schönheit des Weiblichen und versuchen die Werte der Göttin zu leben, um eine bessere Welt zu schaffen. Der Fluß kreativer weiblicher Energie durchströmt wieder einmal Künstlerinnen, Schriftstellerinnen, Musikerinnen und Heilerinnen, die sich an ihre Schönheit, Weisheit und Heilkräfte erinnern und sie zum Ausdruck bringen.

Diese wiedererweckte weibliche Energie hat eine gleichermaßen tiefgreifende Auswirkung auf das Leben der Männer. Der Aufstieg des Patriarchats hat nicht nur das Weibliche überschattet, sondern auch in seinem Nachdruck und Beharren auf Herrschaft und Zerstörung die lebensbejahenden Eigenschaften des natürlichen Männlichen zerstört, das die Erde bestellte und sich um die domestizierten Tiere kümmerte. Das Patriarchat sollte nicht als mit den Männern, sondern als mit einer verzerrten und verbogenen Seite des Männlichen gleichbedeutend betrachtet werden. In der keltischen Tradition wurde die positive Seite des Männlichen im Mythos vom grünen Mann als dem Gegenüber von Mutter Natur symbolisiert. Die Wiedergeburt der Göttin kündigt auch ein Wiederauftauchen der dem männlichen Prinzip innewohnenden lebensbejahenden Eigenschaften an, die während der dunklen Mondphase ebenfalls unterdrückt waren.

Aufgrund des allgemein wachsenden Bewußtseins und des Drucks, ihre Gefühle und intuitiven Einsichten zum Ausdruck zu bringen, sehen sich Männer nicht nur mit den sich verändernden Frauen konfrontiert, sondern auch mit der Frage nach der Beziehung zu ihrer eigenen Psyche. Männergruppen, Väter, die bei der Geburt ihrer Kinder dabei sind, alleinerziehende Väter und Hausmänner sind nur einige Beispiele aus dieser sich rasch wandelnden Gesellschaft, in der das erwachte Weibliche das Leben umkrempelt. Durch das zunehmende Bewußtsein bei Männern wie bei Frauen wurde die Heilung aller unserer verschiedenen Beziehungen zu einem Hauptthema in unserer Bewegung hin zur Genesung und Gesundung.

Die seit kurzem aktivierte, mit den Funktionen der rechten Gehirnhälfte verknüpfte weibliche Energie trägt auch zur Ausbreitung vieler bewußtseinserweiternder Bewegungen bei. Die Ansätze zu einem ganzheitlichen Gesundheits- und Erziehungswesen, spirituelles und mediales Gewahrsein und die Vision von einer gemeinschaftlichen Erschaffung unserer Realität sind einige der gegenwärtigen Ausdrucksformen der in steigendem Maße aktivierten Prozesse der rechten Gehirnhälfte.

Doch bei all diesen positiven Zeichen und hoffnungsvollen Möglichkeiten, die die Neue Mondgöttin mit ihrem Wiederauftauchen mit sich bringt, wurde sie doch in einer Zeit wiedergeboren, in der sich die Menschheit wie nie zuvor mit der Gefahr ihrer totalen Auslöschung konfrontiert sieht. Überall lauert der Tod, ob durch Waffen, Katastrophen oder Krankheiten. Die pessimistische Pragmatikerin in uns fragt sich, wie die Menschheit dieses entworfene Szenario von Zerstörung und Holocaust, eines, dessen Uhrzeiger auf kurz vor zwölf weist, denn überleben kann. Die Annahme, daß die Menschen nicht überleben werden, ist durchaus nicht unvernünftig. Im Lauf der sechs Milliarden Jahre langen Geschichte dieses Planeten sind viele Arten entstanden und wieder ausgestorben, weil sie sich den veränderten Umweltbedingungen nicht anpassen konnten. Unterscheiden sich Menschen denn hier von irgendeiner anderen Art fühlender Lebewesen, die die Erde bewohnten?

Nach buddhistischer Lehre können wir nur im menschlichen Körper Erleuchtung erlangen, weshalb das menschliche Leben so kostbar ist. Manche Esoteriker sagen, daß jeder Evolution eine durch Strahlung verursachte Mutation vorausgeht. In diesem Kontext bedeutet Mutation nicht einen Defekt, sondern eine fundamentale, unumkehrbare Umwandlung des Alten in etwas ganz Neues. Der letzthin aufgestellen Eva-Hypothese zufolge hat eine solche genetische Mutation den modernen *Homo sapiens* hervorgebracht. Und Transformation ist der Hauptzweck der dunklen Mondphase des zyklischen Prozesses.

Hoffen wir, daß die Göttin während ihres langen Schlafes eine Transformation auf der tiefsten Ebene weiblicher Energie bewirkt hat, die es uns erlaubt, die Zerstörung der alten Ordnung zu überstehen, um uns dann wie ein Phönix aus der Asche emporzuschwingen. Man sagt, daß die Küchenschabe radioaktive Strahlung überleben kann. Wenn auch nur eine Lebensform diese Fähigkeit entwickelt hat, existiert diese Prägung auch als eine Möglichkeit für alle anderen Lebensformen. Es mag sehr wohl sein, daß die von uns allen so sehr gefürchtete Strahlung genau der auslösende Faktor für unsere Mutation und evolutionäre Möglichkeit ist. Transformation kann sich nur in der Dunkelheit ereignen. Wir können hoffen, daß die Menschheit in der kommenden Dunkelheit des endenden Weltzeitalters irgendeine Art von fundamentaler Mutation zuwege bringt, die unserer Spezies ein Weiterleben in einer möglicherweise radikal veränderten Umwelt erlaubt.

Denjenigen, die sich der zyklischen Prozesse nicht bewußt sind, mag es wie ein Widerspruch erscheinen, daß das lebenverneinende Gespenst des Todes simultan mit dem Versprechen der Erneuerung existiert, das sich durch die Wiedergeburt der Göttin und das heraufziehende Wassermann-Zeitalter ankündigt. Doch wenn wir eine zyklische Perspektive einnehmen, wissen wir, daß der Tod neben der Geburt steht. Wir müssen uns daran erinnern, daß vor jeder Wiedergeburt das Alte sterben muß, und das gilt auch für die Geburt eines neuen Zeitalters. Das ist das Gesetz des Zyklus. So mag angesichts der Düsternis und des Untergangs der Welt, wie wir sie kannten, der Versuch, die Kräfte der Zerstörung zurückzuhalten, nicht in allem angemessen sein. Vielleicht sollten wir im Vertrauen auf den Zyklus der Mondgöttin den Tod der alten Ordnung willkommen heißen und die Dunkelheit, die die Mondgöttin als Durchgang zur Erneuerung anbietet, liebevoll akzeptieren. Das soll nicht heißen, daß wir unsere Bemühungen um die Gesundheit und das weitere Wohlergehen des Planeten aufgeben sollten.

Zwar endet die dunkle Mondphase offiziell mit der Sonne-Mond-Konjunktion bei Neumond, doch gibt es noch eineinhalb Nächte der Dunkelheit, bevor die dünne schmale Mondsichel am nächtlichen Himmel erscheint. In dieser Zeit der Wiedergeburt der Göttin ist es wichtig, daß wir uns nicht von der Verwirrung, der Uneinigkeit und dem Mangel an klarer Vision entmutigen lassen, die die Kämpfe einer eben flügge werdenden, in das allgemeine gesellschaftliche Bewußtsein einfließenden Frauenbewegung kennzeichnen. So wie ein Kind krabbelt und stolpert, bevor es gehen und rennen kann, ist die Neue Mondgöttin in ihrem Aspekt des

Mädchens/der Jungfrau bei all ihren überschäumenden Aktivitäten doch noch jung, was ihre Weisheit angeht. Wir aber sollten uns ihrer Rückkehr gewiß sein. Schauen wir uns den Mondzyklus an, und vertrauen wir vorurteilslos und ohne vorgefaßte Meinungen auf ihre allmähliche Entfaltung.

Auch sollten wir uns klarmachen, daß die Göttin kein Opfer war. Weder wurde ihr die Macht genommen, noch hat sie sie aufgegeben. Frauen sind keine Opfer, und sie brauchen auch nicht Krieg zu führen, um sich ihre Macht wieder anzueignen. Frauen hatten immer ihre Macht, sie ist ihnen nun wieder einmal voll zugänglich und aufgeladen und neu belebt, damit sie ihr in der Außenwelt Ausdruck geben können. Wir müssen das neue Gesicht der neuen Göttin als das Gesicht der von uns zuletzt erinnerten alten Göttin erkennen, bevor diese in ihre dunkle Mondphase eintrat.

Doch jetzt ist sie tatsächlich zurückgekehrt, und ihre Weisheit erhellt unser Leben. Nacktes Gewahrsein von der Dunklen Göttin heißt die Zerstörung und den Tod des Alten sehen und dies freudig und liebevoll als Zeichen einer kurz bevorstehenden Erneuerung zu akzeptieren. Die Arbeit unserer Psyche besteht darin, daß wir unsere verzerrten Vorstellungen von der Göttin und dem Tod reinigen und läutern. Diese durch die patriarchale Kultur bewirkten irrigen Vorstellungen haben sich auf unseren Körper, Geist und auf unsere Umwelt negativ ausgewirkt und unsere Beziehungen mit dem anderen stark beeinträchtigt. Es gehört, wenn wir unser Verständnis von der Dunkelheit korrigieren, zur Arbeit unserer Seele, daß wir geschickte Künstlerinnen und Künstler werden, die diese erneuerte kreative weibliche Energie schöpferisch und phantasievoll gestalten können.

Nun führt uns unsere Reise dahin, daß wir die Dunkle Göttin heraufbeschwören, ehren, für uns zurückfordern und sie in die Gesamtheit unseres Seins integrieren.

TEIL II

Göttinnen des Dunklen Mondes

*Für die Magie, das Geheimnis und die Heilkraft
der Dunklen Göttin*

Die Wächterinnen des Unbewußten

In Teil II gilt unser Augenmerk den mythologischen Geschichten von Göttinnen, die mit dem Dunklen Mond assoziiert werden und seinen Archetyp zum Ausdruck bringen. Zunächst werden wir die mythischen Biographien von Nyx, der Mutter der Nacht, und ihren Töchtern, den Moiren, den Furien, den Hesperiden und Nemesis, untersuchen. Anschließend werden wir uns mit drei anderen Dunklen Göttinnen befassen, und zwar Hekate, Medusa und Lilith. Dabei werden wir zu ergründen versuchen, in welcher Weise sich ihre zeitlosen Geschichten auf die hauptsächlich im Unbewußten aktiven Fragen beziehen, mit denen Männer und Frauen sich heutzutage weiterhin konfrontiert sehen.

Ich habe diese Göttinnen des Dunklen Mondes ausgewählt, weil mehrere Planetenkörper im Asteroidengürtel nach ihnen benannt sind. Bei meiner Arbeit als Mythologin und Astrologin habe ich es wiederholt erlebt, daß, wenn ein Himmelskörper zur Geburtszeit eines Menschen eine vorherrschende Stellung am Himmel einnimmt, die mythologische Geschichte der Gottheit, die denselben Namen wie der Planet trägt, zu einem wichtigen Thema im Leben des Betreffenden wird. Ich hatte Gelegenheit zu studieren, wie der einzelne die durch diese Dunklen Göttinnen verkörperten archetypischen Prinzipien in seinem Leben erfährt.

Bevor wir mit unserer mythologischen Untersuchung dieser Dunklen Göttinnen beginnen, wollen wir kurz über unsere Ansichten zu dem Begriff »Mythos« nachdenken. In unserer Gesellschaft bedeutet »Mythos« inzwischen etwas, das nicht der Wahrheit entspricht. Für die Alten jedoch waren die Mythen die Quellen für ihre Traditionen und Weisheit. Auf der äußeren Ebene waren die Mythen die mündlich überlieferten Legenden, die die Geschichten über ihre Schöpfung und die Historie der Menschheit vermittelten. Diese von den Barden und Geschichtenerzählern bewahrte mündliche Überlieferung war das wichtigste Kommunikationsmittel in der Zeit, bevor die meisten Menschen lesen und schreiben konnten und ihnen Bücher zugänglich waren.

Auf der inneren Ebene stellten die Mythen die Psychologie des Menschseins dar. Die Geschichten über die Götter und Göttinnen repräsentierten die grundlegenden archetypischen Drehbücher und Rollen, die den einzelnen verfügbar waren und durch die sie die Bedeutung ihres Lebens ausleben konnten. Diese Geschichten enthielten die göttliche Inspiration, die den Menschen auf ihrer Suche nach Selbsterkenntnis, Heilung und Wachstum helfen konnte. In den alten Heiltempeln des Asklepios war es Bestandteil der Behandlung eines Patienten, daß er einem Schauspiel im Theater des Dionysos beiwohnte. Die verschiedenen Tragödien, in denen die Götter und Göttinnen Hauptrollen spielten, gingen die hinter der physischen Krankheit des Patienten stehenden psychologischen Fragen an.

C.G. Jung bezeichnete die Mythen als »die ewigen Muster in unserer Seele«, die in unseren Träumen, Phantasien, Symbolen und den alltäglichen Interaktionen weiterleben. In der Psychologie hat man mittlerweile entdeckt, daß Mythen die natürliche Sprache des kollektiven Unbewußten sind. Joseph Campbell fügt hinzu, daß »all die Götter und Göttinnen« als die Kräfte unserer Persönlichkeit »in uns leben« und ihre Geschichten die unser Leben formenden mythischen Themen darstellen. Unsere Sicht von mythologischen Gottheiten hat sich über die Jahrtausende hinweg von personifizierten Göttern und Göttinnen zu Eigenschaften der Psyche entwickelt. Die wechselnden Bilder in den Umgestaltungen der Mythen im Lauf der Zeit kommen der emotionalen und mentalen Entwicklung des entsprechenden Archetyps in der menschlichen Psyche gleich.

Die Dunkle Göttin und das Unbewußte

In den alten Kosmologien wurde die gesamte mythische Geographie nach und nach auf himmlische Ebenen, auf die Sonne, den Mond, die Milchstraße, übertragen. Diesem System zufolge wurde der Mond als das Land der Toten oder als der Aufenthaltsort der Seelen zwischen ihren Wiedergeburten beschrieben. Alle Göttinnen des Dunklen Mondes werden mit Tod und Erneuerung assoziiert. Vom modernen psychologischen Standpunkt aus ist die Unterwelt eine Metapher für das Unbewußte, und diese Gottheiten bewohnen die unbewußte Sphäre unserer Psychen.

Die Alten indes hatten keine Vorstellungen von der Psyche, den inneren Reichen des Bewußten und Unbewußten. Diese Idee wurde erst Ende des 19. Jahrhunderts in Begriffe gefaßt, als Sigmund Freud seine Theorie zum Unbewußten veröffentlichte. Die Alten drückten ihr Wissen über die bewußten und unbewußten Sphären der Wirklichkeit – das, was bekannt und was unbekannt war – und über die Nahtstelle zwischen ihnen in den drei wichtigsten Schöpfungslegenden der griechischen Kosmologie aus. Diese Legenden beginnen mit einer jeweils anderen Großen Mutter, die die Welt entstehen ließ.

In einer Legende wird, so berichtet Homer, die Meeresgöttin Tethys als die Mutter der Welt besungen.

In der zweiten Legende kommt laut Hesiod diese Aufgabe Gaia, der Großen Mutter Erde, zu.

Die Orphiker erzählen in einer dritten Legende, daß es Nyx ist, die Göttin der Dunklen Nacht, die das kosmische Ei legt, aus dem die Welt hervorgeht. Der hermetische Gelehrte Adam McLean versteht diese drei Versionen der Schöpfungsgeschichte als die drei Seiten der Dreifaltigen Göttin, die jeweils einem der drei Aspekte des Bewußtseins im menschlichen Geist entsprechen.

Die Gottheiten, die Gaia, der Mutter Erde, entsprangen, werden mit jenen Aspekten der Psyche assoziiert, die eher in den lichterfüllten Dimensionen des Bewußtseins wirken. Unser Bewußtsein vermittelt uns Informationen durch unsere fünf Sinne, die uns eine feste, greifbare und erdhafte Welt wahrnehmen lassen. Die Kinder von Nyx, der Königin der Nacht, führen uns hinab in das dunkle Unbewußte. Dieses formlose, unstoffliche Reich ist die Quelle unserer verborgenen

Schätze und Feinde. Die Götter und Göttinnen, die aus Tethys, der Herrin des Meeres, hervorkamen, verbinden die dunklen unterirdischen Tiefen des Ozeans mit den Wellen auf der Wasseroberfläche, auf denen das Licht spielen kann. Sie sind die Vermittler, die sich zwischen oben und unten hin- und herbewegen, zwischen der bewußten lichten Sphäre und der unbewußten dunklen Sphäre innerhalb der Psyche.

Die Alten stellten sich das Unbewußte nicht als einen geheimen Teil der Psyche vor, sondern als etwas außerhalb ihrer selbst. Diese unbekannte und geheimnisvolle Region begriffen sie als die verborgenen, schrecklichen Tiefen der Unterwelt, als den Ort, an dem alle Geister weilen. Die Unterwelt war für sie ein tatsächlich existierender geographischer Ort, wohin sie eine Reise unternehmen konnten. Und es waren die Göttinnen des Dunkelmonds, die diese Unterwelt als Königinnen regierten.

Diese furchteinflößenden Königinnen walteten über den Tod und zerstörten alles, was sie in ihren oberweltlichen Aktivitäten erschaffen hatten; des weiteren hatten sie die Macht über Wiedergeburt und Unsterblichkeit inne, über das Leben, das aus dem Tod hervorgeht. Die Dunkle Göttin mit den vielen Namen war die Prophetin und Hüterin der Mysterien. Sie ließ Träume, Visionen und magisches Wissen zuteil werden, mit denen die Geheimnisse des Unbekannten ergründet werden konnten, und schon dieses Wissen über die geheimen und verborgenen Dinge allein brachte Macht mit sich.

Die Alten glaubten, daß man eine sichere und hilfreiche Beziehung zu den Mächten der Unterwelt durch einen richtigen Zugang zur Dunklen Göttin gewinnen konnte. Die zeitgenössische Psychologie formuliert die alte Weisheit neu, indem sie darauf hinweist, daß wir eine sichere und hilfreiche Beziehung zu den Mächten des Unbewußten durch einen richtigen Zugang zum Schatten gewinnen können. Nyx, die Göttin der Nacht, ist die Urmutter all der verschiedenen Dunklen Göttinnen des Dunkelmonds, die als Kräfte in der unbewußten Sphäre unserer Psyche wohnen.

Die greise Dunkle Göttin, die abgelehnt wurde, symbolisiert mittlerweile in der modernen Psychologie den weiblichen Schatten. Weil die Töchter der Nacht die dunklen Orte unserer Psyche bewohnen, sind sie für das bloße Auge oder das Alltagsbewußtsein nur schwer zu fassen. Auch wenn wir uns ihrer Gegenwart vielleicht nicht ständig bewußt sind oder nicht einmal ihre Existenz anerkennen, leben sie in uns als Fundament innerhalb unseres Unbewußten.

Wenn wir die dunklen Kräfte in unserem Unbewußten anerkennen und ihnen mit Achtung begegnen, werden unsere inneren Dunklen Göttinnen uns wohlgesinnt sein und uns Einsicht, Heilung und Erneuerung spenden. Aber falls wir das Dunkle herabwürdigen und verbannen, werden ihre Töchter (wie das Schattenselbst, wenn es abgelehnt und geleugnet wird) in unseren schwächsten Momenten unvorhergesehen in unsere bewußte Wirklichkeit einbrechen. Sobald die dunklen weiblichen Schattengottheiten die Macht mit einer eigenen rachsüchtigen Autonomie übernehmen, bringen sie Schrecken, Zerstörung und Wahnsinn in unser Leben.

Während der Archetyp der Dunklen Göttin sich die patriarchale Kultur hindurch entwickelte, wurde sie selbst zu einem Objekt der Angst und Verfolgung. Im

Lauf der Geschichte wurde die Heilkunst und prophetische Weisheit der Dunklen Göttin als Zauberei entstellt und ihr Bild zu dem häßlichen todbringenden alten Weib oder der Hexe, der Gefährtin des Teufels, dämonisiert. Da wir unser Wissen um ihre Gaben der Erneuerung und ekstatischen Sexualität verloren haben, hat unsere Angst vor ihren Weisen unsere Fähigkeit der Selbsterneuerung geschwächt und unsere Beziehungen zu geliebten Menschen vergiftet. Um uns selbst und unsere Beziehungen zu heilen, müssen wir in die Dunkelheit unseres Unbewußten eintreten und eine redliche, respektvolle und liebevolle Beziehung zu den Dunklen Göttinnen in unserer Mitte entwickeln.

Lassen Sie uns jetzt die mythologische Verzerrung der vielen Göttinnen des Dunklen Mondes aufdecken und herausfinden, wie der Archetyp des dunklen Weiblichen, der das Böse entlarvte, die Falschheit zerschlug und die Wahrheit forderte, mit Bösem erfüllt und zur geheimen Furcht vor dem Tod und Nichtsein wurde. Unsere Anrufung und Lobpreisung der Dunklen Göttinnen, die in die vernachlässigten Nischen unserer Psyche verbannt wurden, beginnt mit Nyx, der Urmutter Nacht, und ihren Töchtern Nemesis, den Furien, den Hesperiden sowie den Moiren und Hekate.

4. Nyx, die Göttin der Nacht, und ihre Töchter

… da gebar und brütet in Erebos' Schoße,
dem weiten, die schattenbeflügelte Nacht
das uranfängliche Windei;
und diesem entkroch in der Zeit Umlauf
der verlangenentzündende Eros,
an den Schultern von goldenen Flügeln umstrahlt
und behend wie die wirbelnde Windsbraut.
Aristophanes

Die Alten glaubten, daß lange vor der Schöpfung und dem Aufkommen der Gottheiten, der Menschen und der Natur nur das formlose Nichts des Chaos existierte – schwarz, leer, still und sich unbegrenzt in die Unendlichkeit erstreckend. Den orphischen Mysterien zufolge kam aus diesem Urchaos die erste Gottheit, Nyx, Mutter Nacht, in Gestalt eines großen Geistes mit schwarzen Flügeln hervor, der über einem riesigen Meer der Dunkelheit schwebte. Die uralte Nacht wurde vom Wind befruchtet und legte ihr silbernes Ei in den Riesenschoß der Dunkelheit.

Der obere Teil dieses Rieseneis bildete das Himmelsgewölbe, und der untere Teil war die Erde. Dem Ei entsprang der Sohn des wehenden Windes – ein Gott mit goldenen Flügeln namens Eros, der Geist der Liebe. Der schönste aller unsterblichen Götter kam zum Vorschein, um die Erde zu erschaffen. Dieser Erstgeborene der Mutter Nacht ist auch unter dem Namen Phanes, »der Offenbarer«, bekannt, ein Begriff, der mit dem griechischen Wort für Licht verwandt ist. Eine orphische Hymne preist ihn: »Unsagbarer, Heimlicher, Wirbelentfacher! Hellaufleuchtender Keim, Der der Augen Nebelgewölk, Das verdunkelnde, niederwarf, Der mit schwirrenden Flügeln Wirbelnd das All durchmißt, Träger des glänzenden, heiligen Lichtes …«

Nyx, deren Name wörtlich »Nacht« bedeutet, wurde für ihre Fähigkeiten des Wahrsagens verehrt. Sie vermochte über die Nacht der Gegenwart hinauszusehen, und ihre Visionen wurden von einer Höhle aus bekanntgemacht, die sie mit ihrem Sohn Phanes teilte. Dort zeigte sich Nyx in dreigestaltiger Form als Nacht, Ordnung und Gerechtigkeit, und sie herrschte über das Universum, bis ihre Macht mit der Ankunft der patriarchalen Götter an Uranos überging.

Marija Gimbutas weist darauf hin, daß der Ursprung dieses Mythos in der Altsteinzeit liegt. In West- und Mitteleuropa wurden viele eingeritzte Figuren und Skulpturen mit eiförmigen Gesäßsilhouetten aus der Zeit des frühen Aurignacien bis zum Magdalénien gefunden, die als Besonderheit Vogelköpfe und lange Brüste aufweisen.

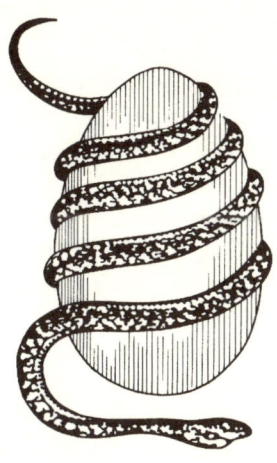
Das orphische Ei der Schöpfung

Nyx, als die Nacht angerufen, entstammte der frühesten mythologischen Schicht. Etwa zur klassischen Zeit wurde ihr kaum oder keine kultische Anbetung mehr zuteil. Für Homer war Nyx eine der größten Göttinnen, vor der sich sogar Zeus in Ehrfurcht verneigte. In der *Theogonie* finden wir eine andere Version von der Urmutter am Anfang der Schöpfung: Die Erde mit ihrer breiten Brust, Eros, der Geist der Liebe, Erebos, die Personifizierung der Dunkelheit, und Nyx, die Urnacht, entstanden alle aus der Leere. Aus der Vereinigung von Erebos und Nyx gingen Aither (Obere Luftschicht/Klarer Himmel) und Hemera (Tag) hervor.

Es heißt, daß die Göttin der Nacht gemeinsam mit dem Tag im Tartarus (der Unterwelt) lebte. Wenn ihre Tochter Hemera sich in den Palast begab, fuhr Nyx in einem von zwei schwarzen Pferden gezogenen Wagen davon. Von den Sternen begleitet, zog sie über den Himmel bis zum Tagesanbruch, um dann wieder in den Palast zurückzukehren. Nyx wurde als dunkelgewandete und schwarzgeflügelte Göttin dargestellt. Sie trägt einen schwarzen sternbesäten Schleier und hält in der Hand eine gelöschte, zu Boden gerichtete Fackel. Zuweilen zeigen Darstellungen sie mit zwei Kindern in den Armen – das eine ist weiß und verkörpert den Schlaf, und das andere ist schwarz und versinnbildlicht den Tod.

Erebos (Dunkelheit) und Nyx (Nacht) wurden bald von Aither (Licht) und Hemera (Tag) der Macht beraubt, und mit dem Aufkommen der neuen Götter ging das Zepter an Uranos (Himmel) und Gaia (Erde) über.

In der frühesten Mythologie wurde der Nacht Vorrang vor dem Tag und dem Mond vor der Sonne eingeräumt. Mit dem Übergang zu den neuen solaren Göttern gewann die Sonne größere Bedeutung gegenüber dem Mond und der Tag gegenüber der Nacht. In der kultischen Anbetung wurde die geheimnisvolle Göttin der Nacht herabgesetzt, vernachlässigt und in der Folgezeit gefürchtet. In späteren Genealogien wurde Nyx zur Mutter einer unheilvollen Brut von Kindern gemacht, von denen nur einige Gottheiten waren. Alles Unerklärbare und Schreckliche, was der Menschheit widerfuhr, wurde als ihr Nachwuchs personifiziert und beschrieben.

Nyx gebar einige der mächtigsten und unheilvollsten personifizierten Geschöpfe. Dies waren Ker, Moros und Thanatos, der Tod; Hypnos, der Schlaf und Träume; Momos, der Spott; Oizys, der Schmerz und Jammer; Apate, der Verrat; Geras, das Greisenalter; Eris, die Zwietracht; und Nemesis, die Vergeltung. Für das patriarchale solare Bewußtsein der alten Welt war die Nacht die Quelle des Bösen, in der mystischen Vorstellung der Orphiker hingegen wurde die Nacht als ein Abgrund der Liebe (Eros) und des Lichts (Phanes) verstanden.

Nyx, die Göttin der Nacht, symbolisiert das Fundament des dunklen weiblichen Prinzips, das die schöpferische Quelle von allem Existierenden ist. Der orphischen Überlieferung zufolge entsprang Nyx als großer, schwarzgeflügelter Geist dem Urchaos. Ihre Geschichte enthält die Schlüsselelemente der Schwärze, des Chaos und der Leere, die die wesentliche Bedeutung des Dunklen beschreiben. Diese Elemente wurden im Lauf der Zeit verzerrt, und mittlerweile symbolisieren sie unsere Ängste vor der Dunkelheit.

Wir wollen uns mit dieser Geschichte aus den Orphischen Mysterien näher befassen, einem metaphysischen System, das von einer in den heiligen Schriften des Orpheus bewahrten Doktrin der Liebe beeinflußt wurde, und sehen, ob wir die geheimen Lehren der Göttin der Nacht über die Natur unseres Ursprungs und die Grundlage unseres Seins aufdecken können.

Die Orphiker lehrten, daß das erste Prinzip Kronos oder die Zeit war. Aus ihm gingen das die Unendlichkeit symbolisierende Chaos und der Äther als Sinnbild für die Endlichkeit hervor. Das Chaos wurde von der Nacht umgeben, die die umfassende Hülle bildete, unter der sich durch das schöpferische Tun des Äthers langsam die kosmische Materie entwickelte. Diese nahm schließlich die Form eines Eis an, und die Nacht bildete seine Schale. Hesiod berichtet, daß zuerst die Dunkelheit war, aus der Dunkelheit das Chaos hervorging und die Nacht der Vereinigung von Dunkelheit und Chaos entsprang.

Die alten Dichter stellten das Chaos und die Nacht als Kräfte dar, die von Anfang an eine unkontrollierte Herrschaft ausübten. Folglich sagt Milton in Anlehnung an die Alten in *Das verlorene Paradies:* »... wo die Nacht, das Älteste, und Chaos, die Urahnen der Natur, / Gesetzlos herrschen unter ewigem Lärm.« Und Spenser schreibt in *Faery Queen*: »O du älteste Großmutter von allen, / Älter als Jupiter.«

In allen Schöpfungsmythen der Welt herrscht am Anfang aller Dinge das Chaos. Jedoch implizierte die ursprüngliche Bedeutung des Wortes »Chaos« nicht Verwirrung und Aufruhr, vielmehr war damit die unendliche Leere gemeint. Die Leere, die wir uns heute als ein schwarzes, leeres Nichts vorstellen, bezog sich auf die Natur der Urmaterie vor der Schöpfung. Aus der modernen Physik wissen wir, daß Materie nicht erschaffen oder zerstört werden kann, sondern daß sie sich lediglich in der Form verändert und zwischen festen und energetischen Zuständen hin- und herbewegt. In der buddhistischen Philosophie findet dieses Prinzip in der Lehre von Form und Leere seinen Ausdruck. Die Urmaterie der Leere, verkörpert als Mutter Nacht, verweist auf den Zustand der Einheit und die unbegrenzten Möglichkeiten von allem Existierenden, bevor Differenzierung und Verwirklichung den Gestaltungsprozeß einleiten.

Im Verständnis der östlichen Philosophie symbolisiert Schwarz den formlosen Zustand der Materie als reine Energie, was Leere genannt wird. An die Schwarze Mutter gerichtete Andachtsübungen in östlichen Traditionen umfassen Meditationen, die die Illusion des Dualismus abschneiden, die der wirkliche Grund für alles Leiden ist – der irrige Glaube, dem zufolge ein unabhängig entstehendes Ich als getrennt von anderen verstanden wird. Weisheit liegt in der Erkenntnis, daß alles, was existiert, als Teil ein und derselben Urmaterie vereint ist und kein Unterschied zwischen dem Ich und den anderen besteht. Das Leben ist ständig im Fluß, und es entsteht aus sich selbst heraus als eine unendliche Vielzahl von Formen und fällt als Leere, die formlose Energie, wieder in sich zurück. Die schwarze, »gähnende« Leere ist das Urfundament aller manifestierten Formen, der Boden der Entwicklungsmöglichkeiten für alles Existierende.

Diese Wahrheit brachten die alten Griechen in der Geschichte über Mutter Nacht zum Ausdruck, die dem Chaos entsprang und Eros/Phanes, Liebe/Licht gebar, der wiederum die Elemente miteinander in Einklang brachte und Geschöpfe zusammenkommen ließ, um das Universum in Bewegung zu setzen. Die griechische Nyx ist mit der ägyptischen Nut, Nuit, Neith, Göttin der Schwarzen Nacht, verwandt, die existierte, bevor Himmel und Erde voneinander abgegrenzt wurden. Aus ihrem wäßrigen Schoß erhob sich die Sonne zum ersten Mal in der Schöpfung, und alle Dinge kehren in ihre unergründlichen Tiefen zurück.

Die sich über griechische, östliche und ägyptische Überlieferungen erstreckende Weisheit der Schwarzen Mutter Nacht besagt, daß die »vor allem« existierende Natur allen Lebens eine universell miteinander verbundene Matrix lebendiger Energie ist, deren erster Ausdruck die Liebe ist. Wenn wir nichts von ihrer Wahrheit wissen, fürchten wir uns vor dem Nichts und werden von einer äußeren Aktivität in Anspruch genommen, um der Leere, die uns angst macht, zu entrinnen. Wir sehen diese Angst bei Menschen, die Freizeit oder Freiräume in ihrem Leben nicht ertragen können oder Angst vor dem Alleinsein haben.

Darum lassen wir zuerst Nyx lebendig werden, um uns das Wissen wieder anzueignen, daß unsere ursprüngliche, grundlegende Natur aus dem formlosen Potential hervorgeht, das durch die Nacht verkörpert wird.

Die Töchter der Nacht

Die Schilderung, daß Nyx ein silbernes Ei legte, besagt im Grunde, daß Mutter Nacht den Mond gebar, denn Silber ist das Metall des Mondes. Aus der Urmutter Nacht gingen außerdem drei Gruppen von Töchtern hervor, von denen jede eine Manifestation der dreifachen Natur des Mondes ist – die Moiren, die Erinnyen, die Hesperiden und eine vierte einzelne Tochter Nemesis. Die Töchter der Nyx entsprangen der frühesten Schicht der Gottheiten zu Beginn der Schöpfung, und sie verkörpern die Dreifaltige Mondgöttin in ihrem Todesaspekt. All diese Töchter der Nacht spiegeln Aspekte der dunklen Seite der Göttin wider.

In ihrem dreifaltigen Aspekt zeigte sich Nyx als Nacht, Ordnung und Gerechtigkeit. Es oblag ihren Töchtern sicherzustellen, daß die natürlichen Gesetze des Universums eingehalten und gewahrt werden. Zudem sorgten die Schwestern für die Bestrafung derjenigen, die diese Grenzen überschritten.

Nemesis war die Göttin der Vergeltung, die das Gleichgewicht des Menschseins aufrechterhielt. Die Erinnyen (Furien) beschützten die Kontinuität der mütterlichen Blutlinie, indem sie Morde an Familienangehörigen rächten. Die Moiren (Parzen) befaßten sich mit der Frage des Schicksals, der Bestimmung und der karmischen Formung der Seele. Und die Hesperiden waren die Wächterinnen der Unsterblichkeit und des Wissens um die Vergangenheit. In unseren Seelen repräsentieren diese dunklen Schwestern die Urelemente im dunklen, unbewußten Teil unseres Seins, die gegen die Verletzung des natürlichen Gesetzes protestieren.

Die frühgriechische Vorstellung von Gerechtigkeit und Naturgesetz entwickelte sich aus der Vision eines geordneten, miteinander verbundenen Universums. Die Natur ging nach Mustern vor, die keineswegs unüberlegt oder willkürlich waren, und dies implizierte die Existenz einer grundlegenden Intelligenz in der subtilen Komplexität der Wirkweisen des Universums. Auch die Menschen hatten an der organischen Gestaltung des Universums teil; aber wenn sie auf Weisen handelten, die mit dieser natürlichen Ordnung nicht in Einklang standen oder sie verletzten, reagierte das Universum. Die Töchter der Nacht waren mit der Aufgabe betraut, die Vergehen des einzelnen auszugleichen oder zu rächen, wenn dieser die Gesetze der natürlichen Entwicklung oder die aufgrund von Notwendigkeiten gesetzten Grenzen überschritten hatte.

Nemesis

Nemesis, eine Tochter der Urmutter Nacht, war weithin als die Göttin der Vergeltung bekannt. Während das Patriarchat sie als eine fürchterliche Gestalt der Rache und des Zorns begriff, war sie von ihrem früheren Charakter her eher eine abstrakte Kraft der Gerechtigkeit als eine der Vergeltung. Sie personifizierte die Ehrfurcht vor dem Gesetz und war bestrebt, das Gleichgewicht wiederherzustellen, wenn die Ordnung durcheinandergebracht worden war. Man glaubte, daß sie sich aus einer tiefsitzenden Liebe heraus darum bemühte, ein Gleichgewicht in der Haltung der Menschen zueinander zu bewahren.

Nemesis wurde als eine nachdenkliche, majestätische Figur dargestellt, die etwas von Aphrodites Schönheit ausstrahlt. Sie trägt eine silberne, mit Hirschhörnern verzierte Krone, hält in der einen Hand ein Glücksrad und in der anderen einen Apfelzweig. An ihrem Gürtel hängt eine Geißel. Das Rad läßt vermuten, daß sie sich möglicherweise aus Kala-Nemi, der Mutter des Karma und des Rades der Zeit, entwickelte. Der Apfelzweig weist auf ihre Beziehung zu ihren Schwestern, den Hesperiden, hin, welche die goldenen Äpfel der Unsterblichkeit hüteten.

Das wichtigste Heiligtum der Nemesis befand sich im attischen Rhamnos. Dort wurde sie, geflügelt und weiß gekleidet, zusammen mit Aidos (Scham) als Dienerin der Themis, der Göttin des Gesetzes, angebetet. Es heißt, daß, falls Themis mißachtet wurde, Nemesis zur Stelle war. Wenn Menschen die durch Themis verkörperten gesellschaftlichen Regeln brachen, peinigte Nemesis, machtvoll in ihrem rechtschaffenen Zorn, diejenigen, die diese Ordnung, vor allem das Gesetz und die Norm der Natur, verletzt hatten.

Nemesis

Nemesis soll Kontrolle über die Glücksgöttin Tyche ausgeübt haben, die willkürlich manche Menschen mit Geschenken überschüttete, während sie anderen ihren gesamten Besitz nahm, und somit die Zufälligkeit des Glücks veranschaulichte. Aber sollte jemand, dem reiche Gaben zuteil wurden, nicht den Göttern einen Teil davon darbringen oder seinen armen Mitbürgern spenden, schritt die alte Göttin Nemesis ein und erniedrigte ihn oder sie. Sie war auch als Adrasteia, die Unentrinnbare, bekannt, die den göttlichen Zorn gegen diejenigen verkörperte, die sich des Verbrechens der Hybris, des Stolzes und der Anmaßung vor den Göttern, schuldig gemacht hatten. Ovid nannte sie die »Göttin, die prahlerische Worte verabscheut«, weil sie alle Könige und Helden, wie stolz sie auch sein mochten, am Ende zugrunde richtete.

Nemesis entwickelte sich im Lauf der patriarchalen Kultur allmählich zum philosophischen Inbegriff der göttlichen Vergeltung an anmaßenden Sterblichen. Als eine unpersönliche moralische Kraft schien sie sich jedes Unrechts anzunehmen und es zu prüfen. Sie wurde als eine geheimnisvolle Macht ehrfürchtig respektiert, die das Verhalten der Menschen in ihren glücklichen Zeiten beeinflußte, Verbrechen und Übeltaten bestrafte, den Unwürdigen das Glück nahm, jedes Unrecht bis zu seinem Urheber verfolgte und das gesellschaftliche Gleichgewicht aufrechterhielt. Nemesis personifizierte auch den Groll, der in Menschen aufsteigt, wenn Verbrecher ungestraft davonkommen, oder gegen diejenigen, die übermäßiges oder unverdientes Glück haben.

In dem verlorengegangenen Epos *Kypria* und einigen späteren Werken wird erzählt, daß Zeus sich in Nemesis verliebte; aber sie wollte sich nicht mit dem König der Götter vereinigen und entzog sich seinen Annäherungsversuchen. Zweimal änderte sie ihre Gestalt, um ihm auszuweichen. Beim dritten Mal verwandelte sie sich in eine Gans. Zeus nahm die Gestalt eines Schwanes an und überwältigte sie. Zu gegebener Zeit legte Nemesis ein Ei, das entweder ein Hirte oder Hermes fand, der es Leda, der Gemahlin des Königs Tyndareos von Sparta, brachte. Leda kümmerte sich um das Ei, aus dem Helena schlüpfte – die schönste aller Frauen, die später den Trojanischen Krieg heraufbeschwören sollte.

Robert von Ranke-Graves weist darauf hin, daß die von Zeus verfolgte Nemesis nicht der philosophische Begriff der göttlichen Rache war, sondern vielmehr die ursprüngliche Nymphengöttin in der frühesten Form des Liebesjagd-Mythos. Das Rad der Nemesis symbolisierte das Sonnenjahr, und sie sorgte für die »ordnungsgemäße Inszenierung« des jährlich stattfindenden Todesdramas. In den prähellenischen Mythen jagt die Göttin den heiligen König. Während er seine jahreszeitlich bedingten Verwandlungen in verschiedene Tiere durchmacht, tritt sie jedem von ihnen der Reihe nach entgegen und verschlingt ihn schließlich zur Zeit der Sommersonnenwende. Mit dem Sieg des Patriarchats wird die Jagd auf den Kopf gestellt, und nun flieht die Göttin vor Zeus.

Nemesis, Tochter der Nacht, existierte als eine der ersten Kräfte, um sicherzustellen, daß die Menschheit die natürlichen Gesetze respektiert, die die Ordnung des Universums erhalten. Wenn wir dieser Göttin Hochachtung entgegenbringen und mit diesen Gesetzen in Einklang leben, weilt Nemesis in uns als ein weiser, freundlicher Einfluß, der uns stets den Weg zum rechten Handeln weist. Ihre Vergewaltigung durch Zeus ist eine sinnbildliche Erklärung dafür, daß er das Gesetz an sich riß und über Recht und Unrecht entschied. Als die Macht an die patriarchalen Götter überging, wurde Nemesis verbannt, und die neue Ordnung ignorierte ihre Zuständigkeit für die Normen des rechten Verhaltens. Dem Schatten gleich, der in der Verbannung gedieh und die dämonische Form unserer negativen Ansichten und Taten annimmt, wurde Nemesis vom Patriarchat schließlich zur göttlichen Rache und Vergeltung personifiziert, die zornig ihren Anspruch geltend macht.

Wenn wir dieser Göttin weiterhin die Hochachtung versagen, wirkt sie in unserer unbewußten Psyche durch Projektion als jene grimmigen Kräfte in unserer Welt, die uns mit Missetaten nicht ungestraft davonkommen lassen. Versuchen wir, mit unrechten Taten ungestraft davonzukommen und unseren Verpflichtungen auszuweichen, leben wir in der schrecklichen Angst, daß der Zorn der Nemesis uns schließlich einholen und sie ihre Strafe verhängen wird, eine Strafe, die auf unheimliche Weise exakt dem Vergehen entspricht.

Nyx, die Göttin der Nacht, lehrt uns, daß wir auf unserer elementarsten Stufe alle Teil ein und desselben Ganzen sind. Ihre Tochter Nemesis zeigt uns folglich den Weg dahin, die anderen als Erweiterungen unseres Selbst durch rechtes Handeln in Einklang mit den natürlichen Gesetzen eines geordneten Universums zu respektieren.

Die Erinnyen

Die Erinnyen, bei den Römern als die Furien bekannt, waren weibliche Zorn- und Rachegeister, deren Aufgaben sich mit denen der Nemesis überschnitten. Alle Töchter der Nyx sorgten für die Rechtmäßigkeit der Dinge innerhalb der eingerichteten Ordnung und bestraften diejenigen, die gegen naturgegebene Gesetze verstießen. Während Nemesis zur Stelle war, wenn Themis (Gesetz) auf irgendeine Weise verletzt wurde, hatten die Erinnyen eine eingeschränktere Funktion inne. Sie übten Rache, wann immer Familienblut, besonders Mutterblut, vergossen oder ein Eid gebrochen wurde.

Die Erinnyen sollen zu den ältesten Göttinnen gehören und lange vor Zeus und all den anderen Olympiern existiert haben. Ihr ehrwürdiges Alter wird durch die Tatsache belegt, daß sie ursprünglich nur angerufen wurden, um Rache an denjenigen zu üben, die über die mütterliche Linie miteinander verwandte Familienmitglieder getötet hatten. Als solche stellten sie eine Kraft dar, die die matriarchale Welt zusammenhielt, in einer Zeit, in der alle Stammbäume über die Frauen erstellt wurden. In ihrer Eigenschaft als Beschützerinnen der Rechte der matriarchalen Blutlinien übten die Erinnyen an jedem Vergeltung, der die Kontinuität der weiblichen Generationslinie durch Mord unterbrach.

Aischylos nannte sie »die Kinder der Nacht« und Sophokles »die Töchter der Erde und der Dunkelheit«. Hesiod nahm sie in die späteren Kosmologien auf, indem er sagte, daß die Erinnyen den Blutstropfen des kastrierten Uranos entsprungen seien, als diese auf Mutter Erde, Gaia, fielen. Und als dieses Blut mit dem Ozean in Berührung kam, entstand aus dem sich daraus bildenden Schaum ihre Schwester Aphrodite, was der Grund dafür ist, warum Aphrodite manchmal als die älteste der Erinnyen bezeichnet wird. Robert von Ranke-Graves zufolge sind die drei Erinnyen, die aus dem Blut des Uranos hervorgingen, die Dreifaltige Göttin selbst, das heißt während der Opferung des Königs, die der Fruchtbarkeit der Getreidefelder und Obstgärten dienen sollte.

In ihrer dreifachen Form traten die Erinnyen in Erscheinung als Alekto, »die Unaufhörliche«; Megaira, was »neidische Wut« bedeutet; und Tisiphone, worin *tisis*, »Vergeltung«, enthalten ist. Dargestellt werden sie als drei unsterbliche schwarze Jungfrauen. Manchmal sind sie geflügelt, in ihrem Haar winden sich Schlangen, und sie tragen Fackeln und Peitschen. Ihre Gesichter sind streng, aber schön, und gelegentlich trieft giftiges Blut aus ihren Augen. Aischylos schildert die Erinnyen als erschreckend und abscheulich, und mittlerweile verkörpern sie die geheime Angst des Mannes vor der Frau als die scheltende Mutter. Ovid beschreibt Tisiphones Attribute in den folgenden Zeilen:

> *Unverzüglich ergreift die grause Tisiphone ihre*
> *Fackel, die blutbeschmierte, sie wirft um die Schultern den Mantel,*
> *Rot von triefendem Blut; eine Schlange benützt sie als Gürtel ...*
> *Breitet die Arme sie aus, an welchen die Schlangen verknotet*
> *Hangen, und schüttelt das Haar – auf fahren die Nattern und fauchen;*
> *Über den Schultern liegen die einen, die anderen winden*
> *Sich um die Brüste, sie zischen und geifern und schnellen die Zungen.*
> *Jetzo reißt sie jäh aus dem Haar zwei Schlangen und schleudert*
> *Sie mit verderbenerregender Hand.*
> Metamorphosen, Buch IV

Wann immer eine Mutter beleidigt, verletzt oder ermordet wurde, stiegen die Erinnyen aus dem Hades empor. Ihrer Schwester Hekate in ihrer hundeköpfigen Gestalt nacheifernd, kündigten sie ihr Kommen mit Gebell an. Wenn sie aufgebracht waren, wurden sie von Wut verzehrt, die tief in ihren Herzen steckte. Einem gefährlichen Schwarm gleich fuhren sie auf den Verbrecher hinab, stachen wie Bienen und bissen wie Bremsen. Mit unerbittlicher Wut verfolgten sie den Täter von einem Land ins andere, trieben ihn in den Wahnsinn und ließen ihn schließlich qualvoll sterben. Keinem Argument zugänglich, waren die Erinnyen nur an Rache interessiert. Ihre Strafe war Wahnsinn und Tod.

Den Erinnyen wurde meistens nachts an einem Ort geopfert, der dem Charakter des Ganzen entsprechend wild war, und die ihnen dargebrachten Tiere waren schwarz. In Griechenland waren mehrere Tempel und heilige Haine den Erinnyen geweiht, wie zum Beispiel auf Kolonos bei Athen, wo Ödipus starb. Die Schreine dieser Göttinnen waren von »Todesbäumen« – der Erle, der schwarzen Pappel und der Eibe – umgeben. Sie wurden im Heiligtum am Fuß des Areopags in Athen angebetet.

Im Lauf der Zeit wurden die Erinnyen als Göttinnen der Toten ebenfalls angerufen, um Verbrechen an Eltern, ob Mutter oder Vater, und jegliche Verletzung von Blutsverwandten zu rächen. Ihre Aufgaben umfaßten nun auch die Bestrafung von kindlichem Ungehorsam, Respektlosigkeit vor dem Alter, Verrat an Gästen, Unfreundlichkeit zu Bettlern, Meineid und jeden Mord. Auch die *Dirae* genannt, führten sie die Flüche einer Person aus, die durch eine andere Schaden erlitten hatte.

Jedoch wurden die gefürchteten Erinnyen, die Rasenden, in früheren Zeiten nicht als ungerecht oder gar böswillig betrachtet. Ihre Strafen waren unvoreingenommen und unpersönlich. Dadurch, daß sie Verbrechen rächten, wurden diejeni-

Die Erinnyen

gen beschützt, die von Mitgliedern der eigenen Familie verletzt wurden, und die Seelen der Toten befriedigt, deren Interessen sie vertraten. Diese Aufgabe war für das geordnete Funktionieren der Gesellschaft unbedingt erforderlich. Mit dem Aufstieg der patriarchalen Kultur und der gewaltsamen Zerstörung des Matriarchats wurden die Erinnyen von der neuen Ordnung als grausam und blutrünstig wahrgenommen, da sie ihrer Vergeltung an den zahlreichen Missetätern heftig und zornig nachgingen.

In den *Eumeniden* – der dritten Tragödie seiner *Orestie* – brachte Aischylos diese Situation zur Entscheidung. Hier verfolgen und quälen die Erinnyen Orestes für das Verbrechen, seine Mutter, Klytämnestra, ermordet zu haben, weil sie seinen Vater Agamemnon getötet hatte. Apollon verteidigt Orestes und führt an, daß Muttermord durch den Sohn kein Verbrechen sei, weil die Mutter nicht der wahre Elternteil des Kindes ist. Athene, aus dem Kopf ihres Vaters Zeus geboren, setzt sich für seinen Freispruch ein und führt damit den endgültigen Übergang vom Gesetz des Mutterrechts zu dem des Vaterrechts und den Sieg der Olympier über die chthonische Welt des Matriarchats herbei.

Die Erinnyen protestierten erbittert gegen den Prozeß und den Urteilsspruch: Wenn ein geständiger Muttermörder straffrei ausgehen sollte, würden sie jede Autorität als Rachegottheiten verlieren. Sich vor Wut über die Götter der jüngeren Generation, die die alten Gesetze verspotteten, krümmend, drohten sie, sich zu rächen und das Land zu verwüsten und der Menschheit Hunger und Unfruchtbarkeit zu bringen. Athene besänftigte sie, indem sie ihnen aufrichtige Verehrung und Opferungen anbot. Die endgültige Unterwerfung ihrer uralten Macht durch die neue Ordnung erfolgte, als die Erinnyen, die Furien, in die Eumeniden, die Freundlichen, umbenannt wurden.

Für die alten Griechen waren die Erinnyen die Kraft, die die Heiligkeit der mütterlichen Blutlinie beschützte, und sie verteidigten die Kontinuität dessen, was durch die Generationen weitergegeben werden kann. Das strengste Tabu war der Mord an der eigenen Mutter und dann an jedem anderen Blutsverwandten. Jedoch gerieten die Griechen durch dieses Verbot in ein Dilemma. Wenn es verboten ist, jemanden zu töten, mit dem man durch das mütterliche Blut verwandt ist, und ein solcher Verwandter ein Mitglied seiner Familie verletzt oder ermordet, welche Mittel stehen dann zur Verfügung, um Gerechtigkeit walten zu lassen, wenn man durch Vergeltung des Verbrechens die gleiche Überschreitung begeht?

Nyx und ihre Töchter verkörperten die natürlichen Gesetze des Universums, die für das geordnete Funktionieren der Welt sorgten. Wenn die Menschen durch die Verletzung dieser Gesetze Unordnung verursachten, reagierte das Universum darauf, um das Gleichgewicht wiederherzustellen. Dieser Glaube an den göttlichen Mechanismus der ausgleichenden Gerechtigkeit wurde durch die Töchter der Nacht personifiziert. Die Erinnyen stellten eine kosmische Kraft dar, die diejenigen bestrafte, die Blutsverbrechen begangen hatten. Wenn jemand versuchte, ein solches von einem Sippenmitglied verübtes Verbrechen zu rächen, machte er oder sie sich des gleichen Vergehens schuldig. Die Erinnyen befreiten die Angehörigen der Sippe davon, die unmittelbare Verantwortung für ausgleichende Gerechtigkeit zu übernehmen.

Als das patriarchale Gesetz über die Zuständigkeit der Erinnyen als Rachegöttinnen triumphierte, wurden sie aus ihrer geachteten Position in der Gesellschaft verbannt. Grauenhafte Geschichten machten die Runde, in denen es hieß, daß es schon unklug sei, sie in Gesprächen beim Namen zu erwähnen. Statt dessen sollte man sie, um ganz sicher zu gehen, euphemistisch als die »Freundlichen« oder die »netten Damen« bezeichnen.

Als uralte Zorn- und Rachegeister sind die Erinnyen heute als psychologische Kräfte in unserem Unbewußten aktiv. In dem Maße, wie die Erinnyen eine Emanation der Dunklen Göttin sind, bilden ihre Energien einen Teil des Schattens sowohl im Individuum als auch im Kollektiv. Die Erinnyen als der Schatten repräsentieren den Urzorn in uns, der nach Rache dürstet. Ist dieser Uraspekt von uns aktiviert, können wir, wenn wir im Trachten nach Rache unsere Energien fokussieren, derart besessen werden, daß wir vielleicht bestürzt darüber sind, wie weit wir zu gehen bereit wären.

Wenn wir die Erinnyen verbannen und ihnen nicht erlauben, ihre Macht auszuüben, um das Gesetz der richtigen Beziehung zu unseren Familienangehörigen zu schützen, werden sie in unserem Schattenselbst als unsere ärgsten Feinde in Erscheinung treten. Wenn die Schatten-Erinnyen die Macht über unser Leben übernehmen, können wir die wütende, tobende Persönlichkeit in uns entdecken, die sich im Wunsch nach Rache verzehrt. Im Griff dieses Archetyps gefangen, tun wir vielleicht unseren Verwandten und anderen geliebten Menschen, von denen wir glauben, daß sie entweder uns oder einem Mitglied unserer Familie Unrecht zugefügt haben, Schreckliches und Böses an. Die Erinnyen werden dann die Form unserer daraus entstehenden Gewissensbisse annehmen. Unerbittlich werden sie uns mit Reue, Schuldgefühlen und Angst vor Vergeltung oder Strafe quälen. Indem wir die Rolle dieser Rachegottheiten verinnerlichen, wird unser gequältes Gewissen uns wahnsinnig werden und in einigen Fällen Selbstmord begehen lassen. Ein klassisches Beispiel dafür kann man in der gepeinigten Hauptfigur von Edgar Allan Poes »Das verräterische Herz« sehen.

In unserer Anrufung der Kräfte der Nacht ehren wir nach Nyx und Nemesis die Drei Erinnyen, die uns lehren, daß wir keine Verbrechen der Rache begehen müssen, um »quitt zu sein«. Es gibt einen Mechanismus in der göttlichen Ordnung des Universums, der für die Bestrafung von Missetätern sorgt und das Gleichgewicht wiederherstellt. »›Die Rache ist mein; ich will vergelten‹, spricht der Herr.« (Römer 12, 19)

Die Hesperiden

Als Kinder der Mutter Nacht waren die Hesperiden als die Töchter des Abends bekannt. Sie lebten in einem Paradiesgarten, wo sie die goldenen Äpfel der Unsterblichkeit hüteten. Der Garten soll jenseits des Okeanosstroms im äußersten Westen der Welt gelegen haben, den moderne Reisende an der afrikanischen Küste zwischen Tanger und Casablanca lokalisierten. Diese Nymphen des Westens wurden mit der Sonne gleichgesetzt, die über den westlichen Wellen am Rand der Nacht untergeht. In ihrer dreifaltigen Form waren diese Göttinnen als Hespera, die Abendliche, Aigle, die Lichte, und Erytheia, die Rötliche, bekannt.

In einigen Genealogien sind die Hesperiden die Kinder der Keto und des Phorkys; und spätere Mythologien machen sie zu den Töchtern des Titanen Atlas, der am westlichen Rand der Welt steht und den Himmel auf seinen Schultern trägt. Andere Namen, die den Hesperiden gegeben wurden, lauten Lipara, »der weiche Glanz«, Chrysothemis, »goldenes Gesetz und goldene Ordnung«, und Asterope, »Sternhell«.

Zur Hochzeit des Zeus und der Hera schenkte Gaia, Mutter Erde, der Braut einen schönen Baum mit goldenen Äpfeln. Dieser Baum wuchs in einem Obstgarten im Vorgebirge des Atlas, der Sage zufolge Heras Geburtsort. Hera stellte den Baum unter den Schutz der Drei Hesperiden, den Verwalterinnen von magischen Gegenständen. Die drei Schwestern wurden in dieser Aufgabe von Ladon unterstützt, einer dreiköpfigen (manchmal auch hundertköpfigen) Schlange, Abkömmling des Typhon und der Echidna. Die Äpfel sind ein Symbol für das ewige Leben und wachsen im Garten der Unsterblichkeit, dem Tempel von Heras lebenserneuerndem Schoß.

Die Hesperiden waren für ihre lieblichen Stimmen und ihre Freude an heiteren Liedern bekannt. Dies wird in den Geschichten häufig erwähnt wie auch die Fähigkeit der Schlange Ladon, der menschlichen Sprache mächtig zu sein und sich in vie-

Der Baum der Hesperiden

len verschiedenen Sprachen unterhalten zu können. Wenn man ihre sanfte Musik bei Einbruch der Dunkelheit vernahm, war dies als eine Verführung zu geheimen Riten zu verstehen. Die Geheimnisse dieser Zeremonien konnten für den Nichteingeweihten zuweilen erschreckend sein.

Der Westen symbolisierte das Tor zum Tod, und die Hesperiden waren ein Aspekt der Todesgöttin des Dunklen Mondes. Robert von Ranke-Graves macht darauf aufmerksam, daß der Garten in den fernen Westen verlegt wurde, weil der heilige König als der Stellvertreter der Sonne bei Sonnenuntergang seinen Tod fand. Mit ihren süßen Liebesliedern lockten die Hesperiden den König in den Tod, und wenn die Sonne unterging, erschien Hespera, der Abendstern. Es heißt, daß Hera manchmal die Form von Hespera annahm, dem der Aphrodite geweihten Stern. Die goldenen Äpfel wurden dem König am Ende seiner Herrschaft als sein Schlüssel zur Unsterblichkeit gegeben.

Diese Legende von den Hesperiden, die die Elemente des Gartens, des Apfels und der Schlange enthält, ist ein früher Vorläufer der biblischen Geschichte vom Garten Eden. Die goldenen Äpfel der Unsterblichkeit sind ein Symbol der Erneuerungszyklen. Im jüdischen Mythos verführt die Schlange, die hier das Prinzip des Bösen verkörpert, die Menschen dazu, von der verbotenen Frucht des Baums der Erkenntnis zu essen. Als solcher stellt dieser Mythos die seit langem bestehende Unterdrückung des Wissens um den Tod und die Erneuerungsmysterien der Göttin des Dunkelmonds und ihrer Schlange durch das Patriarchat dar.

Die zwölf Arbeiten des Herkules können auf einer Ebene als die Eroberung der Göttin durch den Helden verstanden werden. Seine elfte Arbeit besteht darin, den

Hesperiden die goldenen Äpfel zu stehlen. Auf der Suche nach dem Verbleib der goldenen Äpfel wird Herkules nach vielen Reisen und Erkundigungen schließlich zu König Atlas geführt, den die Olympier zum Vater der Hesperiden bestimmt hatten. Atlas hatte eine Mauer um den Garten errichtet, um dessen Schätze zu schützen, denn Themis hatte ihn gewarnt, daß eines Tages ein Sohn des Zeus den Baum seines Goldes berauben werde. In der klassischen Version der Geschichte wird erzählt, daß König Atlas sich das Anliegen des Herkules anhörte und ihm versprach, die Äpfel zu holen, wenn dieser ihn für eine Stunde von seiner Last befreien und an seiner Statt das Himmelsgewölbe tragen würde. Doch weil Atlas Ladon fürchtete, tötete Herkules die Schlange mit einem Pfeilschuß über die Gartenmauer. Daraufhin ging Atlas in den Garten seiner Töchter und pflückte die goldenen Äpfel.

Atlas, der das Gefühl der Freiheit genoß, wollte nicht mehr die Last der Welt tragen. Als er zu Herkules zurückkehrte, bot er sich an, dem Eurystheus selbst die goldenen Äpfel zu bringen. Herkules gab vor, damit einverstanden zu sein, bat jedoch Atlas, ihn den Himmel für einen Augenblick abzunehmen, damit er sich ein Polster auf den Kopf legen könne. Der leicht zu täuschende Atlas legte die Äpfel ins Gras und lud sich die Last des Himmels wieder auf. Herkules nahm die Äpfel und zog lässig von dannen. Anderen Legenden zufolge betrat Herkules selbst den Garten, tötete die Schlange, die den Baum hütete, und stahl die goldenen Früchte. Später brachte Athene die Äpfel wieder in den Garten zurück, weil die heiligen Früchte nicht lange an einem anderen Ort bleiben durften.

Kurze Zeit später bekamen die Nymphen des Westens Besuch von Jason und den Argonauten. Weil sich die Hesperiden nach Herkules' Diebstahl ihrer Schätze fürchteten, verwandelten sie sich in Bäume – Hespera in eine Pappel, Erytheia in eine Ulme und Aigle in eine Weide. Als sie jedoch erkannten, daß die gestrandeten Argonauten nicht feindlich gesinnt waren, zeigten sie ihnen eine Quelle, die Herkules in der Wüste hatte entspringen lassen, so daß sie ihren Durst stillen konnten.

Die Hesperiden und die Schlange Ladon sind die Hüter der goldenen Äpfel. Der Apfel ist zusammen mit dem Granatapfel die Frucht der Unterwelt und stellt somit für Alan Bleakley in *Früchte des Mondbaumes* das »Fruchtende« der kreativen Imagination dar. Weiterhin schreibt er: »Wenn wir meditieren, uns in Träumerei einlassen oder eine spontane Vision erleben, wird dies oft als ein Hochsteigen in der Wirbelsäule empfunden, als Aufsteigen der *kundalini*, welche als Schlange symbolisiert wird ... Die Kundalinischlange erblüht in kreativer Vision im Garten unseres Geistes und reift zu den Früchten unserer Imagination heran.«

Die goldenen Äpfel sind ebenfalls das Symbol der Unsterblichkeit, und als solche bewahren sie unser Wissen um zyklische Erneuerung. In unserem Unbewußten stehen sie für die Essenz unserer vergangenen Leben, unsere früheren Inkarnationen und die kollektive Essenz des ewigen Teils unserer menschlichen Natur. Die Hesperiden hüten das Wissen über unsere Vergangenheit, um unser bewußtes Gewahrsein davor zu bewahren, von Informationen überwältigt zu werden, die wir vielleicht nicht verstehen oder integrieren können, weil wir nicht die Weisheit beziehungsweise die Fähigkeit dazu besitzen.

Mit ihren lieblichen Stimmen geben uns die Hesperiden zu verstehen, daß es einige Dinge gibt, die wir besser nicht wissen sollten, sofern wir nicht »eingeweiht« sind. Wir können diese Informationen in positiver und nützlicher Weise verwenden. Wenn wir die Hesperiden nicht ehren, erleben wir die abgelehnte Schattenseite dieser Göttinnen in Zeiten, wenn die Enthüllung der Vergangenheit unseren Seelenfrieden zerstört und unser Leben, wie wir es gekannt haben, zerrüttet. Ganz plötzlich und unerwartet können unsere vergangenen Geheimnisse sich als beunruhigende Alpträume, Wahnsinn, Schizophrenie, Tratsch oder Verleumdung aufdrängen. Wenn wir die Weisheit und das Mitgefühl haben, um uns dieses Wissen über die Vergangenheit einzuverleiben, kann die Frucht der Hesperiden eine Quelle der Inspiration, Einsicht und Kreativität sein.

Die Hesperiden lehren uns, daß wir unsterblich sind und eine grenzenlose Vergangenheit haben. Sie lassen dieses Material nur erkennen, wenn wir imstande sind, es weise zu nutzen. Wissen über die Vergangenheit und seine Auswirkungen auf Gegenwart und Zukunft sind mit den Fragen des Schicksals und der Bestimmung verbunden, dem Bereich, der den Moiren – der dritten Gruppe und den mächtigsten der Töchter der Nacht – untersteht.

Die Moiren

Die Moiren, die letzte Dreiergruppe der Töchter der Nacht, wurden als die Schicksalsgöttinnen ehrfürchtig respektiert. Für die alten Griechen war das Schicksal das unentrinnbare Los, dem alle Menschen ausgesetzt waren und das durch diese drei Töchter der Nyx verkörpert wurde. Wenn von einer Schicksalsgöttin die Rede war, wurde sie Moira genannt, und ihre dreifaltige Form, die drei Schwestern, waren als die Moiren bekannt – Klotho, die Spinnerin, Lachesis, die Maßnehmerin, und Atropos, die Zuschneiderin.

Der Name Moira bedeutet »Teil«, und dies bezieht sich sowohl auf die drei Teile beziehungsweise Phasen des Mondes als auch auf die Vorstellung vom zugemessenen Anteil eines Menschen am Leben. Als Mondsymbol entsprechen die drei Moiren den drei Mondphasen, den drei Jahreszeiten (Frühling, Sommer und Winter) und den drei Lebensstufen eines Menschen. Als der Anteil eines Menschen am Leben bedeutete Moira in der mykenischen Zeit den Grundbesitz, der nach dem alten matriarchalen System einer Landeigentümerin gehörte. Folglich war Moira »ein zugeteiltes Stück Land« und später erst das »zugeteilte Schicksal«.

Als Schicksalsspinnerinnen spannen diese drei Göttinnen unsere Lebenstage als einen Faden und verwoben ihn zu einem Wandteppich. Die Länge des Fadens bestimmten sie allein. Klotho spann den Faden des Lebens auf ihrer Spindel und reichte ihn der Lachesis, der Lose-Zuteilerin, die ihn mit ihrem Stab maß und jedem Menschen seine Bestimmung zuteilte. Atropos, die Unausweichliche – »die nicht umgestimmt werden kann« – schnitt schließlich zum festgelegten Zeitpunkt des Todes den Faden mit ihrer Schere ab. Sobald das Schicksal eines Menschen gewoben war, war es unwiderruflich und unabänderlich. Die Dauer des Lebens und der Zeitpunkt des Todes waren Teil des Musters, das die Schicksalsgöttinnen entwarfen. Selbst Zeus, der höchste Himmelsgott, mußte sich ihrem Beschluß beugen.

Die Schicksalsgöttinnen in ihrer Dreifaltigkeit waren älter als die Zeit. In Athen wurde die archaische große Liebesgöttin Aphrodite die älteste der Moiren genannt. Robert von Ranke-Graves weist darauf hin, daß Aphrodite Urania die Nymphengöttin war, der in alten Zeiten zur Sommersonnenwende der heilige König geopfert wurde. In griechischen Trauergesängen, den sogenannten *Moirologhia*, Anrufungen der Schicksalsgöttinnen, wurden die Toten Aphrodites Obhut anvertraut.

In späteren Dichtungen wurden die Moiren als strenge, unerbittliche Frauen beschrieben, alt und gräßlich, dunkel gewandet und manchmal neben dem Schemel des Hades sitzend. Frühere Bilder jedoch zeigen sie in den himmlischen Gefilden wohnend; sie sind in sternübersäten Roben gekleidet, tragen Kronen auf den Häuptern und sitzen auf hell strahlenden Thronen. In den Gesängen des Orpheus tragen die Moiren weiße Gewänder und wohnen in einer Höhle im Himmel an einem Teich, dessen weißes Wasser durch diese Höhle herausströmt. Dieses deutliche Bild des Mondlichts weist auf ihre lunare Natur hin.

Es oblag den Schicksalsgöttinnen, dafür zu sorgen, daß die natürliche Ordnung der Dinge respektiert wurde. Sie wohnten den Versammlungen der Götter bei und besaßen die Gabe der Prophezeiung. In Griechenland und Italien wurden sie mit Honig und Blumen als Opfergaben angebetet, und manchmal wurden ihnen Mutterschafe geopfert. In Rom und Sparta waren ihnen Tempel und Altäre geweiht.

Die Moiren

Die Schicksalsgöttinnen legten den Verlauf der Ereignisse im menschlichen Leben fest. Es heißt, daß sie als die Personifizierung der Vorstellung vom unversöhnlichen Schicksal das ganze Leben eines Menschen überschatteten. Der dunklen Phase des Mondes gleich, die den Übergang zwischen Tod und Geburt bedeutet, wurden die Moiren in ihrer Dreifaltigkeit mit den drei entscheidenden Momenten des Lebens assoziiert – Anfang und Ende, Geburt und Tod, zusammen mit der Heirat als drittes großes Ereignis. In Begleitung der Ililthyia, der Göttin der Geburt, besuchten sie die Krippen jedes Neugeborenen, um das Schicksal des Kindes zu bestimmen und ihm seinen Anteil an Gut und Böse zuzumessen. Im Volkstum und in Märchen wird erzählt, daß den guten Feen Opfergaben zugunsten des Kindes dargebracht wurden. Wenn jemand heiratete, mußten die drei Schicksalsgöttinnen angerufen werden, damit die Ehe glücklich werde. Rückte das Lebensende heran, beeilten sich die Moiren, den Faden des Lebens abzuschneiden.

Ein Mensch, der sein Schicksal herauszufordern versuchte, wurde dafür bestraft, denn durch dieses Tun überschritt er die von den Moiren gesetzten Grenzen. Wenn jemand das Schicksal verspottete oder Hybris (Anmaßung und Hochmut im Angesicht der Götter) beging, erregte das den rechtschaffenden Zorn der Nemesis, deren Bestrafung exakt der Natur des Verbrechens entsprach. Eine der wenigen Ausnahmen war, als Apollon, ein jüngerer Gott, die Moiren betrunken machte, um das Leben seines Freundes Admetos zu retten. Aber meist heißt es, daß selbst Zeus eine heilige Scheu vor den Schicksalsgöttinnen hatte, die sich oft über seinen Willen hinwegsetzten. Er war machtlos, sie aufzuhalten, und mußte sich ihren Entscheidungen beugen.

Die Macht der Moiren reicht bis in eine Zeit vor Zeus zurück. Sie rührt von ihrer uralten Existenz als Teil ebender Ordnung des Universums selbst her. Spätere Dichter nannten Zeus den Herrn der Schicksalsgöttinnen, als er die oberste Herrschaft und das Vorrecht, das Leben eines Menschen zu messen, übernahm. Er unterrichtete die Schicksalsgöttinnen über seine Entscheidung und konnte diejenigen, die ihm gefielen, retten. Damit Zeus die Macht der Schicksalsgöttinnen an sich reißen konnte, wurden die Moiren zu seinen Töchtern aus der Verbindung mit Themis, die das Prinzip von Gesetz, Ordnung und Gerechtigkeit in der Welt verkörperte. In anderen Versionen der Mythen segnen die Moiren als Brautjungfern die Hochzeit des Zeus und der Themis.

In vielen verschiedenen Kulturen existierte die Vorstellung, daß das Leben ein mystischer Faden ist, der von drei Göttinnen, den Weberinnen des Schicksals, gesponnen wird. In der angelsächsischen Literatur wird das Schicksal gewebt. Im Lateinischen meint *destinatio* (Schicksal) etwas Gewebtes und mit Schnur und Faden Befestigtes; das Schicksal wird dann »zwangsläufig« geschehen, so wie die Zaubersprüche der Feen bindend waren. Das dreigestaltige Schicksal spiegelt die Dreifaltigkeit der Jungfrau, Mutter und Greisin wider, die über Vergangenheit, Gegenwart und Zukunft herrschen und die Große Göttin in ihren Aspekten als Schöpferin, Erhalterin und Zerstörerin versinnbildlichen.

Die Farben der Schicksalsgöttinnen waren Weiß, Rot und Schwarz. Die indischen Mystiker bezeichneten die Fäden des Lebens als *gunas* oder Stränge. Das reine Weiß der Jungfrau war *sattva,* das Tiefrot der Mutter *rajas* und das Todesschwarz der Greisin *tamas.* Diese Farben symbolisierten das Fortschreiten des Lebens in der Natur vom Licht zur Dunkelheit.

Die griechische Moira entsprach der römischen Fortuna, den altnordischen Nornen, der angelsächsischen Wyrd und der keltischen Morrigan. In Rom herrschte die Göttin Fortuna über das Schicksal eines jeden Menschen, und ihr magisches Zeitrad bestimmte die günstigen Tage. Dieses sank später zu dem Glücksrad auf Volksfesten herab, und sie wurde von Spielern als »Dame Glück« angerufen. In der altnordischen Religion waren die Schicksalsgöttinnen als die Nornen (Urd, Verdandi und Skuld) bekannt. Diese drei Schwestern saßen am Fuß des Weltenbaums und herrschten über alles Leben. Sie waren von allen Gottheiten am mächtigsten, und nicht einmal die Götter konnten rückgängig machen, was sie getan hatten, oder tun, was diese nicht wünschten.

Die Weird Sisters (Unheilsschwestern) sind die drei Hexen in Shakespeares *Macbeth,* die über dem Kessel singen. Sie sind direkte Nachkommen der angelsächsischen Schicksalsgöttin Wyrd, deren Wort unveränderliches Gesetz war. Im Mittelalter wurden die Wyrd Sisters oder drei Feen in das Haus eines Neugeborenen eingeladen, um dem Kind ein günstiges Schicksal zu bescheiden. Ihnen wurde ein Festmahl dargebracht, und zu diesem Anlaß wurden drei Messer aufgelegt. Im Märchen von Dornröschen belegt die dritte Fee (oder in einigen Versionen die 13.), die nicht zum Fest eingeladen wurde, die junge Prinzessin mit einem Fluch, daß sie sich an der Spindel (der Schicksalsgöttinnen) stechen und daraufhin das Königreich in tiefen Schlaf fallen werde. Die keltische Morrigan (Ana, Babd und Macha) war als Mutter Tod bekannt, und ihre abgeleitete Form Morgan Le Fay oder Fata Morgana vermochte jeden Menschen mit dem Todesfluch zu belegen.

Schicksal, das Unbewußte und Karma Wir werden in den Zeiten unseres Lebens, die vom Dunklen Mond beherrscht werden, wenn es den Anschein hat, als ob unsere vertraute Sicherheit zerstört wird, oft von Gefühlen der Hilflosigkeit überwältigt. Wir sind unfähig zu verstehen, warum uns solche schrecklichen Dinge zustoßen. Es beunruhigt uns, daß unser Leben von einem tragischen Schicksal geprägt sein könnte. Diese Vorstellung vom Schicksal – daß das Leben eines jeden Menschen von Kräften, die sich seiner Kontrolle entziehen, vorherbestimmt oder festgelegt wird – ist so alt wie die Menschheit selbst. Gleich nach dieser ewigen Frage kommt das Thema des freien Willens auf. Haben wir irgendeinen Einfluß auf unsere Bestimmung? Die Lösung dieser Frage ist keine Entweder/Oder-Antwort, sondern die Erkenntnis, daß wir in jedem Augenblick dem Schicksal unterworfen sind und uns zugleich der freie Wille angeboten wird.

Die das Schicksal bestimmenden Moiren sind keine äußere Kraft, getrennt von uns und mächtiger als wir; vielmehr wohnen diese drei Schwestern, die unser Schicksal spinnen und unser Los verkörpern, in den dunklen unbewußten Sphären unserer Psyche. Wie das Schattenselbst, wenn es abgelehnt und geleugnet wird, können die Moiren sich plötzlich als die Umstände unseres tragischen Unglücks manifestieren, wenn wir sie verbannen und mißachten.

Es ist wichtig sich daran zu erinnern, daß in den Mythen die drei Schwestern jedem neugeborenen Kind sowohl Gutes als auch Böses zuteilen. Wenn wir das Gefühl haben, daß in unserer Seele positive Strömungen wirken, werden unsere inneren Moiren uns wohlgesinnt sein. Dadurch können enorme positive Kräfte freigesetzt werden, und uns erschließen sich Reserven an Lebensenergie. Aber wenn wir am Ende glauben, daß unsere Moiren uns eine tragische oder leere Zukunft gewoben haben, werden wir niedergeschlagen sein und uns der Lebensenergie beraubt fühlen.

In diesen Zeiten werden die dunklen Aspekte unserer Persönlichkeit als Wut und Verzweiflung über unsere Situation wachgerufen, die wir, ohne daß ein Grund oder eine Ursache ersichtlich sind, als ungerecht empfinden. Doch das Muster unseres Schicksals wird uns nicht von einer äußeren Macht auferlegt, sondern rührt von den Tiefen unserer Seelen her.

Liz Greene setzt die drei Schicksalsgöttinnen mit der Tarot-Karte »Rad des Schicksals« gleich. »Auf der inneren Ebene versinnbildlichen die drei Moirai, die das Rad des Schicksals halten, das tiefe und geheimnisvolle Gesetz, das im Menschen wirksam ist. Wir können es nicht sehen und erkennen, doch scheint es wirkliche Schicksalswendungen herbeizuführen, die uns aus unserer bisherigen Lebensbahn werfen.«

Was ist das für ein geheimnisvolles Gesetz, das älter als die Zeit selbst ist, mit dessen Ausführung und Erhalt die Schicksalsgöttinnen betraut sind? Heute lehnen die meisten von uns ein fatalistisches Modell des Universums ab, weil die Vorstellung, daß unser Leben ganz und gar von einer unsichtbaren, unpersönlichen und willkürlichen Kraft vorherbestimmt wird, ein erschreckender Gedanke ist. Sie macht jede Möglichkeit zunichte, daß wir davon träumen und willensmäßig danach streben können, den Lauf unseres Lebens zu gestalten. Diese weitverbreitete Schicksalsvorstellung macht uns machtlos und hilflos.

Doch die zu Beginn der Schöpfung geborenen Schicksalsgöttinnen flochten die Stränge, die die Verbindung der Menschheit zur natürlichen Ordnung des Universums selbst aufrechterhielten. Für den griechischen Dichter Hesiod war das Schicksal die Hüterin der Gerechtigkeit und des Naturgesetzes. Die Moiren, die sowohl bei der Geburt als auch beim Tod eines Menschen zugegen waren, drehten das Rad des Schicksals, das gleichfalls das Rad der Zeit ist. Im zyklischen Prozeß ist das Ende des alten Zyklus nicht nur das Fundament, sondern auch der Vorbote des Anfangs des neuen Zyklus. Der Samen keimt, erblüht und wird wieder zum Samen, nur um aufs neue zu keimen. Der Samen, aus dem die neue Pflanze hervorgeht, enthält die Essenz seines Vorgängers.

Irgendwann in der Folge unserer Leben bringen wir die Ernte aller Samen ein, die wir vorher ausgesät haben. Darauf baut das Gesetz des Karma auf, das eine Beziehung von Ursache und Wirkung zwischen unseren früheren Taten und gegenwärtigen Umständen postuliert. Karma ist die Frucht unserer Samen oder das Ergebnis unserer Taten, sowohl in positivem als auch in negativem Sinne. Karma wird oft mit der Vorstellung von der Reinkarnation in Zusammenhang gebracht, bei der davon ausgegangen wird, daß wir nicht ein Leben haben, sondern viele, die hier auf Erden unmittelbar aufeinander folgen. Diese beiden zusammenwirkenden Prinzipien implizieren, daß wir die ganzen unzähligen Leben hindurch die Ergebnisse all unserer Taten ernten. Die Bibel faßt die östliche Lehre vom Karma in dem Vers »Denn was der Mensch sät, das wird er ernten« (Galater 6, 7) zusammen.

Von diesem Standpunkt aus ist das Schicksal die zwangsläufige Entwicklung unseres Karma. Alles, was uns bis zum ewig gegenwärtigen Jetzt widerfährt, wird durch die individuellen und kollektiven Taten und Gedanken in der Vergangenheit vorherbestimmt. Das ist unser Schicksal. Es wird uns nicht von außen auferlegt, sondern ist das Ergebnis unserer inneren Schöpfung. Die Möglichkeit des freien Willens besteht in Hinblick darauf, wie wir auf unser Schicksal reagieren. Die Absichten und Motivationen, die unseren Entscheidungen zugrunde liegen, und die Handlungen, die wir in der Gegenwart unternehmen, bestimmen unser Schicksal. Unser freier Wille existiert als die Wahl und Gelegenheit, die Zukunft entsprechend unserer Stufe der Weisheit und des Mitgefühls zu erschaffen.

Die Moiren wirken von der unbewußten Ebene unseres Seins aus. Aufgrund unserer begrenzten Sicht sind wir oft unfähig, voll und ganz die Auswirkungen dessen zu erkennen, wie oder sogar wann unsere Anfänge einen Prozeß in Gang setzen, der zu einem unausweichlichen Ende führt. Durch unsere früheren Taten spinnen wir die Fäden unseres Schicksals. Durch die Art und Weise, wie wir auf die Unvermeidlichkeit unserer gegenwärtigen Umstände reagieren und handeln, weben wir das Muster unseres künftigen Loses.

Die Moiren in uns sind die »Gesetzeshüterinnen«, die dem unsichtbaren, geheimnisvoll geordneten Funktionieren des Kosmos vorstehen. Sie führen uns durch unseren Schmerz und unser Leiden hindurch in Richtung Wandel, Erneuerung und Einstimmung eines Lebens in Harmonie mit der Weltseele. Indem wir die Töchter der Nacht als die eigenen dunklen, unbewußten Kräfte ehren und hochachten, können wir unseren Frieden mit den Schicksalsgöttinnen schließen.

Die Moiren schließen sich der Reihe der Göttinnen der Nacht, Nyx, Nemesis, den Erinnyen, den Hesperiden, an. Diese Schwestern lehren uns, daß es einzig und allein unsere früheren Handlungen sind, die die eigentliche Ursache für unser Verhängnis oder Pech und unser Glück sind. Überdies sind wir es, die durch unsere gegenwärtigen Taten und Haltungen unser künftiges Los bestimmen und erschaffen.

Hekate, die Königin der Nacht

Die Königin der Nacht, Hekate mit den drei Gesichtern, ist eines der ältesten Bilder aus der vorgriechischen Mythologie und eine ursprüngliche Verkörperung der großen Dreifaltigen Göttin. Sie wird am häufigsten mit dem Dunklen Mond in Zu-

Hekate

sammenhang gebracht und herrscht über Magie, Ritual, prophetische Vision, Geburt, Tod, die Unterwelt und die Geheimnisse der Erneuerung. Diese Mondgöttin, auch »Herrin der Kreuzwege« genannt, haust in Höhlen, geht nachts auf den Straßen und Wegen, gibt sich auf dem unendlichen Meer der körperlichen Liebe hin und ist die Kraft, die den Mond bewegt.

Genealogie Hekate ist eine Urfigur in der ältesten Schicht unseres Unbewußten. Ihr Stammbaum führt uns zurück zum Anfang der Dinge, wo sie als eine Tochter der Nyx, der Greisin Nacht, geboren wurde. Auf der inneren Ebene ist Hekate eine Wächterfigur der geheimnisvollen Tiefen unseres Unbewußten, das Zugang zur kollektiven Erinnerung an die Urleere und herumwirbelnden Kräfte zu Beginn der Schöpfung hat.

Hekate leitet sich möglicherweise ursprünglich von Heket, der ägyptischen Göttin der Geburtshelferinnen, ab, die sich wiederum aus der Heq oder Stammesmatriarchin des vordynastischen Ägyptens entwickelte. In Griechenland war Hekate eine vorolympische Göttin, deren geographischer Ursprung in Thrakien, im Nordosten des Landes, liegt, was sie mit der Göttinnenanbetung des alten Mitteleuropas und Kleinasiens im 3. und 4. Jahrtausend in Verbindung bringt. Im Gegensatz zu vielen anderen Urgottheiten wurde Hekate in den klassischen griechischen Pantheon aufgenommen.

Hesiod gibt uns in der *Theogonie* den folgenden Bericht über ihre Herkunft. Das Titanenpaar Phoibe und Koios hatte zwei Töchter: Leto, die Mutter des Apollon und der Artemis, und Asteria, eine Sterngöttin. Asteria heiratete Perses, die beide helles Licht versinnbildlichen, und gebar Hekate, »die Allerlieblichste«, eine Bezeichnung für den Mond. Hekate ist folglich eine Cousine der Artemis, mit der sie oft assoziiert wird, und eine Wiederholung der großen Göttin Phoibe, mit deren Namen die Dichter den Mond bezeichneten. Hekate wird als fackeltragende Mondgöttin dargestellt, und ihr Haupt wird von einem leuchtenden Kopfschmuck aus Sternen gekrönt, die den Weg in die Dunkelheit der unermeßlichen Vergangenheit unserer Ursprünge und in die Tiefen unseres inneren Seins erhellen.

Die olympischen Griechen hatten alle Mühe, sie in der Anordnung ihrer Götter unterzubringen. Die Titanen, mit denen Hekate assoziiert wurde, waren die vorolympischen Gottheiten, die Zeus entmachtet und herabgesetzt hatte. Aber die neuen Eroberer beugten sich Hekates ehrwürdigem Alter, indem sie ihr allein eine mit Zeus geteilte Macht nicht streitig machten – die Macht, der Menschheit zu gewähren oder vorzuenthalten, was auch immer sie wollte. Obgleich sie sich niemals der olympischen Gemeinschaft anschloß, ehrte Zeus sie über alle anderen Gottheiten dadurch, daß er ihr einen besonderen Platz einräumte und ihr die Herrschaft über Himmel, Erde und Unterwelt übertrug. Hesiod zufolge wurde sie zu einer Spenderin von Reichtum und allen Segnungen des alltäglichen Lebens, und in der Welt der Sterblichen unterstanden ihr die drei großen Mysterien der Geburt, des Lebens und des Todes.

In späteren Überlieferungen wird Hekate zur Tochter von Zeus und Hera, und ihre Macht über die Unterwelt und den abnehmenden Dunkelmond wird eingeschränkt. Mit der folgenden Geschichte versuchte man ihren Abstieg in die Unterwelt zu erklären: Hekate zog sich den Zorn ihrer Mutter Hera zu, weil sie ihr einen Topf mit Schminke gestohlen hatte, den sie der Europa, einer Geliebten des Zeus, schenkte. Daraufhin flüchtete sie auf die Erde und versteckte sich im Haus einer Frau, die gerade ein Kind zur Welt gebracht hatte. Obwohl Hekate eine Schutzherrin der Hebammen war, galt man zu dieser Zeit durch die Berührung mit einer Geburt als unrein. Um sich von ihrem Makel reinzuwaschen, tauchten die Kabiren sie in den Acheron ein, einen Fluß der Unterwelt, in der sie dann blieb.

Als Prytania, die Unbezwingbare Königin der Toten, wurde Hekate eine Wärterin und Beförderin der Seelen durch die Unterwelt. Als Göttin der Magie und der Verzauberung schickte sie den Menschen prophetische oder dämonische Träume. Man spürte ihre Gegenwart an Gräbern und Schauplätzen von Morden, wo sie der Reinigung und Sühne vorstand. Wie ihre indische Namensschwester Kali führte Hekate in ihrer Funktion als Bestattungspriesterin ihre Riten in Leichenhäusern oder an Grabstätten durch und half, die Seelen der jüngst Verstorbenen zu befreien.

Weil ihre Natur ursprünglich die einer geheimnisvollen Gottheit war, wurden später ihre düsteren und erschreckenden Eigenschaften stärker hervorgekehrt. Die Hellenen hoben Hekates zerstörerische Kräfte auf Kosten ihrer schöpferischen Macht hervor, bis sie schließlich nur noch als Göttin der Unterwelt in heimlichen Riten der Schwarzen Magie in der Dunkelheit der Nacht angerufen wurde, vornehmlich an Orten, wo drei Wege zusammenliefen.

Hekates charakteristisches Merkmal der Prophezeiung überlebte in Norwegen und Schweden in Gestalt der alten, mit Kapuzen bekleideten weisen »Unterhaltungsfrauen«, die durch die Lande zogen und die Zukunft vorhersagten. Sie wurden willkommen geheißen, mit Speisen und Getränken versorgt und mit Geschenken bedacht. Aber mit der Einführung der patriarchalen Herrschaft verloren die Göttinnen an Einfluß und Macht. Die medialen Fähigkeiten der weisen Greisin wurden unterdrückt und tauchten später als die verzerrten und entstellten Projektionen des Patriarchats wieder auf, die nun als gefährliche Hexerei und Zauberei verstanden wurden.

Im Mittelalter, als in der patriarchalen dualistischen Weltsicht die menschliche Seele als das Schlachtfeld für die widerstreitenden Kräfte von Gut und Böse verstanden wurde, verteufelten die katholischen Autoritäten Hekate besonders. Die Kirche projizierte ihre inneren Ängste und spirituellen Unsicherheiten auf sie und entstellte ihre Figur zu der häßlichen alten Königin der Hexen. Man machte nun Hekate dafür verantwortlich, die heidnische ländliche Bevölkerung zu angeblichen Akten der unheimlichen Sünde, des unsäglichen Greuels und verabscheuungswürdigen Riten aufzuwiegeln, während diese lediglich ihre uralten Fruchtbarkeits- und Volksbräuche praktizierte. Die Menschen, die der Kirche am gefährlichsten waren, waren genau diejenigen, die Hekate beschirmte: Hebammen, Heilerinnen und Seherinnen. Unter der Anklage, von bösen Geistern wie zum Beispiel Hekate besessen zu sein, wurden neun Millionen Frauen als Hexen verbrannt.

Hekates dreifaltige Natur Hekate zählt zu den ältesten Verkörperungen der Großen Dreifaltigen Göttin, bekannt als Hekate Triformis, die ihre dreifache Herrschaft über viele Reiche zum Ausdruck brachte. Porphyrios schrieb: »Der Mond ist Hekate … ihre Macht zeigt sich in drei Formen.« Statuen von dieser Göttin zeigen sie oft als dreifache Frauengestalt, mit einer Mauerkrone als Kopfschmuck oder mit drei Köpfen. Ihre drei Gesichter spiegeln die dreifache Ausdehnung ihrer Macht im Himmel, auf Erden und in der Unterwelt wider. Hier, im Reich der Natur wurde sie als Selene, der Mond am Himmel, als Artemis, die Jägerin auf Erden, und als Hekate, die Zerstörerin in der Unterwelt, verehrt. In dieser dreigestaltigen Form hatte sie die Kontrolle über Geburt, Leben und Tod inne.

Als die Essenz des Mondes stand Hekate ebenfalls den drei Mondphasen vor: im Gewand der Artemis, dem zunehmenden Neumond, der Selene, dem strahlenden Vollmond, und der Hekate, dem abnehmenden Mond. Artemis/Diana versinnbildlichte die mondhelle Pracht der Nacht, während Hekate als Herrin der Macht des Dunkelmondes ihre Dunkelheit und Schrecken verkörperte.

Die neue, volle und dunkle Phase der Dreifaltigen Mondgöttin spiegelten außerdem die drei Lebensabschnitte einer Frau als Artemis, die Jungfrau, Persephone, die Nymphe, und Hekate, die Greisin, beziehungsweise als Persephone, die Tochter, Demeter, die Mutter, und Hekate, die Großmutter, wider. Ferner war sie Teil der dreifaltigen Himmelskönigin, die im Hinblick auf die drei Stufen der ehelichen Beziehung einer Frau Hebe, das Mädchen, Hera, die Gemahlin, und Hekate, die Witwe, umfaßt.

Hekate wurde als Göttin der Fruchtbarkeit angebetet, und ihre Fackel, die die fruchtbar machende Kraft des Mondlichts symbolisierte, wurde über die frischgesäten Felder getragen. In den Ackerbau-Mysterien der Frauen nahm ihre Trinität als Kore, das grüne Getreide, Persephone, die reife Ähre, und Hekate, das geerntete Korn, Gestalt an.

Hekate spielte auch eine Schlüsselrolle bei der Wiedervereinigung von Mutter und Tochter in der Geschichte von Persephones Entführung durch Hades in die Unterwelt und ihrer regelmäßigen Rückkehr zu ihrer Mutter Demeter. Dieser Mythos bildete die Grundlage für die Eleusinischen Initiationsriten von Geburt, Tod und Wiedergeburt, die von den Mysterien des vegetativen Zyklus ausgingen. Demeter war ein Ausdruck der Kraft, die das Pflanzenwachstum über dem Boden erhält, während Hekate als Hüterin der Unterwelt die Lebenskraft der Pflanzen von unten nach oben drückt und den Lebenden den Reichtum der Erde, das Getreide, sendet. Persephone nimmt hierbei eine Vermittlerrolle zwischen der lichten Oberwelt und der dunklen Unterwelt ein.

Alle wilden Tiere waren der Hekate heilig, und zuweilen wurde sie mit drei Tierköpfen dargestellt – dem eines Hundes, einer Schlange und eines Löwen oder auch dem eines Hundes, eines Pferdes und eines Bären. Dieser Aspekt weist auf ihre Herrschaft über das alte dreiteilige Jahr hin, das aus Frühling, Sommer und Winter bestand. Ihr Haupttier und wichtigster Vertrauter aber war der Hund. Sie wurde mit dem dreiköpfigen Hund Zerberus in Verbindung gebracht, der seinen Ursprung in Sirius, dem Hundsstern, hat, dessen spiralförmiger Anstieg die alljährliche Überschwemmung des Nils vorhersagte.

In späteren Zeiten wurde die Dreifaltige Hekate als eine Säule, das sogenannte Hekaterion, dargestellt. Eine solche Statue zeigt sie mit drei Köpfen und sechs Armen, und in den Händen trägt sie drei Fackeln und drei heilige Embleme: Schlüssel, Seil und Dolch. Mit ihrem Schlüssel zur Unterwelt erschließt Hekate die Geheimnisse der okkulten Mysterien und des Wissens über das Leben nach dem Tod. Das Seil, das ebenfalls eine Peitsche oder ein Band ist, symbolisiert die Nabelschnur der Wiedergeburt und Erneuerung. Der Dolch, später das Athame der Hexen, ist mit dem gekrümmten Messer verwandt. Er durchschneidet Illusionen und versinnbildlicht rituelle Macht.

Hekate, als die »Ferne« angerufen, war die Beschützerin entlegener Plätze, von Haupt- und Nebenstraßen. In der Nacht, besonders bei Dunkelmond, konnte man Hekate sehen, die, mit lodernden Fackeln in der Hand und von ihren heulenden Hunden begleitet, durch die Straßen des alten Griechenlands zog. Als Dreifaltige Hekate der Kreuzwege war sie besonders dort präsent, wo drei Straßen zu einem der Eingänge zur Unterwelt zusammenliefen. In Griechenland war die Gorgo als Artemis-Hekate ebenfalls die Herrin des Nachtweges, des Schicksals und der Totenwelt.

Ihre Anhänger hielten die Stätten ihrer Anbetung heilig, indem sie dort die dreigestaltigen Hekateia errichteten. Mitten in der Nacht oder an den Vorabenden des Vollmondes ließen sie als Opfergaben rituelle Speisen, »Hekates Abendessen«, zurück. Auf diese Weise gedachten sie ihrer auch an ihren Festtagen, in Riten der Wahrsagerei und Magie oder bei Rücksprachen mit den Toten. So wurde die dreifaltige Göttin an Plätzen geehrt, an denen man drei Wege gleichzeitig überschauen konnte.

Hekates Gefährten Zu Hekates Gefährten gehörten die Hunde, die Erinnyen, Hermes und ihre Priesterinnen Circe und Medea.

Hekate war eng mit dem Hund verbunden, ihrem heiligen Tier, das ihr als Opfer dargebracht wurde. Manchmal wurde sie als »schwarze Hündin« angeredet. Die Farbe Schwarz verwies auf ihren chthonischen Charakter. Oft wurde sie von einem Rudel bellender schwarzer Jagdhunde oder dem dreiköpfigen Hund Zerberus begleitet. Zerberus, der das Tor der Unterwelt bewacht, ist mit dem ägyptischen hundeköpfigen Gott Anubis verwandt, der die Seelen in die Unterwelt führt. Das nächtliche Auftauchen heulender schwarzer Hunde bedeutete Hekates Anwesenheit, und das Gebell der Hunde kündigte ihr Kommen an.

In vergangenen Zeiten war Hekate selbst der Hund des Mondes. In Kolophon und Samothrake, wo es hieß, daß diese Göttin sich in einen Hund verwandeln könne, wurden ihr Hunde geopfert. Der Hund verkörpert die Todesgöttin, denn er wird seit langem mit der Überführung der Toten in die Unterwelt assoziiert. Da Geister und Erscheinungen von der astralen Ebene Hunden sichtbar zu sein scheinen, soll ein den Mond anheulender Hund ein Vorbote des Todes sein. Hekate und ihre Hunde ziehen über die Gräber auf der Suche nach den Seelen der Verschiedenen, um sie in den Schutz der Unterwelt zu bringen.

Zuweilen befanden sich in Hekates Gesellschaft auch ihre Schwestern von Mutter Nacht, die Erinnyen, Geister der rächenden Gerechtigkeit. Ebenfalls als die Furien bekannt, verfolgten und bestraften diese drei Göttinnen solche, die das Tabu der Beleidigung, des Ungehorsams oder der Gewalt gegen eine Mutter verletzt hatten.

Die *Hermen*, die dem Gott Hermes geweihten Steinsäulen, standen an den wichtigsten Straßenkreuzungen zusammen mit den Hekatestatuen, die mit Abbildern der Göttin versehen waren. Hermes und Hekate waren als Gefährten und in einigen Überlieferungen als Liebespaar miteinander verbunden, aus deren Beziehung ihre Tochter Circe hervorging. Hermes, dem Führer der Seelen in die Unterwelt, wurde zugeschrieben, Hekates Kunst der Wahrsagerei in den späteren hellenischen Zeitaltern weitergegeben zu haben.

Circe und Medea sind in einigen Genealogien Hekates Töchter, während anderen zufolge Circe Medeas Tante ist. Hekate unterwies Circe und Medea in den Künsten der Magie und Weissagung. Als Hekates Priesterinnen hatte man heilige Scheu und Angst vor ihnen, denn sie waren mächtige Zauberinnen, gut bewandert in den Eigenschaften von Zauberkräutern, Zauberformeln, der Hexenkunst und den Methoden des Gestaltwandels, Kenntnisse, die sie zu guten und zerstörerischen

Zwecken einsetzten. Als Jason versprach, Medea zu heiraten, stand er vor dem Altar der Hekate und rief die Göttin an, seinen Schwur zu bezeugen. Die Rache, die Medea später an Jason für seinen Verrat übte, ist im Zusammenhang mit ihrer Verwandtschaft mit Hekate und den Erinnyen zu sehen.

Hekates Gaben: Vision, Magie und Erneuerung Hekate ist das Potential jeder Frau als Hexe, Seherin, Medium und Heilerin, das direkt mit den eingeschlossenen Energien der Menstruation in Verbindung gebracht werden kann, und der Kontakt jedes Mannes mit dieser Energie, reflektiert als seine Anima. Hekate ist die archetypische Schamanin, da sie sich fließend und mühelos zwischen den Welten bewegt. Sie überbrückt die sichtbaren und unsichtbaren Wirklichkeiten auf der Suche nach Einsichten in die magischen Reiche zu dem elementaren Zweck, Heilung und Erneuerung zu bewirken.

Vision. Hekate kannte sich in den Künsten des Wahr- und Voraussagens der Zukunft aus. Da sie drei Wege zugleich überblickt, ermöglicht Hekate uns eine erweiterte Sicht, so daß wir erleuchtet in der Gegenwart stehen und zugleich Warnungen oder Hoffnungen auf die Zukunft vom Großen Oben sehen oder die Vergangenheit vom Großen Unten zurückrufen können. Sie schenkt uns Träume und prophetische Visionen, flüstert uns Geheimnisse ins innere Ohr und befähigt uns, mit den Geistern der Toten und Ungeborenen zu kommunizieren. Hekate läßt die Fähigkeit der Kommunikation mit den Ahnen in der psychischen Welt zuteil werden.

Ein Instrument, »Hekates Kreis« genannt, wurde zur Divination verwendet. Eine goldene Kugel mit einem Saphir in der Mitte wurde an einem Riemen aus Ochsenhaut herumgewirbelt, um künftige Dinge zu offenbaren.

Hekate schenkte nicht nur Visionen, sondern sie konnte auch die Menschen mit Wahnsinn schlagen. Als Antea, die Botin nächtlicher Visionen, hatte sie einen Sohn namens Museos – der Musen-Mann. Das Verständnis, das diese Göttin des Dunkelmondes bringt, ist kein rationales Denken, sondern gleicht vielmehr dem strahlend leuchtenden Licht, das die inspirierten Visionen der Künstler, Träumer und Seher erzeugt. Jedoch kann ihr Licht mehr Einsicht bringen, als ein Mensch zu ertragen vermag, was zu Chaos führt und die Illusionen des menschlichen Geistes zerschlägt. Es heißt, daß Hekate Dämonen auf die Erde schicken konnte, die Männer in ihren Träumen heimsuchten. Wie Halluzinogene beim unterentwickelten Geist kann Hekate sowohl vergiften als auch berauschen und ekstatische Inspirationen in Wahnsinn umschlagen lassen.

Hekate war außerdem für den Zustand des Wahnsinns (englisch *lunacy*) verantwortlich, der gewöhnlich auf einen besonderen Einfluß des Mondes zurückgeführt wird. Heutzutage ist der Begriff »wahnsinnig« mit negativen Begleitvorstellungen besetzt, die eine wildgewordene, verrückte Person implizieren, was jedoch nicht immer der Fall war. Wenn jemand verrückt beziehungsweise mondsüchtig war, ein von Hekate verursachter Zustand, trug der Schleier der Verwirrung, der die betreffende Person einhüllte, oft einen klaren Strom göttlichen Wahnsinns mit sich. In den Initiationstraditionen vieler primitiver Kulturen wurde eine Eigenschaft, die in modernen Zeiten offenbar als Geistesstörung definiert wird, von Aspiranten besonders kultiviert. Dieser vorübergehende Zustand des Wahnsinns sollte, so glaubte man, die Übermittlung der Vision, der prophetischen Einsicht oder das zu vollziehende magische Werk unterstützen.

Magie. Als Königin der Geister, Mutter der Hexen und Herrin der Magie wurde Hekate in vielen mitternächtlichen Ritualen angerufen. Ihre Anbeter und Anbeterinnen versammelten sich in ihren Häusern, um Hekates Abendessen einzunehmen. Die Reste deponierten sie als Opfergaben für diese Göttin und ihre Jagdhunde im Freien. Diese Zeremonie war eine Form der rituellen Reinigung.

Denjenigen, die sie aufrichtig anbeteten, verlieh Hekate ihr magisches Wissen, das mit »Liebe, Metamorphose und *pharmaka*« verbunden war. Sie besaß die Schlüssel zu den Wirkungsweisen von Zaubersprüchen, Talismanen, Amuletten und der medizinischen Anwendung starker heilsamer und zerstörerischer Substanzen. Man glaubte, daß die Magie nur zuverlässig wirken könne, wenn man mit der dunklen Seite der Mondgöttin in Berührung stand, und ihre Priesterinnen gaben vor, den Mond durch ihre magischen Sprüche herunterziehen zu können.

Hekates Name war eine weibliche Form eines Beinamens ihres Cousins Apollon, »der Ferntreffende«. Magie wirkt im wesentlichen aus der Ferne. Ein anderer Titel der Hekate war die »Ferne«, und ihre Magie war dafür bekannt, fernreisend und fern vom Ausgangspunkt zielsicher zu sein.

Griechische Frauen riefen Hekate an, um ihre Familien vor ihren Heerscharen von Toten zu beschützen. Man glaubte, daß diese Göttin nach Belieben die Geisterhorden vor den Lebenden zurückhalten könne, und darum wurde zur Abwehr von Unheil ein Abbild von ihr an den Häusern angebracht. Auf diese Weise wurde umherziehenden Geistern zu verstehen gegeben, daß in dem gekennzeichneten Haus Freunde ihrer Königin leben und die Bewohner nicht von unheimlichen Geräuschen oder Erscheinungen gestört werden dürfen.

Alljährlich wurde am 13. August ein großes Fest zu Ehren Hekates als Göttin der Stürme und der Fruchtbarkeit gefeiert. Sie wurde angerufen, um Stürme abzuwehren, die die kommende Ernte beschädigen könnten. Mysterienriten in ihrem Namen wurden außerdem jedes Jahr auf der Insel Aigina im Saronischen Golf begangen. Ein anderer heiliger Tag der Hekate in der keltischen Tradition war Hallowmas oder Halloween (der Abend vor Allerheiligen) am 31. Oktober, wenn der Schleier zwischen der Welt der Lebenden und der Toten am durchsichtigsten ist. Im Süden Italiens am Averner See lag ein düsterer, heiliger Hain der Hekate in der Nähe des Eingangs zu einer tiefen Höhle von Hades' Königreich. Wenn ihre Anhänger sie privat anbeteten, brachten sie ihr Hekates Abendessen dar. Bei öffentlichen Festen jedoch wurden der Königin der Nacht Honig, schwarze Schaflämmer und Hunde geopfert.

Erneuerung. Als Prytania, die Unbezwingbare Königin der Toten, lebte Hekate in der Unterwelt zusammen mit Hades, Persephone und anderen Kindern der greisen Nacht – Thanatos (Tod), Hypnos (Schlaf) und Morpheus (Träume). Als Hüterin des Westlichen Tors, das den Weg in die mythische Dunkelheit der Unterwelt markierte, war Hekate Wächterin und Bringerin der Seelen. Sie regierte die Geister derjenigen, die zur dunklen Erde zurückgekehrt waren. Diese nächtliche Göttin des Mondes kannte sich im Reich der Geister aus und stand in der Unterwelt an der Stelle, an der sich drei Wege kreuzen. Mit einer brennenden Fackel in der Hand geleitete sie die Seelen auf ihren Weg in das ihnen zugewiesene Reich – die Asphodelischen Felder, Tartaros oder die Obstgärten Elysiums.

Weil Hekate in der Unterwelt lebte, hörte sie als einzige Persephones Schreie bei deren Entführung. Im Eleusinischen Mythos war es Hekate, die Demeter nach neun Tagen Persephones Aufenthaltsort mitteilte. Am Ende der Geschichte leuchtet sie Persephone den Weg zurück in die Welt der Lebenden und beschützt sie während ihrer Aufenthalte in der Welt der Toten. Als Königin des Todes herrschte Hekate über die Kräfte der Erneuerung. Sowohl Hekate als auch Persephone standen für die vorhellenische Hoffnung auf Erneuerung, während Hades ein hellenisches Konzept der Unabwendbarkeit des Todes war. Zu Hekate beteten die Alten um Schutz, für ein langes Leben und eine glückliche Wiedergeburt, denn sie war es, die über Geburt und Tod gebot.

In den Legenden wird Hekate als ein »phosphoreszierender Engel« bezeichnet, der in der Dunkelheit der Unterwelt leuchtet. Dieses Phosphoreszieren ist das Leuchten des Todes und der Verwesung. Es ist das hypnotische Licht der Transformation (Trance-Formation), wo sich die innere Natur der Dinge durch die Zersetzung und Erneuerung offenbart. Hekate versinnbildlicht so etwas wie ein unterweltliches Wissen über Zersetzung und Zusammensetzung, das uns gewisse Arten von verheerenden Ereignissen vorhersagen läßt, weil wir mit den Zeichen und Phasen vertraut sind, die dem Zusammenbruch der Form vorausgehen.

Die den Unterweltsgöttinnen geweihten heiligen Haine, von denen viele später zu Kirchhöfen umfunktioniert wurden, bestanden aus Todesbäumen: der Erle, Pappel und Eibe. Die schwarze Pappel und die Eibe waren der Hekate heilig. Wenn Hekate am Tor zwischen Schatten und Licht, Unterwelt und Oberwelt, stand, spiegelten die zweifarbigen Blätter der schwarzen Pappel ihre grenzüberschreitenden Eigenschaften wider. Die zum Himmel gekehrte düstere, dunkelgrüne Oberseite der Blätter bildet einen auffallenden Gegensatz zur hellen, blaßgrünen Unterseite der Blätter, die der Erde zugewandt sind.

Die Eibe gilt als der Hauptbaum des Todes und wird mit Unsterblichkeit assoziiert, weil sie abgesehen von der Eiche länger als jeder andere Baum braucht, um zur Reife zu gelangen. Hekates Kessel enthält »Eibentriebe«, und ihr heiliger Baum soll in den Mündern der Toten wurzeln und ihre Seelen freigeben. Außerdem absorbiert sie die Verwesungsgerüche und die Phosphoreszenz der Leichen.

Hekate ist die Göttin aller kompostierenden Stoffe als ihr Geschenk der Fruchtbarkeit aus der Unterwelt. Von Tod und Zersetzung rührt die fruchtbare Substanz her, die neues Leben gewährleistet und belebt. In ihrer Verkörperung von Alter, Wandel, Verschlechterung, Zerfall und Tod findet sie die Samen für das neue Leben im Komposthaufen der sich zersetzenden Formen.

Wächterin des Unbewußten Die dreigesichtige Hekate steht an den Scheidewegen unseres Unbewußten. Während sie zusieht, wie wir uns nähern, vermag sie sowohl in die Vergangenheit wie in die Zukunft unseres Lebens zu blicken. Wenn Hekate Achtung entgegengebracht wird, schenkt sie die Gaben der Inspiration, Vision, Magie und Erneuerung. Aber wenn wir sie ablehnen und verleugnen, manifestiert sich ihre Schattenseite in Form von Wahnsinn, Apathie und Stagnation. Ihre schöpferische Aktivität findet in der Innenwelt statt. Als Totengöttin des Dunkelmonds repräsentiert sie nicht nur die zerstörerische Seite des Lebens, sondern auch die erforderlichen Kräfte, die Kreativität, Wachstum und Heilung erst möglich machen. Es ist die paradoxe Aufgabe dieser Göttin der mondhellen Scheidewege, die Dunkelheit zu durchdringen.

Als Königin der Unterwelt ist Hekate eine Wächterfigur des Unbewußten. Sie befähigt uns, mit den Geistern zu kommunizieren, und ist folglich Herrin über alles, was in den verborgenen Teilen der Psyche beherbergt ist. Diese Göttin des Dunklen Mondes besitzt den Schlüssel, um die Tür zum Weg nach unten aufzuschließen, und sie trägt die Fackel, mit der sie die Schätze und die Schrecken des Unbewußten beleuchtet. Hekate führt uns durch diese dunkle Geisterwelt, in welcher uns Sinn und Zweck offenbart werden kann. Dann zeigt sie uns den Ausgang, der darin besteht, auf der Woge der Erneuerung zu reiten.

Hekate kann uns zwar mit einer Vision, einer Einsicht oder einer prophetischen Vorhersage inspirieren, aber der Weg zu ihrer Weisheit ist meistens mit einem Abstieg in die Unterwelt unseres Unbewußten verbunden. Wenn Hekate uns zufällig trifft, können wir sie als ein Eintauchen in die Dunkelheit erfahren. Sie ist oft in unserem Nachtschlaf gegenwärtig und läßt ihr Licht schweifen, um unsere Träume zu beleuchten. Sie schwebt auch über uns, wenn wir in langen, schlafähnlichen apathischen Zuständen von Abhängigkeit, Depression oder blockierter kreativer Energie gelähmt sind. In Zeiten drastischer Veränderung, wenn wir dem Verlust und Tod von dem gegenüberstehen, was unserem Leben Struktur und Sinn gegeben hat, ist Hekate zur Stelle. Und wenn wir ihr in den unermeßlichen transpersonalen Reichen des kollektiven Unbewußten begegnen, kann uns ihr Licht Gott/Göttin oder den Teufel zeigen, indem sie uns mit göttlicher Inspiration oder dem Wahnsinn der Täuschung erfüllt. Hekate zeigt uns den Weg, wann immer wir uns im Innern durch spirituelle und psychologische Prozesse durcharbeiten.

Shakespeare bringt in *King Lear* den Traum »den Mysterien der Hekate und der Nacht« als Opfer dar, denn diese Göttin wird seit langem mit der Traumdeutung assoziiert. Der Jungsche Psychologe James Hillman weist darauf hin, daß sowohl die magische Sichtweise, die Träume als Prophezeiungen versteht, als auch die im 19. Jahrhundert herrschende Auffassung, der zufolge Träume Nebenprodukte physiologischer Eindrücke (Müll als Hekates Abendessen) sind, Hekates Einfluß aufzeigen. Die symbolischen Bilder in unseren Träumen sind Hekates Botschaften. Sie zeigen uns auf visuelle Weise das Drama unserer inneren Persönlichkeiten, die im Unbewußten aktiven Themen sowie die Form der Zukunft und die Täuschungen unseres Geistes. In diesem Zusammenhang wurde sie in alten Zeiten als die Nachthexe gefürchtet, die Dämonen aussandte, um den Verstand der Männer zu martern.

Da das Heulen der schwarzen Hunde ihr Kommen als Abgesandte aus der Unterwelt ankündigte, können wir Hekate ebenfalls in Zeiten drastischer Veränderungen begegnen, die unsere bekannte, voraussagbare und sichere Lebensweise auf den Kopf stellen. Während die Göttin der Toten über den Seelen der gerade Verschiedenen schwebt, ergreift sie uns in solchen unerwarteten Momenten, wenn eine alte Lebensstruktur, eine Beziehung oder ein physischer Körper stirbt.

Hekate, eine Urgöttin des Dunklen Mondes, verkörpert den Kreislauf von Tod und Erneuerung. Der Tod konfrontiert uns immer unmittelbar mit unseren Ängsten vor dem Unbekannten, die während dieser kritischen Krisen in unserem Leben ans Tageslicht kommen. Der Prozeß der Erneuerung erfordert Veränderung und die Opferung oder das Loslassen des Alten. Wenn unsere Lebensform zu zerfallen beginnt, fängt das phosphoreszierende Licht der Verwesung zu leuchten an und erhellt die Landschaft unserer inneren Dunkelheit.

Wenn wir nicht mit dem Gelände unseres Unbewußten vertraut sind, kann uns Hekates plötzliches Eindringen in unsere lichterfüllte Welt in die wirbelnden dunklen Wasser stürzen und in Verwirrung untergehen lassen. Weil Hekates Ursprung fast am Anfang der Schöpfung liegt, zieht sie uns über unser persönliches Unbewußtes hinaus in die tieferen Schichten der Urkräfte, die sich im Meer des kollektiven Unbewußten mit seinen Erinnerungen an die gesamte Zeit bewegen.

Diese unermeßliche transpersonale Dimension umfaßt sowohl positive wie negative Energien, die sich unentwegt verändern und sich ineinander- und hin- und herbewegen. Hier können wir leicht unser Gefühl für das eigene Selbst verlieren, das eine Identität, einen Zweck und eine Richtung hat. Weil die Form der Dinge sich in diesen eher ungewissen Reichen ständig wandelt und wir nicht verstehen, was mit uns geschieht, können wir mit Angst und Sorge erfüllt werden und das Gefühl bekommen, verrückt zu werden. Wir haben das Empfinden, daß wir außer Kontrolle geraten, daß uns das doch eigentlich nicht passieren kann, daß alles unwirklich zu sein scheint. Hekate kann durch die Alpträume im Schlaf oder die Halluzinationen und paranoiden Phantasien in Wachträumen zu uns kommen. Ein Abstieg in das, was wie Wahnsinn aussieht, kann oft damit verbunden sein, daß wir versuchen, mit dieser uralten Dreifaltigen Göttin ins reine zu kommen.

Hekate weist außerdem auf das Thema der Inkubation hin, da wir innerhalb des Zyklus der Transformation und Erneuerung notwendigerweise noch tiefer in die Dunkelheit des unbewußten Schlafs hinabsteigen. Schweigen, Stille und Einsamkeit kommen über uns und hüllen uns in einen Kokon des scheinbaren Nichtseins ein. In diesem Raum der Untätigkeit und des Nichtwissens scheint sich nichts zu ereignen. Weil die westliche Kultur Handeln und Produktivität hervorhebt und diese Zeiten des Brachliegens und Wartens auf das Unbekannte entwertet, etikettieren wir Hekates Inkubationszeiten manchmal als Gelähmtsein, Festsitzen, In-der-Luft-Hängen, In-der-Schwebe-Sein, Depression, Verzweiflung, Gefühle des Betäubtseins, der Leere und der Teilnahmslosigkeit.

Diese Zeit umfaßt die formlose Leere im Transformationszyklus, wenn das, was war, nicht mehr ist, und was künftig sein soll, noch nicht in Erscheinung getreten ist. Wie die Ebbe, die die Ruhepause zwischen den zurückweichenden und wieder hereinströmenden Flutwassern ist, setzt diese extreme Phase im allgemeinen vor der schöpferischen Freisetzung der blockierten Energie ein. Die Ruhepause des Nichttuns ist Hekates Beitrag zur Reise des Werdens.

Einigen Theorien zufolge ist Drogen- und Alkoholabhängigkeit eine mißgeleitete Suche nach Spiritualität und einem Zustand des Einsseins. In alten Zeiten wurden Drogen bewußt in religiösen Ritualen eingesetzt, denn sie sollten den erforderlichen Schlaf und Abstieg herbeiführen, um die magische, heilende oder prophetische Vision hervorzurufen. Der sowohl der Hekate als auch der Demeter heilige Mohn ist eine Blume, die diesen tiefen Schlaf bringt. Wenn sein Zweck vergessen wird und seine Eigenschaften mißbraucht werden, ist Hekate ebenfalls in der mit den Süchten nach Chemikalien einhergehenden Düsterkeit und Apathie gegenwärtig.

Das Patriarchat hat uns gelehrt, diese als eine verschrobene alte Hexe vorgestellte Göttin zu fürchten, die, dem Dunkel des Mondes gleich, als negativ und sogar feindselig gegenüber Männern eingestellt galt. Es heißt, daß sie mit ihren bösartigen Höllenhunden nachts die Kreuzwege heimsuchte und ahnungslosen Wanderern auflauerte, um sie in ihr Land der Toten zu bringen. Man stellte sie als Mondgöttin der Geister und Toten dar, umgeben von einer Horde von weiblichen Dämonen. Als Königin der Geister streifte sie mit ihrem schrecklichen Gefolge suchender Geister und bellender Jagdhunde durch die Nacht.

Gefürchtet als die Göttin der Stürme, der Zerstörung und der Schrecken der Nacht, sollte sie angeblich von ihren Anbeterinnen und Anbetern verlangen, ihre versöhnlich stimmenden Rituale mitten in der Nacht zu vollziehen, um den Zorn und das Unheil, das sie so oft verursachte, abzuwenden. Mit Zauberei und schwarzer Magie assoziiert, galt diese schreckliche Göttin später als die Mutter der männerfressenden Empusen und Lamien, die jungen Männern das Blut aussaugen und sie schließlich verschlingen. Sie verlieh ihren Priesterinnen die Macht, Männer in Tiere zu verwandeln und sie mit Wahnsinn zu schlagen.

Die Erkenntnis ist wichtig, daß diese haarsträubenden, entsetzlichen Bilder, die mit dieser Göttin assoziiert werden, nichts als die über Jahrtausende angehäuften historischen Aufzeichnungen der unbewußten Ängste des Patriarchats vor dem dunklen Weiblichen sind. Doch auch wenn sie nichts mit Hekates ursprünglicher

Natur zu tun haben, sind diese verzerrten und entstellten Vorstellungen von ihr dennoch Teil der unbewußten kollektiven Konditionierung, die jeder von uns ererbt hat.

In dem Maße, wie unsere inneren Bilder von ihr mit Schichten der Unterdrückung und falscher Wahrnehmung überzogen sind, können wir diese Göttin des Dunklen Mondes durchaus in Form der erschreckenden Erscheinungen ihrer Geister- und Dämonenhorden erfahren, die unsere geistige Gesundheit gefährden. Unsere Ängste rühren von den giftigen Nebenprodukten her, die unserer Konditionierung auf die Dunkle Göttin als eine Verkörperung des weiblichen Bösen entspringen. Wenn wir diese Aspekte unserer inneren Hekate auf unsere äußere Welt projizieren, können wir eine paranoide Wirklichkeit erschaffen, in der wir den Furien der Ungerechtigkeit, des Hasses und der Verfolgung ausgesetzt sind, die unterschwellig unsere Ängste vor den Hexenverbrennungen im Mittelalter ins Gedächtnis zurückrufen.

Um die erleuchtenden und erneuernden Eigenschaften wiederzuerlangen, die Hekate in uns repräsentiert, müssen wir erkennen, daß diesen Bildern keine eigenständige Existenz innewohnt. Wenn wir uns unserer irrigen Überzeugungen entledigen, können wir nach und nach anfangen, Hekates wahres Gesicht zu sehen und uns durch ihre Helligkeit hindurchzubewegen, um die Visionen der transpersonalen archetypischen Reiche wahrzunehmen. Diese ebenfalls in den fließenden Bildern des kollektiven Unbewußten enthaltenen Motive sind die Quellen der kreativen Inspiration, die im wesentlichen die treibende Kraft hinter den großen Werken der Kunst, Literatur, Philosophie und wissenschaftlichen Erfindung ausmachen.

In diesem Bereich können wir außerdem Einsichten in das Verständnis oder Bild einer künftigen Richtung und eines Sinns gewinnen. Durch diese inspirierte Vision wird die blockierte, gelähmte Energie freigesetzt. Dann werden wir in die Wehenschmerzen einer Geburt von Sinn und Erneuerung gedrängt.

Hekate lehrt uns, daß wir den Weg zu der Erneuerung auslösenden Vision finden, indem wir uns durch die Dunkelheit hindurchbewegen. Wenn wir in Hekates Reich eintreten, müssen wir uns der dunklen unbewußten Seite unserer inneren Natur stellen und mit ihr ins reine kommen. Wenn wir ihr Geschenk der Vision und Erneuerung entgegennehmen wollen, müssen wir dieser Dunklen Göttin in uns gegenübertreten, sie ehren und preisen und unseren Frieden mit ihr schließen. Dadurch, daß wir ihr unser Vertrauen als Wächterin unseres Unbewußten aussprechen und uns ihrem Prozeß hingeben, können wir es uns erlauben, in ein Bewußtsein von dem fruchtbaren Reich unserer persönlichen Unterwelt hineinzuwachsen.

Nor Hall empfiehlt: »Wir müssen der Tod austeilenden Mutter etwas geben, ihre Gegenwart anerkennen, eine Kerze an ihren Kreuzwegen aufstellen, uns erlauben, unsere Schattenseite zu betrachten. Wenn wir einen Teil von uns dem Wahnsinn überlassen, wird sie es uns erlauben, im Reich der dunklen Mondphase ein- und auszugehen. Andernfalls wird sie uns aufhalten, und Apathie und Düsterkeit werden von uns Besitz ergreifen.«

5. Die schlangenhaarige Königin Medusa

Doch einer der Edeln
Nahm das Wort und fragte, warum sie allein von den Schwestern
Haare besessen, mit welchen im Wechsel sich Schlangen vermischten?
Ovid

Die Dunkle Göttin in ihrer Erscheinung als Medusa war wohlbekannt als die dritte Gorgonenschwester, deren schöne, füllige Haarpracht zu einer Krone aus zischenden Schlangen wurde und deren böser Blick Männer in Stein verwandelte. Doch zugleich war Medusa einst für ihre Schönheit bekannt gewesen. Sie wurde mit anmutigen goldenen Flügeln dargestellt, die sich über ihren Schultern spannten, und sie nahm sich den Meeresgott zum Liebhaber.

Die Orphiker bezeichneten das Antlitz des Mondes als das Gorgonenhaupt. Robert von Ranke-Graves zufolge waren die drei Gorgonenschwestern in den frühen matriarchalen Zeiten die Stellvertreterinnen der Dreifaltigen Mondgöttin. Sie waren maskierte Wächterinnen, die ihre Mysterien beschützten. Die Tatsache, daß Medusa als einzige der drei Schwestern sterblich war, weist auf ihre Assoziation als eine Dunkle Göttin hin, die mit dem dunklen Schlußaspekt des Mondzyklus verbunden war.

Die Angst des Patriarchats vor der Dunklen Göttin führte dazu, daß Medusa als dämonisches mythisches Ungeheuer wahrgenommen wurde, das dann glücklicherweise von dem Helden Perseus enthauptet wurde. Mythographen nannten sie eine Alptraumvision – »ein derart schreckliches Gesicht, daß der Träumer vor Angst erstarrt«. Freud zufolge symbolisiert das Haupt der Medusa die grauenerregenden bezahnten Genitalien der Großen Mutter. Erich Neumann schreibt, daß »der erstarrenmachende Blick der Medusa zum Furchtbarkeitsbezirk der großen Göttin gehört, denn Starr-Sein ist das gleiche wie Tot-Sein«, und daß sie den verschlingenden Aspekt der Mutter darstellt.

Medusas Geschichte

Wie kam es, daß die Meeresgöttin mit der überaus schönen Lockenfülle in einen grauenhaften, tödlichen Dämon verwandelt wurde? Medusas Geschichte ist mit der der kalten, distanzierten Jungfrau Athene verwoben, der olympischen Weisheits- und Kriegsgöttin, die das Gorgonenhaupt mitten auf ihrem Brustpanzer zur Schau stellt. Medusa könnte durchaus Athenes dunkle Schwester sein, die die Schattenseite ihrer machtvollen instinktiven Weiblichkeit personifiziert. Die historischen

Ursprünge dieser beiden Göttinnen führen uns zurück nach Nordafrika und zu der ägyptischen Göttin Neith, die in Libyen als Anath und den Griechen als Athene bekannt war.

Neith trat aus den uranfänglichen Wassermassen hervor, und ihr Name bedeutet »Ich bin von selbst gekommen«. Die Inschrift an ihrem Tempel in Sais lautete: »Ich bin alles, was war, was ist und was sein wird, und kein Sterblicher hat bisher den Schleier lüften können, der mich verhüllt.« Neith verkörperte Mutter Tod, und ihr Gesicht hinter dem Schleier zu sehen bedeutete den Tod.

In Libyen soll Neith, die dort den Namen Anath trug, dem Tritonsee, dem See der Dreifaltigen Königinnen, entsprungen sein. Sie offenbarte ihre dreifache Natur als Athene, Metis und Medusa, die den drei Phasen des neuen, vollen und Dunklen Mondes entsprachen. Athene war die kriegerische Jungfrau des Neumonds, die die Amazonenstämme zu Kühnheit, Kraft und Tapferkeit beflügelte. Die Meeresgöttin Metis, deren Name »weiser Rat« bedeutet, war in dieser Trinität der Mutteraspekt des Vollmonds und empfing in späteren mythischen Erzählungen Athene durch Zeus. Medusa verkörperte den dritten, dunklen Aspekt als Zerstörerin/weise Alte, und sie wurde als die Königin der libyschen Amazonen, die Schlangengöttin der weiblichen Weisheit verehrt.

Ursprünglich waren Athene und Medusa zwei Aspekte derselben Göttin, Anath; und als solche sind sie Teil desselben Archetyps, der mit weiblich definierter Stärke und Weisheit assoziiert wird. Wir werden uns jetzt damit beschäftigen, wie diese zwei Göttinnen in den klassischen griechischen Geschichten voneinander abgespalten und als Todfeindinnen aufgestellt wurden.

In der *Theogonie* gibt Hesiod den folgenden Bericht über Medusas Herkunft. Medusa war eine der drei Gorgonenschwestern, die den uralten Meeresgottheiten Phorkys und Keto geboren wurden. Zwei Schwestern waren unsterblich und alterten nicht: Stheno, »die Starke«, und Euryale, »die Umherwandernde«. Medusa, »die Hinterhältige« oder »Königin«, war als einzige sterblich. Sie lebten am Weg zu den goldenen Apfelbäumen der Hesperiden am fernen westlichen Ende der Welt am Rand des Ozeans, nahe den Grenzen von Nacht und Tod.

Den klassischen Texten zufolge waren die drei Gorgonenschwestern ursprünglich schöne, goldene Meeresgöttinnen gewesen. Der liebenswerten Jungfrau Medusa stellten viele Verehrer nach, die sie jedoch alle abwies, bis sie dem dunkelhaarigen Meeresgott Poseidon, früher bekannt als die Pferdegottheit Hippios, im weichen Gras unter Frühlingsblumen beiwohnte. In der Gestalt eines Pferdes verführte Poseidon Medusa. Als Medusa sich dem Poseidon in einem der Heiligtümer Athenes hingab und Zwillinge erwartete, zog sie sich Athenes Zorn zu. Manche sagen, daß Athene über Medusa erzürnt war, weil diese es gewagt hatte, ihre Schönheit mit Athenes zu vergleichen. Vielleicht hatte sich Athene über Medusas Liebschaft geärgert, da sie ja der eigenen Sexualität abgeschworen hatte, um ihre hochgeachtete Stellung auf dem Olymp nicht zu verlieren. Überdies war Poseidon, der ihr die Herrschaft über Athen streitig machte, seit langem Athenes erbitterter Feind.

Ob nun Athenes Zorn von der Entweihung ihres Tempels, sexueller Eifersucht oder der Rivalität um die Vorherrschaft in Libyen herrührte – sie verwandelte Medusa und ihre Schwestern in häßliche alte Hexen. Sie wurden zu geflügelten Ungeheuern mit glühenden Augen, riesigen Zähnen, heraushängenden Zungen, ehernen Klauen und Schlangenlocken. Medusa wurde zur Schrecklichsten von den dreien. Ihr Gesicht wurde so grauenhaft entstellt, daß Männer von seinem Anblick zu Stein erstarrten. Mit allerlei Gefahren ausgeschmückte Geschichten verbreiteten sich und berichteten davon, wie das Land und die Höhle dieser furchteinflößenden Meeresungeheuer von den starren Gestalten versteinerter Männer und Tiere wimmelten. Die Gorgonen wurden wegen ihrer tödlichen Macht gefürchtet. Daher wurde Medusas Tod zu einer würdigen Heldensuche für die patriarchalen solaren Heroen.

Die Geschichte über Medusas Enthauptung durch Perseus gehört zu den ältesten griechischen Mythen. Die klassische Version könnte sogar auf einem noch älteren Mythos beruhen, der durch lokale Volksüberlieferung bewahrt wurde und in die mykenische Zeit im 2. Jahrtausend v. u. Z. zurückreicht. Später wurde er mit den heroischen Elementen überzogen, die bei den Griechen der historischen Zeit so beliebt waren. Von Ranke-Graves vertritt die Auffassung, daß diese Geschichte tatsächliche Ereignisse während der Herrschaft des historischen Königs Perseus (um 1290 v.u.Z.), des Begründers der neuen Dynastie in Mykene, schildert. In dieser Zeit rissen patriarchale Eindringlinge vom griechischen Festland die Macht der frühen Mondgöttinnen in Nordafrika an sich. Die Legende von Medusas Enthauptung durch Perseus bedeutet, daß die Hellenen die Hauptschreine der Göttin überrannten, die Priesterinnen ihrer Gorgonenmasken beraubten und vom heiligen Pferd Besitz nahmen. Dieser historische Bruch und das damit verbundene gesellschaftliche Trauma schlägt sich in dem folgenden Mythos nieder.

Perseus wurde von Zeus gezeugt, der in Form eines Goldregens auf seine Mutter Danae, Prinzessin von Argos, herabfiel. Der König, der von einem Orakel gewarnt wurde, daß das einzige Kind seiner Tochter ihn töten würde, ließ Danae und ihren kleinen Sohn in eine große Truhe einschließen und auf dem Meer aussetzen. Zeus sorgte dafür, daß sie unversehrt zu der Insel Seriphos trieben und von dem gütigen Fischer Diktys gerettet wurden. Perseus wuchs dort zum Mann heran und fristete ein bescheidenes Leben als Fischer. Nun begehrte Polydektes, der grausame und unbarmherzige Herrscher der Insel, Danae und trachtete nach einem Weg, um sich ihres beschützenden und lästigen Sohnes zu entledigen.

Polydektes' Plan war, von den Inselbewohnern die Abgabe von Pferden zu fordern (nach einer anderen Version waren diese Pferde als Brautgeschenk gedacht, das er für die Hand der Hippodameia bieten wollte). Aufgrund seiner Armut konnte Perseus kein Pferd erwerben. Er wurde mit einem Trick dazu gebracht, sich zu verpflichten, dem König das Haupt der Gorgo mit seiner vernichtenden Macht zu bringen. Aus den ältesten Versionen des Medusa-Mythos geht hervor, daß sie eine Stute war, mit der sich Poseidon in der Gestalt eines Hengstes paarte. Also versprach Perseus dem König den Kopf eines überaus furchteinflößenden Pferdes.

Medusa

Perseus wurde bei dieser Aufgabe von Hermes und Athene unterstützt. Hermes, der Götterbote, gab ihm ein magisches Sichelschwert, die einzige Waffe, mit der die Gorgo getötet werden konnte. Pallas Athene, die Beschützerin der Helden, lieh Perseus ihren glanzpolierten Schild, den er als Spiegel gegen Medusa einsetzen sollte, um so den direkten Anblick ihres verderblichen Gesichts zu vermeiden, das ihn versteinern konnte. Dann erschienen sie Perseus in einer Vision und führten ihn zu der Höhle der Graien, die als einzige wußten, wo genau sich Medusa aufhielt.

Die Graien waren drei alte Frauen, ein schicksalhaftes Trio von Schwanenjungfrauen, die am Fuße des Atlasgebirges in Afrika lebten. Sie hatten zusammen ein allsehendes Auge und einen Zahn, die sie sich teilten. Perseus brachte sie dazu, ihm den Weg zu Medusa zu erklären, indem er ihnen ihr einziges Auge entriß und ihnen drohte, es ihnen nicht zurückzugeben, wenn sie ihm nicht die begehrte Information preisgaben. Außerdem zwang er sie, ihm den Aufenthalt der stygischen Nymphen zu verraten, von denen er weitere Hilfsmittel erhielt: einen Zauberbeutel, um den abgetrennten Kopf Medusas zu verbergen, den dunklen Helm des Hades, der Unsichtbarkeit verleiht, und ein Paar geflügelter Sandalen, um mit der Geschwindigkeit eines Vogels zu der trostlosen Inselhöhle der Gorgonenschwestern zu reisen.

Dann flog Perseus über den Okeanosstrom an das äußerste Ende des westlichen Gestades und fand die drei Gorgonen schlafend in ihrer großen Höhle vor. Diese Geschöpfe hatten riesige goldene Flügel, ihre Körper waren mit goldenen Schuppen bedeckt und ihre Häupter mit Schlangenkränzen gekrönt, was Erinnerungen an die Insignien der königlichen ägyptischen Meerespriesterinnen hervorrief. Von Stheno und Euryale, die unsterblich waren und darum nicht getötet werden konnten, hielt er sich fern. Sich an ihrem Spiegelbild in seinem Schild orientierend, trat er an Medusa heran. Athene führte seinen Arm, und mit einem Streich seiner Klinge schlug er der Medusa den Kopf ab und verbarg ihn in seinem Beutel. Um sich der zornigen Verfolgung der beiden anderen Gorgonen zu entziehen, setzte er die Tarnkappe des Hades auf und machte sich von der Insel davon.

Aus Medusas abgetrenntem Hals sprangen ihre von Poseidon gezeugten Zwillingssöhne – Pegasos, das geflügelte Mondpferd, das zu einem Symbol der Dichtkunst wurde, und Chrysaor, der Held mit dem goldenen Schwert und Vater des Königs Eryon von Spanien. Während Perseus' Flucht fielen Tropfen von Medusas Blut in den heißen Wüstensand Afrikas und ließen Oasen entstehen. In einer anderen Version ging aus diesen Blutstropfen eine Gattung von Giftschlangen hervor, die in späteren Zeiten die Gebiete mit Plagen heimsuchen sollten.

Später schenkte Athene Asklepios, dem Gott der Heilkunst, zwei Fläschchen mit Medusas Blut. Es heißt, daß das Blut aus ihrer rechten Vene heilen und Tote zum Leben erwecken konnte, während das Blut aus ihrer linken Vene den sofortigen Tod herbeiführte. Andere Versionen besagen, daß Athene und Asklepios sich das Blut teilten. Er benutzte es, um Leben zu retten, sie aber, um Leben zu zerstören und Kriege anzuzetteln. In einigen Überlieferungen war es Athenes Schlangensohn Erichthonios, dem sie das Blut gab, um zu töten oder zu heilen, und die Fläschchen mit goldenen Bändern an seinem Körper befestigte. Daß Athene Asklepios und Erichthonios das Gorgonenblut schenkt, weist darauf hin, daß die in diesem Kult vollzogenen heilenden Riten ein von Priesterinnen gehütetes Geheimnis waren, dessen Ergründung den Tod bedeutete. Das Gorgonenhaupt war eine formale Warnung an Neugierige, sich von diesem Geheimnis fernzuhalten.

Bevor Perseus nach Seriphos zurückkehren konnte, mußte er noch verschiedene Abenteuer bestehen, zu denen die Versteinerung des Atlas und die Befreiung Andromedas zählen. Auf der Flucht aus Afrika mußte Perseus den Titanenkönig Atlas besiegen. Atlas war der Vater der Hesperiden, die die Äpfel der Unsterblichkeit bewachten. Da er durch eine alte Prophezeiung gewarnt worden war, daß ein Zeussohn ihn seiner goldenen Früchte berauben würde, verweigerte er Perseus die Gastfreundschaft und versuchte, ihn zu vertreiben. Erzürnt über dieses Verhalten hielt Perseus dem Riesen das Haupt der Gorgo entgegen, worauf dieser zu Stein erstarrte und zum Atlasgebirge wurde, auf dem der Himmel und all die Sterne ruhen.

Perseus' Geschichte geht mit der Befreiung der äthiopischen Prinzessin Andromeda weiter, die an einen Felsen am Meeresufer gekettet ist, um dem riesigen Meeresungeheuer Ketos geopfert zu werden. Er nimmt sie zur Frau, und gemeinsam kehren sie nach Seriphos zurück, wo er seine Mutter aus den Klauen des Polydektes befreit. Perseus zeigt sein versprochenes Geschenk und verwandelt dadurch den König und seinen Hof in Stein. Perseus' Tochter mit Andromeda trägt den Namen Gorgophone.

Perseus überbringt der Athene das Gorgonenhaupt, die es an ihrem Brustpanzer befestigt. Einige Überlieferungen besagen, daß ihre Aigis die Haut der Medusa gewesen sei, die Athene ihr abgezogen hatte. Anderen Legenden zufolge wurde der Kopf in der *agora* vor dem Tempel der Göttin Hera in Argos begraben.

Medusa und Athene

Um das Geheimnis zu ergründen, das sich hinter dem Gorgonenhaupt verbirgt, müssen wir zuerst die Fäden entwirren, die Medusa und Athene miteinander verweben und verbinden. Medusa und Athene sind Aspekte derselben Göttin, die dem Tritonsee in Libyen entsprang. Sie werden beide mit weiblicher Weisheit assoziiert, die sich in der sie umgebenden Schlangensymbolik zeigt – Medusa mit ihren Schlangenlocken und Athene mit ihrer schlangenumsäumten Aigis. Medusa als weise Alte birgt die Geheimnisse von Sexualität, Weissagung, Magie, Tod und Erneuerung in sich. Athene, die ewige Jungfrau, ist mit dem Neumond verbunden und herrscht über die weiblichen Eigenschaften Mut, Kraft und Tapferkeit. Diese afrikanische dreifaltige Göttin, die aus dem See geboren wurde und in der Wüste regierte, offenbarte sich als die gerüstete, keusche jungfräuliche Kriegerin Athene und die schlangengekrönte Königin Medusa, Beschützerin der Mysterien des Dunklen Mondes, die die sexuellen Riten mit der Familie der Meeresgötter zelebrierte.

In ihrem Aspekt als Kriegerin war diese libyische dreifaltige Göttin mit der ursprünglichen legendären Aigis versehen – einem Ziegenfellkeuschheitskittel. Dazu trug sie eine Gorgonenmaske und um ihre Taille einen Lederbeutel, der heilige Schlangen enthielt. Diese Aufmachung wurde von den Amazonen und später von der klassischen Athene während ihrer olympischen Herrschaft übernommen. Jeder Mann, der diesen Kittel ohne Erlaubnis der Besitzerin entfernte, wäre dafür getötet worden, daß er die mächtige Jungfräulichkeit dieser jungen Frauen verletzt hatte.

Die berüchtigte Gorgonenmaske wurde *Gorgoneion* genannt. Sie stellte ein Gesicht mit funkelnden Augen, entblößten Reißzähnen und heraushängender Zunge dar, ähnlich vielen Bildern von Kali. Solche Masken trugen Priesterinnen in Ritualen zur Mondanbetung nicht nur, um Fremde abzuschrecken, sondern auch, um die Göttin selbst anzurufen. Die Maske diente dem Zweck der Geheimhaltung, die für die mit der dritten oder dunklen Triade der Dreigestaltigen Mondgöttin verbundenen magischen Arbeit erforderlich war. Sie sollte Menschen davor warnen, in die hinter ihr verborgenen göttlichen Mysterien einzudringen.

Diese Zeremonien umfaßten Weissagung, Heilung, Magie und die mit Tod und Wiedergeburt assoziierten sexuellen Schlangenmysterien. Das von Schlangenhaar umgebene weibliche Antlitz, verkörpert durch Medusa, war ein weithin anerkanntes Symbol für göttliche weibliche Weisheit. Die Gorgonen von Ephesos mit jeweils vier Flügeln entsprachen fast den fliegenden Gorgonen zu Delphi, dem Tempel der berühmtesten Wahrsagepriesterinnen der Welt. Der Biß von bestimmten Giftschlangen führte den halluzinatorischen Zustand herbei, in dem die prophetische Vision offenbart wurde.

Das oft rot bemalte Gorgonengesicht barg die Geheimnisse des weisen Menstruationsblutes, das den Frauen ihre göttlichen Heilkräfte verlieh. Bestimmte primitive Stämme glaubten, daß der Anblick einer menstruierenden Frau einen Mann in Stein verwandeln könne, was Medusa mit den Menstruationsmysterien in Verbindung bringt. Das Blut, das Perseus von Medusa nahm, vermochte zu heilen und zugleich zu töten; es könnte ursprünglich ihr Menstruationsblut gewesen sein und nicht das Blut aus ihrer Halswunde.

Die Priesterinnen setzten die Maske außerdem bei den heiligen Sexualriten auf, wodurch sie symbolhaft zum Ausdruck brachten, daß sie nicht als einzelne handelten, sondern als Stellvertreterinnen der Göttin, die sie ermächtigte, ihre Segnungen der Heilung und Erneuerung durch rituellen Geschlechtsverkehr zu übermitteln. Darüber hinaus kam die prophylaktische Maske bei den Bestattungspriesterinnen zur Anwendung, die Menschen in die Mysterien des Todes einweihten. In späteren Zeiten diente die Nachbildung des Gorgonenhauptes als Schutzamulett gegen Angriffe schädlicher Einflüsse. Man glaubte, sie könne vor dem bösen Blick schützen, und oft wurde die Maske auf Schilden, an Öfen, an Stadtmauern und an Gebäuden abgebildet, um Feinde einzuschüchtern und böse Geister abzuwehren.

Im Lauf der Zeit wanderten libysche Flüchtlinge nach Kreta ein. Sie hatten ihre Schlangengöttin Anath mitgebracht, und bis um 4000 v.u.Z. war sie als Athene, die Palastbeschützerin, bekannt. Ihre Anbetung wurde übernommen und breitete sich im minoischen/mykenischen Zeitalter nach dem griechischen Festland und nach Thrakien aus. In dieser Zeit kam eine neue Geburtsgeschichte der Athene auf. Nun sollte sie aus dem Kopf ihres Vaters Zeus geboren worden sein. Früheren Versionen zufolge ging Athene aus der Vereinigung von Zeus und einer Muttergöttin namens Metis/Medusa hervor, die im Meer beheimatet war.

Die Geschichten aus der Übergangszeit zwischen Matriarchat und Patriarchat berichten, wie die weise Metis Zeus half, den Sieg über seinen Vater Kronos zu erringen, indem sie ihm ein Brechmittel gab, wodurch er gezwungen war, seine verschlungenen Kinder wieder von sich zu geben. Zu Ehren ihres großen Dienstes beschloß Zeus, der nun der höchste Himmelsherrscher war, Metis zu seiner ersten Frau zu machen. Obwohl Metis sich in viele verschiedene Gestalten verwandelte, um Zeus' lüsternen Annäherungsversuchen auszuweichen, nahm er sie schließlich doch und schwängerte sie. Zeus wurde durch ein Orakel gewarnt, daß Metis ihm ein zweites Kind gebären würde, das der König der Götter und Menschen werden würde. Um sich seine Oberherrschaft zu sichern, verschlang Zeus die mit Athene schwangere Metis. Als Zeus später am Ufer des Tritonsees in Libyen spazierenging, bekam er rasende Kopfschmerzen, die nur dadurch gelindert werden konnten, daß ihm der Schädel mit einer Doppelaxt (einem matriarchalen Symbol für die Mondsichel) gespalten wurde. Während die Erde bebte und das Meer tobte, entsprang seinem Kopf Athene in einer Rüstung aus strahlendem Gold. Sie war sofort der Liebling ihres Vaters.

Spätere Versionen lassen den Teil der Geschichte mit Metis aus und behaupten, daß Athene von Zeus selbst empfangen und auf die Welt gebracht wurde. Aus soziologischer Sicht kennzeichnet dieser Mythos die Einverleibung des weiblichen kriegerischen Weisheitsprinzips entsprechend den Bedürfnissen der neuen patriarchalen Ordnung. Das Patriarchat verteidigte Athene als gütig, unterdrückte Metis ganz und gar und prangerte Medusa als böse an. Dann wurden Athene und Medusa die Rollen als Gegnerinnen zugewiesen.

Als Athene in den klassischen griechischen Pantheon aufgenommen wurde, war sie die einzige der alten Göttinnen, die erhöht und geachtet wurde. Zusammen mit Zeus und Apollon wurde sie Teil der neuen herrschenden Trinität. Für ihre Vormachtstellung in der neuen Ordnung hatte sie einen enormen Preis zu zahlen. Zuerst wurde sie gezwungen, ihre Weiblichkeit zu verleugnen und ihre Sexualität zu opfern, um eine ewig keusche Jungfrau zu werden. Sie wurde von ihrer zyklischen Natur abgeschnitten, die die Erneuerung durch Sexualriten beinhaltete. Dann versprach sie, Verfechterin des Patriarchats zu werden, indem sie ihre kriegerische Stärke dafür einsetzte, ihre matriarchalen Vorfahren aus Afrika anzuprangern, niederzumetzeln und zu besiegen.

Von Ranke-Graves sagt, daß Athene eine Verräterin an der alten Religion war, indem sie sich den Sonnengöttern anschloß und die Sonnenhelden darin unterstützte, alle Widerstand leistenden matriarchalen Splittergruppen zu vernichten, die nun als die Schreckliche Mutter gefürchtet wurden. Da sie sich mit Zeus und seinem Sohn Perseus zusammentat, um ihre eigene Mutter Metis/Medusa zu töten und sie in der Hierarchie zu verdrängen, wurde Athene später bestens ausgewählt, um dem Gerichtsverfahren gegen Orestes wegen Muttermordes vorzusitzen und ihn freizusprechen.

In dieser Zeit war Athenes Hauptrivale um die Herrschaft Athens Poseidon, und infolge der Liebschaft zwischen ihren beiden Todfeinden Poseidon und Medusa begann sie ihren Krieg zu führen. Es liegen historische Beweise dafür vor, daß Medusa als Hohepriesterin in Afrika libyischen Stämmen von Amazonenkriegerinnen vorstand. Von mindestens 6000 v.u.Z. an bevölkerten diese wilden und edlen afrikanischen Amazonen nicht nur Nordafrika, sondern auch Spanien und Italien. Die griechischen Legenden über das Liebesverhältnis zwischen Poseidon und Medusa und Medusas Ermordung durch Perseus gehen von tatsächlich stattgefundenen Schlachten aus, die die patriarchalen griechischen Soldaten gegen diese Kriegerinnen Nordafrikas führten. Der Stamm, gegen den Perseus kämpfte, nannte sich die Gorgonen.

Medusa, Athene und Poseidon In den ältesten Geschichten finden wir Hinweise auf die schöne dritte Gorgonenschwester, Medusa, die den Meeresgott beim Zelebrieren der sexuellen Mysterien der Göttin und ihres Gemahls bereitwillig zum Liebhaber nimmt. Zu einem bestimmten Zeitpunkt nach 2000 v.u.Z. berichten die Legenden von der »Heirat« beziehungsweise »Vergewaltigung« der Königin Medusa durch den Meereskönig Poseidon, einen der ursprünglichen Olympier, der in seiner früheren Form als die Pferdegottheit Hippios und zugleich als Herrscher des Meeres bekannt war. Poseidon paarte sich in der Gestalt eines Hengstes mit Medusa als Stute und zeugte Pegasos, ein geflügeltes Mondpferd.

Eine frühe Darstellung der Medusa aus dem 7. Jahrhundert v. u. Z. in Boötien zeigt sie als kleine, schlanke Stutenfrau, die, obwohl sie mit einem Gorgonenhaupt maskiert ist, keines der schrecklichen Merkmale der klassischen Gorgo aufweist. Durch die Verbindung der Gorgonenmaske mit der schlanken, pferdeartigen Gestalt läßt uns dieser Künstler einen flüchtigen Blick auf eine weit ältere Tradition werfen, in der die dunkle Schwester kein isoliertes Objekt der Angst war. Die Gorgonenmaske als das Antlitz des Mondes weist darauf hin, daß Medusa einen der drei Aspekte der prähellenischen Mondgöttin verkörperte, und die kleinen einheimischen Pferde dieser Völker waren den frühen Mondkulten in Zeremonien des Regenmachens geweiht. Medusas Vergewaltigung durch Poseidon in Gestalt eines Hengstes erzählt die Geschichte, wie die erste Welle der eindringenden Hellenen aus Griechenland, die auf großen, kräftigen Pferden ritten, die Mondpriesterinnen der Amazonen zur Heirat zwangen und die Regenriten des heiligen Pferdekults durch die Geburt des Pegasos übernahmen.

Dies ist eine Variante der vielen ähnlichen Geschichten, die um diese Zeit überall im Halbmond am Mittelmeer auftauchen und den Übergang der Herrschaft der Göttinnen an die Götter schildern. Die Vorherrschaft der Großen Göttin, die den jungen Gott zum Gemahl/Liebhaber nimmt, wird gestürzt, als der Gott reifer wird und ihre Macht an sich reißt, indem er sie mit Gewalt nimmt, heiratet und unterwirft und ihre Anbetung unterdrückt. Ebenso vergewaltigten Poseidons Soldaten die Amazonenpriesterinnen, und sie setzten sich über das Verbot hinweg, ohne Zustimmung der Trägerin die Aigis und die Gorgonenmaske nicht zu entfernen. Die Gorgonenmaske wurde schließlich zu einem Bild des Entsetzens, der Angst und des Zorns, eingefroren auf den Gesichtern dieser Kriegerinnen infolge ihrer gewaltsamen Schändung.

Erst nach Medusas Vereinigung mit Poseidon verwandelte Athene die schöne libysche Amazonenkönigin in das todbringende Ungeheuer, dessen erschreckendes Gesicht Männer zu Stein erstarren ließ. Angesichts ihrer Rivalität mit Poseidon war Athene vielleicht erzürnt darüber, daß dieser Anspruch auf ihre Heimat erhob. Sie verstand Medusas Unterwerfung unter ihn in einem ihrer Tempel als einen Akt des Verrats durch das Volk ihres Heimatlandes. Folglich verkörperte Medusa eine rivalisierende matriarchale Religion, die unterdrückt werden mußte.

Als Vergeltung an Medusa sorgte Athene, die ja bereits ihre eigene Sexualität geopfert hatte, dafür, daß diese nie wieder an den sexuellen Mysterien der Göttin teilnehmen konnte, weil ihr Blick jeden sich ihr nähernden Mann versteinern würde. Freud kam zu dem Schluß, daß das Haupt der Gorgo die furchtbaren Genitalien der Großen Mutter darstelle, die damit droht, Männer zu kastrieren. Nach einer anderen Interpretation erfüllte Athene in ihrem Mitgefühl für ihre verlorenen Schwestern die Gorgonenmaske mit einer neuen, vernichtenden Macht, die den Angreifern den Tod bringen konnte. Das tat sie, um die Königin und ihre Priesterinnen davor zu schützen, weiterhin durch die sexuellen Übergriffe der Eindringlinge befleckt, erniedrigt und vernichtet zu werden.

Medusa, Athene und Perseus Den olympischen Griechen zufolge gelang es Athene während Königs Perseus' Herrschaft um 1200 v. u. Z. schließlich, Königin Medusa eine vernichtende Niederlage zu bereiten. Perseus, dessen Name auch »Zerstörer« bedeutet, handelte in Athenes Namen. Auf ihren Wunsch und mit ihrer Hilfe zerstörte Perseus den Hauptschrein der altafrikanischen Religion in Libyen und tötete die Hohepriesterin, wodurch er zur Unterdrückung des matriarchalen Bewußtseins beitrug. Dann überreichte Perseus der Athene das Haupt der Gorgo, die es als ständiges Zeichen ihrer tieferen Verbindung zu Medusa über ihrem Herzen trug. Sie stellte das Gorgonenhaupt zur Schau, um einerseits ihre Feinde in Angst und Schrecken zu versetzen und andererseits ihre Überlegenheit darin zu bestätigen, ihre matriarchalen Ahninnen angeprangert und vernichtet zu haben.

Während die frühesten Darstellungen Gorgo als Beschützerin der Mysterien des Dunklen Mondes zeigen, stellte das Patriarchat sie sich später als Dämonin vor. Dann wurde die Gorgo in späteren künstlerischen Darstellungen zu einem schönen Engel. Sie machte Phasen durch, in denen sie düster, traurig und immer pathetischer wurde, und schließlich verwandelte sie sich in eine ruhige, würdevolle Totenmaske.

Die Königin
mit den Schlangenhaaren

Ich sah dich einmal, Medusa; wir waren allein.
Ich blickte direkt in dein kaltes Auge, so kalt.
Ich wurde nicht bestraft, nicht in Stein verwandelt.
Wie soll ich den Legenden glauben, die man mir erzählte? ...
Ich drehte dein Gesicht herum! Es ist mein Gesicht.
Diesen erstarrten Zorn muß ich ergründen –
O geheimer, selbsteingeschlossener und verwüsteter Ort!
Das ist das Geschenk, für das ich Medusa danke.
May Sarton, »Die Muse als Medusa«

Einst war die schlangenhaarige Medusa Königin der ehrfurchtgebietenden Kräfte des Dunklen Mondes. Sie herrschte über die Erneuerungsmysterien von Sexualität und Tod und schützte diese magischen Riten davor, von den Nichteingeweihten entdeckt und mißbraucht zu werden. Als dritter Aspekt, dem Aspekt der alten Weisen/Zerstörerin der lunaren Triade, war Medusas Botschaft eine der Weisheit, die die Unvermeidlichkeit des Todes betrifft. Der Westen ist das Tor zum Tod, und Medusas

Meereshöhle am fernen westlichen Rand der Welt liegt am Eingang zur Unterwelt. Das Patriarchat in seiner Angst vor der weisen Frau, dem Tod und der magischen sexuellen Kraft des menstruierenden Weiblichen dämonisierte Medusa (wie auch die anderen Dunklen Göttinnen) zu einer monströsen Figur der verschlingenden, kastrierenden Mutter.

Medusa sucht weiterhin Generationen von Männern mit ihrer todbringenden Fähigkeit, sie mit ihrem bösen Blick zu versteinern, heim. Die Alten projizierten diese Angst auf den Stern Algol im Sternbild Perseus. Perseus hält das Haupt der Medusa als Trophäe seiner Eroberung hoch, und Algol, der sogenannte Dämonenstern, stellt das Auge im Gorgonenhaupt dar. Algol ist ein sich verfinsternder Doppelstern, und die beiden Sterne drehen sich umeinander. Ungefähr alle 60 Stunden, wenn der blassere Stern sich vor den helleren stellt und ihn verbirgt oder verfinstert, »zwinkert« Algol für längere Zeit langsam. Die Alten erklärten dieses Phänomen mit dem Zwinkern des Auges der Dämonin, das sich nach ihrer Enthauptung noch immer bewegt.

Auf der äußeren Ebene sind die Mythen über die Tötung von Ungeheuern durch die solaren Helden, wie zum Beispiel der Mythos über Perseus und Medusa, die patriarchalen Geschichten, die den Sieg des Patriarchats über das alte Matriarchat beschreiben. Auf der inneren Ebene stellen diese Mythen das Heranreifen des männlichen Prinzips dar. Sie schildern den Kampf des jungen Gottes, der der Sohn und Geliebte der Göttin ist, sich in den mächtigen Helden zu verwandeln, der das Weibliche erobert und dann beherrscht. Die Interpretation des Medusa-Mythos ist ein faszinierendes Thema für Psychoanalytiker und Autoren sowohl der Freudschen als auch der Jungschen Schule. Wenn wir die Art und Weise untersuchen, wie Männer versuchen, die instinktiven Kräfte des dunklen Weiblichen zu intellektualisieren und sich von ihnen zu distanzieren, können wir Hinweise darauf erhalten, wie Medusa gegenwärtig in der männlichen Psyche in Erscheinung tritt. Männer projizieren dann diese innere Frau auf reale Frauen, die einige der Eigenschaften der schlangenhaarigen Königin hervortreten lassen.

Als die Menschen die zyklische Natur des Todes-der-zum-Leben-wird vergaßen, wurde die Gorgo Medusa wie die anderen Dunklen Göttinnen vom Patriarchat überaus gefürchtet. Erläuterungen zu Medusa, wie sie von modernen männlichen psychoanalytischen Theoretikern wie Wolfgang Lederer und Erich Neumann, verfaßt werden, heben ihre dämonischen und zerstörerischen Eigenschaften hervor. Die Angst vor Medusa, die Männer zu Stein erstarren läßt, ist ihnen zufolge deren Angst vor Tod und Kastration.

Philip Slater vertritt die Ansicht, daß, »auch wenn die Vorstellung von Erektion im Starrwerden als Angstreaktion vorhanden sein mag, die Unbeweglichkeit eher an Impotenz erinnert, und diese Interpretation stimmt besser mit den vielen Beispielen von Lähmung und Versteinerung überein ... Die Aigis der Athene diente eher dem Zweck, potentielle Schänder impotent zu machen, anstatt für beruhigende Erektionen zu sorgen.«

Für die Griechen hatte die Vulva nicht nur die magische Eigenschaft, bösen Geistern wie dem Teufel entgegenzuwirken, sondern sie vermochte diese auch als Apotropaeon zu vertreiben. Frauen setzten sie gegen Männer und Gespenster ein. Aus männlicher Sicht erzeugen die beängstigenden, hypnotischen, starren Augen der Medusa in den mütterlichen Genitalien, die Männer in Stein verwandeln, Unbeweglichkeit, Impotenz und Betäubung. Slater führt klinische Untersuchungen an, aus denen hervorgeht, wie oft diese Folgen mit früher inzestuöser Erregung zusammenhängen. Inzest mit der Mutter ruft bei dem jungen Mann eine furchterregende Kette psychologischer Assoziationen wach. Diese Ängste könnten teilweise mit gewissen im Matriarchat praktizierten Bräuchen und Ritualen in Verbindung stehen.

Beispielsweise wurde in den Riten des Jahreskönigs der junge Gott nach seiner Beteiligung an der heiligen Hochzeit rituell getötet. Seine zerstückelten Leichenteile wurden unter die Erde gepflügt, um Fruchtbarkeit und eine ergiebige Ernte sicherzustellen. Die unbewußte Psyche des Männlichen trägt das Bild in sich, daß leidenschaftlicher Sex mit der Mutter den Tod zur Folge hat. Er führt zum Verlust der Männlichkeit, der sexuellen Potenz und des Lebens selbst. Und wenn der Tod vom Kreislauf der Wiedergeburt abgetrennt ist, bedeutet dieses Ereignis das endgültige Erlöschen der Lebenskraft.

Perseus ist für das Patriarchat ein Held, weil er eine Stellvertreterin der Schrecklichen Mutter, die angeblich Männer verführte und dann verschlang, angriff und tötete. Indem er die Gorgo enthauptete, kastrierte er sie und beraubte folglich die mütterlichen Genitalien ihrer Macht, Männer impotent zu machen. Einmal vor der todbringenden Macht von Medusas Sexualität beschützt, wird aus dem Leitthema des In-Stein-Verwandelns das Starrwerden des Penis, wie Freud vermutete. Der männliche Phallus ist nun auf Vergewaltigung aus als Ausdruck der zerstörerischen Wut gegen die bedrohliche Sexualität des mütterlichen Prinzips. Diese Entwicklung der Trennung zwischen Sexualität und Mutterschaft fand ihren Höhepunkt in der christlichen Tradition mit der idealisierten Mutter des jungen Gottes, der Jungfrau Maria, die ihr Kind unbefleckt empfängt.

Das verzerrte Schattenbild der Medusa wird in der männlichen Psyche aktiv, wenn ein kleiner Junge sich wünscht, im nährenden Schoß seiner Mutter geborgen zu sein. Aber gleichzeitig wehrt er sich gegen dieses Bedürfnis aus Angst, vielleicht verschlungen und erstickt zu werden. Außerdem kämpft er darum, von dem Gefühl der Intensität der unbewußten sexuellen Bedürfnisse seiner Mutter und seinem daraus resultierenden Ohnmachtsgefühl, sie zu befriedigen, befreit zu sein. Oder falls es ihm gelingen sollte, sie zu befriedigen, würde das wie beim Jahreskönig unvermeidlich seinen Tod zur Folge haben. »Das Urbild des kleinen Jungen vom Weiblichen entsteht aus seiner Wahrnehmung von seiner Mutter als besitzergreifend und sexuell verschlingend. Er hat Angst davor, vom Schoß selbst verschlungen zu werden, der behaarten Vulva, die Erinnerungen an das Gorgonenhaupt heraufbeschwört, das als *vagina dentata* vorgestellt wird, eine Vagina mit Zähnen. Ein kleiner Junge, der sich im Schattenbereich der Medusa aufhält, kann die unbewußte

Wut und Verbitterung seiner Mutter erben, was seine Seele vergiftet, so daß er ihren Haß für sie mit sich trägt.«

Wenn die Anima eines Mannes sich aus einer solchen medusa-artigen, an seiner Beziehung zu seiner Mutter ausgerichteten Figur zusammensetzt, wird er sie später auf seine Partnerinnen projizieren. Diese nehmen die Gestalt des zornigen, todbringenden Weiblichen an, die seine sexuelle Potenz bedroht. Sie stachelt ihn auf, sich ihr zu nähern, nur um dann ein Gesicht der furchterregenden Gorgo gleich zu zeigen, das in Zorn erstarrt ist. Medusas Gesicht spiegelt ihre Wut über die Methoden wider, mit denen die patriarchale Mentalität sie als die Königin der Schlangenmysterien verletzt, steril gemacht, entsexualisiert und entmächtigt hat. Wenn die Männer die Sexualität des dunklen Weiblichen nicht mehr ehren, zeigt die verzerrte Grimasse der Gorgo ihren Blutdurst nach Rache. Und wenn sie diese Reaktion bei den Frauen in ihrem Leben wachrufen, werden sie von der nackten Angst des Täters überwältigt, der befürchtet, durch diese Vergeltung versteinert und impotent gemacht zu werden.

Wenn Medusa der Hauptarchetyp im Leben eines Mannes ist, wird dieser eine Frau anziehen, die auf seine unbewußten Versuche anspricht, sie dazu zu bringen, seine schlimmsten Ängste vor dem schrecklichen Weiblichen auszuagieren. Seine Partnerin wird ihn schließlich hassen, herabsetzen, sexuell ablehnen und seine Leistung kritisieren, ihn als widerwärtig bezeichnen und seine Annäherungsversuche abwehren. Seine medusenähnlichen Partnerinnen werden seine Schattenprojektionen von Frauen als phallus-mordend und kastrierend erfüllen und ihn in seinen Unsicherheiten über seine sexuelle Potenz und »Männlichkeit« bestärken. Sein Schmerz, seine Erniedrigung, sein Gefühl der Herabsetzung und Untauglichkeit, deren Quellen in der sexuellen Arena zu suchen sind, durchdringen allmählich sein ganzes Selbstbild und reduzieren seine Fähigkeit, in seinen übrigen Lebensbereichen auf starke Weise zu funktionieren. Er überkompensiert sein inneres Gefühl der Impotenz vielleicht dadurch, daß er immer starrer in seinen negativen Haltungen und gewalttätigen Handlungen gegenüber Frauen wird.

Die Romantiker des 19. Jahrhunderts fanden in Medusa eine Vision, die, wie Lederer schreibt, den geschlossenen Kreis von ihrer Schönheit bis zur Liebe einer Frau als Schmerz, als Verführung, als das Verderben von Männern, als Tod umfaßte.

Das abgetrennte Haupt der Medusa mit den glasigen Augen, dieser zugleich entsetzlich und faszinierend anzusehende Frauenkopf sollte zum Objekt der dunklen Liebe der Romantiker und Symbolisten das ganze Jahrhundert hindurch werden. Lederer führt weiterhin an, daß das Böse und die Sünde, die die Imagination der romantischen Dichter und Künstler verfolgten, stets mit Mutterinzest zu tun hatten, nicht mit dem ödipalen Inzest, der sie zu Männern machen würde, die ihre Väter ersetzen, sondern dem uroborischen Inzest, der sie sich im Fruchtwasser rückauflösen läßt.

Aus der Jungschen Sicht symbolisiert der Heldenmythos die archetypischen Phasen in der Bewußtseinsentwicklung. Am Anfang wird das Ich, das im Westen als die organisierte Kraft der männlichen Psyche definiert wird, aus der Seele geboren, die die weibliche uroborische Einheit der Großen Göttin ist, das heißt, der junge Gott als der Sohn/Geliebte der Großen Mutter. Die Entwicklung des Bewußtseins umfaßt die Ichbildung durch die Aneignung der Eigenschaften von Vernunft, Intellekt und Logik, mit denen es sich zuerst als gesondertes, individuelles Wesen erkennen und unterscheiden und sich dann von der Mutter loslösen kann. »Gerade einem erstarkenden männlichen Ichbewußtsein wird die auflösend-kastrierende, verderblich-verzaubernde, tödlich-verwirrende Natur der Großen Mutter immer mehr bewußt.«

Dieser Ansicht zufolge repräsentiert Medusa als ein verschlingendes weibliches Ungeheuer das Grauen vor dem Irrationalen und die Angst vor der Vernichtung durch unbewußte Kräfte. Auch wenn das Männliche sich vielleicht danach sehnt, zurückzusinken und sich lustvoll im mütterlichen Schoß aufzulösen, wird dies als regressive Tendenz in der Entwicklung des männlichen Ichs verstanden. Der Held muß das Ungeheuer töten, um seine Rückkehr zur weiblichen uroborischen Einheit zu verhindern und sich von der Macht der Mutter im Unbewußten zu befreien. Die gegen das Weibliche gerichtete Gewalt ist eine Reaktion auf die Anziehungskraft der Mutter. Der Weg des Helden zur Individuation erfordert eine Bewegung fort von der Seele, die durch das dunkle instinktive Weibliche symbolisiert wird. Auf dieser Suche wird er von der treibenden Kraft des Geistes unterstützt, der durch das lichte, rationale Männliche oder den Archetyp des Großen Vaters verkörpert wird.

Männer, die sich in ihrem Innern nicht mit Medusa ausgesöhnt haben, werden die weibliche Sexualität als etwas Faszinierendes, aber zugleich als die Quelle des eigenen Verderbens sehen. Wenn ein Mann versucht, sich vor ihrer angsterregenden Macht dadurch zu schützen, daß er das Ungeheuer vernichtet, wird er unbewußt die Medusa-Frau in seinem Leben zur Vergeltung anstacheln, indem sie ihn physisch und psychologisch kastriert. Für viele von uns kann die direkte Konfrontation mit diesem Aspekt unseres Seins, der, da er sich in den dunklen Höhlen unserer Psyche verbirgt, oft unbekannt und unbenannt ist, uns mit seiner rohen Intensität überwältigen und lähmen.

Trotzdem muß ein Mann, der sich eine positive Beziehung zu der weiblichen Sexualität des Dunklen Mondes wünscht, in sein Unbewußtes hinabsteigen, dem verzweifelten Wehklagen seiner enthaupteten Medusa zuhören, in Mitgefühl für ihren Schmerz nach ihr greifen, die Wunden ihrer Ablehnung heilen und ganz in sich selbst zur Oberwelt zurückkehren. Nachdem der Held seine Trennung von seiner Mutter unter Beweis gestellt hat, muß er erneut eine liebevolle Beziehung zu seinem inneren dunklen Weiblichen aufnehmen. Solange er das nicht vermag, bleibt er im Netz destruktiver sexueller Beziehungen gefangen.

Lassen Sie uns jetzt die Psychologie des Weiblichen betrachten, das das Gorgonenhaupt mitten auf seinem Brustpanzer trägt. Auf welche Weise werden Frauen durch die patriarchale Kultur konditioniert, die Macht der schlangenhaarigen Königin in ihrem Innern zu verleugnen und abzulehnen, und wie wirkt sich dies auf ihre Beziehung zu sich selbst und anderen aus?

Wegen ihrer Assoziation mit der Schlange und dem Menstruationsblut, das sowohl zu heilen als auch zu vernichten vermag, verkörpert Medusa die Dunkelmond-Mysterien der Göttin. In ihrer rot bemalten Gorgonenmaske, umkränzt von einer Krone aus Schlangen, bedeutet Medusa bei Frauen eine Quelle weiblicher Weisheit, die mit deren Sexualität verbunden ist. Sie zeigt die Quelle der weiblichen Kräfte der Wahrsagerei, Schöpfung, Zerstörung und Erneuerung auf.

Buffie Johnson erklärt, daß Haare für Energie und Fruchtbarkeit stehen. Das Kopfhaar bedeutet höhere spirituelle Kräfte und das Haar unterhalb der Taille die befruchtenden Kräfte. Wenn Schlangen das Haar ersetzen, wie sie die Lockenfülle der Gorgo ersetzen, repräsentieren sie die höheren Schöpfungskräfte.

Die Schlange symbolisiert die an der Basis der Wirbelsäule wie eine Schlange aufgerollte Kundalinienergie, die hinter unserer sexuellen Zeugungsenergie steht. Wenn die Kundalini geweckt wurde, steigt sie durch die Wirbelsäule empor, aktiviert nacheinander jedes Chakra und tritt schließlich am Scheitel des Kopfes als kosmische Erleuchtung hervor. Wenn Medusas Haar in Schlangen verwandelt wird, symbolisiert dies das Aufsteigen der Kundalini und unsere Fähigkeit, uns diese Kraft zur regenerativen Heilung, geistigen Kreativität, weissagerischen Weisheit und spirituellen Macht zunutze zu machen.

In dem Maße, wie wir die Kräfte dieser Dunklen Göttin kulturell unterdrücken und fürchten und die patriarchale Anschauung über sie als ein Ungeheuer, das vernichtet werden muß, akzeptieren, schneiden wir uns selbst von unserer Fähigkeit ab, uns unsere sexuelle Kraft verfügbar zu machen, um zu erschaffen, zu erneuern und die Wahrheit von unserem Innern zu wissen. Tatsächlich werden wir gelehrt, dieser menstruellen, ekstatischen und nicht auf Fortpflanzung bedachten Sexualität, die diese Kräfte aktiviert, auszuweichen und sie abzulehnen. Die Medusa in uns trägt die patriarchale Projektion von der dunklen, als böse vorgestellten Sexualität der Frauen mit sich.

Die reine Form der Medusa symbolisiert die Quelle unserer instinktiven körperlichen Weisheit und Kraft. Aber da wir Angst vor ihr haben und sie ablehnen, repräsentiert sie inzwischen die Weisen, in denen wir uns am unkundigsten und unfähigsten fühlen. Sie bedeutet einen Ort der tiefen Unsicherheit in uns; und wenn wir in ihrer Sphäre herausgefordert werden, werden wir so starr vor Angst und gelähmt, daß wir nicht mehr handeln können. Wir werden machtlos, und unsere innere Medusa bleibt verwundbar und ungeschützt.

In unserer Angst errichten wir eine Schutzmauer, um die Kräfte jener zurückzuhalten, die unsere Schwäche ausnutzen und uns verletzen könnten. Indem wir die Gorgonenmaske aufsetzen, rufen wir ein abscheuliches Gesicht hervor, das, so hoffen wir, andere erschreckt und abstößt. Es ist ein Bild weiblicher Wut und weiblichen Hasses, und jeder, der es ansieht, ist gelähmt. Medusas Maske ist häßlich, doch unter ihrem harten und unattraktiven Äußeren ist sie weich, schön und feinfühlig. Und meist wurde sie an irgendeinem Punkt ihres Lebens von einem Mann tief verletzt.

Jean Shinoda Bolen setzt sich mit der Frau auseinander, die Athenes Rüstung mit der Aigis der Medusa auf dem Brustpanzer trägt. Wenn der Athene-Aspekt des Archetyps aktiver ist, ist ihre gut gerüstete (meist intellektuelle) Abwehr mobilisiert, und ihre Autorität und ihr kritischer Blick halten andere emotional auf Distanz. Lederer bemerkt zu Athenes Haltung: »Indem sie die Genitalien der Mutter (d. h. das Gorgonenhaupt) zur Schau stellt, erklärt sie sich selbst zur kastrierten Frau, und ihr schrecklicher Anblick muß alle Feinde zurückdrängen. Sie wird die Unerreichbare, die jede Wollust abwehrt, ihre Feinde vor Angst erstarren läßt und Begierde zurückweist.«

Aber diejenigen von uns, die von Medusas Schlangenkraft abgeschnitten sind und keinen Zugang zu ihrer Weisheit und Stärke haben, erfahren in ihrer Sphäre weiterhin Ablehnung und Erniedrigung. In dem Maße, wie unsere Angst vor Unzulänglichkeit wächst, wachsen auch die Schutzmauern unserer Abwehr. Unsere Frustration und Wut dienen dazu, der zur Grimasse verzerrten Maske der eingefrorenen Wut auf unseren Gesichtern feste Form zu geben. Auch wenn wir hinter der Maske machtlos sind, fühlen andere sich eingeschüchtert. Die Blicke, die wir auf andere werfen, lassen diese zu Stein erstarren. Die Maske, inzwischen nicht mehr von unserem wahren Gesicht zu trennen, soll andere fernhalten. Oft erkennen wir nicht klar die Wirkung unseres funkelnden Blicks, und so erleben wir immer mehr das Gefühl, von anderen geächtet, abgelehnt und gehaßt zu werden. Diese negativen und destruktiven Haltungen wirken sich wiederum auf uns aus, und wir werden verbittert, vorwurfsvoll und kritisch. Wenn die Maske sich nach innen richtet, werden wir von unserer Impotenz abgewiesen, die sich zu einem alles durchdringenden Selbsthaß entwickelt, und diese Selbstablehnung vergrößert unsere anderen Probleme.

Um die Maske zu transformieren, müssen wir zuerst das zornige Gesicht, das wir anderen zeigen, erkennen und akzeptieren. Unsere nächste Aufgabe besteht darin, Medusa aus ihrer Verbannung zurückzurufen und die schlangenhaarige Königin noch einmal zurückzugewinnen, indem wir die unserer Sexualität entspringende Weisheit des Dunklen Mondes ehren. Medusa ist die Quelle unserer tiefen regenerativen Heilkraft. Das Menstruationsblut der Schlangengöttin, das heilen, töten und sogar die Toten zum Leben erwecken konnte, spiegelt sich wider in den zwei Schlangen des Lebens und des Todes, die sich um den geflügelten Stab schlängeln, der heute das Symbol für den medizinischen Beruf ist. Ihr Blut schenkte Athene dem Gott der Heilkunst, Asklepios, dessen Tochter Hygieia, die Göttin der Gesundheit, in klassischen Zeiten die Hüterin der heiligen Schlangen in den Heiltempeln war.

Wenn wir die spirituelle Kraft der alten libyschen Schlangengöttin der Weisheit in Anspruch nehmen wollen, müssen wir unsere Begabungen und inneren Ressourcen entwickeln, die uns ein neues Gefühl für unseren Nutzen und Selbstwert verleihen werden. Dann werden wir ihre Segnungen in unserem Leben als unser wachsendes Vertrauen in unsere Fähigkeit, kreativ und positiv in all den Bestrebungen unseres Lebens zu sein, erkennen. Wir werden uns daran erinnern, wie ihre alte Weisheit zu verwenden ist, um die Wahrheit zu erkennen, uns selbst und andere zu heilen und zu erneuern. Und wir werden die Magie unserer dunklen Sexualität wiederentdecken.

Eingedenk dessen, daß Intelligenz, Kraft und Kreativität einst in der weiblichen Tradition verwurzelt waren, können wir das Geschlecht der Dreifaltigen Göttin Neith/Anath anrufen. Von Athene können wir Tapferkeit, Kraft und Mut erhalten; von Metis die intuitive Weisheit des klugen Rates und der schöpferischen Selbstdarstellung; und von Medusa unsere übersinnlichen sexuellen Fähigkeiten zur Heilung und Erneuerung. Es ist die Kraft, die vom Kern unseres Seins herrührt, der in der Stabilität unserer inneren Weisheit und Kraft verankert ist, die wirklich die Gefahr der Verletzung abzuwehren vermag. Wir brauchen nicht mehr die furchterregende Maske als Verteidigungswaffe, um unsere Unsicherheit zu verbergen.

6. Das dunkle Mädchen Lilith

Das muß man Lilith lassen,
sie war eine klasse Frau.
Es heißt, sie soll es lieber mit
Dämonen am Strand getrieben haben,
als unter dem Bauch dieses
Jammerknochens Adam zu liegen,
und floh aus dem Paradies...
Jonelle Maison, »A Hell of a Woman«

Lilith war in den patriarchalen Kulturen als eine geflügelte Nachtdämonin mit wirrem Haar bekannt. Es heißt, ihre Kräfte waren »zur Zeit des abnehmenden Mondes am größten, wenn die Hunde der Nacht von ihren Ketten befreit sind, um bis zum Morgen umherzuschweifen«. Als Göttin des Dunklen Mondes trägt Lilith die Schattenprojektion des Patriarchats von der aufsässigen Frau als Verführerin und Kindestöterin in sich. Inzwischen verkörpert sie die Angst der Männer vor dem Weiblichen als dunkel und böse.

In der Schöpfungsgeschichte des *Sohar* finden wir die folgende Version von Liliths Ursprüngen: Gott erschuf zwei große Lichter, den Sonnenmann und die Mondin, die mit gleichem Glanz leuchteten. Zuerst wollte die Mondin mit dem Sonnenmann verschmelzen und sich an seinem Licht wärmen. Doch es kam zum Streit, und Gott stellte sich auf die Seite des Sonnenmanns. Er schickte die Mondin hinab, damit sie in den Fußstapfen der Menschheit als Schatten nachfolgt. Als das Licht der Mondin vermindert wurde, soll die Heiligkeit von einer Schale des Bösen *(k'lifah)* umgeben worden sein, aus der Lilith geboren wurde. Sie rührte von der mit ihrer ganzen energischen Kraft hervorlodernden Urdunkelheit her.

In allen Ländern des alten Nahen Ostens war Lilith bekannt, und sie taucht in der sumerischen, babylonischen, assyrischen, hebräischen und arabischen Mythologie auf. In den Legenden wird sie als Adams erste Frau im Garten Eden, die Buhle von lüsternen Geistern am Roten Meer, die Braut von Samael dem Teufel, Königin von Scheba und Samaragd und in der aus dem 15. Jahrhundert stammenden Kabbala sogar als die Gemahlin Gottes bezeichnet. Während der vergangenen fünf Jahrtausende wurde Lilith als ein Aspekt der Dunklen Göttin aus der Gemeinschaft in die trostlose Wildnis verbannt. Abgelehnt und geleugnet, wurde Lilith als die gewundene Schlange, Blutsaugerin, Metze, unreines Weib, fremde Frau, Hexe, altes Weib und Zauberin verunglimpft. Im Lauf der Zeit sind Bruchstücke ihrer Geschichte aus den dunklen und unergründlichen Tiefen ihres Exils ans Licht gekommen. Aber am Anfang ihrer Zeit war Liliths Beiname vor allem »das schöne Mädchen«.

Liliths Geschichte

Wir werden nun Liliths mythische Biographie von der Zeit an, als sie zum ersten Mal im alten Sumer als Magd der großen Göttin Inanna auftaucht, entwirren. Die Fäden ihrer Geschichte führen uns durch die hebräische Mythologie, wo sie anfangs Adams erste Frau und später in der kabbalistischen Überlieferung die Gemahlin Gottes ist. Für die romantischen Dichter des 19. Jahrhunderts verkörperte Lilith schließlich das Bild der Frau als Femme fatale – verlockend, unwiderstehlich und todbringend. Heute, am Ende des 20. Jahrhunderts, macht Lilith ihre Autorität wieder geltend als die befreite Frau, die ekstatische Sexualität lobpreist, ihre Integrität wahrt und sich nicht unterwerfen läßt.

Lilith in Sumer und Babylonien

Die Figur der Lilith ist aus der großen geflügelten Vogelgöttin hervorgegangen. Sie ist ein Windgeist, und ihre frühesten Assoziationen verweisen auf die sumerische Getreidegöttin Ninlil, die Herrin der Luft, die den Mond im Dunkel der Unterwelt gebar und das göttliche Recht zu herrschen gewährte.

Liliths überlieferte Geschichte beginnt mit Inanna, der Enkelin Ninlils, die im frühen Sumer die »Königin des Himmels« war. Die Legende von Inanna und Enki berichtet von den heiligen sexuellen Bräuchen als eine von Inannas vielen Gaben, um die Menschen von Erech zu zivilisieren. Hier waren die heiligen Tempelfrauen als die *nu-gig*, die reinen und unbefleckten jungfräulichen Priesterinnen, bekannt. Sie nahmen ihre Liebhaber aus den Mitgliedern der Gemeinschaft, die den Tempel aufsuchten, um die Göttin anzubeten und geheilt zu werden. Auf einer alten Tontafel aus dieser Zeit ist der Name Lilith verzeichnet, und sie wird als junges Mädchen, die »Hand von Inanna« beschrieben, die die Männer von der Straße aufsammelt und für die heiligen Riten in den Tempel von Erech bringt.

Zwischen 3000 und 2500 v. u. Z. kam die alte sumerische Kultur mit dem aufstrebenden Patriarchat in Berührung. Als das Patriarchat es sich zur Aufgabe machte, die Herrschaft der Göttin zu übernehmen, mußte es zuerst das Volk von der enormen Macht der Göttin abspalten, die sich in ihrem inneren Tempel der heiligen sexuellen Liebe zentrierte. Zu diesem Zweck verschmähte und unterdrückte das Patriarchat die sexuellen Riten der Göttinreligion. Wie der geleugnete Schatten, der dann projiziert wird, wurde die Sexualkraft der Frauen zu einer Kraft des Bösen dämonisiert. Im Lauf der Jahrhunderte wurde das junge Mädchen Lilith, das anfangs an die Männer herantrat, um sie in Inannas heiligen Tempel zu bringen, in der patriarchalen Kultur zum Inbegriff all dessen, was im sexuellen Bereich böse und gefährlich ist. Sie diente als »Katalysator« für die schlimmsten Ängste der Männer hinsichtlich der Sexualkraft der Frau.

Um 2400 v. u. Z. war Lilith, der Geist der Luft, zu einem Nachtdämon entstellt, der Naturkatastrophen wie Stürme und Gewitter personifizierte. Man stellte sie sich als ein schönes Mädchen vor, das seine Liebhaber nicht mehr losließ und ihnen keine wahre Befriedigung gewährte. Dabei unterschied man vier Gruppen von Dämonen: Die Lilu-Dämonen waren Blutsauger; die Lilitu waren Dämoninnen; die Ardat Lili und die Irdu Lili waren weibliche Dämonen und ihre männlichen Entsprechungen, die an trostlosen Plätzen hausten, nachts Jagd auf Männer und Frauen machten und Dämonenkinder empfingen. Bei stürmischem Wetter suchten sie verlassene Gegenden heim und und waren für schwangere Frauen und Kinder gefährlich.

Liliths Blume war die *lilu* beziehungsweise die Lilie oder der »Lotos« ihrer geschlechtlichen Magie, die den jungfräulichen Aspekt der Dreifaltigen Göttin repräsentierte. Aus einem aus dieser Zeit stammenden Verzeichnis der sumerischen Könige geht hervor, daß Lugalbanda, der Vater des großen Helden Gilgamesch, ein Lilu-Dämon war. Diese Erklärung kann ebenfalls als ein versteckter Hinweis darauf verstanden werden, daß die Herkunft des Gilgamesch, der angeblich zu zwei Dritteln göttlich und einem Drittel menschlich war, auf die den sexuellen Riten der Göttin entsprungene heilige Blutlinie zurückzuführen ist.

Eine babylonische Terrakotta-Plakette von 2300 v.u.Z. zeigt Lilith als Vogelfrau und Herrin der Tiere. Sie ist schön, ihr schlanker Körper ist nackt, ihre Flügel fallen hinter ihr wie ein offener Umhang, und ihre Eulenfüße sind mit kräftigen Krallen versehen. Ihr Kopf ist mit einer Krone aus vielen Hörnern geschmückt, die alle großen Gottheiten tragen, und in den Händen hält sie Ring und Stab als Symbole der Macht. Umgeben von Löwen als ihre Beschützer und von Eulen, die ihre Weisheit der Nacht veranschaulichen, ist sie die Tierseele der Welt, die mit jedem Lebewesen, das kriecht, und allen Tieren des Feldes verbunden ist. Wörtlich bedeutet der

Lilith

Name Lilith »Schrei«. Sie wurde mit der Schleiereule der Nacht und später mit dem Dämon des Schreiens assoziiert.

Die Geschichte darüber, wie Lilith aus der sumerischen Kosmologie verstoßen wurde, wird im Epos *Gilgamesch und die Unterwelt* (um 2000 v. u. Z.) erzählt. Inanna nahm einen heiligen Huluppu-Baum am Ufer des Euphrats unter ihren Schutz, der durch einen heftigen Sturm entwurzelt worden war. Sie pflanzte diesen Baum, eine Weide, in ihrem heiligen Garten, um sein Holz für einen Thron und ein Bett zu verwenden. Im Lauf der Jahre wurde der Baum größer, aber aus drei Gründen trug er weder Zweige noch Blätter: Die Schlange, die nicht beschworen werden konnte, hatte sich ihr Nest in den Wurzeln des Baumes gebaut; der wilde Anzu-Vogel hatte sein Junges in die Krone gesetzt; und in der Mitte des Baumes hatte sich das dunkle Mädchen Lilith häuslich niedergelassen. So weinte Inanna, die sonst so gern lachte, weil die Schlange, der Vogel und Lilith ihren Baum nicht verlassen wollten. Sie bat Gilgamesch um Hilfe, und er tötete die Schlange. Seine Männer fällten den Baum und brachten ihn Inanna, um daraus ihren Thron und ihr Bett zimmern zu lassen. Der Anzu-Vogel entkam mit seinem Jungen in die Berge, und Lilith zertrümmerte ihr Haus und floh zu den wilden und einsamen Orten. Inanna belohnte Gilgamesch dafür mit einer Trommel und einem Schlegel aus den Wurzeln und der Krone des Baumes, die ihn befähigten, mit den Göttern zu reden und in die Unterwelt hinabzusteigen.

Aus feministischer Sicht wirft diese Geschichte einige beunruhigende Fragen auf. Warum sollte Inanna über die Gegenwart ihrer Magd Lilith in ihrem Baum weinen? Warum wünschte sie sich, daß die Symbole der alten Vogel- und Schlangengöttin aus ihrem Leben verschwinden? Und warum belohnte Inanna Gilgamesch dafür, die heilige Schlange vernichtet und Lilith und den Anzu-Vogel vertrieben zu haben?

Das *Gilgamesch-Epos,* wie es die beschriebenen Tontafeln aus der Zeit 2000 v. u. Z. schildern, war die spätere babylonische Version einer um tausend Jahre älteren, nur bruchstückhaft bekannten sumerischen Geschichte. Aus patriarchaler Sicht muß Inanna ihre Jungfräulichkeit, das heißt, ihre mädchenhafte Neumondnatur als eine freie und autonome Göttin, opfern. Sie muß sich außerdem den neuen Sonnengöttern unterwerfen und Gilgamesch erlauben, die Schlüsselsymbole ihrer Macht, den Vogel, die Schlange und den Baum, zu vernichten.

Nun wird verständlich, warum Inanna über die fortwährende Anwesenheit von Lilith, der Schlange und dem Anzu-Vogel weinte, die in ihrem heiligen Baum wohnten. Die alte Vogel- und Schlangengöttin, die sich in der Krone und den Wurzeln des Lebensbaumes häuslich niederließ, vereinigte Himmel und Erde miteinander. Dieses Bild enthielt die Macht und das Wissen, die dem Vogel mit den Adlerflügeln und dem Löwengesicht und der durch die Schlange verkörperten Weisheit der sexuellen Erneuerung innewohnen. Inanna mußte diese Symbole ihrer Macht aufgeben, wenn das neue Patriarchat ihr Thron und Bett gewähren sollte, ihre neuen Symbole für die Mitherrschaft in der neuen Regierung. Hätte sie sie nicht freiwillig loslassen können, wären sie ihr im Zuge des nahenden patriarchalen Ansturms genommen worden. Das Heim ihrer Magd Lilith wurde zerstört, und Lilith mußte in die trostlose Wildnis fliehen.

In den folgenden Jahrhunderten, als die babylonische, die hethitische und die semitische Zivilisation die sumerische Kultur im alten Nahen Osten ablösten, dauerte Liliths Verbannung fort. Der wilde, freie und jungfräuliche (im Sinne von »keinem Mann gehörend«) Aspekt der weiblichen Sexualität, den Lilith symbolisierte, wurde zu den unwiderstehlichen, lüsternen, unersättlichen, unverheirateten Dämoninnen verzerrt, die Männer im Schlaf gegen ihren Willen verführten und ihre nächtlichen Samenergüsse hervorriefen. Ein altes babylonisches Rollsiegel zeigt einen Mann, der mit einem Vampir koitiert, dessen Kopf abgeschnitten ist, um Lilith und ihre Schwestern von ihren nächtlichen Heimsuchungen fernzuhalten. Ein anderes Amulett ist mit folgendem Text versehen:

Die Lilu, die Lilit, die nächtliche Lili,
Verzauberungen, Katastrophen, Verwünschungen,
Krankheiten, böse Zauber
sollen im Namen des Himmels
und im Namen der Erde
gebannt sein.

Auf einer syrischen Tafel aus dem 7. Jahrhundert v. u. Z. wurde Lilith als geflügelte Sphinx mit folgender Inschrift dargestellt, die als Teil einer Beschwörung Frauen bei der Geburt helfen sollte:

O Flieger in der dunklen Kammer,
Verschwinde sofort, o Lili.

Lilith wurde als Dämonin, die Frauen bei der Entbindung in Gefahr brachte und Säuglinge erwürgte, gefürchtet. Diese Angst kann mit ihrem Versuch zusammenhängen, Ninlils Recht, die Herrschaft zu gewähren, zu verteidigen, indem sie dafür sorgte, daß die Erben der siegreichen Stämme nicht überlebten. Viele dieser Beschwörungstexte wurden in Ninlils Stadt Nippur in Babylonien gefunden.

Lilith in der hebräischen Mythologie

Die nächste Schicht der Vorstellungen von Lilith als Dämonin rührte von den Hebräern her, die ihr einen zentralen Platz in der jüdischen Dämonologie zuwiesen. Anfang des 1. Jahrtausends v. u. Z. drangen die Hebräer in Kanaan ein und gerieten später in die Babylonische Gefangenschaft, wo sie sich an die lokale Mythologie und die dortigen Bräuche anpassen mußten. In Liliths kanaanäischem Königinnenreich konnten die Priester ihre Frauen nicht davon abbringen, zur Fruchtbarkeitsgöttin Anath zu beten, die ihren Anbeterinnen voreheliche Geschlechtsverkehr erlaubte. Die Propheten prangerten die israelitischen Frauen an, die diesen Praktiken nachgingen, und diffamierten Lilith als bösen und unnatürlichen Geist in dem Versuch, die Forderungen ihrer Frauen nach sexueller Freiheit zu unterdrücken.

Die meisten hebräischen Legenden über Lilith entstanden nach der Babylonischen Gefangenschaft (586 v.u.Z.) und der Abschiebung der Juden in die Gefangenschaft durch die Römer (70 u.Z.). Aus Babylonien brachten sie die Namen verschiedener Dämonen mit, unter anderem den von Lilith. Lilith kommt nur einmal in der Bibel vor, und zwar im Alten Testament, als Jesaja den Tag der Rache des Herrn beschreibt, an dem das Land in eine trostlose Wildnis verwandelt wird: »Wüstenhunde und Hyänen treffen sich hier, die Bocksgeister begegnen einander. Auch Lilith (das Nachtgespenst) ruht sich dort aus und findet für sich eine Bleibe.« (Jesaja 34,14)

Die Gefangenschaft stellte für das Überleben der Juden eine Bedrohung dar, und in ihrer machtlosen Situation mußten die hebräischen Männer ihre Männlichkeit sicherstellen. Folglich war es notwendig, daß ihre Frauen darauf »programmiert« waren, unterwürfig zu sein und ihre Interessen zugunsten derer der Männer, der Familie und Gesellschaft zurückzustellen. Die eigene Männlichkeit unter Beweis zu stellen wurde außerdem als die Fähigkeit definiert, Kinder zu zeugen, was in der Gefangenschaft für den Fortbestand des Volkes lebenswichtig war. So kam eine jede Bedrohung der Potenz eines Mannes oder seiner Nachkommenschaft dem Aussterben gleich. Das Konzept, für das Lilith stand, nämlich das einer sexuell unabhängigen Frau, die die Kontrolle über Schwangerschaft und Geburt hatte, stand im Widerspruch zum Überleben des Volkes. Es stellte ein Problem dar, dem begegnet werden mußte.

Bei der Begründung ihres Stammbaums hatten die jüdischen Patriarchen mit zwei verschiedenen Versionen in der Genesis über die Erschaffung von Mann und Frau zu kämpfen. Die erste Version der Genesis, die den früheren Glauben verkörpert, daß das Universum aus der Vereinigung von Vater Himmel und Mutter Erde entstand, berichtet, daß Gott den ersten Mann und die erste Frau gleichzeitig schuf. Die spätere, also zweite Version der Genesis erklärt, daß die Frau ein nachträglicher Einfall und »Anhängsel« des Mannes ist. Die neue monotheistische Religion, die nur einen Gott, den Vater, anbetete, mußte die Spuren der weiblichen Gottheiten beseitigen und die Göttinnenkulte unterdrücken. Lilith ist der Teil der Großen Göttin, der in nachbiblischer Zeit abgelehnt und ausgestoßen worden ist. Die weibliche Anbetung tauchte unter und überlebte nur in den verzerrten Projektionen der schlimmsten Ängste der Männer hinsichtlich ihrer Männlichkeit und Potenz.

Lilith und Adam Vor diesem Hintergrund entwickelte sich Liliths nächste Phase als erste Frau Adams, bevor er sich mit Eva vereinigte. Lilith verließ ihn und wurde daraufhin in der hebräischen Mythologie als böse Verführerin, Mutter von Dämonen und Kindermörderin dargestellt. Diese Geschichte wurde im babylonischen Talmud, dem *Sohar* und dem *Alphabet des Ben Sira* entwickelt, die alle außerhalb von Eretz Israel vermutlich nach 70 u. Z. verfaßt oder zusammengetragen wurden, auch wenn sie sich auf frühere mündlich oder schriftlich überlieferte Geschichten berufen.

Die früheste biblische Schöpfungsgeschichte erzählt, daß Gott den ersten Mann und die erste Frau gleichzeitig schuf. »Und Gott schuf den Menschen zu seinem Bilde, zum Bilde Gottes schuf er ihn; und schuf sie als Mann und Weib.« (Genesis 1,27) Aus jüdischen Legenden wissen wir, daß diese Frau Lilith war. Das *Alphabet des Ben Sira*, ein früher jüdischer Bibelkommentar, der um 1000 u. Z. verfaßt wurde, webt die verschiedenen früheren Schöpfungsversionen und das subversive Konzept von der Gleichheit der Frau zusammen.

Ursprünglich wurden er und sie, Adam und Lilith, einander ebenbürtig und gemeinsam erschaffen und im Garten Eden untergebracht, um den Dingen ihre Namen zu geben und dadurch die Welt sich manifestieren zu lassen. Sie hatten eine schwierige Zeit miteinander, weil Lilith auf voller Gleichberechtigung bestand, was Adam ablehnte, und sie sich nicht einigen konnten. Er wollte ihr nur beiwohnen, wenn sie die liegende Position einnehmen würde, denn er fühlte sich überlegen, da er aus reinem Staub geformt worden war und sie nur aus Schmutz und Sediment. Nach einiger Zeit erkannte Lilith, daß Adam niemals etwas als richtig und lohnend akzeptieren würde, was sie anzubieten hatte, und darum sprach sie den geheimen Namen Gottes aus und verschwand in der Luft.

Adam beklagte sich bei Gott, daß die Frau, die er ihm gegeben hatte, ihn verlassen habe. Darauf sandte Gott drei Engel, Senoi, Sansenoi und Samangeloph, die Lilith zurückbringen sollten. Sie fanden sie am Roten Meer, einem berüchtigten Ort, an dem es von lüsternen Dämonen wimmelte, denen sich Lilith zügellos hingab und unzählige Dämonenkinder gebar. Die Engel meldeten ihr Gottes Beschluß, daß, wenn sie nicht zurückkehren wolle, sie tagtäglich den Tod von hundert Kindern von ihr erleben müsse. Sie drohten, sie im Meer zu ertränken, wenn sie sich weigern würde mitzukommen. Sie protestierte und erklärte, daß sie eigens erschaffen wurde, um neugeborene Kinder zu »verderben«: Knaben bis zum achten Lebenstag (dem Tag der Beschneidung) und Mädchen bis zum 20. Tag. Jedoch versprach sie, daß, wann immer sie das Bild jener Engel auf einem Amulett sehen würde, sie keine Macht über den Säugling mehr haben würde. Und wenn sie wegen des Amuletts keinen menschlichen Säugling töten könne, würde sie ihre eigenen töten müssen.

Lilith kehrte nicht zu ihrem Ehemann zurück. Sie zog das Leben der Verbannung in einer Wüstenhöhle am Ufer des Roten Meeres dem der Unterwerfung und Herrschaft unter Adams Willen vor. Lilith machte eine lange Trauerzeit durch. Nicht nur hatte sie sich freiwillig als der weibliche Aspekt der Weisheit vom Prozeß einer neuen Schöpfung der Welt entfernt, täglich starben auch hundert ihrer Kinder für ihre Aufsässigkeit. Als sie ihre Trauer hinter sich gebracht hatte, schlief sie mit den Wassergeistern, und viele Wesen gingen aus dieser Vereinigung hervor – das Meer des Unbewußten, aus dem der weibliche Aspekt unserer Weisheit aus den Tiefen unserer Psyche emporsteigt.

Im Garten Eden unterdessen nahm Gott eine Rippe aus Adams Seite und formte sie zu Eva, Adams zweiter Frau und Gefährtin. Adam war erfreut darüber, von Lilith befreit zu sein, die ihm nur Schwierigkeiten bereitet hatte, und nun Eva zu haben, die in jeder Hinsicht unterwürfig und gehorsam war. Daß er jedoch nie aufhörte, Lilith ihre Entscheidung, ihn zu verlassen, übelzunehmen, spricht die Urwut des Mannes (oder des Mannes in jeder Frau) gegen jede Frau an, die ihn jemals verlassen oder abgelehnt hat, selbst wenn er sich glücklich schätzen sollte, daß sie aus seinem Leben verschwunden ist.

Die Legende von Adams Frau, die der Erschaffung Evas vorausging, verschmolz mit der früheren Sage von Lilith als Dämonin, die Säuglinge tötete und Frauen bei der Entbindung gefährdete. Als die Schöpfungsgeschichte niedergeschrieben wurde, wurde jeder Hinweis auf Lilith mit der einen Ausnahme von Jesaja aus der Bibel verbannt. Die biblischen Patriarchen wollten der Welt kein Vorbild einer Ehefrau geben, die Gleichberechtigung fordert, ihrem Mann trotzt und ihn schließlich verläßt. Statt dessen rühmten sie Evas Tugenden, die nicht solche Vorstellungen hatte, sondern unterwürfig war und ihren Mann in jeder Hinsicht ermächtigte.

Lilith wurde für ihre Aufsässigkeit bestraft, indem sie aus der rechtmäßigen Gesellschaft vertrieben und in die Wildnis verbannt wurde. Was von Liliths Geschichte übrigblieb, wurde verzerrt, und das Bild von ihr, das in der hebräischen Literatur und Folklore der folgenden Jahrtausende im Überfluß vorhanden war, war jenes vom weiblichen Bösen. Sie war bekannt als die Hure, die Böse, die Falsche und die Schwarze. Die erste Frau auf Erden, die dem Mann ebenbürtig und ein Freigeist war, wurde dazu verdammt, bis in alle Ewigkeit als Dämonin zu überleben, die sich mit Dämonen und Teufeln paarte und Ungeheuer anstatt menschlicher Kinder gebar. Dieses Bild sollte jeder Frau als Drohung und Warnung dienen, die sich überlegen könnte, ihren Gatten zu verlassen oder der männlichen Autorität zu trotzen.

Lilith im frühen – »finsteren« – Mittelalter

Im nachfolgenden Zeitraum ihrer mythischen Biographie nahm die Gesellschaft Lilith als eine vom wollüstigen, perversen sexuellen Begehren besessene Wahnsinnige wahr. Sie verbrachte ihre Zeit damit, Männer zu verführen, Dämonen zu gebären und kleine Kinder zu töten.

Lilith als Verführerin Adams Idylle mit Eva hielt nicht lange an. In Legenden heißt es, daß es Lilith war, gekrönt und geflügelt, mit einem Schlangenschwanz und um den Baum der Erkenntnis geschlungen (was Erinnerungen an die alte Vogel- und Schlangengöttin wachruft), die Eva dazu überredete, Adam den verbotenen Apfel anzubieten und ihn in die sexuellen Mysterien der zusammengerollten Kundalinischlange einzuweihen. Der *Sohar*-Mythos berichtet, daß Lilith »die Schlange war, die Frau der Prostitution, die Eva anstiftete und dazu brachte ... Eva dazu veranlaßte, Adam zu verführen, obwohl sie in ihrer menstruellen Unreinheit war«. Peter

Redgrove ist der Ansicht, daß Lilith die Eigenschaften einer »Initiatrix des männlichen Magiers in sich trägt, der durch seine dunklen Sinne für die Informationen und Rhythmen des dunklen Körpers der Frau sensibel und eng mit ihrem weisen Blut verbunden ist.«

Nach Adams Fall und Vertreibung aus dem Garten Eden tat er Buße, indem er fastete, sich kasteite und schwor, 130 Jahre im Zölibat zu leben. Lilith rächte sich, indem sie ihn nachts heimsuchte und mit erotischen Träumen verführte. Sie bestieg ihn und fing seine nächtlichen Samenergüsse auf, aus denen sie Dämonenkinder zeugte. Gleichzeitig schwängerten ähnliche männliche Geister Eva, und aus diesen Vereinigungen gingen die Plagen der Menschheit hervor.

Adams Verführung durch Lilith diente als mythischer Prototyp, um die Ängste der Männer vor der Sexualkraft der Frauen als Succubi zu bestätigen. In der rabbinischen Literatur wird davor gewarnt, daß »Lilith eine Metze ist, die mit Männern hurt ... die in der Unreinheit des spontanen Samenergusses unten schlafen und von denen Dämonen und Geister und Lilin geboren werden«. »Sie ist die fremde Frau ... die Süße der Sünde und die böse Zunge. Und von den Lippen der fremden Frau fließt Honig.« »Lilith ist die gewundene Schlange, die Männer dazu verführt, gewundene Wege zu gehen.« »Sie ist das Unreine Weibliche.«

Lilith war die geheime Angst der allein schlafenden Männer; denn sie würde ihre Körper auf lüsterne Weisen angreifen. Im *Sohar* heißt es:

*Sie [Lilith] streift nachts und überall in der Welt herum
und macht sich über Männer lustig und läßt sie Samen ergießen.
An jedem Platz, wo ein Mann allein in einem Haus schläft,
besucht sie ihn, ergreift ihn, verbindet sich mit ihm,
vergnügt sich mit ihm und gebärt von ihm.
Und sie quält ihn auch mit Krankheiten, und er weiß nichts davon,
und all das findet statt, wenn der Mond abnimmt.*

Sie lauert unter Eingängen, in Brunnen und Latrinen, wo sie die Männer weiterhin bis zum Jüngsten Gericht irreführt. Die aus Liliths nächtlichen Vergewaltigungen hervorgegangenen Sprößlinge sind die Dämonen, die die Welt mit Plagen heimsuchen.

Sobald ihre Töchter, die Lilin, sich mit einem Menschen verbunden hatten, erwarben sie sich die Rechte des Zusammenlebens, und um sie zu vertreiben, mußte man ihnen eine Scheidungsurkunde aushändigen. Es heißt, daß Lilith lachte, immer wenn ein frommer Mann einen feuchten Traum hatte. Ihre bezaubernde, unirdische Schönheit war besonders für junge Männer gefährlich, die sie begehrten, denn einmal heimgesucht, konnten sie nie mehr von einer sterblichen Frau befriedigt werden. Jahrtausendelang suchten die Lilin Männer heim, und Generationen von enthaltsamen Mönchen hielten nachts ihre Kruzifixe und Rosenkränze über ihren Genitalien umklammert, um sich vor der bösen Lilith zu schützen.

Lilith als Kindestöterin Liliths Taten als Kindestöterin sind in den Beschwörungstexten auf Schalen und Amuletten dokumentiert, die überall im Nahen Osten aus dem 5. bis zum 17. Jahrhundert zu finden sind. Man glaubte, Liliths Macht unter einer umgekehrten Schale, auf die Zauberformeln geschrieben waren, einfangen zu können. Als Personifizierung der zerstörerischen Lebenskraft war Lilith eine Gefahr für schwangere Frauen, denn sie verursachte Fehlgeburten und Komplikationen bei der Geburt. Die Lilin bevorzugten unehelich geborene Kinder und haßten alle, die aus einer gewöhnlichen menschlichen Ehe hervorgingen. Diese griffen sie an, quälten sie, saugten ihnen das Blut aus und erwürgten sie. Um ein neugeborenes Kind vor Lilith zu schützen, besonders Knaben, die erst durch die Beschneidung in Sicherheit waren, wurde mit Kreide ein Kreis an die Wand des Geburtszimmers gemalt, in den die Worte: »Adam und Eva. Verschwinde, Lilith!« geschrieben wurden. Die Namen Senoi, Sansenoi und Samangeloph – die Namen der drei Engel, mit denen Lilith am Roten Meer verhandelt hatte – wurden über den Eingang von Häusern und auf Amulette geschrieben, die den Kindern um den Hals gehängt wurden, um Liliths Rache abzuwenden.

Viele Amulette enthalten die Geschichte vom Propheten Elias, der Lilith auf ihrem Weg zum Haus einer Frau, die ein Kind erwartete, begegnete, »um sie in den Schlaf des Todes zu stürzen, ihr den Sohn zu nehmen, sein Blut zu trinken, das Mark aus seinen Knochen zu saugen und sein Fleisch zu essen«. Elias verfluchte sie, woraufhin sie Frauen bei der Entbindung keinen Schaden mehr zufügen konnte, wann immer sie ihren Namen sah oder hörte. Wenn ein Knabe im Schlaf lächelte, sagten die Leute, daß Lilith ihn streichele. Um Gefahren abzuwehren, strich man mit einem Finger dreimal über die Lippen des Kindes und rief aus: »Fort mit dir, Lilith, hier ist kein Platz für dich.«

Die Griechen übernahmen die Lilin und nannten sie Lamien. Sie erzählen die Geschichte von der afrikanischen Königin Lamia, die nur für ihre Schönheit lebte. Sie zog Heras Eifersucht auf sich, die ihre von Zeus gezeugten Kinder tötete. Lamia wurde um den Verstand gebracht, wurde häßlich und suchte, anderer Frauen Kinder zu vernichten. Sie soll auch imstande gewesen sein, ihre Gestalt zu verändern. Lamia wurde später die »Kindbettdämonin«, die Kinder raubte, schlafende Männer verführte und ihnen das Blut aussaugte. Sie waren auch als die Empusen (»Eindringlinge«, *Mormolyceia*) bekannt, furchteinflößende Wölfe und Kinder der Hekate.

Lilith und ihre Gatten Während Liliths Aufenthalt in der Wüste am Roten Meer kam eine ihr innewohnende feurige, wilde, verführerische Energie zum Vorschein. Der kabbalistischen Überlieferung zufolge arrangierte der Blinde Drache die Hochzeit zwischen der älteren Lilith und Samael, dem König der Dämonen, und sie herrschte als Königin im Reich der Kräfte des Bösen. Die jüngere Lilith wurde die Braut von Ashmodai, der ebenfalls ein Dämonenkönig war. Der *Sohar* sagt, daß Lilith aus ihrer Verbindung mit Samael und Ashmodai fremde und böse Legionen gebar, die Zerstörer der Ober- und der Unterwelt waren. Es kam zur Eifersucht zwischen den beiden Königen, und Lilith befahl über Legionen von Dämonen, um Krieg und jede mögliche Zerstörung anzuzetteln. Es heißt auch, daß Lilith die Königin von Samaragd war, die drei Jahre lang mit ihrer Dämonenarmee von ihrem Aufenthaltsort in der Wüste marschierte, um Hiobs Söhne anzugreifen.

Liliths Doppelnatur taucht erneut in ihrer Assoziation mit einer Schwesterdämonin namens Naamah auf. Naamah bedeutet »die Verführerin«, und mit ihrer außergewöhnlichen, unwiderstehlichen Schönheit und lieblichen Beckenmusik zog sie sowohl Engel wie Menschen in ihren Bann. In einigen Schriften werden Lilith und Naamah als die zwei Huren identifiziert, die König Salomons Weisheit prüften, indem sie um sein Urteil in ihrem Streit über ein Kind baten. Barbara Koltuv geht davon aus, daß Lilith die Jüngere Naamah ist, das Mädchen und die Verführerin, während es sich bei Lilith der Alten um die Kindermörderin, die Hexe und Räuberin handelt. Diese Zuordnung entspricht der neuen und dunklen Phase der Dreifaltigen Mondgöttin als Jungfrau und altes Weib.

Im arabischen Sagen- und Märchengut wird Lilith weithin mit der Königin von Scheba identifiziert. Ein jüdisch-arabischer Mythos aus dem 3. Jahrhundert erzählte, daß die Königin von Scheba ein *Dschinn* war – halb Frau und halb Dämon. Sie hatte Pferdehufe und behaarte Beine, eine Art Sphinx, die Rätsel aufgab. Es heißt, daß König Salomon Macht über Dämonen, Geister und Lilin hatte und ihre jeweiligen Sprachen beherrschte. Bei seinen Vorbereitungen auf den Besuch der Königin von Scheba befahl er den Dschinnen, einen Thronsaal mit einem Boden aus Glas zu errichten. Als die Königin von Scheba eintrat, glaubte sie, sein Thron stehe im Wasser, und raffte ihr Kleid hoch, um dieses zu überqueren und sich ihm zu nähern. So wurden ihre behaarten Beine, die ihren natürlichen tierischen Ursprung bewiesen, sichtbar.

Daß sie Lilith war, beweisen die Rätsel, die Königin Scheba dem König Salomon aufgab, denn es handelt sich dabei um eine Wiederholung der Worte der Verführung, die Lilith bei Adam gebrauchte: »Welches Wasser ist weder in der Luft, im Fluß, im Ozean noch im Regen?« Die Antwort darauf soll »der Schweiß eines Pferdes in seiner Mähne« lauten, aber es ist außerdem ein Doppelrätsel für »Frauenliebe« oder die Feuchtigkeit zwischen den Schenkeln von Königin Schebas tierhafter Schammähne. Salomon akzeptierte ihre instinkthafte weibliche Sexualität, und sie hatten ein Kind, auf das die abyssinischen Herrscher ihre Abstammung zurückführen.

In der kabbalistischen Zeit des 15. Jahrhunderts stieg Lilith triumphierend als die königliche Gemahlin an Gottes Seite auf. Als der Tempel von Jerusalem zerstört wurde, mußte die Matronit, die Mutter des Hauses Israel, ihren Mann verlassen und mit ihren Kindern bis zur Zeit ihrer Befreiung ins Exil gehen. Gott, Israels Vater, nahm die Sklavin (d. h. Lilith) anstelle der Matronit, und sie wurde die Herrin seines Hauses. Aus dieser Verbindung wurde Lilith die Mutter des unheiligen Volks, das die »gemischte Vielzahl« bildete.

Diese sündige Ehe zwischen Gott und Lilith wird bis zur Ankunft des Messias fortbestehen, der ihr ein Ende bereiten wird, indem er Lilith verstößt und die Matronit an ihren rechtmäßigen Platz neben Gott zurückbringt. Die messianischen Tage werden auch das Ende von Liliths Existenz kennzeichnen. Denn obwohl sie seit dem sechsten oder gar fünften Tag der Schöpfung existiert, ist sie nicht unsterblich. In den Tagen, die da kommen werden, wenn Israel Rache an Edom nimmt, werden sie und der Blinde Drache, der ihre Heirat mit Samael arrangierte, getötet werden, steht geschrieben.

Lilith im 19. Jahrhundert

Im 19. Jahrhundert, als der künstlerische Geist von der Gestalt der *Femme fatale* besessen war, erlangte die Figur der Lilith große Beliebtheit. R.F. McGillis schreibt, daß Lilith für die romantischen Autoren die Quelle des Bösen repräsentierte, eine Sirene, die diejenigen vernichtet, die ihrem Zauber erliegen. Sie ist die Unbekannte und Geheimnisvolle, und sich von ihrer Verzauberung abzuwenden bedeutet, die Menschheit zu retten. Männer fürchten und lieben sie zugleich, sowohl eingeschüchtert als auch fasziniert von ihrer Macht. Entweder vernichtet sie ihren Liebhaber, oder sie erweckt ihn zu einem neuen Bewußtsein und Leben.

Im Talmud wurde Lilith als langhaarige Dämonin der Nacht dargestellt. Das Haar einer Frau gilt als eine ihrer verführerischen Zierden, und aus diesem Grund werden die Haare von Nonnen, wie die Bräute Christi und die Vestalischen Jungfrauen, üblicherweise geschnitten, gebunden und bedeckt. Die Faszination der Männer von Liliths langem, verführerischem Haar ist das Thema in mehreren literarischen Werken des 19. Jahrhunderts.

Lilith erscheint in Goethes *Faust*, Teil 1. Inmitten des Trubels auf dem Brocken in der Walpurgisnacht-Szene tritt sie auf, die größte Verführerin, die sogar Mephisto Angst einjagt. Er warnt Faust:

> *Nimm dich in Acht vor ihren schönen Haaren,*
> *Vor diesem Schmuck, mit dem sie einzig prangt;*
> *Wenn sie damit den jungen Mann erlangt,*
> *So läßt sie ihn sobald nicht wieder fahren.*

Lilith als Schatten der weiblichen Sexualität und Freiheit

Einst war Lilith in der matriarchalen Welt ein Bild von all dem, was das Beste an der sexuellen Natur einer Frau war, vornehmlich in ihrem feurigen, dunklen Aspekt, der sich auf die Menstruationsmysterien bezieht. Als das Patriarchat die Sexualität der Frauen unterdrückt hatte und die alte Göttinreligion verschwand, verkörperte

Lilith schließlich die Projektion der Menschheit vom weiblichen Schatten, der Barbara Koltuv zufolge die sich durchsetzende und rebellische Frau repräsentiert. Als dämonische Dunkle Göttin wurde sie eher gefürchtet und gehaßt als verehrt.

Die Figur der Lilith zu beleuchten bedeutet, sich an eine Zeit in der Vergangenheit zu erinnern, als Frauen dafür hochgeschätzt und gepriesen wurden, daß sie ihre persönliche Freiheit und sexuelle Leidenschaft initiierten und sie voll und ganz ausdrückten. Wenn wir uns dann eine Zeit in der jüngeren Vergangenheit ins Gedächtnis zurückrufen, als Frauen versuchten, diese Ekstase wiederzubeleben, nur um mißbraucht, unterdrückt und abgelehnt zu werden, werden wir verstehen, wie Lilith von der patriarchalen Kultur umgewandelt wurde. In der folgenden Diskussion werden wir uns fragen: Was bedeutet es, die Eigenschaften zurückzufordern, die der Frau einst als ihr Geburtsrecht verliehen wurden?

Lilith in uns wiedergewinnen

In der mythischen Literatur existieren drei Liliths. Sie spiegeln die neue, die volle und die dunkle Mondphase der Dreifaltigen Göttin wider. Die jüngere Lilith war Naamah, das Mädchen und die Verführerin. Lilith als Gottes Gemahlin war die Mutter der »gemischten Vielfalt«. Und Lilith die Alte war die Kindstöterin, Hexe und Räuberin. Am Nachthimmel existieren ebenfalls drei Himmelskörper, die allesamt den Namen Lilith tragen. Es gibt einen Asteroiden namens Lilith, einen umstrittenen Dunklen Mond Lilith (ein anderer Erdsatellit), und den schwarzen Mond Lilith, der als der leere Brennpunkt in der Umlaufbahn des Mondes um die Erde definiert wird. In der mythischen Astrologie weisen die Positionen dieser Himmelskörper im Geburtshoroskop auf die psychologischen Prozesse hin, die sich im Leben der betreffenden Person entfalten, wenn Lilith ein vorherrschender Archetyp ist.

In der Lilith-Mythologie sind Bilder der Erniedrigung, der Herabsetzung, der Flucht und der Verzweiflung, denen feuriger Zorn folgt, und Rache als Verführerin und Kindstöterin im Überfluß vorhanden. Dies ist ihr Muster. Es gilt für Männer und Frauen gleichermaßen, daß Lilith uns in unserem Bestreben, sie zu finden und zurückzugewinnen, durch einen dreistufigen Prozeß führt. In der ersten Phase müssen wir uns all den Formen stellen, wie wir unterdrückt wurden, und klar Stellung beziehen, um unsere Integrität zu wahren. Die zweite Phase ihrer archetypischen Reise führt uns in die Verbannung der Verzweiflung über unsere Ablehnung, wo unser Schatten seine Rache schmiedet und ausführt. In der letzten Phase ihres Prozesses schneidet Lilith die Schichten weg, die ihre wahre Natur verdunkeln und verzerren, wodurch wir aus der Gefangenschaft befreit und erlöst werden.

Rebellion gegen Unterwürfigkeit In ihrer frühesten Zeit war Lilith als Magd der Inanna ein Symbol der Tempelpriesterinnen. Diese heiligen Frauen brachten die Segnungen der Göttin, nämlich sexuelle Liebe und Fruchtbarkeit, in das Leben der Menschen und auf die Erde. Ferner übertrugen sie die Blutlinie der göttlichen Herrschaft durch ihre in heiligen Ritualen empfangenen Kinder. Zu Beginn einer neuen, von Sonnengöttern regierten spirituellen und politischen Ära, war es diese Lilith, die zu Adam kam, um ihre Weisheit und ihre Verpflichtung zu einer gleichberechtigten Partnerschaft anzubieten. Sie war die erste Frau auf Erden, die dem Mann ebenbürtig und ein Freigeist war.

Aber Adam lehnte sie sexuell und geistig ab und versuchte sie zur Unterwürfigkeit zu zwingen. Sie weigerte sich, sich zu unterwerfen, und da sie ein Windgeist war, flog sie davon und nahm am Roten Meer wieder ihre uralten sexuellen Praktiken auf. Lilith stellte man sich dann als eifersüchtige Rächerin vor, die die zerstörerische Lebenskraft personifizierte. Dieses Bild rührte von Adams Weigerung her, sie als ebenbürtig anzuerkennen, und wurde der Prototyp für den Widerwillen der Männer, die Gleichberechtigung und instinkthafte Sexualität der Frauen zu akzeptieren.

Lilith lebt in jedem Mann und jeder Frau, und sie repräsentiert unsere uranfängliche, instinkthafte weibliche Sexualität. Der männliche Teil einer jeden Person sehnt sich nach der Macht dieser wilden Frau und fürchtet sie zugleich. Sie ist frei und zügellos in ihrer belebenden, pulsierenden, transformierenden Sexualität, die Erinnerungen an den ursprünglichen orgiastischen Aspekt der Großen Göttin wachruft.

Wenn diese Lilith durch uns spricht, ist sie die Stimme, die absolute Gleichberechtigung verlangt, in welcher Situation wir uns auch befinden mögen (Beziehung, Arbeit, Familie, Gruppe usw.). Sie wird sich nicht mit irgend etwas Geringerem zufriedengeben und ist nicht bereit, Kompromisse zu schließen, falls das bedeutet, ihre wesentlichen Werte, Überzeugungen oder Ideale zu verleugnen. Lilith strahlt Stärke, Mut und Leidenschaft aus, und sie bezieht klar Stellung für Unabhängigkeit und Freiheit von Tyrannei. Sie ist diese Eigenschaft in uns, die sich weigert, in einer Beziehung gebunden zu sein, sie will die Freiheit, sich zu bewegen, sich zu verändern und sie selbst zu sein. Sie wird nicht an ihrer eigenen ungerechten Behandlung mitarbeiten, sondern eher keine Beziehung einer schlechten vorziehen. Anstatt beherrscht und unterdrückt zu werden, akzeptiert Lilith den Verlust der physischen Sicherheit, die Einsamkeit und den Ausschluß aus der Gesellschaft. In ihrer freiwilligen Verbannung aus der Gemeinschaft hat sie die Fähigkeit, sich selbst zu nähren und zu erhalten.

Mit dem Aufstieg des Patriarchats war es für Frauen (und die Frau in jedem Mann) nicht mehr akzeptabel, Liliths ursprüngliche Essenz als ein sexuell lebendiger, dem Mann gleichberechtigter Freigeist zu erfahren. Sie erscheint in unserem täglichen Leben, wenn wir uns in Situationen finden, in denen es uns nicht freisteht, uns zu erklären, oder wir nicht für unsere Weisheit geschätzt werden. Wir werden daran gehindert, unsere Lebensumstände zu verändern, zu wählen und zu bestimmen. Vielleicht fühlen wir uns gezwungen, entgegen unserer besseren Einsicht anderen zu gehorchen, und unter Druck gesetzt, die Eigenschaften, die andere nicht tragbar und bedrohlich finden, besonders die sexuellen, unabhängigen und rebellischen Teile unserer Persönlichkeit, zu unterdrücken. Erfahrungen der Demütigung und Ablehnung tragen weiterhin dazu bei, daß unser schwelender Groll immer größer wird.

Der innere Druck, der sich ansammelt, wenn eine Energie eingeengt und eingeschränkt wird, löst schließlich einen heftigen Ausbruch aus. Wenn unsere unterdrückte Wut so heftig hervorbricht, vermögen wir unsere Wahrheit zu erkennen und auszusprechen. Jedoch kann diese Klarheit auch die falschen Ansprüche zerstören, die unseren selbstzerstörerischen und selbstunterdrückerischen Beziehungen zu unseren Partnern, Eltern, Vorgesetzten, geistigen und akademischen Lehrern oder Gruppen Form geben. Angesichts dessen, was aufgedeckt wurde, können wir nicht zu den alten Mustern der Selbstverleugnung zurückkehren und unsere Beziehung wiederaufnehmen, als wäre nichts geschehen.

Flucht in die Verbannung Dadurch, daß wir für uns Partei ergreifen, werden wir möglicherweise angeprangert und gedemütigt. Wie Lilith, die nach ihrer Rebellion in die Verbannung gezwungen wurde, ist es das Schicksal vieler weiblicher Rebellen, Ächtung, Verfluchung oder eine andere Form von Verbannung infolge ihres aufsässigen Verhaltens zu erleiden. Wir sind von einer feurigen Wut erfüllt, fühlen uns gezwungen zu fliehen und unser »Heim« aufzugeben, um unsere Integrität nicht zu verlieren. Obwohl wir eigentlich selbst fortgehen, fühlen wir uns zurückgewiesen, verletzt und betrogen. In den Fällen, in denen wir wegen Kindern, anderer familiärer Verpflichtungen, finanzieller Überlegungen oder aus Angst um unsere Sicherheit nicht fortgehen können, weisen wir vielleicht Liliths Stimme zurück, die uns anspornt, so zu handeln, damit wir überleben und weitermachen können, und verbannen sie. Aber wir wissen, daß der Schatten in der Verbannung sich nicht unterwürfig damit abfindet, seine Zurückweisung einfach hinzunehmen, ob nun seine Flucht in die trostlose Wildnis äußerlich oder innerlich vonstatten geht.

Einem eingesperrten und verletzten Tier gleich, das vor dem, der es gefangennahm, flieht und verzweifelt versucht, ein Versteck zu finden, um sich zu heilen, fliegt Lilith auf der Suche nach einer Zuflucht in die Wüste davon. Vielleicht geben wir tatsächlich unsere Beziehung auf. Oder wir ziehen uns, falls wir auf der äußeren Ebene nicht entkommen können, möglicherweise innerlich zurück, indem wir uns emotional und psychisch von unserem Unterdrücker trennen. In beiden Fällen ist die zweite Phase von Liliths mythischer Reise eine Flucht in die Einsamkeit, die oft als eine Zeit des Wahnsinns erfahren werden kann. Uns einsam, betrogen, zurückgewiesen und verletzt fühlend, winden wir uns im Schmerz unserer Verzweiflung. Während wir uns selbst retten, zerstören wir unsere Verbindung zu anderen. Hinzu kommt, daß wir oft von der sozialen Gruppe geächtet werden, innerhalb derer unsere Beziehung existiert hat. Eine Frau, die ihre Beziehung auflöst, muß – vor allem, wenn der Grund für ihren Weggang das sexuelle Verhältnis mit einem anderen Mann ist – oft auf ihr Heim, ihre Habseligkeiten und finanziellen Ressourcen aus der Ehe verzichten. Sie wird gedemütigt, und es ist nicht ungewöhnlich, daß der

Lebensstandard von Frauen nach einer Scheidung oder Trennung weniger gesichert und niedriger ist.

In dem Maße, wie wir Schwierigkeiten haben, uns durch unser Leiden hindurchzubewegen, um unsere Würde zurückzugewinnen, können wir unsere Wut verinnerlichen und sie folglich gegen uns selbst richten. In unserer Ablehnung fühlen wir uns einsam und unerwünscht. Dies interpretieren wir in dem Sinn, daß etwas an uns nicht akzeptabel und wünschenswert ist. Erfüllt mit Verbitterung und Vorwürfen, werden wir zu Männern, die Frauen hassen, und zu Frauen, die sich selbst hassen.

In Liliths mythischem Drama kommt eine Zeit, in der es in unserem Innern keine Tränen oder vergeblichen Hoffnungen auf Anerkennung und Versöhnung mehr gibt. Dann kommt allmählich eine andere Emotion auf, nämlich Empörung, und der Wunsch nach Rache an der Person oder Situation, die uns derart hat leiden lassen.

Während Lilith sich weit weg in der Wüste ihres freiwilligen Exils aufhält, verletzt und leidend, versucht sie, ihre innere Quelle der Kraft zu finden und ihre Integrität zurückzugewinnen. Die Welt, die sie verlassen hat, bestrafte sie jedoch für ihr Weggehen. Die männliche Vorherrschaft war von ihren kraftvollen weiblichen Eigenschaften der Unabhängigkeit und Leidenschaft eingeschüchtert. Sie wurde als Dämonin, Verführerin und Kindsmörderin verleumdet, ähnlich wie viele Frauen heutzutage, die Beziehungen aufgeben, in denen sie mißbraucht werden, nur um als Schlampen und Huren bezeichnet oder ihrer Kinder beraubt zu werden. Lilith wurde zu einem gehaßten und vielleicht heimlich beneideten weiblichen Symbol, das als Drohung gegenüber abweichenden oder rebellischen Frauen eingesetzt wurde und sie davor warnte, wie die Gesellschaft sie behandeln würde, falls sie ihre Ehemänner verlassen oder sich männlicher Autorität widersetzen sollten.

Kabbalistisch gesehen entspricht Liliths Name der im Schatten verweilenden Schleiereule. Wenn ein Aspekt der Ganzheitlichkeit des Selbst geleugnet wird, entwickelt er sich zum Schatten. Wenn wir Liliths Essenz unterdrücken, wird das abgelehnte Schattenselbst durch den Druck der Verdrängung und die Qual des Schmerzes verzerrt. Während das Schattenselbst in der Verbannung schwärt, läßt es Gifte in unseren Bewußtseinsstrom frei, die unsere Wahrnehmung der Wirklichkeit entstellen.

Mit der patriarchalen Verdammung der weiblichen Sexualität und Freiheit haben wir Lilith kollektiv in eine verderbenbringende, verführerische Dämonin verwandelt, die zur Braut des Teufels wird. Sie wurde zum Sündenbock für die Ängste von Männern und Frauen vor ihren instinkthaften Wünschen und sexuellen Trieben, und schließlich verkörperte sie die schlimmsten Ängste der Männer hinsichtlich ihrer sexuellen Potenz und Leistung. Die mythischen Vorstellungen von Lilith tragen unsere dunklen Projektionen des weiblichen Schattens in sich, der in die dunkelsten Nischen unserer Psyche verbannt wurde. Als Abgesandte der alten Vogel- und Schlangengöttin ist Lilith mächtig.

Anstatt in der Verbannung dahinzuwelken, wächst und gedeiht der Lilith-Schatten in der gleichen Weise, wie sie fruchtbar war und am Ufer des Roten Meeres unzählige Dämonen gebar. Falls dieser Aspekt von Liliths Schatten in unserem Leben aktiv ist, wird unsere Psyche von Bildern der Rache und der Vergeltung überwältigt. Wenn der Schatten zwangsläufig und gewaltsam unsere Grenzen der Einschränkung durchbricht, entfesselt sie den Schrecken ihrer Rache.

Der Lilith-Mythos enthält die patriarchalen Assoziationen der rebellischen Frau mit der Teufelin. Frauen, die die Grenzen akzeptabler unterwürfiger weiblicher Verhaltensweisen überschreiten und ihre Fähigkeit, nein zu sagen, in die Tat umsetzen, lösen bei Männern Ängste und Phantasien aus, daß ihre Rebellion zu einem unkontrollierbaren, unaufhaltsamen Aufruhr führen wird, wie die der mythischen Lilith.

Weil Lilith sich treu blieb, bedrohte sie aktiv das Fortbestehen von Adams patriarchaler Herrschaft. In ihrem Schattenaspekt als die eifersüchtige Rächerin projizierten die Menschen das Bild der lebenzerstörenden Dunklen Göttin auf sie. Begehrenswert und gefährlich, wurde sie der Inbegriff der sexuellen Sehnsucht der Männer und deren Angst vor der sexuellen Macht der Frauen über sie. Sosehr sie sich auch mühten, sie konnten ihre verführerische, verbotene Schönheit nicht völlig beseitigen, die Erinnerungen an ihre ursprüngliche orgiastische Natur wachrief. Sie wurde das Symbol der verhängnisvollen Bezauberung, tödlich in ihrer Verführung. Sie hatte die Macht, Männer zu vernichten, indem sie sie nachts gegen ihren Willen erregte und mit ihnen schlief. Sie schwächte ihre Lebenskraft, indem sie ihnen das Blut aussaugte, und zehrte ihre Potenz auf, indem sie die nächtlichen Samenergüsse verursachte, um Dämonen zu zeugen, die ihre Rache vervielfachen sollten. Als weiblicher Teufel und Vampir wurde Lilith von denjenigen gemieden, die alle erotischen Erfahrungen, abgesehen von solchen, die zur Empfängnis von Kindern führten, fürchteten und folglich verneinten.

Wenn der Lilith-Schatten im Leben eines Mannes aktiv ist und dieser seine inneren dämonischen Bilder von Lilith auf Frauen projiziert, wird er vom dunklen, bezaubernden, verbotenen Weiblichen fasziniert und unwiderstehlich angezogen sein, das er infolge seiner Angst vor ihrer todbringenden sexuellen Macht über ihn zu schänden und zu vernichten sucht. Er erlebt die Leidenschaft einer Frau als unersättliche und anstrengende Sexualität, die seine Männlichkeit und Erektion beeinträchtigt. Er gibt der Lilith-Frau die Schuld daran, daß er sich impotent fühlt, und verleumdet sie als kastrierend. Die Zurückweisung Adams durch Lilith und ihre Flucht zum sinnlichen Roten Meer lösen bei Männern außerdem Ängste vor dem Verlassenwerden und dem Verlust der Gesellschaft der Frau und ihrer emotionalen Unterstützung aus. Frauen wie Lilith, die sich weigern, Männer zu nähren, bedrohen deren Sinn für das Überleben.

Wenn der Lilith-Schatten im Leben einer Frau aktiv ist, kann der Haß auf die eigene Sexualität zu Unfruchtbarkeit, Frigidität, emotionaler Kälte und übermäßiger Distanz führen. Lilith-Frauen können ihre Bedürfnisse in Beziehungen, die sie einschränken und abwerten, nicht befriedigen lassen. Gefangen in dieser Art von Mißbrauch, benutzen sie in versteckter Rache ihre Sexualität wie eine Waffe, um damit andere zu kontrollieren, zu manipulieren und zu bestrafen. Zum Exzeß getrieben, kann diese willkürliche, destruktive sexuelle Aktivität fehlschlagen und anfällig für Geschlechtskrankheiten machen.

Frauen, die Lilith verleugnen – ihre instinkthafte Sexualität unterdrücken und statt dessen patriarchale Erwartungen um der männlichen Anerkennung willen erfüllen –, werden sie in ihrem Haß und ihrer geheimen Eifersucht auf attraktive, unabhängige Frauen kennenlernen, die dann womöglich die eigenen Ehemänner verführen. Diese bedrohlichen Projektionen stellen ihre Entscheidungen in Frage, Gehorsam und Unterwerfung um der Sicherheit der Ehe und gesellschaftlichen Akzeptanz willen zu akzeptieren. Lilith wird als die »andere Frau«, Geschiedene, Prostituierte, »Bürogattin« und Vamp gefürchtet.

Liliths Schatten fordert nicht nur das Leben von Männern, als Kindsmörderin rächt sie sich auch an deren Nachkommen und gefährdet das Überleben von Adams Kindern durch andere Frauen. Schwangere und gebärende Frauen und neugeborene Kinder zu töten oder zu verletzen gehört zu ihren Verbrechen. Wenn Lilith als Schatten in uns aktiv ist, kann sie als die mörderische Wut hervorbrechen, die wir manchmal gegenüber unseren eigenen Kindern empfinden, wenn wir uns durch unsere Verantwortung für sie angebunden und eingeschränkt fühlen und keine Zeit und keinen Raum für uns haben. Sie erscheint in den Menschen, die Kinder hassen und sie durch sexuellen oder physischen Mißbrauch verletzen.

Lilith ist in allen von uns präsent, die den Schmerz des verletzten Kindes in sich tragen, dessen Bedürfnisse erstickt wurden.

Liliths tiefere Bedeutung als Kindsmörderin liegt in ihrer Beziehung zu den Gezeiten des weiblichen Menstruationszyklus. Wie wir in Kapitel 7 ausführlicher erläutern werden, ist die Dunkle Göttin die Muse der Menstruation. Die mythische Lilith galt als die kindermordende Hexe der Menstruationsperiode, wenn sich der Schoß mit Blut und nicht mit Nachwuchs füllt und den Männern ihre Erben versagt bleiben. Die Menstruation ist ebenfalls eine Zeit, in der Frauen instinktiv vor den Beanspruchungen durch andere flüchten und sich in sich selbst zurückziehen wollen. Wenn ihnen das nicht möglich ist, protestiert Lilith als die »Hexe des Prämenstruellen Syndroms«, die tobende Schlampe. In ihrem Menstruationsaspekt wurde Lilith dafür gehaßt, daß sie sich weigerte, Männern zu dienen oder ihnen Kinder zu empfangen.

Aus der Sicht der weiblichen Mysterien ist Lilith, die sich am Ufer des Roten Meers, des Ozeans des roten Blutes, dem zügellosen Geschlechtsverkehr hingab, die Göttin des Menstruationsblutes der Frauen. Die Menstruation ist die Quelle der psychischen Macht einer Frau, und sie wurde als eine Zeit genutzt, um sich auf rituelle tantrische Sexualpraktiken einzulassen. Es war Lilith, die Eva dazu überredete, mit Adam in der Zeit ihrer Blutung zu schlafen und ihn in die Mysterien des Gartens einzuweihen.

Weil die Sexualität während der Menstruation nicht zur Empfängnis im physischen Sinne führt, ist sie »das Tor zur magischen und außersinnlichen Wahrnehmung«. In der Kabbala heißt es, daß Lilith die Leiter ist, die man bis zu den Stufen der Weissagung hinaufsteigen kann. Das Patriarchat lehnte Liliths menstruelle Sexualität ab, weil sie nicht auf die Geburt von Kindern hinauslief. Es fürchtete sich außerdem vor der psychischen Macht der Frau in ihrer roten Zeit. Mit der Verleumdung Liliths wurde gleichzeitig die Menstruation tabuisiert, um Frauen daran zu hindern, die Macht ihres weisen Blutes zu entdecken.

In dieser zweiten Stufe von Liliths Verbannung sind wir in den Klauen des Schattens gefangen. Da der Archetyp der Lilith weiterhin über Generationen unterdrückt wird, wird die Art und Weise, wie er in uns wirkt, immer verzerrter und verbogener. Diese versteckten Bilder von Lilith als Verführerin und Kindsmörderin liegen in unserer unbewußten Psyche begraben. Sie stacheln den Krieg zwischen den Geschlechtern an und nähren ihn. Die ursprüngliche Wunde rührt von unserer konditionierten Angst vor der instinkthaften Sexualität der Frau und ihrer Macht über Männer her. Je stärker dieser Aspekt des Selbst abgelehnt und nicht integriert wird, um so eher sind wir dafür empfänglich, Sexualität als destruktive Gewalttat zu erleben.

In unserer stummen Wut darüber, daß unsere Erfahrung von Sexualität als ein Segen des schöpferischen Lebensprinzips verleugnet wird, verbringt Liliths Schatten seine Zeit in der Verbannung damit, unsere Rache zu schmieden und auszuführen. Wir werden im Netz der verzerrten Projektionen des Patriarchats gefangen sein und tatsächlich seine schlimmsten Ängste vor dem dämonischen Weiblichen verwirklichen, das wütend versucht, das ihm Zustehende einzufordern. Die Samen dieser Gedanken und Taten werden jedoch Früchte tragen, wodurch wir weiterhin neue Muster der Unterdrückung und Ablehnung in unserer Zukunft erschaffen.

Loslassen und Erlösung Wenn Lilith in unserem Leben aktiv ist, finden wir uns vielleicht im Dilemma gefangen, unsere Integrität, das Recht, unsere Wahrheit auszudrücken und nach ihr zu handeln, auf Kosten der Trennung von Verwandtschaft und des Ausschlusses aus der Gesellschaft zu wahren. Das Geheimnis von Liliths alchemistischer Transformation liegt in der Dunkelheit der letzten Stufe ihres dreiteiligen Prozesses begründet. Diese Dunkle Göttin, die ihren Namen mit dem astronomischen Schwarzmond teilt, ist mit der Schwarzen Mutter der östlichen mythologischen Überlieferungen verwandt. Viele alte Amulette zum Schutz gegen Lilith haben die Form eines Messers, das Liliths Eigenschaft symbolisiert, instinktiv und messerscharf bis zur wesentlichen Natur der Dinge vorzudringen. Die hebräische Lilith, die »Flamme des kreisenden Schwertes«, ist eine Verbündete der hinduistischen Kali und der tibetischen Schwarzen Dakini, dem Zerstörerin-Aspekt der Dreifaltigen Göttin. Feurige Funken sprühend, schwingt sie drohend ihr gekrümmtes Messer in der einen Hand und hält in der anderen einen abgeschnittenen Kopf in die Höhe. Damit wird das Durchtrennen der Anhaftungen im Glauben des Ichs an ein separates Selbst symbolisiert.

Durch die spirituelle Praxis der Schwarzen Mutter wird die Art und Weise, wie wir unsere irrtümlichen Überzeugungen von unserer wahren Natur immerwährend fortsetzen, durchgeschnitten. Dabei führt sie uns zu einem Bewußtsein von der grundlegenden Einheit allen Lebens. Schließlich verstehen wir, daß alles Leben eine sich ewig wandelnde, undifferenzierte, universell miteinander verbundene Matrix lebendiger Energie ist, die auch dann nicht getrennt werden kann, wenn sie in physische Formen und geistige Konzepte eingehüllt ist.

Mit ihrem gekrümmten Messer durchtrennt sie all unsere falschen Bilder und Absichten, die sich in unserer individuellen und kollektiven unterdrückten Vergangenheit angesammelt haben. Sie duldet keinen Versuch, uns untreu zu werden, weder aus einer guten noch aus einer schlechten Motivation heraus; ein solcher Versuch endet mit einer Katastrophe. Sie zerstört unbarmherzig alles, was nicht unsere wahre Individualität oder unser angemessener Lebensweg ist. Sie wird uns nicht zu unserem Ziel führen, indem sie offenbart, welches es ist, sondern indem sie alles beseitigt, was nichts damit zu tun hat. Liliths schwarzer Aspekt schließt all die falschen Türen, denen wir uns gegenübersehen.

Die erzwungene Klarheit der schwarzen Lilith befähigt uns, die Täuschung unserer falschen Bedürfnisse zu durchdringen, die uns in Rollen hineindrängen, die nicht unserer wahren Individualität entsprechen. Ihr mitfühlender Zorn läßt uns erkennen, wer wir wirklich sind, und zwingt uns, uns treu zu sein. Die schwarze Lilith in uns akzeptiert nichts geringeres als unsere wahre Individualität, nicht im Sinn ihres Getrenntseins, sondern dessen, wer wir wirklich sind. Wenn wir uns sicher fühlen, unser wahres Selbst anzuerkennen und auszudrücken, werden wir uns nicht untreu, um von anderen akzeptiert zu werden. Wir sind nicht mehr so anfällig dafür, in Situationen verwickelt zu werden, die uns verleugnen und Kraft entziehen, Situationen, in denen Liliths selbstzerstörerischer Zyklus seinen Anfang nimmt.

Für viele von uns stellt Lilith jedoch ein Dilemma dar, denn wie sollen wir zu unserer Integrität stehen, wenn das unsere Gesellschaft durchdringende patriarchale Wertesystem weiterhin diesen Aspekt der weiblichen Natur ablehnt? Das Problem wird durch unsere konditionierte Lilith-Reaktion verschlimmert, vor problematischen Konfrontationen zu fliehen. Wenn wir in Liliths Schatten gefangen sind, harren wir nicht lange genug aus, um die notwendigen Werkzeuge zur Konfliktlösung zu entwickeln. Dieses Muster bestärkt die Entfremdung, Verbitterung und Trennung von der Familie, was sich oft in der Lilith-Erfahrung findet.

In dem Maße, wie wir in einer dualistischen Wirklichkeit leben, in der eine starke Abgrenzung zwischen Unterdrücker und Opfer besteht, kann unser gequälter Lilith-Schrei der Verletzung und Wut nicht geheilt werden. Unser ganzes Leben werden wir zwischen diesen beiden Rollen hin- und herwechseln und auf einen Machtanspruch gegründete Ultimaten stellen oder vorgesetzt bekommen, die auf dem Ausschluß der anderen Sicht bestehen. Diese Haltung führt uns vom Zustand der Ganzheitlichkeit noch weiter weg.

Viele philosophische Traditionen kommen schließlich zu der Erkenntnis, daß sich der Weg zu Gleichgewicht, Integration und Ganzheitlichkeit durch die Aussöhnung von Gegensätzen öffnet. Lilith strebt nach der Aussöhnung zwischen dem männlichen und dem weiblichen Geschlecht, einzelnen sich feindlich gegenüberstehenden Personen und den verschiedenen einander bekriegenden Aspekten in unserer Psyche. In Liliths Reich ist Konsensfindung eine Kunst, die wir lernen können, um unser Getrenntsein von der Ganzheitlichkeit unseres Selbst und des übrigen Lebens zu heilen.

Das Konzept der Konsensfindung umfaßt die Eigenschaften der Integration und Synthese. Es ist die schöpferische dritte Lösung, welche die Sowohl-als-auch-Antwort auf ein jedes Problem ist, das als Schwarz/Weiß- oder Entweder/Oder-Alternative gesehen wird. Ein Konsens erfordert nicht die Art von Kompromiß, der uns drängt, unsere wesentlichen Werte aufzugeben, während wir mit einer anderen Person verhandeln. Wenn wir überzeugt davon sind, daß eine solche Lösung theoretisch existiert, besteht Liliths Prozeß in der Bereitschaft, nach dieser Lösung zu suchen. Funktioniert eine Möglichkeit nicht, lassen wir sie fallen, ohne die andere Person zurückzuweisen oder herabzusetzen. Wir probieren eine neue aus, bis wir durch Erfahrung zu einer Lösung gelangen, an deren Vorhandensein wir glauben.

Indem wir eine Konsensfindung praktizieren, können wir uns allmählich aus einer dualistischen Wirklichkeit hinausbewegen, die von Natur aus auf Polarisierung, Trennung und Machtkampf basiert, wobei eine Seite zwangsläufig verliert und abgelehnt wird – in diesem Fall die Eigenschaften der weiblichen Natur, wie sie durch Lilith repräsentiert werden. Konsens in Liliths Reich kann uns zum Stand der Gnade führen, der von den Alten »Einheit« genannt wurde und dessen Eigenschaften Einbeziehung und Anerkennung sind. Auf diese Weise können wir die Unstimmigkeit, die unsere Erfahrungen des Ausgestoßenseins und der Flucht in die Verbannung unserer Trennungen aufrechterhält, heilen.

Nachdem sie an die Wurzel gegangen und all die verborgenen und verzerrten Aspekte von Liliths Schattenselbst, das den Zyklus von Konflikt und Trennung fortbestehen läßt, durchgeschnitten hat, legt die schwarze Lilith all unsere Ich-Anhaftungen (Ich im Sinn eines Glaubens an ein separat existierendes Selbst) in ihren Kessel der Transformation. Sie verwandelt die giftigen Ansammlungen in den Weisheitsnektar der klaren Wahrnehmung und der bewußten Teilnahme an Einigung.

Der Pfau gilt als ein Schicksalsvogel und wird mit Mondlicht, Eulen und Infektionskrankheit assoziiert, die allesamt mit den mythischen Lilith-Vorstellungen in Zusammenhang stehen. Jedoch kann der Pfau giftige Pflanzen fressen; und anstatt zu sterben, vermag er das tödliche Gift in die schillernden Farben seines Gefieders zu verwandeln.

In der Jerusalem-Bibel heißt es, daß Lilith auf ewig als Verführerin und Kindsmörderin zurückkehrt und zwar bis zum Kommen des Messias, der die unreinen Geister aus dem Land vertreibt (Sacharja 12,2). Aus der Sicht der schwarzen Lilith verweist dieser Vers auf die heilenden Eigenschaften der Dunklen Göttin, die weiterhin ihre verzerrten Bilder aus unserem Bewußtseinsstrom zerstören und reinigen wird. Wir können die reine Form dieser abgelehnten Teile von uns zurückgewinnen. Die Heilung bringt es mit sich, daß wir uns auf einen Zustand der Ganzheitlichkeit in uns zubewegen, und dieses Bewußtsein löst die Erkenntnis von unserer Verbundenheit mit dem ganzen Leben aus. Wenn wir Lilith in unserer Psyche akzeptieren, wird sich die Qualität unseres Lebens fort von einem Zustand der Entfremdung in der Verbannung zu einem bewußten Ausdruck unserer Individualität und unseres Sinns und Zwecks im größeren Ganzen bewegen.

In ihrem dreistufigen Prozeß zeigt Lilith uns zuerst, wie und wo wir die Themen der Unterdrückung, des Grolls, der aufbrausenden Wut, des Eintretens für unsere Würde erfahren, nur um zurückgewiesen und zur Flucht gezwungen zu werden. In der zweiten Phase bringt sie uns in die Verbannung der Einsamkeit, wo wir unsere Qual, Entfremdung, Angst und unseren Haß auf unsere Sexualität spüren. Sie übt Rache, indem sie die schlimmsten Ängste des Patriarchats erfüllt und ihre scheußlichen Schattenprojektionen in Szene setzt. In der letzten Phase können wir ihre transformierenden und heilenden Aktivitäten entdecken, wenn sie unsere Anmaßungen, falschen Rollen und Illusionen durchschneidet und uns unser wahres, eigentliches Selbst voll und ganz zu verwirklichen hilft. Maxine Harris schreibt, daß sich erst seit kurzem feministische Autorinnen für Liliths Sache einsetzen und sie zur ersten befreiten Frau erklären, einer Frau, die nicht bereit war, eine Position der Unterwürfigkeit gegenüber ihrem Mann zu akzeptieren.

TEIL III

Riten der Wiedergeburt

Warum fürchtet ihr die Dunkle Königin, o Männer?
Sie ist eure Erneuerin.
Dion Fortune

7. Die Dunkle Göttin als die Muse von Menstruation und Menopause

Die mythische Dunkle Göttin lebt heute nach wie vor in jeder und jedem von uns weiter. Wir können ihre Präsenz in unseren Körpern und in den Kräften unserer Persönlichkeit spüren, die uns den Weg in die Dunkelheit weisen, wo wir die Samen für unsere Erneuerung finden können. Wie können wir sie in unserer Mitte erkennen?

Hinter ihrem dunklen Schleier verborgen, ist sie geheimnisvoll und schwer faßbar. Doch wenn sie ihren Schleier lüftet, zeigt sie ein feuriges, furchtloses und machtvolles Gesicht. So sicher, wie der Mond seine Phasen durchläuft, erscheint sie uns regelmäßig im Lauf der Tage, Monate und Jahre unseres Lebens. Der direkteste Weg, auf dem wir die Natur und Wirkweisen der Dunklen Göttin entdecken können, besteht darin, den weiblichen Sexualzyklus zu ergründen, der durch den Mondzyklus der Göttin reguliert wird.

In der Physiologie des weiblichen Körpers unterscheiden wir zwei bedeutende Zyklen. Beide Zyklen sind körperlich und symbolisch mit dem des Mondes verbunden. Zum einen gibt es den durch Eisprung und Menstruation gekennzeichneten monatlichen Zyklus, der den zweifachen Wechsel zwischen der hellen und der dunklen Mondphase widerspiegelt. Bei dem zweiten handelt es sich um einen lebenslangen Entwicklungszyklus, dessen drei Stufen, (1) Menarche, (2) Schwangerschaft, Geburt und Stillen und (3) Menopause, mit der neuen, der vollen und der dunklen Phase des Mondes übereinstimmen.

Die Dunkle Göttin ist in der Menstruation und Menopause zu finden, den Dunkelmondphasen ihrer jeweiligen Zyklen. Die Ablehnung der Dunklen Göttin durch das Patriarchat enthielt die Verleumdung der Geschenke ihrer Blutmysterien, die im dunklen, verbannten Reich des kollektiven Unbewußten unterdrückt werden. Diese Phasen des Dunklen Mondes im Leben einer Frau galten als Segnungen, bevor sie als der »Fluch« bekannt wurden. Das englische Wort *blessing* (deutsch »Segnung«) leitet sich von dem altenglischen *bloedsen* oder »Blutung« her. Vicki Noble schreibt in ihrem Buch *Shakti Woman*, daß westliche Frauen die spirituelle Bedeutung des Menstruationszyklus vergessen haben und sich mit ihm wiederverbinden müssen, um sich zu ermächtigen.

Die Blutmysterien des Gebärens, der Menstruation und Menopause bilden den Kern des weiblichen Schamanismus. Wenn wir das Dunkle im neuen Licht betrachten, müssen wir die positiven, heilenden und regenerativen Eigenschaften zurückfordern, die in den dunklen Mondphasen der monatlichen und lebenslangen Sexualzyklen zu finden sind.

Die Dunkle Göttin und die Menstruation

Das Prinzip der Polarität, das in unserer Welt als Paare sich ergänzender, gegensätzlicher Kräfte (männlich/weiblich, *yang/yin,* hell/dunkel) wirksam ist, kommt im weiblichen Sexualzyklus als die zwei Pole des Eisprungs und der Menstruation zum Ausdruck. Der Menstruationszyklus umfaßt durchschnittlich 29,5 Tage, was der Dauer des lunaren Zyklus entspricht. Wie wir bereits gesehen haben, leiten sich die Wörter für Mond, Monat und Menses/Menstruation allesamt von der Wurzel *mens* ab. Wenn wir den Mondzyklus mit dem sexuellen Monatszyklus der Frau vergleichen, korrespondiert die helle Phase des Vollmondes mit dem Eisprung und die dunkle/neue Phase mit der Menstruation.

Frauen, die eng zusammenarbeiten und -leben, neigen dazu, zur gleichen Zeit den Eisprung zu haben und zu menstruieren. In frühen Gesellschaften verbrachten die Menschen die meiste Zeit im Freien bei natürlichem Sonnen- und Mondlicht und waren auf die natürlichen vegetativen Zyklen eingestimmt. Unter diesen Umständen war es wahrscheinlicher, daß der Eisprung bei Vollmond stattfand und die Menstruation bei Dunkelmond einsetzte. Dies ist heute nicht mehr der Fall, da wir uns überwiegend in Häusern bei künstlichem Licht aufhalten. Es ist wichtig zu beachten, daß es weder eine Abweichung noch ein Anlaß zur Beunruhigung ist, wenn eine Frau nicht zur Zeit des Dunkelmondes blutet. Aber es wurde bewiesen, daß Frauen ihren Zyklus regulieren können, indem sie sich jede Nacht unterschiedlichen Lichtmengen aussetzen, die den Rhythmen der zunehmenden und abnehmenden Phase des Mondes entsprechen. Ich werde nun kurz auf die physiologischen Stufen des Menstruationszyklus eingehen, wie er sich auf die Symbolik der Mondphasen bezieht.

Jeden Monat steigt und fällt der Spiegel verschiedener Hormone im Blutstrom der Frau, was Veränderungen in ihrer Gebärmutter bewirkt. Diese monatlichen Schwankungen gehen dem gleichen Rhythmus von Zunahme und Abnahme entsprechend im Mondzyklus vor sich. Der Anteil von Östrogen steigt im Blutkreis-

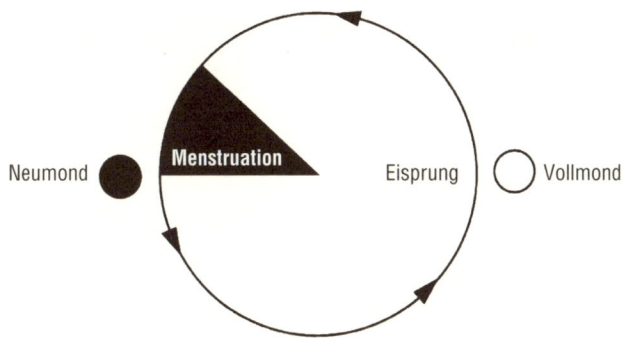

Monatlicher Menstruationszyklus der Frau

lauf während der zunehmenden Hälfte des Zyklus, wenn das Licht des Mondes zunimmt; Progesteron dagegen überwiegt in der abnehmenden Hälfte, wenn das Licht weniger wird.

Der hormonelle Zyklus beginnt mit dem zunehmenden Halbmond. In dieser Zeit schüttet die Hirnanhangsdrüse das Follikelreifungshormon (follikelstimulierendes Hormon, FSH) in den Blutstrom aus. Dies regt die Reifung der Eier in den Eierstöcken an und gibt das Signal für die Produktion von Östrogen. Durch den steigenden Östrogenspiegel wird der Aufbau von Gewebe in der Gebärmutter und deren erhöhte Blutversorgung veranlaßt. In dieser Zeit verwertet der Körper Nahrung auf aufbauende und assimilierende Weise; folglich fühlen sich Frauen energetischer, optimistischer und emotional aufgeschlossener. Es ist eine machtvolle Zeit. Frauen können diese Energie in hohem Maße nutzen, indem sie Risiken auf sich nehmen und Prozesse in Gang setzen.

Mit dem sich nähernden Vollmond erreicht der Östrogenspiegel allmählich den Höchststand. Dies hemmt die weitere Produktion von FSH, dafür stimuliert die Hirnanhangsdrüse das luteinisierende Hormon (LH), das nur eines der Eier reifen und sich entwickeln läßt. Der Vaginalschleim bereitet sich auf das Eintreten von Sperma in den Körper vor. Zu der Zeit ist die Frau in höchstem Maße aufgeschlossen und offen, da ihr Körper und ihre Emotionen auf Empfängnis und Befruchtung vorbereitet sind. Sie kann sich die mit der maximalen Helligkeit des Mondes einhergehende Energie zunutze machen, um sich ihre Wünsche zu erfüllen und zu vollenden, was sie bei Neumond in die Wege geleitet hat. Bei Vollmond findet der Eisprung statt, und das Ei wird »freigegeben«.

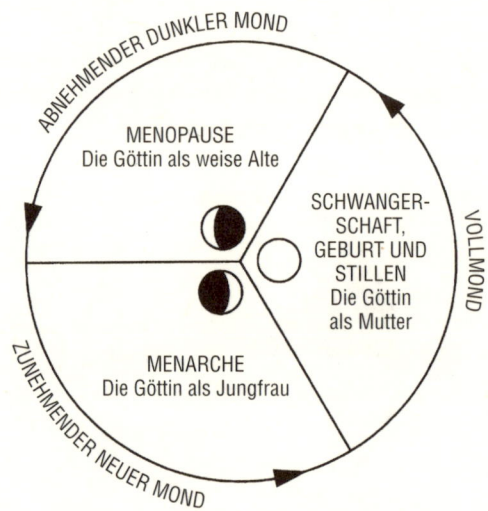

Der lebenslange Blutzyklus der Frau

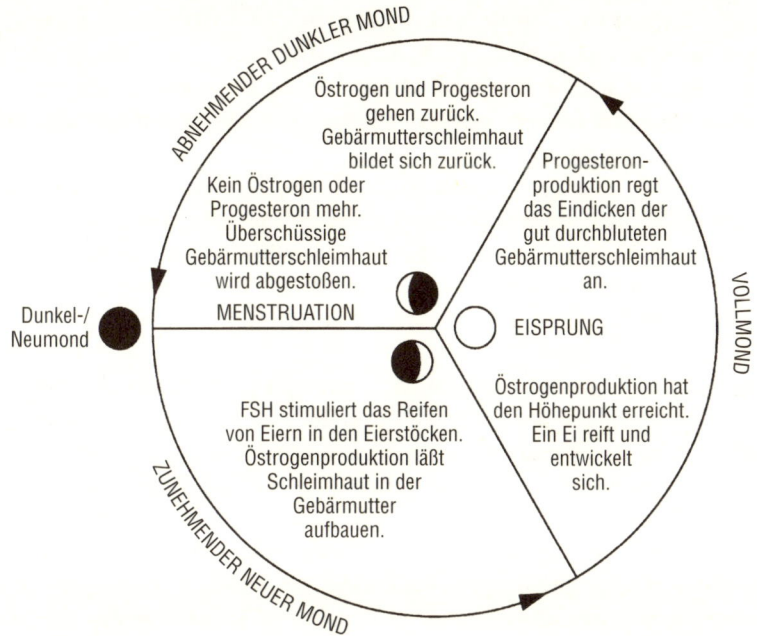

Der Menstruationszyklus und die Mondphasen

Einige Tage nach Vollmond fällt der Östrogenspiegel rapide; aber ein anderes Hormon, Progesteron, wird nun in den Eierstöcken produziert und beginnt zu überwiegen. Die vereinigten Wirkungen dieser zwei Hormone lassen die verdickte, schwammige, gut durchblutete Schleimhaut in der Gebärmutter weiter wachsen, die ein befruchtetes Ei zu nähren vermag. Emotional gesehen bewegt sich die Energie der Frau auf einen Stillstand zu, und ihr Wunsch ist, zur Ruhe zu kommen und sich stabiler zu fühlen.

Wird das Ei in der abnehmenden Phase des Zyklus befruchtet, nistet es sich in der Gebärmutterschleimhaut ein, und die Schwangerschaft beginnt. Andernfalls sinkt der Hormonspiegel von Progesteron und Östrogen abrupt, wodurch die Gebärmutterschleimhaut wieder abgebaut wird und sich ablöst. Desgleichen kann eine Frau sich emotional enttäuscht fühlen, als wäre sie auf ein Ereignis vorbereitet gewesen, das nicht eingetreten ist. Depression, Traurigkeit, Unruhe und Reizbarkeit, allesamt klassische prämenstruelle Symptome, treten oft in dieser Zeit auf.

Mit der Dunkelphase des Mondes erreichen Progesteron und Östrogen ihren niedrigsten Stand. Die Menstruation setzt ein, wenn der Körper die abgelöste überschüssige Gebärmutterschleimhaut ausscheidet. Der Blutfluß ist ein Zeichen für die dynamische Transformation; was aufgebaut wurde, wird jetzt aufgelöst und freigegeben. Zur Zeit des Dunklen Mondes richtet sich die Frau emotional und physisch nach innen. Sie sehnt sich nach Schlaf, interessiert sich weniger für äußere Angelegenheiten und verspürt den Drang, sich in die Stille und Ruhe der Erneuerung ihrer blutenden Zeit zurückzuziehen. Während des abnehmenden Mondes sind die psychischen Fähigkeiten der Frau erhöht. Diese Zeit eignet sich vorzüglich für sie, um sich mit allen Arten der inneren Arbeit zu befassen, und nun kann sie den alten Zyklus vollenden, freigeben und loslassen.

Die Periode der Frau beginnt in der dunklen Mondphase und hält in den ersten Tagen des Neumondes an, bevor sich der erste Schimmer des Halbmondes zeigt. Ungefähr zwei Tage nach dem Einsetzen der Menstruation reagiert der Körper allmählich auf das Fehlen von Östrogen im Blutkreislauf. Er signalisiert der Hirnanhangdrüse, die Produktion von FSH einzuleiten und einen neuen Zyklus in Gang zu setzen.

Die Doppelpole des Eisprungs und der Menstruation im Sexualzyklus der Frau entsprechen dem Höchststand der Helligkeit und der Dunkelheit, wie er durch die volle und dunkle Phase des Mondzyklus dargestellt wird. Die Emotionen der Frau und die von ihr gewünschte Form der Sexualität folgen ebenfalls diesem rhythmischen Muster.

Der Vollmond ist äußerst empfänglich dafür, die maximale Menge an Sonnenlicht anzunehmen, und in der entsprechenden Vollmondzeit des Eisprungs fühlt sich die Frau in höchstem Maße offen, anziehend und nährend anderen gegenüber. Ihre Sexualität äußert sich als der Wunsch, sich den Annäherungsversuchen des Partners hinzugeben. Diese durch die hormonelle Aktivität beeinflußten Gefühle sind der sexuellen Vereinigung förderlich. Diese Zeit, in der die Sexualität zur Empfängnis führen kann und somit dem Fortbestand der Spezies dient, ist die fruchtbarste des Monats. In den Überlieferungen wurden diese Eigenschaften der weiblichen Natur durch die Weiße Göttin verkörpert.

Im Gegensatz dazu ist der Energiefluß einer Frau in der Menstruationszeit des Dunkelmondes nicht mehr nach außen und auf die Vereinigung mit dem anderen, sondern nach innen gerichtet. Sie empfindet eher das Bedürfnis, sich selbst zu nähren, und will sich den Anforderungen und Erwartungen anderer Menschen in ihrem Leben entziehen. Ihr sexuelles Verlangen ist kurz vor der Menstruation am stärksten. Ihre Sexualität ist initiativ, leidenschaftlich, bestimmt, ob nun bei sich selbst oder mit einem Partner. Klitorale Stimulierung wird als intensiver, angenehmer und befriedigender als die vaginale Penetration empfunden. All diese Eigenschaften des menstruellen Pols im Zyklus einer Frau wurden in die Vorstellungen von der Dunklen Göttin aufgenommen.

Die patriarchale Mentalität, die Licht und Zunahme mit dem Guten und Schwarz und Abnahme mit dem Bösen gleichsetzt, schuf eine Spaltung in unserer Wahrnehmung des dualen Aspektes des emotional-sexuellen Zyklus der Frau. Die empfängliche, sich hingebende, ovarielle Frau wurde das Symbol für die wünschenswerten Eigenschaften der idealen Weiblichkeit. Das leidenschaftliche, bestimmte, menstruierende Weibliche, das selbstorientiert und nicht zu schwängern ist, umfaßte alles, was Männer als unangenehm und bedrohlich empfanden. In ihrem Buch *Die weise*

Wunde Menstruation berichten Shuttle und Redgrove, daß in alten Quellen von den zwei Flüssigkeiten, die aus der Vagina einer Frau kommen, die Rede ist. Die klare Flüssigkeit des Eisprungs wurde der Lebensfluß genannt, weil ihre fruchtbare Natur das patriarchale System stärkte. Die tabuisierte rote Flüssigkeit der Menstruation galt als der Todesfluß, weil die machtvolle Sexualität der Frau zu dieser Zeit nicht dem Zweck der Schwangerschaft diente.

Die Archetypen des Weiblichen als die Weiße Göttin und die Dunkle Göttin scharen sich um diese beiden Pole des Zyklus, den weißen ovariellen und den roten menstruellen Pol. Am weißen Pol finden wir Liebesgöttinnen wie Aphrodite und Ishtar, die sexuelles Verlangen anregen, und Muttergöttinnen wie Demeter und Isis, die fruchtbaren Schöße des Volkes, die das Kind halten und stillen. Diese Göttinnen repräsentieren einen Aspekt der Weiblichkeit einer Frau, der offen und willig ist und Verwandtschaft schätzt. Sie strebt danach, ihren Partner zufriedenzustellen, ihre Kinder aufzuziehen, für ihre Familie ein behagliches und angenehmes Heim zu schaffen und das Wachstum aller lebenden Dinge in ihrer Umgebung zu fördern. Die weiße ovarielle Göttin in Frauen, die ihre Sexualität um der Anziehung, Schwängerung, Geburt und Aufzucht willen benutzen, ist in der westlichen Kultur sehr akzeptiert.

Bilder von der menstruierenden Dunklen Göttin vereinigen sich um den roten Pol des weiblichen Sexualzyklus. Dunkle Göttinnen wie Kali werden als zornig, mit Reißzähnen und heraushängenden Zungen dargestellt, ein Schwert schwingend und von feurigen Funken umgeben, oder als Lilith, die Flamme des kreisenden Schwertes. Der patriarchalen Ansicht nach gelten diese Göttinnen nicht einmal als weiblich, denn ihr Blutfluß bringt ihre Unfähigkeit zu empfangen zum Ausdruck. Das Patriarchat nahm die Weiße Göttin als die Göttin des Lebens wahr; aber die menstruierende Dunkle Göttin war die Göttin des Todes, nun von ihren Kräften der der Zerstörung folgenden Erneuerung abgetrennt.

Die Dunkle Göttin am roten Pol der weiblichen Natur spricht einen Aspekt der Weiblichkeit der Frau an, der selbstgerichtet, kompromißlos, stark und unpersönlich ist. Sie hat die Unverfrorenheit, ihre Aufmerksamkeit nach innen zu richten, anstatt sich auf andere zu beziehen. In der Menstruationszeit kann die Frau die Macht ihrer erotischen Sexualität zur Transformation, Erneuerung, Wahrsagerei, Heilung und Magie anstatt zur Fortpflanzung einsetzen. Als das Patriarchat die erotische Sexualität zur Zeit des Dunkelmonds immer mehr fürchtete, versuchte es, die Frauen von dieser Quelle ihrer Macht zu trennen. Menstruierende Frauen wurden als gehässig, hysterisch, wütend, aufbrausend und irrational verleumdet, während sie den widerlichen, unreinen »Fluch« hatten. Wir wollen uns nun ausführlicher mit den Menstruationsmysterien der Dunklen Göttin befassen und versuchen, die magischen Kräfte unserer Dunkelmondzeiten zurückzugewinnen.

Bei Shuttle und Redgrove heißt es: »In der Zoologie ist allgemein anerkannt, daß die Entwicklung des Menstrualzyklus die Evolution der Primaten und in der Folge die der menschlichen Gesellschaft eingeleitet hat.« In der Sexualität der meisten

Tiere ist der Sexualtrieb unmittelbar mit der Fortpflanzung verknüpft. Das Weibchen kommt »in Hitze« – es ist nur zu bestimmten Zeiten sexuell interessiert und aktiv. Es hat eine kurze, einige Tage anhaltende Brunstzeit, in der der Eisprung stattfindet und ein wenig Blut von ihrer Vagina abgeht, was als Paarungssignal dient.

Im Gegensatz dazu haben weibliche Menschen und Affen einen Menstrualzyklus entwickelt, bei dem die Blutung nicht mit dem Eisprung, sondern am anderen Pol des Zyklus einsetzt. Weibliche Primaten können während des gesamten Zyklus sexuell erregt sein, und das sexuelle Verlangen ist unmittelbar vor der Menstruation am stärksten, wo eine Schwängerung höchst unwahrscheinlich ist. Shuttle und Redgrove vermuten, daß dieser evolutionäre Schritt bedeutete, daß Sexualität nun nicht mehr ausschließlich der Fortpflanzung diente und diese Art der sexuellen Erfahrung bei den Primaten von Nutzen und Bedeutung für das Individuum (und folglich auch für die Spezies) gewesen sein muß.

Die Frage bleibt: Welchen Wert hat es für die Spezies, eine nicht auf Zeugung ausgerichtete Sexualität entwickelt zu haben, deren Intensität sich um die Menstruationszeit herum konzentriert?

Barbara G. Walker weist darauf hin, daß die meisten von den Alten verwendeten Wörter für Menstruation diese ehren. Sie bedeutete beispielsweise »heilig«, »übernatürlich« oder »Gottheit«. Die frühesten Menschen glaubten, daß das Geheimnis der Schöpfung dem Blut innewohne, das aus den Frauen in Harmonie mit dem Mond floß. Viele Kulturen gingen davon aus, daß dieser Urstoff der Schöpfung gerann, wenn eine Frau ihn zurückbehielt, um ein Kind zu formen.

In der Vorstellung, daß eine Frau regelmäßig bluten konnte, ohne verletzt zu sein und zu sterben, lag etwas Ehrfurchtgebietendes und Übernatürliches. Die Toten wurden oft mit rotem Ocker eingerieben, der das lebensspendende Menstruationsblut von Mutter Erde versinnbildlichte, das die körperliche Wiedergeburt sicherstellte. Dieses heilige rote Elixier wurde für seine Macht geschätzt und galt außerdem als die Quelle der Inspiration und Göttlichkeit.

In Verbindung mit Langlebigkeit und Unsterblichkeit wurde das Menstruationsblut der »übernatürliche rote Wein« genannt, den Hera den Göttern verabreichte. In Ägypten wurden die Pharaonen göttlich, indem sie »das Blut der Isis« zu sich nahmen. In Indien lud Kali die Götter ein, »in dem blutigen Fluß ihres Mutterleibes zu baden und davon zu trinken; und die Götter tranken in heiliger Gemeinschaft von dem Springquell des Lebens und badeten in ihm und stiegen glückselig zum Himmel auf«.

Die ersten Kalender, die Frauen über ihre Menstruationszyklen führten, basierten auf den Mondphasen. Im vorklassischen Griechenland waren die Mond-Kollegien der Hera, deren Name »Gebärmutter« bedeutet, Einrichtungen zum Studium der Mondphasen und ihrer Beziehungen zu den Veränderungen des eigenen Körpers. Diese frühen, die Göttin anbetenden Menschen nahmen an, daß das Dunkel des Mondes der menstruelle Höhepunkt der Göttin war und Frauen zu der Zeit in höchstem Maße magisch, geheimnisvoll und mächtig waren.

Während der Menstruation ist eine Frau nach innen gerichtet, und sie kann äußerst leicht Zugang zu den Wirkweisen ihres Innenlebens und den Kräften der Psyche finden. Es gibt Anhaltspunkte dafür, daß die Priesterinnen in Heras Kollegien durch tiefe innere Einkehr und Traumkontrolle Empfängnis und Geburt beeinflussen konnten. Mit allen Sinnen auf ihre Zeit der größten psychischen Offenheit reagierend, vermochten sie sich in tranceähnliche Zustände zu versetzen und tief in ihrem Inneren nach Bewegungen in ihren Körpern zu suchen. Diese Praxis führte zur Entwicklung von Techniken wie Hypnose, Selbsthypnose und yogische Kontrolle über die Körperfunktionen. Die stark wirkenden, schlafähnlichen Eigenschaften der Menstruationszeit helfen einer Frau, tiefe meditative Zustände zu erreichen. Durch ihre Träume kann sie Informationen über die Funktionsweisen ihres Körpers und Geistes gewinnen.

Robert Briffault führt an, daß die Schamanen in Führungspositionen in frühen Gesellschaften Frauen waren. Der Schamanismus war mit dem Mond und folglich mit Menstrualkulten verknüpft. Das Orakel von Delphi war eines der bedeutendsten Wahrsagezentren in der Alten Welt, *delphus* ist eines der griechischen Wörter für »Gebärmutter«. Die Orakelpriesterinnen in den sibyllinischen Kollegien prophezeiten einmal im Monat, und zwar zur Zeit ihrer intensivsten menstruellen Sensitivität. Im klassischen Griechenland wurden niemals politische Maßnahmen getroffen, ohne sie vorher konsultiert zu haben. Der Dreifuß der Sibyllen könnte ursprünglich ein Spekulum gewesen sein, um die Zervix nach dem ersten durchsickernden Blut zu untersuchen.

Heutzutage wird Hysterie als ein Zustand der Irrationalität und des Wahnsinns verstanden, in dem die betreffende Person außer Kontrolle gerät. Er wird vor allem menstruierenden Frauen zugeschrieben. Das Wort »Hysterie« leitet sich aus einem weiteren griechischen Begriff für »Gebärmutter« ab – *hustera*, Gebärmutterbewußtsein. In früheren Zeiten war Hysterie der Zustand der schamanischen Besessenheit und ekstatischen Trance, den Frauen in ihrer Menstrualzeit kultivierten, um Visionen oder Prophezeiungen zu empfangen.

In alten Kulturen galt das Menstruationsblut einer Frau als heilig, und es wurde für seine heilenden und fruchtbaren Kräfte verehrt. Das Blut auf den frühesten Altären war Menstruationsblut und nicht das Opferblut von Tieren oder Menschen. Das erste Menstruationsblut eines Mädchens wurde als starkes Heilelixier betrachtet, und man behauptete, daß es unheilbare Krankheiten wie Lepra zu heilen vermochte. Mit dem Menstruationsblut der Göttin befleckte Kleidungsstücke waren als Heilzauber hochgeschätzt. Bei der Thesmophoria, den Ackerbau-Mysterien der Frauen, wurde das Saatgut mit Menstruationsblut vermischt, um es vor dem Einpflanzen zu düngen. Man glaubte, daß eine menstruierende Frau die Ernte dadurch schützen könne, daß sie um das Feld herumging.

Die Sexualität während der Menstrualzeit diente auf rituelle Weise der Ekstase, Heilung, Erneuerung und spirituellen Erleuchtung. Es heißt, daß Hera sich an »geheimen Liebesspielen« zur Zeit des Dunklen Mondes erfreute. Dies kann als ein verschleierter Hinweis auf die nicht auf Zeugungszwecke ausgerichteten Formen der körperlichen Liebe verstanden werden. Wenn eine Frau menstruiert, ist sie größtenteils von der Angst vor einer ungewollten Schwangerschaft befreit. Folglich kann sie es sich erlauben, die ganze Bandbreite ihrer Emotionen und körperlichen Reaktionen zu erfahren, ohne sich aus Angst vor den Folgen zu verkrampfen. Diese multiorgastische Sexualität wird um ihrer selbst willen erlebt. Sie kann dazu dienen, die Liebe und das Band zwischen Erwachsenen zu festigen oder die freigesetzte Energie bei der Schöpfung geistiger Kinder magisch zu formen.

Die geheimen Liebesspiele können sich auch darauf beziehen, eine tiefere Beziehung zu sich selbst zu fördern. Diese Liebesaffäre mit sich selbst kann auf der körperlichen Ebene der Masturbation stattfinden, wo die Frau die persönliche Intitiative ergreifen kann, um herauszufinden, wie sie ihren Körper befriedigen kann. Sie kann ebenfalls auf psychologischer Ebene erfolgen, im Sinne der Vereinigung mit dem inneren Mann der Frau. Zur Zeit der Menstruation besteht die Möglichkeit für die alchemistische Vermählung: Die Frau begegnet ihrem »roten König«, ihrem Monatsblut, welcher psychologisch gesehen ihr innerer Gatte oder Animus ist, der während ihrer Periode aufsteigt.

Einige Überlieferungen berichten von den geheimen Liebesspielen zwischen zwei Frauen zur Zeit des menstruellen Rückzuges. Hier kann eine Frau die Göttin dadurch ehren, daß sie die Bande der Intimität und Sinnlichkeit mit Angehörigen ihrer Schwesternschaft vertieft.

Alte tantrische Yogapraktiken umfassen Techniken des heiligen Geschlechtsverkehrs, der dem Zweck der spirituellen Erleuchtung dient. In einigen okkulten Traditionen sind das weibliche Menstruationsblut und der männliche Samen die alchemistischen Substanzen, welche die Erneuerung fördern. Man glaubte, daß der heilige Geschlechtsverkehr zur Menstruationszeit, wenn dieses rote und weiße Elixier miteinander vermischt und aufgenommen werden konnten, durch ekstatische Eingebung zur Erleuchtung führe. In tantrischen Traditionen wird der Tropfen von der Mischung aus der roten und der weißen Körpersubstanz *bodhicitta* genannt, die Vereinigung von Weisheit und Mitgefühl.

Menstruelle Sexualität galt als heilig, ob sie nun dem persönlichen Vergnügen, der Vertiefung einer Beziehung oder im Ritual der Erneuerung, Magie, Heilung oder dem spirituellen Wachstum diente. Die Tabus in Hinblick auf den Geschlechtsverkehr zur Zeit des Dunkelmonds einer Frau waren ursprünglich eine Schutzmaßnahme, um dafür zu sorgen, daß diese außerordentlich machtvolle rote Energie nicht durch einen profanen sexuellen Ausdruck der einfachen biologischen Entspannung herabgesetzt und verschwendet wird.

Wenn der Mond, den man sich als weiblich vorstellte, jeden Monat verschwand, ging das Gerücht, daß er »blutete«. Das Wort *sabbat* bedeutete ursprünglich einen Ruhetag, an dem die Göttin menstruierte. Die Mondgöttin Hera verschwand während ihrer geheimen dunklen Zeit in die Isolation. Gleichermaßen verspürt eine Frau, wenn sie menstruiert, das Bedürfnis, sich zurückzuziehen und allein zu sein.

In den frühen Göttinkulturen wurden Menstruationshütten aus den Zweigen des *lygos* geflochten, einer der Hera heiligen Pflanze, deren Blütenextrakt die Monatsblutung herbeiführte.

In diese Menstruationshütten zogen sich die Frauen zurück, um ihre Isolierung sicherzustellen, während sie in Trance fielen, fasteten und sich mit ihrer instinkthaften Körperweisheit in Verbindung setzten. Das feierliche Begehen der Sabbate war der Beginn von Ritual und Religion. Eine menstruierende Frau spürt weiterhin eine instinkthafte Anziehungskraft nach innen zum Zweck einer tieferen Verbindung mit sich selbst und der Innenwelt. Dieser Rückzug von der Außenwelt ist der Schaffung des heiligen Raumes förderlich, wodurch sie die Geschenke der Menstruation empfangen kann: Meditation, Träume, Prophezeiungen, Körperweisheit, Heilung, Erneuerung und heilige Sexualität.

Wie kam es, daß der Segen der Menstruation zum Fluch wurde, gefürchtet, verachtet und tabuisiert, eine Quelle der Scham und Peinlichkeit für Frauen? Die Menstruationsmysterien lagen im Kern der Göttinreligion begründet und wurden vor den neugierigen Augen der Männer geschützt und verborgen. Frauen stellten ihre machtvolle sexuelle Energie, die während der Menstruation in ihnen aufwallte, nicht in den Dienst der Männer oder Fortpflanzung. Als das Patriarchat seine Macht im gesellschaftlichen System festigte, legten die Männer eine fast hysterische Angst vor Menstruations- und Geburtsblut, menstruierenden Frauen und natürlich ihrer Patronin, der Dunklen Göttin, an den Tag. Menstruierende Frauen wurden als unrein, gefährlich und eine Gefahr für die Gesellschaft definiert. Unzählige Tabus wurden eingeführt, um die Männer vor der leidenschaftlichen, bestimmten, autoerotischen Natur des dunklen Weiblichen zu beschützen und die Frauen der sexuellen, psychischen und magischen Macht in ihren Dunkelmondzeiten zu berauben.

Und der Herr redete mit Mose und Aaron und sprach: ... Wenn eine Frau ihren
Blutfluß hat, so soll sie sieben Tage für unrein gelten. Wer sie anrührt,
der wird unrein bis zum Abend. Und alles, worauf sie liegt, solange sie ihre Zeit
hat, wird unrein, und alles, worauf sie sitzt, wird unrein. Und wer ihr Lager
anrührt, der soll seine Kleider waschen und sich mit Wasser abwaschen und unrein
sein bis zum Abend. Und wer irgend etwas anrührt, worauf sie gesessen hat,
soll seine Kleider waschen und sich mit Wasser abwaschen und unrein sein
bis zum Abend. Und wer etwas anrührt, das auf ihrem Lager gewesen ist oder da,
wo sie gesessen hat, soll unrein sein bis zum Abend. Und wenn ein Mann
bei ihr liegt und es kommt sie ihre Zeit an bei ihm, der wird sieben Tage unrein,
und das Lager, darauf er gelegen hat, wird unrein.
3. Mose 15,1,19–24

Das Judentum, das Christentum und der Islam verknüpften das Böse der Frau mit der Menstruation. Es hieß, daß die Menstruation das sichtbare blutige Zeichen der Schlange, des Teufels, im weiblichen Körper sei, und alles Böse fließe aus diesem ursprünglichen Bösen: dem Mondblut. Die Gesetze von Manu, vedische Schriften, die von patriarchalen brahmanischen und buddhistischen Philosophen umgeschrieben wurden, besagten, daß ein Mann seine Weisheit, Energie, Stärke und Vitalität verlieren würde, wenn er sich einer menstruierenden Frau auch nur näherte. Im Talmud heißt es, wenn eine menstruierende Frau zwischen zwei Männern geht, wird einer von ihnen sterben. Wenn ein Mann mit einer menstruierenden Frau schliefe, würde er erkranken und sich Geschlechtskrankheiten zuziehen. Ein auf diese Weise empfangenes Kind würde mißgebildet oder als Dämon geboren werden. Alle möglichen Krankheiten und Katastrophen wurden auf eine zufällige Begegnung mit einer menstruierenden Frau zurückgeführt. Im Mittelalter verboten viele Kirchengesetze Frauen, während ihrer Menstruation eine Kirche zu betreten, damit sie diese nicht mit ihrer Unreinheit schändeten.

Nach Shuttle und Redgrove war der Mord an neun Millionen Frauen als Hexen im Mittelalter eine Verfolgung aufgrund der männlichen Ängste vor der Menstruation. Zu der Zeit war die Hexenkunst die natürliche Kunst der Frauen. In ihr kam die subjektive Erfahrung des Menstruationszyklus zum Ausdruck, die das weise Blutwissen als Hebamme, Hypnose, Heilung, die Suche mit der Wünschelrute, Traumdeutung und sexuelle Erfüllung hervorbrachte.

Weil das sexuelle Verlangen der Frau in der Zeit um ihre Periode am stärksten ist, bekamen Männer große Angst davor, was sie als ihre bestimmte, unersättliche Sexualität wahrnahmen, die sie verschlingen würde. Es konfrontierte sie mit ihren Ängsten vor den eigenen sexuellen Unzulänglichkeiten, und der Anblick von Blut am Penis löste Kastrationsängste aus. Andererseits stellt Esther Harding die These auf, daß Männer der sexuellen Anziehung einer menstruierenden Frau nicht widerstehen können; sie würden wie behext und unfähig sein, irgendwelchen anderen Pflichten nachzukommen. Aus diesem Grund sonderten Männer das angeblich gefährliche Weibliche ab, um sich selbst vor der verheerenden Wirkung ihres eigenen ungezügelten sexuellen Verlangens zu schützen.

Die Folge war, daß eine Frau während ihrer gefährlichen Zeiten in die Isolierung gezwungen, von der Gesellschaft geächtet und in ihrem Kontakt zur Außenwelt eingeschränkt wurde. Es wurde ihr verboten, Nahrungsmittel zu berühren, damit sie sie nicht verunreinigte. Sie durfte ihre Haare nicht waschen oder kämmen, da man glaubte, die Macht ihrer Magie wohne ihrem Haar inne. Menstruierende Frauen wurden in die Menstruationshütten verbannt, aus den Dörfern in den Hinterwald verstoßen, wo sie für sich selbst sorgen mußten. Als unrein, schmutzig und Gegenstand des Abscheus bezeichnet, stellten sie eine Bedrohung für den Mann, seine Gesetze und seine Götter dar.

Shuttle und Redgrove schreiben, daß der Menstruationszyklus der menschlichen Frau der entscheidende evolutionäre Schritt war, durch den die menschliche Gesellschaft und Kultur ins Leben gerufen wurde. Weil sie die schöpferischen Fähigkeiten des evolutionären Weiblichen repräsentierte, wurde die menstruelle Macht der Frauen als Gefahr für die männliche Vorherrschaft angesehen. Der patriarchalen

Kultur ist es gelungen, die Erinnerungen der Frauen an die Magie ihrer Mondzeiten auszulöschen. Heute empfinden Frauen Scham, Groll und Ekel über ihr Schmerz und Demütigung bereitendes Menstruationsblut, das ursprünglich als die Quelle allen Lebens bekannt war.

Eine menstruierende Frau wird in der heutigen Zeit von der Gesellschaft unter Druck gesetzt, diesen zentralen Aspekt ihrer Natur zu verbergen und zu leugnen, sei es durch die Art der Werbung für Damenbinden und Tampons oder dadurch, wie dieses Thema als »Peinlichkeit« dargestellt wird.

Dies führt dazu, daß die Frau glaubt, die Menstruation sei etwas Schlimmes, Negatives, Schmutziges und Unerwünschtes. Zu dieser Zeit des Monats wird sie sexuell abgelehnt, und ihr wird gesagt, sie sei ekelhaft. Ihr Selbstvertrauen und ihre Selbstachtung werden allmählich zugrunde gerichtet, und sie assoziiert ihre Periode mit Einschränkung, einem Mangel an Freiheit und Spaß. Die Gesellschaft hat die natürliche Macht der Frauen zur Zeit der Menstruation in eine selbstzerstörerische Psychologie verwandelt.

Gerade diese Leugnung und Ablehnung der Menstruation ist von zentraler Bedeutung für den qualvollen Schmerz und das Unbehagen, die viele Frauen vor und während ihrer Periode erleiden. Die unterdrückte Wut über die Ablehnung und Entwürdigung eines wesentlichen Aspektes der weiblichen Natur, genaugenommen des Sitzes ihrer persönlichen Macht, wird nach innen gerichtet. Diese Gewalt wendet die Frau dann gegen sich selbst, und das schmerzt. Frauen erfahren diese unbewußte auf sich selbst gerichtete Wut als physischen Schmerz, Krämpfe, Aufgedunsensein, Lethargie, emotionale Gereiztheit, Depression, schlechte Laune und Überempfindlichkeit.

Bis zu 90 Prozent der Frauen leiden an irgendeiner Form von Beschwerden. Dabei gibt es eine Art »Übersteuerungsspirale«: Eine Frau fühlt sich entsetzlich, weil sie durch physisches Unwohlsein behindert ist. Dann wird ihr Problem von anderen tabuisiert, woraufhin sie sich unfreundlich verhält, und schließlich wird sie von der Gesellschaft geächtet und zurückgewiesen, als hätte sie die Pest.

Das stereotype Bild der menstruierenden Frau ist das einer wandelnden Zeitbombe, die jederzeit vor Wut, Hysterie oder in einem unkontrollierbaren Gefühlsausbruch explodieren kann. Folglich ist es für einen Mann oder ein Kind erforderlich, ihr aus dem Weg zu gehen. Viele Frauen spielen tatsächlich diese Rolle und schreien ihre Kinder oder den Ehemann an, brechen in Tränen aus, schäumen vor kaum gezügelter Wut und Gereiztheit und sind vor Schmerzen wie gelähmt. Obgleich sich eine Frau physisch behindert fühlen kann, ist ihre emotionale Kraft überwältigend. In dem Maße, wie eine Frau nicht weiß, wie sie ihre menstruelle Energie ehren und schöpferisch kanalisieren kann, übernimmt die abgelehnte Schattenseite ihrer Natur die Macht und protestiert als die tobende »Schlampe«.

Esther Harding weist darauf hin, daß einer der Gründe für die menstruellen Behinderungen und das prämenstruelle Syndrom heutzutage darin liegt, daß die moderne Kultur keine menstruellen Rituale anbietet. Die Menstruation ist lediglich das private Gebrechen einer jeden Frau, unter dem sie allein leidet; sie hat keinen positiven Wert oder eine positive Bedeutung. Frauen wurde es verwehrt, sich in die alten Menstruationshütten zurückzuziehen, wo sie mit ihrem inneren Wesen in Verbindung treten, sich auf die kosmischen Zyklen einstimmen und das in der Gemeinschaft der anderen blutenden Frauen weitergegebene geheime Wissen teilen konnten.

Um sich ihre menstruelle Macht wieder anzueignen und ihren Körper von Menstruationsschmerzen zu befreien, müssen Frauen dem Zyklus des verschwindenden Dunklen Mondes folgen und sich in ihrer heiligen Zeit des Monats freiwillig zurückziehen. Gereiztheit, Unwohlsein und Schmerzen sind die Art und Weise, auf die der weibliche Körper gegen die von der Gesellschaft auferlegten menstruellen Ungerechtigkeiten protestiert. Der Körper der Frau fordert instinktiv, daß sie ihre Aufmerksamkeit darauf richtet, die Menstruationsmysterien zu ehren. Die Anziehungskraft der Dunkelmondphase beinhaltet, sich bewußt von den Anforderungen der anderen und von weltlichen Erwartungen zurückzuziehen. Dieser Schritt erfordert Bewußtheit und Anstrengung in einer Gesellschaft, die derart konstruiert ist, daß die besonderen Bedürfnisse der Frauen in ihren Mondzeiten verleugnet und für ungültig erklärt werden.

Wenn eine Frau jedoch einen Weg finden kann, um sich Zeit dafür zu nehmen, allein zu sein, ob in der Badewanne oder im Bett, sich treiben zu lassen oder zu lesen, in der Natur spazierenzugehen, in einer heiligen Stätte zu beten oder zu meditieren, vermag sie sich wieder mit der tiefsten Quelle ihrer weiblichen Natur und ihres psychischen Lebens zu verbinden. Die Sehnsucht des Körpers danach, sich nach innen in die Ruhe und Stille zurückzuziehen, ist ein Schritt dahin, Zugang zum Reichtum der inneren schöpferischen Energie zu finden, die zu dieser Zeit ihren Höhepunkt erreicht. Frauen haben die Gelegenheit, diese psychische Energie in einen Fluß der schöpferischen Inspiration zu transformieren. Die Mondzeit einer Frau muß keine Erfahrung der Erschöpfung sein. Nur wenn sie ihre pulsierenden, feurigen roten Strömungen erstickt und blockiert, verwandelt sich die angehende schöpferische Energie in Schmerz und Depression. In einem Raum des freiwilligen Rückzugs kann eine Frau sich spontan an die Wege erinnern oder sie entdecken, um ihre rote menstruelle Energie für ein erfüllenderes und reicheres Leben zu kanalisieren.

Unser Wissen kann uns dazu befähigen, die Ratschläge der Mediziner in Hinblick auf unser Unwohlsein zu beurteilen. Wir können mit Kräutern, Nahrungsergänzungsstoffen wie Vitaminen, mit Akupunktur, Massage und anderen alternativen Heilmethoden experimentieren, um die aufreibenden Symptome unserer blutenden Zeit zu lindern.

In ihrem Buch *Drachenzeit* schlägt Luisa Francia ein breites Spektrum von Ritualen und Zeremonien sowie von verbündeten Wesen vor, die Frauen helfen können, die Macht und Magie ihres Menstruationsblutes zurückzugewinnen und ihre menstruellen Fähigkeiten besser einzusetzen. Indem wir uns über unsere Menstruationszyklen und die Mondphasen auf dem laufenden halten, können wir uns auf den monatlichen Rhythmus unserer physischen und emotionalen Energien einstimmen, wie sie durch den Mondzyklus reguliert werden. Indem wir Entspannungs- und Meditationstechniken lernen, können wir Zustände der Trance, Prophezeiung, Inspiration, Kreativität, Traumerinnerung, Hypnose und Visualisierung herbeiführen. Diese Fähigkeiten sind das Geburtsrecht der subjektiven weiblichen Natur, die durch die Menstruation verwirklicht werden. Schließlich können wir das Risiko auf uns nehmen, das sexuelle Tabu um die Menstruation herum zu brechen, indem wir unsere Partner »erziehen« und dadurch unsere Beziehungen der ekstatischen und transformativen heiligen Dimension der körperlichen Liebe erschließen.

Der lebenslange Zyklus der Blutmysterien einer Frau

Der im weiblichen Körper monatlich stattfindende ovarielle und menstruelle Zyklus spiegelt den zweifachen Wechsel zwischen der hellen und dunklen Mondphase wider. Die Symbolik der Dunklen Göttin findet sich in der mit dem Dunklen Mond korrespondierenden Menstruation. Darüber hinaus hat die Frau einen weiteren wichtigen Sexualzyklus, der im Verlauf ihres ganzen Lebens wirksam ist.

Dieser zweite Zyklus spiegelt die dreifaltige Natur des Mondes in seiner neuen, vollen und dunklen Phase wider, und er stimmt mit den drei Stufen im Leben einer Frau überein, die durch die Menarche, die Triade aus Schwangerschaft, Geburt und Stillen sowie die Menopause gekennzeichnet sind. Diese Stufen bilden die drei großen Blutmysterien im Leben einer Frau (siehe Abbildung S. 188).

Von den Alten als die Jungfräuliche Göttin personifiziert, spiegelte der zunehmende Neumond das Leben eines Mädchens bis zur Menarche, dem Einsetzen der ersten Menstruation, wider.

Der Vollmond als die Muttergöttin war in den mittleren Jahren einer Frau von größtem Einfluß, wenn ihr Körper auf das Gebären und Stillen ihrer Kinder ausgerichtet ist.

Der abnehmende Dunkelmond, den man sich in diesem Zusammenhang als die Greise Göttin vorstellte, galt als die vorherrschende Kraft in den letzten Jahren, wenn die Menstruation aufhört und die Frau in die Menopause eintritt. Die Alten glaubten, daß Frauen nach der Menopause ihr weises Blut zurückbehielten und ihren Höhepunkt als mächtige weise Frauen erreichten. Heute sind unsere Informationen über die Menopause sogar noch begrenzter, unerreichbarer und tabuisierter als die über die Menstruation.

Bevor wir mit unserer Diskussion fortfahren, ist es wichtig, daß wir zwischen der Dunklen Göttin als der dunklen oder letzten Übergangsphase des Mondzyklus und der Dunklen Göttin als dem Schatten, dem gefürchteten und abgelehnten Teil der weiblichen Natur, unterscheiden. Die Dunkle Göttin als Greisin ist die Herrscherin der Menopause; aber als der Schatten taucht sie ebenfalls in der neuen und vollen Phase der zyklischen Natur einer Frau auf. Lassen Sie uns kurz vom Thema abschweifen, um die Symbolik der ersten beiden Mondphasen im Leben einer Frau in diesem Zusammenhang zu betrachten. Wir werden auf die patriarchalen Schattenprojektionen des dunklen Aspektes des Mädchens und der Mutter eingehen, bevor wir ausführlicher die weise Alte der Menopause ergründen.

Der Neumond und die Menarche

Die Natur eines Mädchens war jener der schlanken neuen Mondsichel ähnlich. Diese Phase des Neumondes, wie sie sich im Wachstum eines jungen Mädchens spiegelt, gipfelte im ersten der weiblichen Blutmysterien, der Menarche. Die Menarche symbolisiert die Unschuld, die Hoffnung und den Optimismus eines jungen Mädchens, das allmählich in seine menstruelle Macht eintritt. In alten Kulturen und manchen heutigen, die sich an Bruchstücke der alten Weisheiten erinnern, wurde das Ereignis des ersten Blutes eines Mädchens mit einem zeremoniellen Ritual gefeiert, dann wurde es von der Gemeinschaft festlich bewirtet und beschenkt. In einem Initiationsritual zog sich das junge Mädchen oft freiwillig zurück, um in der Isolation auf eine Vision zu warten. Die Menarche als ein Übergangsritus kennzeichnete seinen Übergang von der Kindheit und seine Initiation in die Geheimnisse der Weiblichkeit.

Die Menarche gibt zu erkennen, daß der ovarielle und menstruelle Zyklus im Körper einer jungen Frau zu wirken angefangen hat, welcher nun ein Kind zu empfangen vermag. Sie signalisiert außerdem, daß sie »mündig« geworden ist, um sexuell aktiv zu sein. Das Fließen ihres Blutes bedeutet ebenfalls, daß die Strömungen ihrer psychischen Energie nun aktiviert sind und entwickelt werden können. In unserer Zeit wird dieses große Ereignis im Leben einer Frau im allgemeinen ignoriert. Vielleicht wird im Badezimmer darüber geflüstert, wenn eine verlegene Mutter ihrer verwirrten und oft verängstigten Tochter sagt, wo die Damenbinden versteckt sind.

Die Menarche ist das Tor zur Bereitschaft einer Frau zu sexueller Aktivität. Im männlichen kollektiven Unbewußten existiert eine Besessenheit, die Jungfrau zu deflorieren, derjenige zu sein, der das junge Mädchen in seine erste sexuelle Erfahrung einweiht. Der dunkle Schattenaspekt der Jungfräulichen Göttin des Neumonds entsteht aus der Psychodynamik der keimenden Sexualität des Mädchens und der männlichen Phantasie, dessen Unschuld zu zerstören.

In dem Maße, wie Männer die Macht und das Verlangen der sexuell reifen Frau fürchten, werden sie sich von der Unschuld und Formbarkeit des jungen Mädchens angezogen fühlen, das ganz und gar akzeptieren wird, was auch immer sie tun. Davon zeugen die Männerzeitschriften, auf deren Mittelseiten Frauen vom mittleren Teenageralter bis Anfang Zwanzig idealisiert abgebildet werden. Das Mädchen des Neumonds verkörpert viele sexuelle Phantasien der Männer, in denen sie sich diese als die ersten vorstellen, die die Freuden des jungen, attraktiven, sinnlichen Nymphchens genießen, das keine frühere Erfahrung hat, nach der es ihre Leistung beurteilen könnte.

Wenn sie jedoch mit der Realität ihrer Phantasien konfrontiert werden, können sich einige Männer nicht der Lage gewachsen zeigen, und andere bekommen fürchterliche Angst im Hinblick darauf, was sie als den Verlust ihrer Kontrolle erkennen. Die nachfolgende Wut auf das Weibliche, das als verführerisch wahrgenommen wird, nur um später einen Mann mit seinen Unzulänglichkeiten zu konfrontieren, hat dazu geführt, daß Männer sich an zunehmend jüngeren, völlig machtlosen Frauen vergehen. Um das junge Mädchen vor einer solchen Gewalttätigkeit zu schützen, riefen die Alten die Jungfräuliche Göttin Artemis/Diana, die Beschützerin der vorpubertierenden Mädchen, an. Es heißt, daß sie mit ihrer Gruppe keuscher Nymphen die Wälder durchstreifte und mit Pfeil und Bogen jeden Mann tötete, der dabei ertappt wurde, ihrer ansichtig zu werden.

Die zunehmende Nachfrage nach Kinderpornographie und die besorgniserregenden Statistiken über den sexuellen Mißbrauch junger Mädchen lassen auf die tiefgehende männliche Unsicherheit rund um ihre Sexualität schließen. Eine übliche männliche Rechtfertigung gegen Vergewaltigung ist, daß »sie es herausgefordert hat« oder »sie mich verführt hat«, um sich so von jeder Schuld freizusprechen. Die Folge war, daß die dunkle Schattenseite der Göttin des Neumonds, wie sie von der patriarchalen Mentalität projiziert wurde, zu jener der Zauberin wurde, die einen Mann gegen seinen Willen behext und verführt. Göttinnen wie Lilith, Medusa, Circe und die Meerjungfrauen tragen diese archetypische Dimension des Weiblichen in sich.

Der Vollmond und
Schwangerschaft, Geburt und Stillen

Wie der Mond immer voller wird, so entwickelt sich das schlanke junge Mädchen zur vollbrüstigen, sexuell reifen Frau. Nun ist sie reif für ihre Rolle als Mutter. Der Vollmond korrespondiert mit der nächsten Entwicklungsphase im Leben einer Frau, in der ihre körperlichen und emotionalen Funktionen auf das zweite weibliche Blutmysterium, den Zyklus von Schwangerschaft, Geburt und Stillen, ausgerichtet sind. In diesem Mysterium wurde die Frau als geradezu übernatürliches Wesen wahrgenommen, da sie beschloß, neues Leben zu erschaffen, indem sie ihr Lebensblut in ein Kind und dann in die nährende Milch verwandelte.

Eine Frau kann in die Mutterphase des Vollmondes ihres Lebenszyklus eintreten, ohne ein physisches Kind zu gebären. Statt dessen läßt sie vielleicht die sorgenfreie, selbstbestimmte Unschuld des Mädchens hinter sich, indem sie die Verantwortung für eine Karriere oder eine feste Beziehung übernimmt, das Kind ihres Partners erzieht oder ein Haus erwirbt. Sie widmet die nächste Phase ihres Lebens der Aufgabe, die geistigen und kreativen Kinder, die sie hervorbringt, zu nähren und zu erhalten.

Wie wir bereits besprochen haben, wurde die schwangere und stillende Frau, die den Fortbestand der Spezies sicherstellt, von Männern als die ideale Weiblichkeit der Weißen Göttin verstanden. Ihre lichte Seite war die der mitfühlenden, nährenden, liebevollen, akzeptierenden, freigebigen, großzügigen, allesgebenden Mutter. Anfänglich fühlt sich ein Mann vielleicht zu einer solchen Frau hingezogen und sucht bei ihr Verständnis, Fürsorge und Unterstützung. Doch sobald er seine wachsende Abhängigkeit von ihr erkennt, wird er von Panik ergriffen. Während er sich zu einem Zustand der kindlichen Hilflosigkeit zurückentwickelt, kann er in seinem sexuellen und weltlichen Leben impotent werden. Wieder einmal projiziert das Patriarchat in diesem Augenblick seine Angst vor der Schattenseite der Muttergöttin des Vollmondes als die Schreckliche Mutter.

Die Schreckliche Mutter als Archetyp kontrolliert, fordert, beherrscht, überwältigt, kritisiert, schlägt, mißbraucht, vernachlässigt und ignoriert ihre Kinder und ihren Mann. Ihre Macht ist grenzenlos und furchteinflößend. Als Demeter brachte sie bis zur Rückkehr ihrer Tochter die gesamte Nahrungsmittelproduktion zum Erliegen. Als Kali wurde sie ihre Kinder verschlingend und triumphierend auf dem Leichnam ihres Gatten Shiva hockend dargestellt. Und als Medea im klassischen Griechenland ermordete sie ihre Kinder als Rache für den Verrat ihres Mannes Jason. Unsere Bilder von der Dunklen Göttin als der abgelehnte und wütende Schatten im Archetyp der Vollmond-Mutter führen zu unseren negativen Haltungen gegenüber unseren Müttern und unserem Haß auf sie. Wenn diese Wut unterdrückt und nach innen gerichtet wird, kann sie zu einem Unbehagen in der Schwangerschaft und Schmerzen bei der Entbindung beitragen.

Während das Patriarchat das Bild von der schwangeren Mutter idealisierte, rief die Wirklichkeit ihrer Körperfunktionen seine irrationale Angst hervor. In der Neuzeit wird das ganze Spektrum von Schwangerschaft, Gebären und Stillen verleumdet, mit Scham überzogen und verheimlicht. Frauen wird der umfassende Zugang zu Informationen verweigert, ihnen werden sogar schädliche und falsche Ratschläge über ihre Fortpflanzungsorgane erteilt. Überdies erfahren wir die Schattenseite der Muttergöttin in all den Weisen, in denen das Patriarchat den Entbindungsprozeß einer Frau ablehnt.

Schwangere Frauen werden oft dazu gebracht, sich in öffentlichen Situationen zu genieren, und viele Menschen fühlen sich in der Gegenwart eines vor Leben angeschwollenen weiblichen Körpers unbehaglich. Unsere Gesellschaft mißbilligt eine Mutter, die ihr Kind in aller Öffentlichkeit stillt, und empfindet den Anblick ihrer nackten Brüste als anstößig und ekelerregend (wohingegen Brüste in Männerzeitschriften als reizvoll wahrgenommen werden). Eine stillende Mutter wird unter Druck gesetzt, sich zu verstecken, indem sie sich ins Schlafzimmer oder in die Toilette eines Restaurants zurückzieht. Mit dem Aufkommen der modernen Medizin wurde es Frauen nahegelegt, ihren Säuglingen nicht die Brust zu geben – künstliche pharmazeutische Rezepturen wären für ihre Kinder gesünder. Heute entdecken wir wieder, daß Muttermilch tatsächlich die ideale Nahrung ist. Sie enthält viele natürliche Antikörper, die Krankheiten im ersten zarten Lebensjahr eines Kleinkindes verhindern.

Hebammen, Laiinnen, die andere Frauen mit natürlichen Heilmitteln während der Schwangerschaft und Geburt pflegten, wurde in vielen Ländern die Ausübung ihrer Tätigkeit verboten. Mit der Kontrolle der Entbindung in den Händen überwiegend männlicher Ärzte wird Frauen die bewußte Beteiligung an ihren Wehen und der Geburt verwehrt. Sie werden davon ausgeschlossen, eines der heiligsten Mysterien überhaupt zu erleben: die Geburt ihrer Kinder. Statt dessen werden sie bis zur Besinnungslosigkeit betäubt, in Beinhaltern festgehalten, ihnen wird operativ ein Scheidendammschnitt beigebracht, und schließlich werden ihnen ihre Kinder unverzüglich nach der Geburt weggenommen.

Die hohen Raten von Kaiserschnitten, Hysterektomien (operative Entfernungen der Gebärmutter) und Brustamputationen, von denen viele unnötig sind, weisen auf die Angst vor den weiblichen Fortpflanzungsorganen und -prozessen und deren Ablehnung durch das Patriarchat hin. Auf diese Weise versucht es, Frauen ihrer Fortpflanzungsfähigkeit zu berauben. Die beschränkten Informationen über sichere Empfängnisverhütung und die Schwierigkeiten für Frauen, auf gefahrlose und erschwingliche Weise abzutreiben, dienen ebenfalls dazu, das Recht der Frau, die Kontrolle über ihre Fortpflanzungsfunktionen zu haben, zu beschneiden.

Auf einigen Gebieten erleben wir nun einen Wandel. Im Bereich der Entbindung zeigte sich die Wiedergeburt der Göttin in frühen Organisationen, wie zum Beispiel den Trainingsprogrammen zur Geburtsvorbereitung nach Lamaze, bei denen Methoden für eine natürliche Geburt ohne Einsatz von Medikamenten gelehrt werden, und der La Leche Liga, deren Ziel es ist, Frauen, die stillen möchten, Ermutigung und Unterstützung zu bieten. Nach diesem kurzen Diskurs über die Schattenaspekte der neuen und vollen Phase im lebenslangen Blutzyklus der Frau werden wir unsere Aufmerksamkeit nun auf die nähere Erforschung des Höhepunkts der Aktivitäten der Dunklen Göttin als die Muse der menopausalen weisen Alten richten.

Die Dunkle Mondgöttin als die Muse der Menopause

Wenn der Mond abzunehmen beginnt, tritt die Frau in das dritte große Blutmysterium ihres Lebens, die Menopause, ein. Die Menopause markiert das Ende der Menstruation. Für die meisten Frauen beginnen die sogenannten »Wechseljahre« um das 50. Lebensjahr, und aufgrund ihrer zunehmenden Lebenserwartung können Frauen davon ausgehen, noch weitere 25 Jahre zu leben – fast ein Drittel ihres Daseins. Genauso wie die Menarche den Übergang von der Neumondphase des Mädchens in die Vollmondphase der Mutter kennzeichnet, signalisiert die Menopause ihre Entwicklung aus der Mutterschaft heraus und in die Dunkelmondphase der weisen Alten.

Biologisch gesehen tritt die Frau in die Lebensphase der weisen Alten ein, wenn sie ihre gebärfähigen Jahre überschritten hat. Bei manchen Frauen jedoch ist nicht das Einsetzen der Menopause maßgebend für diese Entwicklung. Diese Stufe kann sich ebenfalls als psychologischer Gemütszustand zeigen, wenn eine Frau die Ernte der Weisheit einzubringen beginnt, die die Folge ihrer verschiedenen Lebenserfahrungen ist. Wenn sich eine Frau für die Mutterschaft entschieden hat, kann ihr Eintreten in die Phase der weisen Alten zu der Zeit erfolgen, da ihr jüngstes Kind aus dem Haus geht oder sie Großmutter wird. Diese Entwicklung kann außerdem durch ihr Ausscheiden aus dem Berufsleben oder den Tod ihrer Eltern oder ihres Ehemanns gekennzeichnet sein. Wann immer eine Frau schließlich in der Lage ist, an ihre eigenen Bedürfnisse zu denken, nachdem sie sich jahrelang vor allem auf die ihrer Kinder, ihrer Familie, Beziehung oder ihres Berufs konzentriert hat, bewegt sie sich in das dritte große Mysterium ihres Lebenszyklus.

In früheren Kulturen initiierte dieser Übergangsritus Frauen in ihre Rolle als Stammesälteste, die Hüterin von Wissen, Prophezeiung und Ritualen. Die Menschen glaubten, daß das Zurückhalten des machtvollen menstruellen Elixiers die Quelle der Weisheit der weisen Alten war. Nachdem sie ihre weltlichen Pflichten ihrer Familie gegenüber erfüllt hatte, konnte die weise Alte des Dunklen Mondes wieder für sich leben und ihren spirituellen Weg verfolgen. Eine Lebensspanne erschloß sich, wodurch sie sich nun ausschließlich der Aufgabe widmen konnte, ihr zurückbehaltenes Lebensblut zu geistigen und spirituellen anstatt physischen Kindern zu formen.

Die ehrwürdige weise Alte war die irdische Repräsentantin der Dunklen Göttin. Sie wurde als Stammesälteste verehrt, die man um Rat bat, als Seherin, an die man sich um Prophezeiungen wendete, und als Heilerin, die gebeten wurde, sich um die Kranken zu kümmern. Es war ihre Aufgabe, den Übergang vom Dunklen zum neuen Mond zu überbrücken; sie war die Begräbnispriesterin, die den Alten zu sterben half, und die Hebamme, die den Neuen bei ihrer Geburt beistand.

Das Patriarchat fürchtete die Frauen in ihrer Rolle bei Geburt und Tod noch mehr als in ihrer Assoziation mit Sexualität. Die weise Alte wurde in die häßliche Hexe, die Todbringerin, verwandelt. Es ist dieses schreckliche Bild, das unsere Haltungen in der patriarchalen Kultur gegenüber der älteren Frau in ihren menopausalen Jahren als abstoßendes und unerwünschtes Geschöpf, etwas, das verbannt und versteckt werden muß, konditioniert hat. Auf diese Weise wurde die Menschheit der natürlichen Weisheit der Alten beraubt, eines Glaubenssystems, das für die neuen patriarchalen Religionen eine Gefahr darstellte. Dieses mit der Menopause assoziierte negative Selbstbild diente außerdem dazu, daß Frauen sich von einer Quelle ihrer Kreativität abschnitten, die nicht auf Mutterschaft ausgerichtet ist. Die weise Alte wurde nur dann nicht abgelehnt, wenn sie ihre nährenden Aktivitäten als die für ihre Enkelkinder sorgende Großmutter fortsetzte.

Eine Gesellschaft, die die Meinung vertritt, daß die Hauptfunktion der weiblichen Natur darin besteht, zu gebären und Sorge für die Familie zu tragen, betrachtet eine Frau als nutzlos, die die Phase ihres Lebenszyklus erreicht, in der ihre Fortpflanzungsprozesse nicht länger wirksam sind. Heute werden Frauen in der Menopause nicht geehrt; statt dessen werden sie verspottet, abgelehnt und ignoriert. Die meisten Ärzte betrachten die Menopause als ein Leiden oder eine Mangelkrankheit, gegen die sie Östrogen verschreiben, um die Symptome der »Wechseljahre« zu unterdrücken.

Bei der menstruierenden Frau steigt und fällt der Östrogenspiegel im Blut kontinuierlich; während des Eisprungs ist er am höchsten und während der Menstruation am niedrigsten. Um das 40. Lebensjahr der Frau beginnt sich der Östrogenspiegel auf einem reduzierten Stand einzupendeln und zu stabilisieren. Es kommt weniger häufig zum Eisprung, und Perioden finden eher unregelmäßig statt. Um das 50. Lebensjahr bringen die Eierstöcke fast die gesamte Östrogenproduktion zum Stillstand, und Eisprung und Menstruation bleiben aus. Mit dem Einsetzen der Menopause erlebt eine Frau viele biologische Veränderungen. Ihr Körper beginnt sich an den verringerten Östrogenspiegel und andere hormonelle Veränderungen in ihrem System anzupassen, während sie in die letzte dritte Phase ihres Lebens eintritt.

Es ist schwierig, zwischen Zeichen der Menopause und denen des Alterns zu unterscheiden; die Menopause selbst ist ein Anzeichen dafür, daß das weibliche Fortpflanzungssystem altert. Eindeutig mit diesem Übergang verbunden ist das Phänomen der Hitzewallungen, die sich im ganzen Körper ausbreiten und oft mit Schweißausbrüchen und Erröten der Haut einhergehen. Es ist nicht ungewöhnlich, daß eine Frau mitten in der Nacht fiebrig und schweißnaß aufwacht und Bettzeug und Kleidung wechseln muß. Diese plötzlichen und unerwarteten Hitzewallungen stellen eine Quelle großer Angst dar, weil die Frau niemals weiß, ob sie nicht vielleicht auch in der Öffentlichkeit auftreten. Diese unkontrollierbare Körperreaktion verkündet der Welt, daß die Frau nun in der Menopause ist – und sie daraufhin bemitleidet.

Wir haben erst angefangen, den positiven Wert der natürlichen Weisheit unserer Körper zurückzugewinnen. Aus jüngeren wissenschaftlichen Forschungen geht hervor, daß Krebs therapeutisch auf eine erhöhte Körpertemperatur anspricht; Hitzewallungen sind der eingebaute Verteidigungsmechanismus einer Frau gegen degenerative Krankheiten, die bei Frauen nach der Lebensmitte so verbreitet sind. Aus mythischer Sicht weisen die Wallungen auf die Berührung der feurigen Dunklen Göttin hin, deren Hitze die glühenden Kohlen ihrer roten Energie bedeuten, wenn sie eine Frau durch ihre Initiation in die Phase der weisen Alten führt.

Eine andere körperliche Veränderung, die mit der Menopause und einem verminderten Östrogenspiegel einhergeht, betrifft die Vagina. Die vaginale Schleimhaut wird dünner und unelastischer, und es wird weniger Sekretion produziert, was zu Trockenheit und Juckreiz führt, die wiederum zu Schmerzen und Reizung beim Geschlechtsverkehr beitragen. Mit Hilfe von Gleitsubstanzen wie Speichel, Vaginalgels oder Pflanzenöl können die Beschwerden gelindert werden, aber alles deutet darauf hin, daß die Erregung durch sexuelle Aktivität die beste Methode ist, um die fortwährende Produktion von vaginaler Gleitsubstanz aufrechtzuerhalten. Viele Frauen in dieser Phase ziehen die klitorale Stimulation der vaginalen Penetration vor.

Bei Frauen nach der Menopause zeigen sich andere körperliche Merkmale des Alterungsprozesses, die in der modernen Gesellschaft als häßlich gelten: Gesichtshaare, Falten, Leberflecke, Muttermale, sich lichtende und ergrauende Haare, eine tiefere Stimme, der Verlust von Muskeltonus, Gewichtszunahme und Knochengewebeschwund (Osteoporose). Wenn Frauen sich diesen gesellschaftlich nicht anerkannten Veränderungen gegenübersehen, sollten sie sich daran erinnern, daß Wachstum ohne Veränderung nicht möglich ist. Die Menopause ist eine entscheidende Stufe in der psychischen Reifung der Frau.

Unsere Kultur ignoriert im allgemeinen diese Tatsache. Unsere Vorstellung von idealer Weiblichkeit ist mit sexueller Fortpflanzungsfähigkeit verknüpft, und die Menopause wird als das Ende der sexuellen Identität einer Frau behandelt. Als sexuell unerwünscht betrachtet, wird sie von anderen oft zugunsten der jüngeren Frau übergangen. Diese Ablehnung erfolgt zu einer Zeit, in der ihr Sexualtrieb oft zunimmt. Da sie ihre Rolle als Mutter und Sexualpartnerin erfüllt hat, setzt die Gesellschaft sie nun als eine Bürde herab. Die menopausale Frau als weise Alte wird verspottet, verstoßen, ignoriert, »unter Verschluß« gehalten, ihr wird gekündigt und sie wird verlassen.

Es ist kein Wunder, daß eine Frau dieser Stufe ihres Lebens mit Angst und Beklommenheit gegenübersteht. Sie fühlt sich verzweifelt, gereizt und niedergeschlagen. Sie kann von Scham, Wut und Ekel vor sich selbst überwältigt werden, sobald ihr Körper die Veränderungen zu zeigen beginnt, die zu ihrer Ächtung durch die Gesellschaft führen. Einige Untersuchungen lassen darauf schließen, daß Frauen, die ihre Identität hauptsächlich aus der Sorge für ihre Kinder oder ihren Partner bezogen haben, auf die größten Schwierigkeiten bei der Anpassung an die physiologischen und psychologischen Anforderungen stoßen, die der Ritus der Menopause in dieser dritten Stufe eines Frauenlebens mit sich bringt.

Wie können wir in unserem Versuch, das Dunkle im neuen Licht zu betrachten, die Geschenke der Menopause, die uns die Göttin des Dunkelmonds in ihrem Aspekt als die weise Alte anbietet, zurückerlangen? Die Anthropologin Margaret Mead soll gesagt haben, daß die größte kreative Kraft in der Welt eine menopausale Frau mit Begeisterung ist. Der Lebenssinn einer Frau endet nicht mit ihren gebärfähigen Jahren. Es gibt noch ein anderes Drittel des Potentials der weiblichen Natur, das der abnehmenden Dunkelphase im Lebenszyklus einer Frau innewohnt. Wenn sie sich der unzähligen Möglichkeiten bewußt ist, die im »Dunklen« auf sie warten, vermag sie in den Jahren nach ihrer Menopause »voll zur Geltung zu kommen«. Sie kann ihre Ernte der Weisheit einbringen und in sich aufnehmen, die symbolisch in ihrem zurückbehaltenen Menstruationsblut gefunden wird.

Es ist eine Zeit, in der eine von der Verantwortung für das Großziehen ihrer Familie befreite Frau größere Freiheit, Unabhängigkeit und Kontrolle über ihr Leben genießen kann. Die Initiation der Witwenschaft birgt die Aussicht in sich, nach Ablauf der Trauer wieder ein Leben für sich zu haben. Reisen, Weiterbildung, gemeinnütziger Dienst, kreativer Ausdruck der eigenen Persönlichkeit, berufliche Veränderung und spirituelle Entwicklung sind einige der Wege, die sich der weisen Alten unbehindert auftun können. Eine Frau kann nun ihre ganze Lebenskraft darauf lenken, ihren geistigen und spirituellen Kindern Leben zu geben und sie zu formen.

Während die weise Alte sich mit den Veränderungen in ihrem Körper und den Transformationen in ihrer Lebensweise konfrontiert sieht, erkennt sie, daß ihre alte Identität tatsächlich stirbt. Vielleicht weiß sie nicht, was sie als nächstes tun soll und wie. Es kann schon so lange her sein, daß sie sich auf ihre eigenen Bedürfnisse und Wünsche konzentriert hat, daß sie vergessen hat, wie das zu bewerkstelligen ist. Folglich kann sie sich schlecht ausgerüstet fühlen, um sich den Herausforderungen ihrer nächsten Lebensphase zu stellen. Damit die weise Alte die ihr zugänglichen Potentiale voll und ganz verwirklichen kann, müssen wir alle den großen Hindernissen begegnen, die das Patriarchat errichtet hat, um ältere Frauen arm, machtlos, einsam, unbrauchbar, unsicher, hilflos und krank zu halten, und sie aus dem Weg räumen.

Auf der physischen Ebene müssen Frauen sich über ihre biologischen Veränderungen informieren und sich das nötige Wissen aneignen, um das bestehende medizinische Behandlungsmodell einschätzen zu können. Im Verlauf dessen verstehen sie schließlich, daß gerade die Östrogen-Ersatz-Therapie und Gebärmutterentfernungen, die Ärzte als »Behandlung gegen ihre Krankheit« empfehlen, für das erhöhte Risiko von Brust- und Gebärmutterkrebs verantwortlich sind, der in den menopausalen Jahren weit verbreitet ist. Diese ärztlichen Maßnahmen beeinträchtigen die natürlichen Körpervorgänge und verhindern die biochemische Reifung der psychischen Strömungen der weisen Alten.

Um mit den unangenehmen Symptomen fertig zu werden, müssen Frauen alternative Ansätze untersuchen, einschließlich Gymnastik, Diät, die Einnahme von Nahrungsergänzungsstoffen und Kräutertherapien. Massage, Yoga und sexuelle Aktivität können dazu beitragen, daß sich die Frau in ihrem Körper wohl fühlt. Durch das Erlernen von Entspannungstechniken kann die weise Alte sich leichter in meditative Zustände versetzen, in denen sie ihre prophetischen Visionen, Träume und andere Quellen innerer Weisheit empfängt.

Eine wichtige Kraftquelle erschließt sich der Frau in den mittleren Jahren auch durch die Teilnahme an Frauengruppen, in denen sie Informationen erhält und Verständnis bei Gleichgesinnten findet.

Doch der Bereich, der, um die weise alte Frau im neuen Licht zu sehen, der größten Aufmerksamkeit bedarf, bezieht sich auf unsere geistigen Einstellungen. Wir müssen unsere Wahrnehmung vom natürlichen Alterungsprozeß als etwas, das abstoßend aussieht und bei Frauen noch abstoßender als bei Männern ist, neu konditionieren. Im Wertesystem unserer Gesellschaft wird davon ausgegangen, daß Männer um die 50 zu ihrer vollen Macht gelangen, ihnen wird Respekt entgegengebracht und Autorität zugestanden. Ein alternder Mann gilt nicht als sexuell unerwünscht, sondern aufgrund gerade seines Alters und seiner Macht oft als noch attraktiver. Die Frau hingegen, die genau im selben Alter zu ihrer menopausalen Macht gelangt, wird verschmäht, da es als unangenehm empfunden wird, sie anzusehen oder in ihrer Nähe zu sein.

In der heutigen Kultur gelten die Veränderungen im alternden Körper der Frau als unattraktiv. Diese Ablehnung einer natürlichen Phase des weiblichen Körpers bringt die Frau dazu, Selbsthaß auf ihren sie verratenden Körper zu entwickeln. Viele Frauen versuchen in ihrem Wunsch nach sozialer Anerkennung verzweifelt, die Zeichen des Alters zu verbergen. Unser Kult des jugendlichen Zaubers schlägt Kapital aus den Ängsten der Frauen vor dem Altern in der Massenvermarktung von Haarfärbemitteln, Antifaltencremes und der Schönheitschirurgie.

Es ist wichtig, daß Frauen lernen, wie sie sich mit Würde in ihre Lebensphase der weisen Alten hineinbegeben und ihre körperlichen Veränderungen auf natürliche Weise vor sich gehen lassen, ohne zu versuchen, diese zu verbergen oder zu verleugnen. Das ist ein mutiger Schritt angesichts eines patriarchalen Systems, das das Gesicht der weisen Alten als häßlich definiert. Als die Mitschöpferinnen ihrer Wirklichkeit können Frauen die bewußte Wahl treffen, sich zu weigern, diese negativen Gedankenformen zu hegen und aufrechtzuerhalten. In einer Gesellschaft, in der das Patriarchat dominiert, können Frauen eine Veränderung in der Haltung der Männer gegenüber dem Aussehen der weisen Alten nicht unmittelbar erzwingen. Aber ein Weg – letztendlich der einflußreichste –, auf dem eine Frau eine gesellschaftliche Änderung in der Wahrnehmung der weisen Alten zu bewirken vermag, besteht darin, bei ihrer eigenen Einstellung anzufangen.

Indem die Frau die Schichten patriarchaler Verzerrungen entfernt, die ihre eigenen inneren Bilder von sich als weise Alte überlagern, kann sie schließlich die der natürlichen Entfaltung innewohnende Schönheit ihres alternden Körpers und der Macht erkennen, die ihr erhalten bleibt. Frauen können dann auf all die künstlichen Kosmetika und Operationen verzichten, deren Zweck es ist, das wahre Gesicht der weisen Alten zu verbergen anstatt es hervorzuheben. Auf diese Weise können wir uns mit der magischen, mystischen und geheimnisvollen dritten Phase des Frauenlebens wiederverbinden.

Die menopausale weise Alte führt uns durch die dunkle Mondphase der Göttin in unserem Innern. Im Reich der Dunklen Göttin werden die Anzeichen des Alterns als die Vorboten des Todes verstanden. In früheren Zeiten war es die wichtigste Aufgabe der weisen Alten, Menschen während ihres Übergangs in das Reich des Todes beizustehen. So sind die Verdunkelung der Menopause durch die Gesellschaft und ihre Ablehnung älterer Frauen unmittelbar mit unserer Angst und Leugnung des Todes verknüpft. Wenn wir die Dunkle Göttin der Menopause aufs neue zu ehren beginnen, werden ihre Lehren hilfreich sein, um uns von unseren Ängsten vor Veränderung und Übergang, Altern und Tod zu befreien.

In der mythischen Literatur ist oft die Rede davon, daß das Leben der Jungfrau und das der weisen Alten miteinander verflochten sind, und ihre Rollen werden häufig miteinander verwechselt, wie in den Geschichten von Artemis und Hekate, Cousinen durch ihre Mütter. Als Begräbnispriesterin zerstört die weise Alte den alten Zyklus, und als Hebamme hilft sie, das Neue auf die Welt zu bringen. Die weise Alte und die Jungfrau stehen Rücken an Rücken an den Türen von Tod und Geburt.

Der Archetyp der Dunklen Göttin

Was für ein Gesicht hat die Dunkle Göttin? Wie können wir ihre alte Gegenwart erkennen, während sie heute nach wie vor in uns agiert? Die Dunkle Göttin ist mit der dunklen Phase eines jeden zyklischen Prozesses assoziiert, der in unserem Leben wirkt. Aus diesem Grund können Frauen leicht ihr Gesicht sehen, wenn sie menstruieren. Mit dem Fluß der Monatsblutung um- und durchströmt sie das Leben der Frauen. Sie bleibt als die wichtigste Begleiterin der Frauen in der letzten Lebensphase und führt sie nach der Menopause, wenn sie ihr Menstruationsblut zurückbehalten, durch ihre psychische Reifung als weise Alte hindurch. Sie erscheint uns, ob Mann oder Frau, wann immer wir eine bedeutende Veränderung, einen Verlust oder eine Transformation erleben. Wir wissen, daß die Dunkle Göttin uns in solchen außergewöhnlichen Momenten, in denen wir vor leidenschaftlicher Macht pulsieren, wie auch in den Zeiten unserer tiefsten Verzweiflung berührt.

Wenn wir imstande sind, uns mit der echten Natur der Dunklen Göttin in uns in Verbindung zu setzen, haben wir das Gefühl, in unserer Macht zu sein. Wir sind stark, treten bestimmt auf, prophetisch, kreativ, sexuell, ungehemmt und frei. Ihre leidenschaftliche Dunkelheit ist die Kraft der Gebärmutter, energisch, aktiv und transformativ. Die patriarchale Kultur lehnt diese Aspekte der weiblichen Natur, die von ihrer roten Energie des Dunklen Mondes herrühren, ab; sie begreift sie als für die männliche Vorherrschaft gefährlich und etikettiert sie folglich als unweiblich.

In der modernen Gesellschaft verkörpert die Dunkle Göttin all die weiblichen Eigenschaften, die mittlerweile die Männer in der patriarchalen Kultur einschüchtern. Als solche repräsentiert sie jene Aspekte der Ganzheitlichkeit der weiblichen Natur, die in uns zu verleugnen wir konditioniert und unter Druck gesetzt wurden, um von Männern akzeptiert und bestätigt zu werden. Als das abgelehnte Weibliche bricht die Dunkle Göttin als der Schatten durch, und ihr Gesicht ist nun wutverzerrt, und sie läßt ihrem Zorn über ihre Unterdrückung freien Lauf. Wenn wir mitten im Auge ihres Sturms still dastehen, können wir ihr Schluchzen vernehmen. Ihre Schönheit, Kraft und Weisheit sind hinter der zornigen Maske eingeschlossen, durch die sie nun von anderen wahrgenommen wird.

Wenn wir uns in den Zeiten, in denen die Dunkle Göttin zu uns kommt – während der Menstruation, der Menopause, in Zeiten des Verlusts und des Übergangs –, ihrer Geschenke der Vertiefung und Erneuerung nicht bewußt sind, erleben wir sie oft wie einen Sturm. Aus den Tiefen in uns steigt sie rasend vor Hysterie auf, ein Zustand, den wir in früheren Zeiten als schamanische Heimsuchung ehrfürchtig anerkannt hätten. Aber in dem Maße, wie wir ihre wahre Natur vergessen haben, verstehen wir sie als aktiv all unsere Lebensstrukturen und Beziehungen zerstörend, die auf unserer Anerkennung der patriarchalen Vorstellung vom »netten, unterwürfigen und gefälligen« Weiblichen basieren. Falls es uns gelingt, diese gewaltige rote Energie, die in uns ihren Höhepunkt erreicht, zurückzuhalten und zu unterdrücken, werden wir die Dunkle Göttin als die Depression, Verzweiflung und den unerträglichen Schmerz über die Trostlosigkeit, Unterwerfung und Bedeutungslosigkeit unseres Lebens erfahren.

Ob wir nun die Dunkle Göttin sehen, wie sie ekstatisch in einem Wirbel roter Flammen tanzt, in Nebel gehüllt in die inneren spiegelnden Teiche ihres medialen Gewahrseins starrt, vor ihrer orgasmischen, magisch-schöpferischen Energie pulsiert, uns in unserer Trauer umarmt, wütend tobt, schreit und weint oder sich verzweifelt in die Erstarrung der Verleugnung oder in die Betäubung zurückzieht, ihre eigentliche Absicht in all diesen Erscheinungen ist dieselbe. Sie zerstört, um zu erneuern. Die Dunkle Göttin des Dunkelmonds ist die Herrscherin der Transformation, und sie existiert überall dort, wo Veränderung ist.

Sie verleibt sich das Veraltete ein, um es für die Wiedergeburt neu zu formen. Die Dunkle Göttin in uns verlangt, daß wir alles aufgeben, was in unserem Leben nicht länger notwendig ist, unsere Beziehungen, weltlichen Besitztümer und Lebensstrukturen, die ihren Zweck in unserem Wachstum und unserer Entwicklung erfüllt haben. Wenn wir ihrem Ruf nicht folgen, wird sie mit wachsendem Druck ihre Drohung aufrechterhalten und unbarmherzig alles in unserem Leben zerstören, was die Veränderungen zurückhält, die uns durch unsere Muster der zyklischen Erneuerung hindurchführen.

Die Dunkle Göttin verkörpert die schrecklichen Regungen in unserer Psyche, die unserem bewußten Ich dem Tod gleich zu sein scheinen. Plötzlich zeigt sie sich in wutentbrannter Haltung, schwingt ihr Schwert und schneidet unsere Ichanhaftungen in Fetzen. Sie bedroht unsere Integrität, unser Selbstbild, unsere Werte, Errungenschaften und Ansammlungen, und wir werden in eine Krise geworfen. Jede Krise birgt in sich die Möglichkeit für uns, eine Veränderung in unserem Leben vorzunehmen. Veränderung ist der Prozeß, der uns weiterleben läßt. Sich nicht zu verändern bedeutet, zu stagnieren und wirklich zu sterben. Eine Krise ist jedoch kein schreckliches Unglück. Das Wort »Krise« leitet sich von dem griechischen *krino*, sich entscheiden, ab, und bedeutet lediglich eine Zeit, um zu einer Entscheidung zu kommen. Wenn sich uns die Möglichkeit einer Veränderung in der Erscheinung einer Krise bietet und wir keine Entscheidung treffen, werden unsere instinkthaften unbewußten gewohnheitsmäßigen Muster verstärkt. »Was in der Kindheit als eine Gewohnheit angefangen hat, wird später zum Trott und schließlich unser Grab.«

Weil wir das Dunkle nicht verstehen, betrachten wir die zerstörerische Aktivität der Dunklen Göttin als negativ und schlecht. Dies ist ein grundlegender Fehler.

Durch das Mittel der Krise zerstört die Dunkle Göttin das Alte. Dies zwingt uns zur Veränderung und drängt uns folglich vorwärts zu einem neuen Leben. Ohne sie gäbe es keine Motivation und keinen Reiz zur Bewußtseinsentwicklung. Am Ende stellt sich das, was wir als ihre Bosheit gefürchtet haben, als Teil des ausschlaggebenden Prozesses heraus, ohne den wir unser Leben nicht in etwas von größerem Wert und größerer Bedeutung verwandeln können.

Mit ihrer furchteinflößenden Macht steht sie an der Schwelle des Todes und winkt uns herbei zu unserer Reise in die Unterwelt unseres Unbewußten. Hier können wir den Gespenstern all dessen begegnen, was wir in unserem Bewußtsein und Leben verleugnen. Wenn der Mond aus unserer Sicht verschwindet, ruft die Dunkle Göttin uns fort von der äußeren Welt und zeigt uns den Weg, um unserem eigentlichen Selbst, das dem Kern unseres Seins innewohnt, zu begegnen.

Die Dunkle Göttin wühlt unsere Psyche bis zur tiefsten Ebene unseres Seins auf und sorgt dafür, daß wir schneller dem begegnen, was verborgen und vergessen in den dunklen Spalten unseres Geistes liegt. Oft werden wir durch ein Trauma in ihr Reich gedrängt, wenn einschneidende Erlebnisse wie Vergewaltigung, Verlassenwerden, Verbrechen, Trennung oder Tod unsere bekannte und sichere Realität erschüttern. Wenn sie uns in unsere innere Dunkelheit taucht, läßt unsere durch sie bewirkte Visionssuche uns in einen Dialog über all die Fragen vertiefen, die wir eigentlich nicht angehen und anerkennen möchten. Sie bringt unseren Schmerz über all die dunklen Punkte in unserem Leben ans Tageslicht, deren Verleugnung wir aufrechterhalten, und sie läßt uns unseren im Unbewußten verschlossenen Ängsten und Tabus ins Auge sehen. Haß auf unseren Körper, Wut gegen unsere Eltern, schwächende Abhängigkeiten von Drogen oder Medikamenten oder persönlichen Beziehungen, Neid und Eifersucht auf unsere Lieben, sexuelle Unzulänglichkeiten und Abweichungen, unser Tod und unsere Nichtexistenz schließlich und die vorrangige Furcht, daß wir vielleicht allein, verängstigt enden und ungeliebt im unterirdischen Reich der Dunklen Göttin zu finden sind.

Die Dunkle Göttin führt uns in das Labyrinth unseres Unbewußten. Hier gibt sie uns die Kraft und den Mut, um unseren persönlichen Dämonen gegenüberzutreten zu können, die bei Verleugnung, Angst und Ablehnung gedeihen. Unsere Dämonen als unsere negativen Haltungen richten allmählich das Positive unserer äußeren Welt durch unsere unbewußten selbstzerstörerischen Verhaltensweisen zugrunde. In unserem Versuch, diese in der Dunkelheit unserer Psyche gehaltenen quälenden Themen zu heilen, müssen wir unser Bewußtsein von den falschen Vorstellungen der dunklen Energien reinigen, die für wahr zu halten die Gesellschaft uns gelehrt hat.

Während dieses Prozesses zwingt uns die Dunkle Göttin dazu, uns mit äußerster Ehrlichkeit zu betrachten. Für viele von uns ist dies erschreckend – sich bar ihrer Illusionen und falschen Ansprüchen zu sehen. Wie Inanna, die an jedem Tor der Unterwelt ein Kleidungsstück oder einen Schmuckgegenstand ablegen mußte, müssen wir, wenn wir in die Dunkelheit hinabsteigen, alles abwerfen, was nicht der Wahrheit über uns und unser Leben entspricht. Die Dunkle Göttin bringt uns dazu, die Wahrheit der Dinge zu fordern – von unseren Familien, unseren Partnern, Gruppen und auch der Regierung. Unbarmherzig zerstört sie all unsere Lebensstrukturen oder Beziehungen, die auf der Grundlage der Täuschung aufgebaut sind.

Wenn wir in die dunklen Tiefen unseres verborgenen Seins hinabsteigen, können wir unsere Frustration, unseren Groll und unsere Wut entdecken, die unter den Schichten unserer gesellschaftlich konditionierten »netten und normalen« Person begraben liegen. Begegnungen mit der Dunklen Göttin lassen uns unzufrieden mit dem Teil unseres Lebens werden, der uns zur Leugnung unserer wahren Gefühle zwingt. Sie ist eine Kriegergöttin der Revolution, die einen beunruhigenden Bruch hervorruft, indem sie uns dazu bewegt, gegen diejenigen zu protestieren, die ein persönliches Interesse daran haben, uns unterwürfig und gehorsam zu halten.

Die Dunkle Göttin ist eine Göttin des Selbst, nicht im Sinn von Egoismus oder Getrenntheit, sondern im Sinne der Bewahrung persönlicher Integrität. Sie weigert sich, uns in einer Beziehung beizustehen, die ungerecht, erniedrigend, betrügerisch oder auslaugend ist. Sie durchschneidet und beseitigt alles, was in unserem Leben gierig, ergreifend und klammernd ist. Sie befähigt uns dazu, unsere Fähigkeit, »NEIN! Das reicht! Nicht mehr!« zu sagen, zurückzufordern, wenn wir mit Vergewaltigung, Mißbrauch, Falschheit, Herrschaft und Unterdrückung konfrontiert sind. Es ist ein und dieselbe Kraft, ob sie nun von Frauen gegenüber Männern, von Farbigen gegenüber ihren weißen Unterdrückern oder von Ländern der Dritten Welt gegenüber den Supermächten zum Ausdruck gebracht wird.

Die Dunkle Göttin ist wild, leidenschaftlich und machtvoll in ihrer Sexualität. Sie lebt abseits der Zivilisation in der Wildnis unserer Psyche. Sie verkörpert den Aspekt von uns, der zu verborgenen geheimen Orten im Wald fliehen würde, wo wir uns ungezwungen geben und mit wilder Hingabe nackt tanzen können. Ihre hemmungslose Sexualität ist frei, nur ihr gehörend, und sie stemmt sich gegen die Verwicklungen der monogamen Erwartungen und dagegen, nur der Befriedigung ihres Partners zu dienen. Ihre Sexualität ist nicht unterwürfig, passiv oder auf Fortpflanzung ausgerichtet; und wenn sie aktiv ist, widersetzen wir uns instinktiv und ziehen uns von derartigen intimen Begegnungen zurück. Die Dunkle Göttin treibt uns an, unsere eigenen Höhepunkte der erotischen Empfindung zu erreichen. In unserer Ekstase kann unsere sexuelle Energie für unsere Heilung und die anderer genutzt werden. In der sexuellen Natur des dunklen Weiblichen ist die Kraft der Regeneration enthalten, und Regeneration ist die Domäne der Dunklen Göttin.

Sie pulsiert in einem ungehemmten, belebenden, pochenden sexuellen Rhythmus, der dem Kern unseres Seins entspringt. Dieser breitet sich nach außen aus, und durch ihr orgasmisches Freisetzen können wir im Puls des Universums schwingen. Die große, mächtige Schlange Kundalini, das wichtigste Totemtier der Dunklen Göttin, verkörpert ihre Mysterien der sexuellen Verjüngung und kosmischen Erleuchtung. Diese zusammengerollte Schlange schlummert im Sexualchakra am unteren Ende des Rückgrats in jedem Menschen und im Inneren der Erde. Die Schlange repräsentiert die sexuellen Feuer der Umwandlung und die heilende, heilige Wärme.

Einmal geweckt, macht sich die Kundalini die feurigen sexuellen Energien zunutze, um das heilende Potential in jeder Zelle unseres Körpers zu aktivieren. Sie steigt durch die anderen Chakrazentren auf und tritt schließlich am Scheitel als kosmische Erleuchtung hervor. Bilder von der Dunklen Göttin mit ihrem von einem Schlangenkranz gekrönten Haupt symbolisieren das Aufsteigen der Schlangenweisheit auf das Ziel der Erleuchtung zu. Die Sexualität der Dunklen Göttin führt uns zur Vereinigung mit dem Kosmos durch orgasmische Ekstase.

Die Dunkle Göttin in uns ist die Kraft, die unser Leben vom Abnehmen zum Zunehmen bewegt, vom Alten zum Neuen, von der Zerstörung zur Schöpfung und vom Tod zur Geburt. Damit der Zyklus immer wieder stattfinden kann, durchtrennt sie all unsere Bindungen an das Alte, Ungefährliche, Sichere und Bekannte, weil sie selbst die Bewegung von Veränderung und Transformation ist. Sie inspiriert uns mit einer Kraft, die den Tiefen unserer Gebärmutter entspringt, und fordert uns auf, die Wahrheit zu sagen, unsere Integrität zu wahren, gegen Ungerechtigkeit zu protestieren und unsere ekstatische heilende Sexualität hochzuhalten. Sie drängt uns dazu, das Böse zu entlarven, Falschheit zu zerschlagen und von anderen die Wahrheit zu verlangen, wann immer wir Herrschaft und Unterdrückung begegnen.

Der Dunkle Mond verbirgt das geheime Tun der Dunklen Göttin, deren Macht in ihrem weisen Blut liegt. Wir können die Dunkle Göttin in uns ehren, indem wir lernen, wie wir geschickt unsere monatliche rote menstruelle Energie formen und lenken, die nach der Menopause immer bei uns bleibt. Das Blut der Dunklen Göttin trägt, während es durch unsere Körper fließt, ihre Gaben der persönlichen Macht, spirituellen Erleuchtung, psychischen Empfindsamkeit, sexuellen Ekstase, Heilung, Erneuerung und vor allem der Aussicht auf ein aus dem sich zersetzenden Kompost des Alten entstehendes neues Lebens mit sich.

Indem wir die Schichten der falschen Wahrnehmung abstreifen, die unsere Sicht von der Dunklen Göttin überdeckt haben, werden wir schließlich erkennen, daß sie keine Bedrohung für unser Überleben darstellt. Sie ist der Schlüssel zu einem erweiterten Bewußtsein. Die Dunkelheit des Mondzyklus verschleiert ihr großes Mysterium von Erneuerung und Wiedergeburt.

8. Die Initiationsmysterien von Demeter und Persephone

Versinke, versinke, sinke tiefer und tiefer
In den ewigen und ursprünglichen Schlaf.
Versinke, vergiß, sei still und entferne dich
In den verborgensten Kern der inneren Erde.
Trink von dem Wasser der Persephone,
Dem geheimen Brunnen neben dem heiligen Baum.

Ich bin die geheime Königin, Persephone.
Alle Gezeiten sind mein und hören auf mich.
Gezeiten der Lüfte, Gezeiten der inneren Erde,
Die stillen geheimen Gezeiten von Tod und Geburt –
Gezeiten der menschlichen Seelen, der Träume und des Schicksals –
Isis verschleiert und Rhea, Binah, Ge.
Dion Fortune

Der in seinen Phasen kreisende Mond vermittelte den frühen Menschen ein Bild der Lebenszyklen von Geburt, Tod und der Erneuerung aller Dinge. Die Alten faßten ihr Wissen um dieses große Geheimnis begrifflich in mythologische Geschichten, die ihr Verständnis von großen Wahrheiten symbolisch wiedergaben. Jedoch trug das einfache Erzählen einer Geschichte nur dazu bei, ihre wahre Bedeutung zu erklären. Der Weg, auf dem der einzelne das Wesen des Mythos weiter in sich aufnehmen konnte, war das Ritual. Ein Ritual ist die Darstellung des Mythos im Rahmen einer strukturierten Situation. Verschiedene Rituale waren zeitlich auf bestimmte Übergänge in den natürlichen und jahreszeitlichen Zyklen abgestimmt. Durch das Ritual konnte der einzelne eine spirituelle Wahrheit persönlich und direkt erfahren, und diese Erkenntnis hatte die Macht, sein oder ihr Leben zu verändern.

Demeter und Persephone, die die helle und die dunkle Mondphase widerspiegeln, sind die dualen Aspekte der Göttin von Leben und Tod. Ihre Geschichte zählte zu den wichtigsten Mythen der Alten Welt, und sie wurde ritualisiert und Teil einer Mysterienreligion, die als die Eleusinischen Mysterien bekannt sind.* Diese Riten wurden über 2000 Jahre lang in der alten mediterranen Welt vollzogen.

Die Geschichte von Demeter und Persephone handelt von Verlust und Wiederkehr, von Tod und Wiedergeburt. Die Muttergöttin Demeter verlor ihr Kind an die

---

* Demeters Eleusinische Mysterien waren eine von mehreren Mysterienreligionen im alten Mittelmeerraum und Nahen Osten. Mysterienkulte waren ebenfalls mit Kybele, Dionysos, Hermes-Thoth, Isis, Mithra, Orpheus und den Kabiren-Dioskuren von Samothrake assoziiert.

Reiche der Unterwelt. Persephone wurde von Pluto, dem Herrscher des Todes, gewaltsam entführt und vergewaltigt. Demeters untröstlicher Kummer und ihr Leid über ihren Verlust und die freudige Wiedervereinigung von Mutter und Tochter am Ende bilden den Kern der Eleusinischen Mysterien. Diese Riten ehrten sowohl die Muttergöttin, die neues Leben gebar und nährte, als auch die Tochtergöttin, die die Seelen der Toten empfing, um sie auf die Wiedergeburt vorzubereiten. Die Geschichte dieser zwei Göttinnen ist außerdem das archetypische Drama, das alle Frauen weiterhin in der heiligen Beziehung der Erneuerung, die sich zwischen Mutter und Tochter ereignet, neu inszenieren.

Die Eleusinischen Mysterien

Die Eleusinischen Mysterien waren eine rituelle Darstellung der Geschichte von Geburt, Tod und Erneuerung. Sie wurden vom 14. Jahrhundert v.u.Z. bis zum 4. Jahrhundert u.Z. vollzogen und zählten zu den berühmtesten der alten Mysterienreligionen. Auf früheren landwirtschaftlichen Riten basierend, die zur Zeit der herbstlichen Aussaat (Herbsttagundnachtgleiche) stattfanden, kamen die Eleusinischen Mysterien höchstwahrscheinlich über Phrygien aus dem Osten und Ägypten (mit dem Isis-Kult verwandt) und schlugen zuerst in Thrakien Wurzeln. Aufzeichnungen zufolge wurden die Riten zusammen mit der Anbetung der Demeter um das Jahr 1350 v.u.Z. nach Eleusis gebracht.

Die Eleusinischen Mysterien standen allen griechisch sprechenden Männern, Frauen und Kindern und den Sklaven offen, die keinen Mord begangen oder einen solchen Tod rituell gesühnt hatten. Gewöhnliche Bürger, Königinnen und Könige sowie Philosphen kamen aus der ganzen Welt, um in diese Riten eingeweiht zu werden. Die Rituale sprachen die Ängste und Sorgen der Menschen um den Tod an und boten den Teilnehmern und Teilnehmerinnen eine »Garantie für ein Leben ohne die Angst vor dem Tod, das Vertrauen angesichts des Todes«.

Was genau sich bei den Mysterien zutrug, war ein gut gehütetes Geheimnis, und die Teilnehmer leisteten den Schwur der Geheimhaltung. Wegen der heiligen Scheu und Angst, die sie während der zwanzig Jahrhunderte lang vollzogenen Riten empfanden, wissen wir bis heute nichts genaues über die Ereignisse. George Mylonas bemerkte, das Geheimnis sei mit dem letzten Eingeweihten gestorben. Was moderne Gelehrte aus den Fragmenten von übriggebliebenen Informationen auf Skulpturen, Vasenmalereien und Hinweisen in klassischen Schriften zusammenzusetzen vermochten, ist, daß die Mysterien hauptsächlich eine emotionale Erfahrung waren, die den Menschen eine Hoffnung auf die Zukunft gaben.

Sophokles sagte über diese Mysterien: »Dreimal glücklich sind die Menschen, die, nachdem sie diese Riten geschaut haben, in den Hades hinabsteigen. Für sie allein ist dort Leben; die übrigen werden ein schlimmes Los erleiden.« Sie verkörperten eine Tradition, die den Auferstehungsmysterien zu Ostern lange vorausging

Demeter und Persephone

und waren die hellenische Form, um Menschen zu befähigen, in ihrem irdischen Leben die Mysterien dessen zu erleben, was ihnen im Übergang zwischen Tod und Wiedergeburt widerfahren würde. Die Initianden nahmen an einem mystischen Ritus statt, in dem sie symbolisch starben und wiedergeboren wurden. Durch diese Erfahrung traten sie in einen Zustand des Einsseins mit dem Göttlichen ein.

Wir werden uns jetzt mit der Geschichte der zwei Göttinnen befassen und herausfinden, wie ihre Riten den Alten einen Weg zur unmittelbaren Erfahrung des großen Mysteriums von Tod und Wiedergeburt zur Verfügung stellten. In der modernen Welt ist Persephones Abstieg in die Unterwelt eine Metapher für unseren Abstieg in das Unbewußte, wodurch wir ebenfalls am großen Mysterium von Transformation und Erneuerung teilnehmen können. Während wir ihre zeitlose Geschichte lesen, sollten wir stets daran denken, daß sich die alten Übergangsriten nun nach innen richten, wo sie als die Stufen der psychischen Transformation gelebt werden können.

Die Geschichte von Demeter und Persephone

Vor langer Zeit wanderten Demeter und ihre geliebte Tochter Persephone gemeinsam durch die Welt. Sie waren so glücklich in der Gegenwart der anderen, daß sie die Erde mit einer immerwährenden Erntezeit segneten. In diesem Goldenen Zeitalter kannte die Welt keinen Mangel, keinen Winter.

Persephones Entführung Persephone wurde allmählich so schön wie ihre Mutter, und Männer und Götter gleichermaßen begehrten sie. Aber die Liebe zwischen Mutter und Tochter war so stark, daß sie nicht voneinander getrennt sein wollten. Also wurden alle Freier abgewiesen und weggeschickt.

Eines Tages, weit weg von Demeters stets wachsamem Blick, durchstreifte Persephone mit ihren Gefährtinnen die Nysa-Ebene. Dort wurde sie von der lieblichen, wohlriechenden Schönheit der mit hundert Blüten versehenen Narzisse unwiderstehlich angezogen. Als Persephone sie pflückte und ihren berauschenden Duft einatmete, tat sich plötzlich die Erde auf und bildete einen tiefen Abgrund, aus dem der Unterweltgott Pluto, der schon lange in die schöne Persephone verliebt war, hervorstürmte. In seiner goldenen, feurigen, von vier unsterblichen schwarzen Rossen gezogenen Kutsche sitzend, ergriff er das schreiende Mädchen und entführte es in das Reich der Toten, wo es seine Braut und Königin werden sollte. Die aufgerissene Erde schloß sich daraufhin sofort von selbst und ließ keine Spur von dem Vorfall zurück.

Als Demeter zu der nun wieder friedlichen Wiese zurückkehrte, konnte sie ihre Tochter nirgends finden. Sie lief über Felder und Hügel und rief Persephones Namen, und schließlich verwandelte sich ihre Angst in Verzweiflung und Panik, als sie erkannte, daß niemand etwas über den Verbleib ihrer Tochter wußte. Neun Tage und neun Nächte weigerte sich die tiefbetrübte Demeter, etwas zu essen und zu baden. Statt dessen irrte sie mit brennenden Fackeln auf der Suche nach ihrer Tochter auf der Erde umher. Am zehnten Tag begegnete Demeter der Alten Weisen Göttin Hekate, die vorschlug, den Sonnengott Helios, der alles sieht, zu befragen.

Von Helios erfuhr Demeter von der Entführung durch Pluto, der mit Zustimmung ihres Bruders Zeus gehandelt hatte. Offenbar hatte Zeus Pluto als würdigen Gatten für Persephone erachtet und wollte sie als Königin der Unterwelt herrschen sehen. Als Demeter die Nachricht erfuhr, riß sie sich wütend das Diadem vom Kopf und hüllte sich in Trauerkleidung. Voller Zorn auf Zeus wegen seines Verrats zog sie sich vom Berg Olymp zurück, um ihn und die Gemeinschaft der anderen Götter zu meiden. Ihre wahre Identität verbergend, wandelte sie als alte Witwe durch das Land und suchte in den Städten der Menschen Zuflucht.

Demeter in Eleusis Nach einer Zeit, die ihr wie eine Ewigkeit erschienen sein muß, erreichte Demeter verzweifelt und erschöpft die Stadt Eleusis. Am Brunnen traf sie zufällig die vier Töchter des Königs Keleos, die sie einluden, sie in den Palast zu begleiten. Dort lernte sie die Königin Metaneria kennen, die die Fremde willkommen hieß und ihr die Pflege des Königssohns Demophoon übertrug.

In Demeters Obhut wuchs das Kind zu einem Gott heran. In ihrem Wunsch, den jungen Prinzen wie Persephone unsterblich zu machen, gab sie ihm tagsüber Ambrosia als Nahrung und legte ihn nachts in die Glut des Feuers, um seine Sterblichkeit wegzubrennen. Eines Abends überraschte Königin Metaneria Demeter dabei, wie sie das Kind gerade in die Flammen halten wollte, und schrie vor Entsetzen auf. Demeter, empört darüber, daß sie bei ihrem Versuch, dem Kind ewige Jugend zu verleihen, gestört wurde, riß den Knaben aus dem Feuer und warf ihn auf den Boden. Dann offenbarte sie ihre wahre Identität als Göttin und befahl, daß ihr ein Tempel und ein Altar errichtet werden sollen, wo sie weitertrauern konnte.

Persephones Rückkehr Demeter zog sich nun in ihren Tempel zurück und betrauerte den Verlust ihrer geliebten Tochter. In ihrem Zorn schickte sie der Menschheit ein grausames und schreckliches Jahr: Die Erde weigerte sich, Getreide hervorzubringen, die Samen im Boden wurden vernichtet, die Früchte verdorrten an den Bäumen. Wenn sie, die Göttin der Fruchtbarkeit, ohne ihre Tochter leben mußte, sollte auch die Menschheit Hunger leiden und daran sterben.

Verzweifelt flehten die Menschen Zeus an, daß er eingriffe. Zeus erkannte, daß, wenn die Menschheit aussterben sollte, niemand mehr die Götter anbeten könnte, und so schickte er Iris, um Demeter zum Olymp zurückzurufen. Demeter weigerte sich zu gehen. Alle Götter boten Demeter Geschenke an und baten sie inständig, Gnade zu zeigen, aber sie lehnte ab. Sie wollte nicht nachgeben, bevor nicht ihre Tochter befreit sei.

Zeus, der seine Niederlage einsah, befahl Hermes, in die Unterwelt hinabzusteigen und Pluto aufzufordern, Persephone freizugeben. In ihrer kalten Schönheit hatte sich Persephone dem Trauerfasten ihrer Mutter angeschlossen und sich geweigert, Nahrung zu sich zu nehmen. In hinterhältiger Freundlichkeit willigte Pluto ein, Persephone gehen zu lassen. Zuvor aber führte er sie in Versuchung und gab ihr einige Granatapfelkerne zu essen, da er um ihren großen Durst wußte. Weil der Granatapfel das Symbol des sexuellen Vollzugs ist, wurde durch Persephones Einwilligung ihr Ehebund mit ihm unauflösbar.

Nach ihrer Rückkehr in die Welt des Lichts war Persephone mit ihrer Mutter in Eleusis glücklich wiedervereinigt. Demeter fragte sofort, ob ihre Tochter irgendeine Speise der Toten während ihres Aufenthalts in der Unterwelt gegessen hätte. Als Persephone offenbarte, was sich ereignet hatte, erkannte Demeter, daß man sie betrogen hatte; ihre Tochter war noch immer Plutos Gefangene. Wieder einmal weigerte sie sich, den Fluch gegen das Land aufzuheben.

Um zu verhindern, daß Demeter und Pluto die Welt zerstörten, die er erschaffen hatte, verlangte Zeus mit dem Beistand ihrer gemeinsamen Mutter Rhea, daß sie einen Kompromiß schlossen. Seine Anordnung sah vor, daß Persephone für einen bestimmten Zeitraum des Jahres, der sich nach der Zahl der von ihr verzehrten Granatapfelkerne bemaß, als Plutos Braut in der Unterwelt bleiben sollte. Die übrigen Monate konnte sie dann mit ihrer Mutter auf Erden verbringen.

So ist zu erklären, daß jedes Jahr im Frühling Persephone aus der Unterwelt aufsteigt und Demeter wiedertrifft, die die Erde fruchtbar werden läßt. Samen sprießen, Blumen blühen, Pflanzen wachsen, und die Felder sind voller Früchte. Der Sommer folgt, und die Erde gedeiht, bis der Herbst naht und Persephone in Plutos Unterwelt zurückkehren muß. Nach dem Verlassen ihrer Tochter legt Demeter ihre traurige Hand auf die Erde und macht sie unfruchtbar. Bis zu Persephones Ankunft im folgenden Frühling wird sie den ganzen Winter hindurch öde und trostlos bleiben.

Bevor Demeter Eleusis verließ, drückte sie der Stadt ihre Dankbarkeit aus, indem sie Triptolemus, dem ältesten Königssohn, das erste Getreidekorn schenkte und den Auftrag erteilte, die ganze Menschheit in die heilige Kunst des Getreideanbaus einzuweisen. Schließlich lehrte sie die Menschen von Eleusis ihre heiligen Riten und weihte sie in den göttlichen Kult ein:

... den weder preiszugeben, noch zu hören, noch auszusprechen erlaubt ist: Große Ehrfurcht vor den Göttern hindert die Stimme. Selig ist der Mensch auf Erden, der solches gesehen. Wer aber uneingeweiht bleibt und keinen Teil daran hat, der wird auch dereinst, wenn er gestorben, an dem gleichen Segen in der dumpfen Finsternis da unten keinen Anteil haben.

Die vorhergehende Geschichte geht auf Homers »Demeterhymnus« aus dem 7. Jahrhundert v. u. Z. zurück, der die vollständigste Darstellung von Persephones Raub in die Unterwelt ist. Jedoch leitet sich dieser Mythos von einer viel älteren Version ab, die in mykenische, kretische und neolithische Zivilisationen zurückreicht. In den früheren Geschichten wird Persephones Entführung nicht erwähnt; ihr Abstieg war freiwillig. Die vorhellenische Version berichtet folgendes:

In der frühesten Zeit durchstreiften Demeter und Kore (Persephones Name, bevor sie die Unterwelt betritt) die Welt und ließen alle lebenden Pflanzen sprießen, blühen, Früchte und Samen tragen. Bei ihren Wanderungen begegnete Persephone den verwirrten und verlorenen Seelen der Toten. Sie drückte ihrer Mutter gegenüber ihre Sorge aus, daß niemand die gerade Verstorbenen in die Unterwelt aufnahm, um ihnen Rat zu geben und sie auf ihrer Reise durch die dunklen Gänge zu führen. Demeter gab zu, daß das Reich der Toten ihre Domäne sei, aber sie es für ihre wichtigste Aufgabe hielte, die Lebenden zu ernähren.

Persephone beschloß freiwillig, in die Unterwelt zu gehen, um die Toten willkommen zu heißen, zu segnen und in die Mysterien des Schoßes und der Erneuerung einzuweihen. In der Oberwelt betrauerte Demeter die Abwesenheit ihrer Tochter. Ihr Kummer war so groß, daß ihre Kraft aus der gesamten Pflanzenwelt zurückgezogen wurde, die bald verdorrte und starb. Schließlich lähmte ihre Trauer sie, und sie saß wie erstarrt da und wartete.

Eines Tages kämpften sich grüne Krokustriebe durch das Erdreich nach oben und flüsterten aufgeregt, daß Persephone zurückkehrte. Als die Mutter ihre verlorene Tochter umarmte, strömte ihre erneuerte Energie in das brachliegende Pflanzenleben und regte es zu neuem Wachstum an. Alljährlich mit dem Wechsel der Jahreszeiten wiederholten Demeter und Persephone freiwillig dieses Drama.

Auf der äußeren Ebene war die Geschichte über Persephones alljährliches Verschwinden und Zurückkehren ein Sinnbild des Sprießens des ruhenden Wintersamens im Frühling, womit den Bauern der Wechsel der Jahreszeiten erklärt wurde. Auf der inneren Ebene hatten die Menschen durch die Neuinszenierung dieses Ritualdramas Zugang zu den archetypischen Themen von Verlust und Rückkehr. Auf der geheimen Ebene, wie es von den Initianden in die Eleusinischen Mysterien vollzogen wurde, offenbarte dieses Ritual das große Geheimnis der Transformation: den Zyklus von Geburt, Tod und Erneuerung.

Es heißt, daß Demeter der Menschheit zwei Geschenke machte: das Getreide und die Eleusinischen Riten. Es war Demeter, die, so glaubte man, den Griechen das Geheimnis des Ackerbaus brachte. Verehrt als die Getreidegöttin, lehrte sie die Menschen, wie man Früchte anbaut und kultiviert, anstatt in der Wildnis nach Nahrung zu suchen, und somit bewirkte sie die Verwandlung der Griechen von einem nomadischen in ein ackerbautreibendes Volk. Folglich liegen Demeters Ursprünge in der Übergangszeit von der paläolithischen zur neolilithischen Kultur, als die Entdeckung des Ackerbaus, die Verwirklichungsphase im Lunationszyklus der Göttin (wie es in Kapitel 3 erläutert wird), zur Entwicklung der Zivilisation führte. Bei der Thesmophoria, einem reinen Frauenritual, befähigten verheiratete Frauen die Samen zu keimen, indem sie sie mit ihrem Menstruationsblut vermischten. Dieses Ritual wurde im Herbst zur Zeit der Aussaat begangen, um sich dieser Göttin für ihr Geschenk der fortwährenden Nahrungsmittelversorgung dankbar zu zeigen.

Eine einzelne Getreideähre wurde auf dem Höhepunkt der Eleusinischen Riten hochgehalten, Demeters zweites Geschenk für die Menschheit. Zu der Zeit um 1400 v.u.Z., als die Eleusinischen Riten in Griechenland formal praktiziert wurden, waren bereits viele Menschen von der die zyklische Wiedergeburt ablehnenden patriarchalen Mentalität beeinflußt. 2000 Jahre lang bewahrten diese Riten die Mysterien der Mondgöttin, in denen alles Leben miteinander verbunden und der Tod Bestandteil des Lebens war. Die Eleusinischen Mysterien wurden abgeschafft, und der Tempel fiel im 4. Jahrhundert u.Z. der Zerstörung zum Opfer, zur selben Zeit, als nach dem päpstlichen Beschluß von Nizäa die Reinkarnation geächtet und als Ketzerei angeprangert wurde.

Die Kleinen und die Großen Mysterien

Die Einweihung vollzog sich auf zwei Stufen: die Kleinen und die Großen Mysterien. Beim ersten Ritus, der *Myesis,* waren die Augen der Initianden geschlossen. Beim zweiten Ritus, der *Epopteia,* erfuhren sie eine Vision und wurden zu denjenigen, die »gesehen hatten«.

Die Kleinen Mysterien fanden alljährlich im Frühling (im Monat Anthesterion, unserem Februar und Lichtmeß in der Symbolik des Jahresrads) im Heiligtum Agrai nahe des Flusses Ilissos statt. Sie wurden zu Ehren Persephones abgehalten und dienten als Vorbereitung auf die später eintretenden Ereignisse. Nach der Reinigung und Unterweisung stellten die kulminierenden Zeremonien Persephones Vergewaltigung und Entführung in die Unterwelt durch das heilige Drama dar. Das auf der Wiese spielende Mädchen wurde von Eros, dem Gott der sexuellen Leidenschaft, dazu gebracht, den berauschenden Duft der Narzisse, der Blume des Verlangens, einzuatmen. In dem Augenblick tat sich plötzlich die Erde auf, und aus dem gähnenden Abgrund stieg Pluto empor, der mit seinem feurigen, von unsterblichen, schwarzen Pferden gezogenenen Wagen das Mädchen ergriff und entführte.

Mitten in Persephones Entsetzen und ihren Hilfeschreien nach ihrer Mutter wurde alles in Dunkelheit getaucht.

Wenn die Neophyten symbolisch mit ihr in der Unterwelt verschwanden, endeten die Kleinen Mysterien. Der Schleier der *Myesis* wurde über ihre Augen gelegt. Aus der orphischen Tradition wurde ein zusätzliches Element bei den Riten eingeführt, und zwar gebar Persephone einen Knaben als Folge ihrer Vergewaltigung durch Pluto. Dieses Kind wurde häufig, besonders in der klassischen Zeit, mit Dionysos identifiziert. Viele Kommentatoren weisen darauf hin, daß im Mittelpunkt der Kleinen Mysterien sexuelle Themen standen.

Die Großen Mysterien, die in Eleusis gefeiert wurden, folgten im Monat Boedromion, unserem September, und beruhten auf früheren landwirtschaftlichen Kulten zu Ehren der Herbsttagundnachtgleiche. Eingedenk der neuntägigen Wanderung Demeters auf der Suche nach ihrer Tochter dauerten sie genausolang. Jedem Tag war ein besonderer Namen und eine besondere Zeremonie zugeordnet. Auf dieser zweiten Ebene der Initiation, der *Epopteia*, wurden den Teilnehmern und Teilnehmerinnen die Augen durch die Offenbarung einer visionären Erfahrung geöffnet.

Am ersten Tag der Mysterien, dem 14. Tag des Monats, begab sich eine große Prozession von Eleusis über die 22 Kilometer lange Heilige Straße nach Athen. Zu ihr gehörten die Hohepriesterin, der Hierophant (Hohepriester), der Daduchus (Fackelträger) und heilige Priesterinnen der Göttin, von denen eine vorn im Zug einen Korb mit heiligen Gegenständen auf ihrem Kopf trug. Die *hiera* (heilige Gegenstände) wurden im Eleusinion, Demeters Heiligtum, an der Agora in Athen untergebracht.

Der nächste Tag, der 15. Tag des Monats, *Agyromus*, galt als der erste offizielle Tag der Mysterien. Die Priester verkündeten die Einladung zu den Weihen und nannten die erforderlichen Qualifikationen. Die in reine weiße Tuniken gekleideten Initianden trennten sich von der übrigen Menge und senkten die Köpfe, um die göttliche Segnung des Lichts der Göttin zu empfangen.

Am folgenden Morgen erging der Ruf: *Halade mystai* – »Zum Meer, ihr Mysten.« Eine Prozession bildete sich, und alle begaben sich zum Strand bei Phaleron, um sich im Ägäischen Meer zu reinigen. Jeder Teilnehmer trug ein Opferferkel bei sich, das ebenfalls gewaschen wurde. Dann wurden die Ferkel geopfert und ihre Kadaver als Gabe für die Gottheiten der Unterwelt in tiefen Gruben begraben. Schweineblut galt als das reinste von allen Tieren, es besaß die Macht, die Seele von Haß und Übel zu reinigen und den Einzuweihenden rituell von seinem früheren profanen Leben zu trennen. Als Demeters heiliges Tier war das Schwein mit Totenkulten verbunden.

Der vierte Tag der Riten, der 17. Boedromion, *Hiereia devro* (Hierher die Opfer), diente Gebeten und weiteren Opferungen. Dem schloß sich am nächsten Tag die *Asclepia* an, eine besondere Feier für den Heilgott Asklepios, der ebenfalls in die Unterwelt gegangen war. Dieser Tag bekräftigte außerdem den alten Brauch, bedeutende Persönlichkeiten des öffentlichen Lebens verspätet an den Riten teilnehmen zu lassen, wie Asklepios selbst es getan haben soll.

Am Morgen des 19. Tags des Monats, *Iacchus* oder *Pompe* (Prozession), versammelten sich die Initianden zur Prozession über die 22 Kilometer lange Heilige Straße nach Eleusis. Dieser Tag markierte den Beginn des Ritus der Geheimhaltung. Die Initianden wurden mit Myrtenkränzen geschmückt und trugen Stäbe aus geflochtenen Zweigen, *bacchus* genannt, Symbole für den Tod des alten Lebens und die Geburt des neuen. Eine Holzstatue von Iakchos (Dionysos/Bacchus), dem Knabengott, dessen Geburt das kulminierende Ereignis der geheimen Riten darstellen würde, wurde in der vordersten Reihe getragen. Die Zelebranten sangen voller Freude seinen Namen in einer Vision von ihrer Erlösung. Auf dem langen Weg wurde oft an bestimmten Plätzen haltgemacht, um huldigende Zeremonien zu vollziehen, wie zum Beispiel am heiligen Feigenbaum, wo man tanzte, sang und Opfer darbrachte.

Auf der Brücke über dem Fluß Kephissos wurde der Zug mit einer humorvollen Darstellung obszöner Witze unterhalten, was als die »Brückenspäße« bezeichnet wurde. Diese Scherze erinnerten an Baubo, die Göttin des dröhnenden Lachens, die ihr Kleid gehoben und ihre Vulva entblößt hatte in dem Versuch, die trauernde Demeter aufzuheitern. Die in Laken gehüllte Eleusiner verspotteten und beleidigten die Initianden, sogar die höchsten Priester und angesehene Bürger, und enthüllten geheime und demütigende Wahrheiten über jede Person, was diese schweigend hinnehmen mußte. Das so preisgegebene alte Selbst starb buchstäblich vor Scham.

Bei Einbruch der Nacht erreichte die Prozession Eleusis. Obwohl alle müde, hungrig und staubbedeckt waren, feierten die Initianden die ganze Nacht bei Fackelschein und tanzten und sangen zu Ehren des Mädchens Persephone und seiner heiligen Mutter Demeter. Ein großer Tanzplatz umgab den Kallichóros-Brunnen. Hier hatte die Göttin dem Mythos nach ihre ausgetrockneten Lippen am Ende ihrer verzweifelten Wanderungen erfrischt. Liebliche eleusinische Mädchen stellten in rituellen Bewegungen die Ankunft Demeters in Eleusis dar, nachdem sie neun Tage lang erfolglos nach ihrer Tochter gesucht hatte.

Die Riten erreichten ihren Höhepunkt am 20. und 21. Tag des Monats, *Mysteriotides nychtes,* die Nächte der Mysterien. Der Hauptteil der Mysterien fand im Lauf der folgenden zwei Nächte im Innern des Telesterion, der Weihehalle, statt. Über diese Riten ist so gut wie nichts bekannt, denn die Initianden waren unter Androhung der Todesstrafe an den Schwur der Geheimhaltung gebunden, nichts von dem zu enthüllen, was sie erlebt hatten. Aus alten Schriften geht jedoch klar hervor, daß im Innern des Heiligtums etwas gesehen wurde, und daß diese Vision die Essenz des Mysteriums darstellte.

Bevor die Initianden das Telesterion betraten, wurden weitere Opfer und Brotgaben nahe der Höhle des Hades im Bezirk des Pluto dargebracht. Am Eingang zu dieser Höhle befand sich ein *omphalos,* der Weltnabel, der den Übergang von der Welt des Lichts in die Welt der Dunkelheit markierte. Dieser Augenblick und dieser Ort kennzeichneten Persephones Abstieg in die Unterwelt. Aus einem besonderen Krug tranken die Einzuweihenden *Kykéon,* einen Trank aus Gerstenmehl und Minze. Neuere Untersuchungen weisen darauf hin, daß dieses Gerstenmehlgetränk Mutterkorn, ein aus Getreide gewonnenes und Visionen herbeiführendes Halluzinogen, enthielt.

Durch ihr Fasten, den Tagesmarsch nach Eleusis und das Trinken von Kykéon waren die Initianden auf die heilige Offenbarung vorbereitet. Die vorgeschriebenen Worte, die sie sprachen, bevor sie in den Tempel eintraten, lauteten: »Ich fastete; ich trank den Mischtrank.« Die Kleinen Mysterien hatten mit Persephones Hilfeschreien geendet, als die Mysten symbolisch mit ihr in der Dunkelheit der Unterwelt verschwanden. Nun griffen die Großen Mysterien den Faden der Geschichte im verdunkelten Telesterion auf. Dort begannen die Initianden in einem Zustand der Erwartung das Königreich des Todes zu durchqueren.

Was sich dort abspielte, rief Clemens von Alexandrien zufolge Angst und Schrecken hervor, der die Ereignisse im Telesterion als »mystisches Drama« bezeichnete: »Der Tempel bebte; fürchterliche Visionen und furchterregende Geister stellten die Schrecken des Hades und das böse Menschen erwartende Schicksal dar.« Die Initianden zeigten die physischen Symptome der Angst – Übelkeit, Zittern und kalter Schweiß. Schreckliche Erscheinungen oder Geister tauchten in der Weihehalle auf und hielten die Initianden in einem Zustand anhaltender Qual und Angst.

Nach diesem Schreckgespenst des Todes wurden sie in sanftes, angenehmes Licht getaucht, das die Stimmung hob und das Kommen der Göttin ankündigte. Alle fühlten sich, als wären sie vom Hades zurückgekehrt oder wiedergeboren. In der Schlußszene begab sich Triptolemus auf seine lange Reise, um die Menschen der Erde das Geheimnis des Ackerbaus und den Getreideanbau zu lehren. Die Zeremonie endete mit den Worten *»Pax konx«,* die soviel bedeutet wie: »Mögen eure Wünsche erfüllt werden.«

Die Nacht des 21. Boedromion war die *Epopteia,* die höchste Stufe der Mysterien. Nur diejenigen, die im Jahr zuvor eingeweiht worden waren, durften daran teilnehmen. Die Riten entfalteten sich in drei Formen: Gesagtes *(legomena),* Handlung *(dromena)* und Gezeigtes *(deiknymena).* Es gibt Hinweise auf eine Heilige Hochzeit am Thron der Unterwelt zwischen Zeus und Demeter oder wahlweise zwischen Hades und Persephone, die durch den Hierophanten und die Hohepriesterin in den Rollen des Gottes und der Göttin dargestellt wurden. Die Zeremonien erreichten in der Nacht ihren Höhepunkt, wenn ein ohrenbetäubendes Becken ertönte, ein großes Licht aufleuchtete und der laute Ruf erscholl: »Die große Göttin hat ein heiliges Kind geboren: Brimo hat Brimos geboren.« Die Königin der Toten selbst gebar im Feuer einen mächtigen Sohn. Die Geburt dieses göttlichen Kindes, auch bekannt als Iakchos (Bacchus/Dionysos), symbolisierte das Wissen, daß aus dem Tod erneuertes Leben hervorgeht.

Während dieser Zeremonien wurde der heilige Inhalt der Körbe gezeigt, und die Initianden hielten die heiligen Gegenstände und befühlten sie. »Ich nahm aus der

Cista, arbeitete damit und legte es dann in den Korb und aus dem Korb in die Cista.« Von Ranke-Graves vermutet, daß die Gegenstände ein Symbol für den Geschlechtsverkehr waren, und möglicherweise stellten die Initianden das Einpflanzen des Samens des Lebens in die fruchtbare Göttin der Erde dar. Einige Quellen gehen davon aus, daß es sich bei den heiligen Gegenständen in der *cista* um verschiedene Kuchensorten, eine Schlange, Granatäpfel, Blätter und Stengel, Mohnblumen und eine Nachbildung der weiblichen Geschlechtsorgane handelte.

Schließlich zeigte der Hierophant als höchste Offenbarung schweigend eine geerntete Ähre. In diesem ehrfurchtgebietenden Augenblick verstanden die Initianden, daß der Getreidesamen das Geheimnis des Lebens in seinen unsichtbaren und sichtbaren Formen enthält. Sie drückten ihre Dankbarkeit aus, indem sie zum Himmel emporblickend: »*Ye*« (Regne) riefen, Zeus als Himmelsgott begrüßend, und dann zur Erde blickend: »*Kye*« (Gebäre) zu Demeter, der Erdgöttin, für ihr Geschenk des Getreides, das die Menschen nährt. Auf diese Weise wurde der Himmel angerufen, um Regen zu spenden, und die Erde, um fruchtbar zu werden. Diese Formel, die auch als »fließe und empfange« wiedergegeben wird, stand möglicherweise mit dem rituellen Vollzug der Heiligen Hochzeit und der Schwängerung von Mutter Natur in Verbindung.

Geführt vom Fackellicht traten die Eingeweihten aus der Weihehalle hinaus in die Dunkelheit und sammelten sich auf einer nahe gelegenen Wiese, um zu singen, zu tanzen und sich zu laben. Diese Erfahrung, die ihnen die Augen zu einer neuen Sichtweise und ihrer Erneuerung geöffnet hatte, befreite sie von ihrem vorhergehenden Leben der Dunkelheit.

Der letzte Tag der Mysterien, der 22. Tag des Monats, *Plymochoai*, war dem Gedenken der Toten geweiht. Die geläuterten Eingeweihten ehrten die Toten mit Trankopfern. Besondere Gefäße wurden mit einem unbekannten süßen Trank gefüllt, nach Osten und nach Westen aufgestellt und schließlich umgestürzt, um die Salbung der Erde in den Richtungen der Geburt und des Todes zu reflektieren.

Die Mysterien waren in der Hauptsache eine emotionale Erfahrung, die den Teilnehmern und Teilnehmerinnen Hoffnung auf die Zukunft gab. George E. Mylonas, Experte auf dem Gebiet der Mysterien, kommt zu der Überzeugung: »Welchen Gehalt und welche Bedeutung die Mysterien auch hatten, es bleibt doch die Tatsache bestehen, daß der Kult von Eleusis die aufrichtigsten und tiefsten Sehnsüchte des menschlichen Herzens befriedigte. Die Eingeweihten kehrten voller Freude und Glück von ihrer Pilgerfahrt nach Eleusis zurück, mit verminderter Angst vor dem Tod und vermehrter Hoffnung auf ein besseres Leben in der Welt der Schatten.«

Angesichts der wachsenden Macht des Christentums wurden die Mysterien jedoch schließlich vom byzantinischen Kaiser Theodosius verboten, weil sie mit den christlichen Ansichten über das Schicksal der Seele nach dem Tod in Konflikt standen. Alarich I., der Häuptling der Westgoten, drang im Jahre 396 u. Z. in Griechenland ein und zerstörte das Heiligtum in Eleusis vollständig.

Kommentar zu den Mysterien

*Wunderbar ist wahrhaft das Mysterium,
das uns die seligen Götter geschenkt haben:
Der Tod ist für die Sterblichen
nicht mehr ein Übel, sondern ein Segen.*
Inschrift in Eleusis

Die Eleusinischen Riten bleiben nach wie vor ein Geheimnis. Ein Ritual ist von Natur aus nicht etwas, das durch Worte mitgeteilt werden kann. Es ist in der Hauptsache eine emotionale Erfahrung und kein intellektueller Diskurs. Dadurch, daß es diese Art von Erfahrung zur Verfügung stellt, leistet das Ritual für viele Menschen, was nicht durch philosophische Untersuchung oder Frömmigkeit erreicht werden kann. Die kulminierende *Epopteia* war eine Vision, die auf den Zustand, »gesehen zu haben«, hinauslief. So werden alle modernen Versuche, die Bedeutung der Mysterien zu entschlüsseln, ihr Ziel zwangsläufig verfehlen, da die Bedeutung die Fähigkeit dessen, was unser lichterfüllter bewußter, rationaler Geist zu erfassen vermag, übersteigt. Aber wir können versuchen, darauf hinzudeuten, was die Mysterien in ihrem Wesen zu verstehen geben könnten, in der Hoffnung, das verdunkelte Unbewußte anzuregen, das sich dem ehrfurchtgebietenden Unbegreiflichen zu nähern vermag.

Die am Nachthimmel leuchtende Große Mondgöttin gab den frühesten Menschen ihre ersten Vorstellungen vom Geheimnis von Geburt, Tod und Wiedergeburt. Der Mond, so glaubte man, sei die Quelle der Fruchtbarkeit, die das Leben im brachliegenden Samen erweckte, und die frühen landwirtschaftlichen Zyklen basierten auf einem Jahreskalender, der den Rhythmus der Lunationen widerspiegelte. Die Thesmophoria und Eleusinia haben ihre Wurzeln in den frühen Ackerbauriten, deren Zweck es war, die Fruchtbarkeit des in die Erde gelegten Samenkorns zu fördern. Durch die Ehrung der Göttin, die ihnen das Geheimnis des Ackerbaus enthüllt hatte, hofften die Menschen, von ihr weiterhin mit reichen Ernten gesegnet zu werden.

Die landwirtschaftlichen Riten des vorhellenischen Griechenlands, die den Eleusinischen Mysterien zeitlich vorausgingen, wurden ebenfalls alljährlich zur Zeit der herbstlichen Aussaat vollzogen. Mit diesen Zeremonien wurde das Heraufbringen des Getreides aus den unterirdischen Silos gefeiert, in denen es nach dem Dreschen im Juni gelagert wurde. Das Getreide wurde in die Erde eingesät und erwachte wieder zu neuem Leben, was neues Leben aus dem Jenseits symbolisierte. Die Erde war sowohl die »Wiederbeleberin« ihrer Feldfrüchte als auch der Aufbewahrungsort ihrer Toten. Die Getreidegöttin Demeter war gleichfalls die Göttin der als *demetreioi* bezeichneten Toten.

Während die Mondphasen das Urmuster für die allgemeine Gestaltung lieferten, war es auf Erden, wo die frühen Menschen das Geheimnis des sich erneuernden Getreides direkt erfuhren. Auf diese Weise stimmte der Zyklus der Mondphasen zeitlich mit den jahreszeitlichen Zyklen überein, und sowohl die lunaren wie die landwirtschaftlichen Zyklen wurden mit der Idee der Erneuerung verknüpft. Die Riten der Göttin des Ackerbaus, die über den Tod und die Wiedergeburt des Saatgetreides herrschte, entwickelten sich später zu den Riten des Todes und der Wiedergeburt der menschlichen Seele. Bei den Eleusinischen Mysterien ging es nicht allein um die Erneuerung der Fruchtbarkeit der Äcker. Die Landwirtschaft war die Symbolsprache der Mysterien. Aber sie verweist auf das größere Mysterium des Lebens selbst, ein Mysterium, das sich letztendlich in weibliche, landwirtschaftliche Bilder kleidet.

Sich aus der Weisheit entfaltend, die der Beobachtung der Natur entspringt, bewegte sich das Bewußtsein der Menschen fort vom feierlichen Begehen der jahreszeitlichen Zyklen der Erde von Wachstum und Verfall, um Riten aufzustellen, die ihre Ängste in Hinblick auf ihre Geburt, ihren Tod und ihre Auferstehung ansprachen. Sie erkannten intuitiv, daß das große Mysterium des Lebens im Tod liegt. Joseph Henderson schreibt, daß das Thema des Todes, wann auch immer wir auf es stoßen, ob in wiederkehrenden Mythen oder in modernen Träumen, selten allein dasteht. Der Tod findet sich universell als Teil eines Themas, das Tod und Wiedergeburt oder Tod und Auferstehung einschließt. Diese Mythen enthalten außerdem sehr viele Hinweise auf ein anderes Thema: das der Initiation. »Die Initiation liefert das archetypische Muster, durch das die Psyche, ob nun bei einzelnen Menschen oder in Gruppen, befähigt wird, den Übergang von einer Entwicklungsstufe zu einer anderen zu vollziehen, und bringt somit das Thema von Tod und Wiedergeburt in eine enge Beziehung zu Problemen der Erziehung, ob in religiösem oder weltlichem Sinne.«

Die als die Eleusinischen Mysterien ritualisierte Geschichte von Demeter und Persephone verkörperte die Gedanken der Menschen über das Geborenwerden und Sterben. Sie kam sowohl Ostern (an dem Leben und Tod nebeneinander bestehen) als auch Weihnachten (die Zeit der alljährlichen Wiedergeburt und Hoffnung) hervor. Angst vor dem Tod ist im Grunde Angst vor dem Unbekannten. Die Eleusinischen Mysterien zählten zu den bedeutendsten Einweihungsriten der Alten Welt, die den Menschen eine Erfahrung zuteil werden ließen, die sie befähigte, ihre Angst vor dem Tod zu überwinden. Sowohl jahreszeitlich als auch persönlich gesehen, waren die Mysterien Rituale von Tod und Wiedergeburt. Wie der Same in Erwartung des Keimens starb, sagte sich der Initiand vom alten Selbst los; und wie das sprießende Getreidekorn wurde die neue Seele wiedergeboren in die Gesellschaft derjenigen, die vorher gegangen waren, die *Epoptai*.

Im Rahmen des archetypischen Dramas von Verlust und Rückkehr führten die Eleusinischen Mysterien als Ganzes die Initianden durch die Geschichte von Demeter und Persephone. Zuerst wurde die Geschichte der Göttin erzählt, und in den Kleinen Mysterien identifizierten sich die Teilnehmer allmählich mit der Handlung. Schließlich führten die Großen Mysterien die Initianden zu der Vision und Erkenntnis, daß das große mythische Drama in ihrem Innern stattfand. In der modernen Psyche ist die Angst vor dem Tod mit der Angst vor Veränderung verbunden. In diesem alten Initiationsritus können wir eine zeitgenössische Metapher für den psychologischen Zyklus von Trennung, Verlust, Einweihung und Rückkehr finden, der die psychischen Stufen der Transformation markiert, durch die wir den Tod des alten Selbst und die Wiedergeburt des neuen erfahren.

Die meisten Initiationsriten, die den Übergang vom Alten zum Neuen erleichtern, schließen Stufen der Reinigung, der Prozession durch ein Labyrinth, der Opferung, Isolation in der Dunkelheit und schließlich einer Epiphanie im Licht ein. Die eleusinischen Initianden fasteten und reinigten sich im Meer, opferten Demeters heiliges Tier, das Schwein, brachten es den Unterweltgottheiten dar und legten die unwegsame Strecke von Athen zurück. Doch erst in der Isolation der Dunkelheit im Innern des Telesterion wurde ihnen die wunderbare Vision zuteil. Die meisten Gelehrten stimmen inzwischen darin überein, daß die Teilnehmer keinem Bühnenstück beiwohnten, und Archäologen haben keine geheime Kammer oder unterirdische Gänge im Telesterion freigelegt. Das Mysterium lag in dem, was gesehen wurde. In dieser wortlosen Einweihung verstanden die Teilnehmer durch unmittelbare Vision und Einsicht eine große Wahrheit.

Unter modernen Gelehrten herrscht Verwirrung bezüglich dessen, was genau die unzähligen Teilnehmer im Lauf der Jahrhunderte befähigte, eine voraussagbare visionäre Erfahrung zu machen. Wasson, Ruck und Hofman gehen davon aus, daß der Trank *Kykéon*, den die Initianden vor dem Betreten des Telesterion zu sich nahmen, einen halluzinogenen Pilz enthielt, der diese psychedelische Reise hervorrief. In der Abbildung auf Seite 216, einer Stele aus dem frühen 5. Jahrhundert v. u. Z. in Pharsalus, Griechenland, sind Demeter und Persephone dargestellt, wie sie einander einen Pilz anbieten. Es ist keineswegs ungewöhnlich, in den alten Mysterientraditionen Hinweise auf die Einnahme von natürlichen Substanzen zu finden, wie den *Soma*-Trank in Indien oder die von der delphischen Priesterin gekauten Lorbeerblätter, die schamanische Zustände der Ekstase erzeugten, wodurch die Kommunikation mit den Gottheiten ermöglicht wurde. Erst durch den Prozeß der psychischen Auflösung unserer normalen Grenzen des rationalen Bewußtseins vermögen wir den Abstieg in die Erfahrung von Tod und Wiedergeburt zu unternehmen. Aus dieser Sicht können die Eleusinischen Mysterien als schamanische, durch eine halluzinogene Substanz herbeigeführte Visionssuche gedeutet werden.

Die Initianden betraten das Telesterion am ersten Abend der Mysterien, und wenn sie durch die Dunkelheit gingen, begaben sie sich auf eine Reise durch die Unterwelt. Die erste Stufe des Todesübergangs wurde von den *Phantomen*, den schreckenerregenden Erscheinungen und Geistern, beherrscht, die die Initianden infolge ihrer überwältigenden Angst physisch erkranken ließen. Diese zornigen Bilder ähneln denen, wie sie im ägyptischen und tibetischen *Totenbuch* beschrieben werden, wo das Bewußtsein nach dem Tod einen Korridor mit schrecklichen Visionen passiert.

Aus psychologischer Sicht entstehen diese Visionen als die *Phantome* aus dem Inneren unseres Geistes. Sie sind die Projektionen unserer negativen Gedankenmuster, wie Wut, Haß, Gier, Eifersucht und Unwissenheit, die uns zu verwerflichen Taten treiben. In der buddhistischen Tradition muß das Bewußtsein, um in die spirituelle Welt eingehen zu können, zuerst diese schreckenerregenden Phänomene als Emanationen des eigenes Geistes erkennen, die keine eigene Wirklichkeit und folglich keine äußere Macht über uns besitzen.

In dem Film *Flatliners* aus dem Jahr 1990 führt eine Gruppe von Medizinstudenten ein Experiment durch, bei dem sie sich gegenseitig auf chemische Weise für Minuten in den Zustand des klinischen Todes versetzen und wieder ins Leben zurückrufen. Die Erinnerung an die Todeserfahrung enthält eine Begegnung mit jemandem, dem sie in der Vergangenheit Unrecht getan haben. Nun sucht der »Geist« dieser Person die Studenten heim; nur durch Buße und die Bitte um Vergebung können sie aus diesem Zustand der dämonischen Besessenheit befreit werden. Die Eleusinischen Riten befähigten die Initianden zu Lebzeiten, diese erste Stufe des Todes zu erleben, wo sie den Bildern ihrer eigenen ungerechten Taten begegneten. Nachdem sie diese schreckenerregende Stufe durchgemacht hatten, wurden sie schließlich in ein sanftes, angenehmes klares Licht getaucht, das sie besänftigte, beruhigte und heilte.

In der ersten Nacht der Mysterien wurden die Initianden durch den Korridor des Todes geführt; aber die zweite, ehrfurchtgebietendere Nacht offenbarte die Geheimnisse der Wiedergeburt. Historische Fragmente deuten auf eine Heilige Hochzeit hin, wobei die Stellvertreter von Gott und Göttin den Akt des Geschlechtsverkehrs vollzogen. Der dramatischste Augenblick im Ritual ereignete sich nun unter dem Schlagen von Becken und dem Aufleuchten eines großen Lichts. Die Initianden erblickten in einer seligmachenden Vision die Königin der Toten, die im Feuer ein in der Unterwelt empfangenes göttliches Kind gebar.

Es war dieses erstaunliche Ereignis, das Hoffnung möglich machte; die Erkenntnis, daß aus dem Tod neues Leben hervorgeht. Der Tod ist nichts anderes als der Schoß der Empfängnis und das Tor zur Wiedergeburt. Die Königin des Todes gebar dem Herrn des Todes einen Sohn; und in diesem Akt war ihr Zerstörer gleichzeitig als ihr Erneuerer und der der Menschheit zu verstehen. Die Initianden begriffen schließlich, daß, nachdem sie die schrecklichen Geister des Todeskorridors hinter sich gelassen hatten und in das sanfte, durchflutende Licht eingetreten waren, die nächste Stufe der Reise durch die Unterwelt sie dahin bewegte, in der sexuellen Umarmung ihrer angehenden Eltern empfangen zu werden. Karl Kerényi zufolge besagte die Botschaft an die Initianden, daß die Scheiterhaufen die Vehikel der Geburt sind und nicht des Todes. Baubo hob ihr Kleid und entblößte ihre Vulva, um die trauernde Demeter an diese große Wahrheit zu erinnern.

Die höchste Offenbarung wurde den Initianden zuteil, als der Hierophant schweigend eine geerntete Getreideähre hochhielt. Die Einweihungserfahrung war im Geheimnis des Korns kristallisiert, das die Essenz der Kontinuität des Lebens in seinen sichtbaren und unsichtbaren Formen ausdrückte. In der Kornsymbolik der zwei Göttinnen repräsentierte Demeter die fruchtbare Erde, die das reife Getreide, das voll entwickelte Korn der Ernte in der Oberwelt nährt. Persephone stand für das Saatgetreide, das während der öden Wintermonate in der Unterwelt begraben liegt und als junge Vegetation im Frühling hervorkommt. Das Wachstum des Korns zur Reifung ist das eleusinische Symbol der Wiedergeburt. Die Ernte ist das in der anderen Welt empfangene Kind. Das Bild von Persephone, die alljährlich im Frühling als das sprießende Korn auftaucht, gab den Menschen die Hoffnung auf die eigene Erneuerung und Regenerierung.

Auf Vasenmalereien, die Persephones Rückkehr zur Oberwelt darstellen, wird sie oft mit einem Kind auf dem Arm inmitten von Pflanzen gezeigt. Als Königin der Unterwelt empfing Persephone die Toten in der dunklen Winterzeit ihres Lebens und bereitete sie auf die Wiedergeburt vor. Wenn sie im Frühling zur Oberwelt zurückkehrte, zeigte sie sich als Kore, das Mädchen, das die neugeborene Lebensessenz des alten Selbst einer Person mit sich trug. Persephones Rückkehr zu ihrer Mutter mit ihrem göttlichen, in der Unterwelt empfangenen und geborenen Kind lieferte eine Vision vom Leben jenseits des Todes. Im Augenblick ihrer Wiedervereinigung fühlten sich die Initianden befreit von ihren Ängsten vor der Dunkelheit des Todes, da auch sie in das Licht wiedergeboren wurden.

Indem sie es ihrer geliebten Tochter erlaubte, Jahr für Jahr in die Welt der Toten zu gehen, zeigte Demeter der Menschheit ihren Glauben an die Gewißheit der Rückkehr ihres Kindes. Demeters mythisches Drama von Trennung, Verlust und Wiedervereinigung mit ihrem Kind wurde ein Symbol für den Fortbestand des Lebens, das sich im Kreis dreht und die Welt der Lebenden mit der Welt der Toten verbindet. Das Grundthema der Mysterien war das ewige Hervortreten des Lebens aus dem Tod; die sich wiederholenden Mysterienfeiern setzten dieses Weltereignis fort.

Die beiden Göttinnen Demeter und Persephone, die den Riten der zyklischen Erneuerung auf Erden vorstanden, spiegeln die helle und die dunkle Phase der Mondgöttin wider. Das helle, sichtbare, volle Mondgesicht der Göttin ist Demeter, die oben auf der Erde das Geschenk der Nahrung gibt, um die Lebenden zu versorgen. Das unsichtbare, dunkle Mondgesicht der Göttin ist Persephone, die unter der Erde das Geschenk der Erneuerung gibt, um die Toten zu regenerieren. »Es gibt heilige Dinge, die nicht mitgeteilt werden: Eleusis hält immer etwas zurück, um es denen zu zeigen, die wiederkommen.«

Die Dunkelmond-Mysterien von Mutter und Tochter

Wir können dieses Kapitel nicht ohne eine Diskussion über die Unterweltkönigin Persephone als eine Göttin des Dunkelmonds und die Beziehung zwischen Demeter und Persephone als Grundlage für das Mysterium der Erneuerung von Mutter und Tochter abschließen. Ihr Drama der Trennung, des Verlustes und der Wiedervereinigung liegt im Kern der grundlegendsten Beziehungen einer Frau: ihre Rolle als Tochter ihrer Mutter und ihre Rolle als Mutter einer Tochter. Wenn es zur unvermeidlichen Trennung zwischen ihnen kommt, die ein wesentlicher und notwendiger Teil des Lebensprozesses ist, reißt es ihr Leben auseinander. Mutter und Tochter werden in die Dunkelheit der Angst und des Entsetzens getaucht und trauern über den Verlust der geliebten Person.

In die Gestalt der Demeter einzutreten bedeutet, »verfolgt, beraubt, ja geraubt zu werden, nicht zu verstehen, sondern zu zürnen und trauern, dann aber doch zurückzuerlangen und wiedergeboren zu werden«. Die Geschichte von Demeter als Mutter handelt von der Liebe zum Kind, dem untröstlichen Kummer über den Verlust ihrer Tochter und der Freude über ihre Rückkehr. Bei der Geschichte von Persephone als Tochter geht es um das Entsetzen über ihre Entführung und ihr Preisgegebensein, darum, die Tiefen ihrer selbst in der Dunkelheit zu finden und zwischen ihrer Mutter und ihrem Ehemann zu vermitteln. Die Geschichten aller Mütter und Töchter erzählen von ihren Entfremdungen und Wiedervereinigungen.

Die Mutter bringt ein Mädchen zur Welt, das sie mit ihrer Liebe nährt. Sie sieht die Bedeutung ihres Lebens sich mit der Entwicklung ihrer schönen Tochter entfalten. Stets ist sie wachsam, um die Sicherheit ihres Kindes bangend und besonders sexuellen Mißbrauch ihrer Tochter fürchtend. Anfänglich genießt die Tochter die Sicherheit und Wärme der beschützenden Umarmung ihrer Mutter; aber wenn sie »mündig« wird, kämpft sie oft gegen ihre Mutter, die nun ihrer Meinung nach versucht, sie einzuschränken und ihr Leben zu kontrollieren. Das heranreifende Mädchen sehnt sich danach, die Geheimnisse der Sexualität zu erfahren, aber ihre wachsenden weiblichen Begierden dienen nur dazu, die Angst ihrer Mutter noch mehr zu schüren, was zur weiteren Einschränkung ihrer Freiheit führt.

Die Mutter betet darum, daß die Einweihung ihrer Tochter in die Sexualität weder frühzeitig noch gewalttätig, gefühllos oder erniedrigend vonstatten geht. Wenn sie außerhalb der Ehe erfolgt, hofft sie, daß ihre Tochter nicht von der Gesellschaft gebrandmarkt und geächtet, nicht allein gelassen und abgelehnt wird – und eventuell auch schwanger wird. Nach ihrer ersten sexuellen Begegnung hat die junge Frau ihre Unschuld verloren und kann nie mehr wieder ganz die *kore,* das reine und unberührte Mädchen ihrer Mutter sein.

Zu einem bestimmten Zeitpunkt im archetypischen Muster muß das junge Mädchen von der Mutter getrennt werden. Vielleicht geht die Tochter an einem anderen Ort zur Schule, verläßt von sich aus das Elternhaus oder heiratet. Die Trennung kann aber auch plötzlich und auf aggressive Weise erfolgen, wenn die Tochter nach Machtkämpfen und haßerfüllten Worten wütend von zu Hause wegläuft und jeden Kontakt abbricht. Vielleicht brennt sie mit einem Freund durch oder wird von dem dunklen, als wütender Ehemann verkleideten Dämonenliebhaber Hades (Pluto) mitgenommen. Die Mutter kann ihre Tochter auch durch Tod, Entführung oder ihre Scheidung vom Vater verlieren.

Es fühlt sich oft wie eine Entführung an, wenn wir als Mütter den Verlust unseres Kindes erleben, und wir treten in die Dunkelmondphase ihres Geheimnisses ein. Christine Downing fragt: »Wieviel von der Mutterschaft ist Verlust?« Demeter als trauernde Mutter empfindet den Verlust ihres Kindes als den Verlust ihrer selbst. Anfänglich geraten wir in Panik über das Wohlbefinden unserer Tochter und legen physische Symptome des Kummers an den Tag, genauso wie Demeter, die während ihrer neuntägigen hektischen Suche nach ihrem Kind nicht essen, schlafen oder sich reinigen konnte.

Für eine Mutter ist das Loslassen ihres Kindes oft mehr, als sie ertragen kann, und dennoch muß sie es tun. Ihre Hoffnungslosigkeit verwandelt sich in eine überwältigende, ihre Lebensgeister schwächende Trauer. Sie fühlt sich leer, nutzlos, ohne jeden Sinn und Zweck; gähnende Löcher tun sich in ihrem Leben auf, die einst mit dem Lachen und Treiben ihres Kindes gefüllt waren. Gelähmt in ihrer Depression, kann sie derart vom Kummer überwältigt sein, daß nichts mehr eine Bedeutung hat. Sie kann ihre Pflichten nicht mehr erfüllen und läßt zu, daß ihr Leben auseinanderfällt. Sowohl Demeters Geschichte als auch die Trauerarbeit von Elisabeth Kübler-Ross sprechen vom befreienden Wert der Wut, wodurch wir mit unseren tiefsten Kraftreserven in Verbindung treten können, um die Mauer der Depression zu durchbrechen und wieder ein produktives Leben aufzunehmen.

Wenn die Mutter ihre Tochter verliert, signalisiert dies den Verlust ihrer Identität in der Vollmondnatur ihres Seins. Der Schmerz über das leere Nest ist ihre Einweihung in die Dunkelmondphase ihres Lebens, und nun muß sie den Übergang von der Mutter zur weisen Alten überbrücken. Es ist eine Zeit der großen Veränderung im Leben einer Frau, in der sie herausgefordert wird, ihre nährenden Energien einzusetzen, um die geistigen und spirituellen Kinder ihres Innenlebens zu gebären und zu nähren.

Persephone erlebt ebenfalls den Schrecken des Verlassenseins, wenn sie der liebevollen Fürsorge und dem Schutz ihrer Mutter gewaltsam entrissen wird. Wenn Töchter die Erfahrung machen, daß ihre Mütter sie allein und unbeschützt verlassen haben, ist ihre dunkle Reise, die sie unternehmen müssen, von anderer Art, als wenn sie selbst weggehen würden. Die Tochter kann ihre Mutter auch durch Tod, eine Alkohol- oder Drogensucht oder eine Krankheit verlieren. Ein Kind kann zur Adoption freigegeben werden, in die Obhut einer anderen Person kommen oder wegen Scheidung von ihr getrennt werden. Eine Tochter kann das Gefühl haben, daß ihre Mutter sich emotional und seelisch von ihr zurückzieht, wenn sie vernachlässigt und geschlagen wird oder wenn ein neuer Stiefvater auftaucht. Der emotional schmerzhafteste Verrat, den eine Tochter erfahren kann, ist der, wenn ihre Mutter sie nicht vor dem physischen oder sexuellen Mißbrauch durch andere Familienangehörige beschützt.

Was passiert mit heranwachsenden Persephone-Kindern (ob männlich oder weiblich), wenn sie ihre Mutter vorzeitig in einem verheerenden Akt der physischen oder psychischen Trennung verlieren und diese nicht da ist, um für sie zu sorgen? Der Abstieg in die Dunkelheit in solch frühem Alter kann lebenslang Narben hinterlassen. Das Trauma, der Unterwelt preisgegeben zu werden, macht Kinder anfällig dafür, sich völlig ungerüstet zu fühlen, um mit dem, was sie während ihres Heranwachsens als Verwirrung, Unbeständigkeit und Unsicherheit des Lebens empfinden, fertig zu werden. Dies erklärt einen Großteil der Depression, Isolation und fehlenden Selbstliebe und -achtung, die Menschen in sich tragen, wenn Persephone ein aktiver Archetyp in ihrem Leben ist. Doch zugleich ist es auf der archetypischen Ebene gerade dieser Abstieg, durch den sich einer Person der Reichtum der Innenwelt und die Geheimnisse der Erneuerung erschließen.

Es wäre leicht, Persephones Entführung in die Unterwelt als einen Akt der Gewalt gegen ein unschuldiges junges Mädchen zu sehen, von dem es sich wieder erholen wird. Das würde jedoch die tiefere Bedeutung dieses Ereignisses verfälschen. Dadurch, daß sie ihre Mutter verliert, findet Persephone sich selbst. »Wenn eine Frau in einer unbewußten Identifizierung mit der Mutter gefangen ist, muß sie aus dieser Identität geraubt werden, ehe sie ihre Individualität finden kann.« Dies ist die Bedeutung von Persephones Entführung in die Unterwelt. Damit soll keineswegs nahegelegt werden, Vergewaltigung sei eine akzeptable Methode, um eine Bewußtseinsentwicklung heraufzubeschwören. Vielmehr bezieht sich diese Aussage auf einen Zustand der »psychischen Vergewaltigung« – eine schockierende Handlung, durch welche die Formen der Anhaftungen einer Person an Kindheitsabhängigkeiten zerschlagen werden und diese in den dunklen Abstieg des Individuationsprozesses getaucht wird.

Wenn eine junge Frau in die sexuellen Mysterien eingeweiht wird, stirbt das unschuldige Mädchen, da sie die Tiefe und Intensität ihres emotionalen Lebens erfährt. Wenn sie gelehrt wurde, ihre Sexualität zu fürchten und zu unterdrücken, muß sie vielleicht unbewußt das Bild des dunklen Dämonenliebhabers projizieren, der ihr Gewalt antun wird, sie gegen ihren Willen entführt, nur um in der Umarmung des Geliebten Ekstase zu finden. Eine Frau sehnt sich danach, mit der Tiefe ihrer Leidenschaft in Verbindung zu treten, aber diese Reise zum Kern ihrer Sexualität mag wie eine Entführung aussehen, weil sie sich selten ganzheitlich und zuversichtlich genug fühlt, um sich aus eigenem Antrieb dorthin zu begeben. Sobald sie jedoch die Intensität ihrer sexuellen Leidenschaft erfahren hat, ist das nun zur Frau gewordene Mädchen nicht länger darauf konzentriert, seine emotionalen Tiefen zu verlassen und zur Mutter zurückzukehren. Persephone verzehrt die Granatapfelkerne und gibt sich Pluto als ihrem Bräutigam und Gemahl hin. Ihre Angst und Wut gegen ihn, der sie gefangengenommen hat, verwandelt sich in Liebe, und sie beschließt, bei ihm zu bleiben.

Persephones Beziehung mit Pluto garantiert ihr, daß sie einen Teil jedes Jahres als Königin der Unterwelt herrschen kann. Ihre Zeit, die sie in den unterirdischen Reichen verbringt, ermöglicht es ihr, ihre Macht zu entwickeln, die davon herrührt, daß sie in die Mysterien des Dunklen eindringt und sich den verborgenen Reichtum der Unterwelt erschließt. Als Führerin und Initiatorin der Seelen der Toten lernt Persephone, mit den Geistern zu sprechen, und führt sie zur Wiedergeburt. Unser Abstieg in Persephones Reich gibt uns in ähnlicher Weise die Möglichkeit, das Terrain der unbewußten Dimensionen unserer Psyche zu erfahren. Hier können wir unsere Innenwelt durchreisen, unsere medialen Fähigkeiten entdecken und eine Beziehung zu den Kräften in unserem Unbewußten entwickeln. Persephones dunkle Mondreise, die mit Verlust, Angst, Verwirrung und Depression beginnt, führt sie letztendlich dazu, in diesen Tiefen ein neues Selbstgefühl zu entdecken. Infolge der Entführung, Penetration und Schwängerung durch das kreative Männliche kann Erneuerung und neues Leben aus der weiblichen Natur geboren werden. Somit verheißt sie allen ein neues psychisches Leben, die ihr Unterweltreich durchschreiten.

Indem Persephone die Macht ihrer Sexualität, ihre Fähigkeit, sich mit den dunklen Kräften des Unbewußten auszutauschen und sie zu unterstützen, und ihren Reichtum an psychischer Sensibilität geltend gemacht hat, findet sie ihre Kraft in ihrer Identität als Frau und Mediatrix. Sie kann nicht zu ihrer Mutter zurückkehren und wieder in ihre alte Rolle der Unschuld und Abhängigkeit schlüpfen. Sie ging als ein Kind, aber nun kehrt sie als Frau zurück, die Sexualität, psychische Macht, Trennung und Tod kennt. Sie nähert sich ihrer Mutter mit einem Säugling im Arm, der ihre Geburt zu einem neuen Selbstgefühl symbolisiert.

Es trifft auf Mütter und Töchter gleichermaßen zu, daß ihre Zeit der Trennung oft mit Schuldgefühlen, Reue, Gegenbeschuldigungen, Wut, Vorwürfen und Verurteilung erfüllt ist. Wenn Mütter und Töchter in diesen Zeiten das Leben der anderen nicht verstehen können, reißen sie sich voneinander los und stellen die Kommunikation und den Kontakt ein. Beschuldigungen, verletzende Gefühle, haßerfüllte Worte, Jahre der Vernachlässigung, der Bitterkeit, des Grolls und der Vertrauensbrüche entzweien Mütter und Töchter und lassen sie beide in einer anhaltenden Dunkelmond-Kluft ihrer Beziehung verharren.

Eine Tochter kann ihr ganzes Erwachsenenleben damit ringen, sich von der emotionalen Macht zu befreien, die ihrer Meinung nach ihre Mutter weiterhin über sie ausübt. Sie kann befürchten, daß eine Rückkehr zu ihrer Mutter eine Regression darstellt und eine Niederlage in ihrem Streben nach Autonomie und Individualität bedeutet. Eine Mutter, die sich fühlt, als ob sie die wichtigsten Jahres ihres Lebens der Aufgabe gewidmet hätte, die Entwicklung ihrer Tochter zu fördern, kann einen tiefsitzenden Groll gegen ein Kind hegen, das sich gegenüber ihrem Opfer blind, undankbar und respektlos zeigt. Sie kann entmutigt sein, daß all ihre Bemühungen vergeblich waren, wenn ihre Tochter sich nicht ihre Werte und Visionen zu eigen macht, und sich als Versagerin herabsetzen, wenn ihre Tochter einen Lebensstil wählt, der im Widerspruch zu ihren Überzeugungen steht und diese in Frage stellt. Eine Mutter kann auch Eifersucht auf die sich entfaltende sinnliche Weiblichkeit ihrer Tochter und eine Zukunft der offenen Möglichkeiten hegen, während sie sich langsam auf die menopausalen Jahre ihres Lebens zubewegt.

In der archetypischen Geschichte von Demeter und Persephone führt die Reise der Tochter sie schließlich zu ihrer Mutter zurück. Ihr mythisches Drama endet mit ihrer glücklichen Wiedervereinigung; eine Hoffnung, die im Herzen einer jeden Mutter und Tochter, die einander entfremdet sind, manchmal unausgesprochen und unerkannt verborgen liegt. Persephone kommt mit einem Kind im Arm aus der Unterwelt. Es passiert oft, daß eine junge Frau nach der Geburt ihres ersten Kindes in der Lage ist, zu ihrer Mutter zurückzukehren und die Wunden ihrer Trennung zu heilen. Es kann ein physisches Kind ihres Körpers oder ein psychisches Kind ihres schöpferischen Selbst sein, das ihr es ermöglicht, sich aus einer Haltung der erwachsenen Frau wieder ihrer Mutter zu nähern. In ihrer Umarmung beginnt die Heilung: Die Tochter kann anfangen, ihre Mutter zu würdigen, und die Mutter kann die Stärken ihrer Tochter anerkennen. Die knospende Vegetation des Frühlings ist ein Feiern ihrer alljährlichen Wiedervereinigung.

Das Mädchen Persephone hat nun ein eigenes Kind, es hat die Schwelle zur Mutterschaft überschritten. Demeter muß zur Seite treten, um ihre Rolle als Großmutter anzunehmen. Es ist wichtig für eine Frau, die Wunden ihrer Entfremdung von ihrer Mutter zu heilen. Falls es ihr nicht möglich ist, wird sie das gleiche schmerzhafte dysfunktionale Muster an ihre Tochter weitergeben. »Man könnte deshalb sagen, daß jede Mutter ihre Tochter und jede Tochter ihre Mutter in sich enthält; jede Frau aber nach rückwärts in die Mutter und nach vorwärts in die Tochter sich erweitert.« Der Mythos von Demeter und Persephone lehrt Frauen, daß sich ihr Leben über Generationen ausdehnt.

Demeter zeigt den Frauen, daß sie dadurch, daß sie sich weigern, die Reife ihrer Tochter zu akzeptieren, und das Bedürfnis ihrer Tochter nach einer Zeit der Trennung nicht bestätigen, in der sie ihren eigenen Weg gehen kann, unbeabsichtigt eine Weiterentwicklung verhindern. Wie Demeter selbst, die in ihrem Zorn und ihrem Kummer auf der Rückkehr ihrer Tochter bestand und das ganze Wachstum auf Erden zum Erliegen brachte. Die weise Mutter weiß, daß die Tochter sich den Kräften der Unterwelt hingeben muß, um eine Jahreszeit der Erneuerung sicherzustellen. Ohne Persephones Entführung ist Demeter als Mutter Erde unfruchtbar.

Die zyklische Bewegung der Tochter zu ihrer Mutter und dann ihre Trennung von ihr, um sich mit ihrem Ehemann oder schöpferischen Animus wiederzuvereinigen, ist der Rhythmus des kreisenden Zyklus. Das Mädchen, das nun Mutter ist, muß wiederum seine Tochter opfern. Die Einweihungslehren von Demeter und Persephone spielen sich weiterhin im Leben von Müttern und Töchtern ab, deren heilige Beziehung das Mysterium der Erneuerung in der Dunkelheit enthält.

Persephone als eine Göttin des Dunkelmonds

Erscheine, Persephoneia,
Selige Tochter des großen Zeus,
Eingeborene Göttin,
Nimm auf die wohlmeinenden Opfer,
Plutos vielgepriesene Gattin,
Sorgsame, Lebenspenderin!
Dein sind die Tore des Hades
Unter den Schlünden der Erde,
Rechthandelnde, lieblich Gelockte,
Demeters keuscher Sproß –
Mutter der Eumeniden,
Fürstin der Unterirdischen,
Mädchen, das Zeus in heimlicher Zeugung
Einst ins Leben berief,
Des lautlärmenden Eubulos,
Des vielgestaltigen Mutter.
Gespielin der Horen, Bringerin des Lichtes,
Heilige, leuchtende Glanzgestalt,
Allüberwinderin, Jungfrau,
Prangend im Kranze der Früchte,
Hellstrahlende, Hörnergezierte,
Der Sterblichen einzige Sehnsucht.
Göttin des lieblichen Frühlings,
Von duftenden Wiesen erfreut;
In grünenden Trieben
Läßt du erscheinen
Deine hehre Gestalt
Und vermählst dich im Herbste
Gewaltsam zum Brautbett geraubt.
Du allein bist Leben und Tod
Den mühebeladenen Menschen,
Persephone! Denn du allein
Bist aller Nahrung und Untergang.
Höre uns, selige Göttin!
Sende uns Früchte hinauf aus der Erde,
Laß sprossen den Frieden, gib uns Gesundheit,
Die sanfthändige, und reiches Leben,
Das ein gesegnetes Alter
Führe, Königin, in dein Reich
Und zu Pluto, dem Herrschenden!
»Hymnus an Persephone«

Als eine Göttin des Dunkelmonds nimmt Persephone eine einzigartige Stellung ein. Sie ist die Königin der Toten und führt die Seelen zur Wiedergeburt. Aber im Gegensatz zu anderen Dunklen Göttinnen hat die patriarchale mythische Literatur sie nicht zu einer monströsen Schreckensgestalt dämonisiert oder sich als alte, häßliche Hexe vorgestellt. Sie bleibt ewig jung, fast erstarrt in der eiskalten mädchenhaften Qualität ihrer kristallartigen Schönheit. Persephone ist die Verkörperung des Wendepunkts im lunaren Zyklus, wenn der Dunkle Mond zum Neumond wird und die weise Alte als das junge Mädchen wiedergeboren wird.

Weiter oben stellten wir die Frage: Was geschieht mit dem Kind, dessen Leben vom Archetyp der Persephone beeinflußt wird? Es ist für einen Menschen nicht immer ein leichter Weg, Persephone als die Hauptmuse zu haben. Wenngleich sie den Reichtum des Innenlebens verspricht, ist der Weg zu ihren Schätzen oft eine Einweihung durch die Tragödie. Persephone begegnet ihrem Übergangsritus in der Unterwelt, als sie noch ein kleines Kind ist. Diese Göttin erscheint oft früh im Leben ihrer Initianden und reißt sie manchmal auf heftige oder verheerende Weise aus ihrer kindlichen Unschuld heraus. Sie kann in das Gewand des Todes, der Dysfunktion eines Elternteils, des Zerfalls der Familie, des sexuellen Mißbrauchs, einer schweren Krankheit oder eines Unfalls, der eine anhaltende Behinderung zurückläßt, gehüllt erscheinen. Das unreife Kind steht plötzlich einer schmerzlichen Situation gegenüber, die seine emotionale Fähigkeit, sie zu meistern, übersteigt.

Bei einem sensiblen Kind mit einem zerbrechlichen Ego hinterläßt das Trauma, welches das Gefühl des Verlassenseins oder den Verlust einer sicheren und geschützten Umgebung begleitet, einen bleibenden Eindruck. Die Außenwelt wird als ein bedrohlicher Ort erlebt, voller Unbeständigkeit und Schrecken, und das Kind fühlt sich gezwungen, sich in die Innenwelt zurückzuziehen. Es lernt, im Selbst eine Zuflucht zu finden, und fängt an, die durch den Verlust von Liebe und Sicherheit zurückgebliebene emotionale Leere »Zuhause« zu nennen. Eine Tragödie zwingt das Persephone-Kind in eine Scheinwelt des Innenlebens, aber dieses Ereignis führt gleichfalls zu einer Begegnung mit den psychischen Kräften des Unbewußten.

Zurückgezogen und sehr verschwiegen entwickeln heranwachsende Persephone-Kinder eine geheimnisvolle Aura um sich. Sie brauchen oft viel Zeit, um allein zu sein; in ihrer Isolation verbinden sie sich aufs neue mit dem Mutterschoß, der sie in der Schwangerschaft nährte. Sie wirken, als ob sie woanders wären, und finden Trost und Sinn in einem Reich, das von der Gesellschaft nicht anerkannt oder bestätigt wird. Folglich fühlen sie sich entfremdet, ihrer selbst unsicher und sehnen sich nach Unsichtbarkeit.

Sie werden dazu getrieben, immer wieder in die Dunkelheit ihrer geheimen Welt einzutreten. Wenn sie das Glück haben, den verborgenen Reichtum des Unbewußten zu entdecken, können sie Nutzen daraus ziehen, mit diesem tiefen Reservoir der unsichtbaren Macht in Verbindung zu treten. Zugang zur Intuition haben, die Bewegungen der Psyche aufspüren, die Bedeutung von Träumen verstehen, sich mit Geistern aus anderen Dimensionen austauschen, mit den Stimmen des Schattens in

Dialog treten, nach Wissen um die Vergangenheit und die esoterischen Geheimnisse streben und eine spirituelle Meditation ausüben – dies sind einige der Geschenke, die Persephone ihren Eingeweihten anbietet.

Durch das schicksalhafte Eintauchen in das Reich der Unterwelt wird der von Persephone geführte Mensch allmählich dazu gebracht, seine Berufung zu den psychischen Künsten, der alternativen Heilkunst, dazu, mit dem Tod und den Sterbenden zu arbeiten und denjenigen zu helfen, die in ihrem Leben viel Tragisches erlitten haben, zu finden. Als Psychotherapeuten und Berater sind sie geschickt darin, die Entwicklung einer Person durch Krisen auf Leben und Tod und psychologische Transformationen und Wiedergeburten zu unterstützen.

Jedoch sind nicht alle Kinder Persephones imstande, sich mühelos durch ihren Schmerz hindurchzubewegen und ihre wahre Berufung zu verwirklichen. Als Erwachsene fühlen sich viele weiterhin wie hilflose Opfer eines tragischen Schicksals, von dem sie sich nie erholt haben. Ein verängstigtes und unsicheres Kind, das noch immer von den Dämonen der dunklen Unterwelt heimgesucht wird, bewohnt nun einen erwachsenen Körper. Diejenigen, die von ihrem Trauma gelähmt bleiben und noch nicht die Trauerphase ihres Urverlustes hinter sich gelassen haben, sträuben sich oft, in die dunklen Reiche der Psyche einzudringen.

Vielleicht versuchen sie, sich der Konfrontation mit dem Unbewußten zu entziehen, indem sie sich mit Hilfe einer ganzen Bandbreite von suchterzeugenden Verhaltensweisen, einschließlich dem Mißbrauch von Drogen, Alkohol, Sex, Arbeit, Essen oder Fernsehen, betäuben. Für sie ist das Dunkle eine Schlacht gegen die Dämonen der Depression, des Wahnsinns, der Verzweiflung, der Selbstmordphantasien, der Dissoziation – ein Kampf, aus dem sie zwangsläufig als Verlierer bzw. Verliererinnen hervorgehen. Sie sind gefangen im Korridor schreckenerregender *Phantome*, der Anfangsstufe des Todesübergangs.

Nach einer Weile beginnen viele von Persephones Kindern, die verloren, verängstigt und verwirrt bleiben, in ihrem Elend aufzublühen. Sie kommen zu der Überzeugung, daß es nicht in ihrer Macht liegt, die Traurigkeit und Vergeudung ihres Lebens zu ändern, daß jegliche Versuche in diese Richtung stets zum Scheitern verurteilt sind. Ein Selbstbild des Scheiterns und der Machtlosigkeit entwickelt sich um diesen Kern der Niederlage. Sie fürchten, daß sie niedergeschmettert werden, wenn sie klar Stellung beziehen, und es widerstrebt ihnen, sich zu behaupten, um nicht überwältigt zu werden. Sie finden ihre Sicherheit darin, das Bild einer teilnahmslosen, untätigen, unverbindlichen Persönlichkeit zu vermitteln, die davon abhängig ist, sich nach dem starken Willen anderer zu richten. Sie schlagen Kapital aus ihrer Hilflosigkeit, ungerechten Behandlung und Unschuld.

Während manche Kinder der Persephone mit den Kräften der Innenwelt vertraut sein können, haben ihre verlorenen Kinder keinen Kontakt mit ihrer Macht in der Außenwelt. Die zerbrechlichen erwachsenen Kinder, die ein jugendliches Leuchten ausstrahlen, fühlen sich oft von starken Persönlichkeiten angezogen, die ihnen ihre Entscheidungen abnehmen, für sie sorgen und die gähnende Leere in ihrem Leben füllen. Sie glauben, daß sie sich ein behütetes Leben unter den fürsorglichen Fittichen eines mächtigen Partners, Elternteils, Chefs oder einer anderen Autoritätsfigur wünschen. Jedoch geht der Schuß oft nach hinten los.

Dadurch, daß sie passiv sind, haben sie keinen Kontakt mit ihrer Macht und sind folglich anfällig dafür, sie abzugeben oder auf andere zu projizieren. In dem Maße, wie sie ihre Macht und ihren Willen fürchten, ziehen sie wiederholt Situationen an, in denen sie die Opfer von Herrschaft und Angriff werden. Der Möchtegernbeschützer wird zum Unterdrücker, und sie werden zwangsläufig verletzt.

Für das erwachsene Persephone-Kind ist die Frage der Sexualität genauso schwierig zu bewältigen wie die Frage der Macht. Sexualität wird als Schändung erlebt, als Vergewaltigung, als schmerzhaftes und unerwünschtes Eindringen in den sensiblen Körper und die sensible Psyche. Durch intensive intime Begegnungen mit anderen werden sie in die Dunkelheit und Verwirrung ihrer unbewußten emotionalen Tiefen getaucht. Es ist nicht ungewöhnlich, daß diese Menschen ein unterdrücktes Verständnis von ihrer Sexualität haben. Wenn sie zur sexuellen Penetration gedrängt werden, versuchen sie in ihren Bewegungen, der Intimität auszuweichen, oder verspannen sich zu gefühlskalter Starrheit oder Frigidität und Impotenz.

Das unbewußte Phantasieleben eines Menschen, der seine sexuellen Wünsche unterdrückt und ablehnt, nimmt die Schattenform des dunklen Geliebten an, der ihm gegen seinen Willen die Unschuld raubt. Das wird zum einzigen akzeptablen Weg, um eine Verbindung mit den Tiefen seiner Leidenschaften herzustellen. Obgleich dies das Hauptthema der meisten zeitgenössischen »Liebesromane« ist, ist das Ende im wirklichen Leben nicht so glücklich. Die Verleugnung seiner Sexualität führt oft, wenn sie projiziert wird, zu Vergewaltigung, sexueller Gewalt und Erniedrigung. Das läuft auf einen Teufelskreis hinaus, in dem seine schlimmsten Befürchtungen fortwährend verwirklicht und bestärkt werden.

Für die verlorenen Persephone-Kinder, die in der Unterwelt ihrer Kindheit gefangen bleiben, ist es wichtig, therapeutische Hilfe in Anspruch zu nehmen. Obwohl der Rückzug vom Leben der Schutz einer sensiblen Person gegen eine feindliche Welt ist, bietet ihre innere Wirklichkeit, eine von Tod, Verzweiflung und schreckenerregenden Geistern heimgesuchte Unterwelt, nicht mehr Sicherheit. Nur mit einem Führer, der mit dem Abstieg in den Übergang des Todes vertraut ist, können sie den dunklen Korridor ihrer Erneuerung passieren. Die Bedeutung des Innenlebens wird sie quälen, bis sie mit den verborgenen Schätzen der Dunkelheit zurechtkommen können. Bei ihrer Suche geht es darum, die Macht zu gewinnen, die von dem Verständnis und der Beherrschung des Unbekannten herrührt.

Als eine Göttin des Dunklen Mondes kann Persephone ein aktiver Archetyp in unserem Leben werden, nicht nur in der Kindheit, sondern in jedem Alter, wenn wir eine starke seelische Erschütterung erleben, die zu einem Bruch, einem Verlust und Übergang führt. Wenn wir unseren Abstieg in die Dunkelheit vollziehen, wartet Persephone im unterschwelligen grauen Reich auf uns, wo wir uns in einem Schwebezustand zwischen dem Abschluß einer wichtigen Phase unseres Lebens und dem Beginn der nächsten befinden. Als Führerin zu unserem Unbewußten veranlaßt sie uns, unsere Vision von Erneuerung in den tiefen, stillen, unermeßlichen Teichen der Unterweltpsyche zu entdecken. Die Göttin Persephone salbte die Toten und führte sie in die Riten der Wiedergeburt ein. Ihre zeitlosen Mysterien spielen sich heute nach wie vor in jedem und jeder von uns ab, während wir uns durch unsere psychologischen Transformationen hindurchbewegen in der Hoffnung, erneut wiedergeboren zu werden.

9. Die heilende Kraft der lunaren Dunkelheit

*Die Unterwelt ist ins Unbewußte gegangen, ist sogar zum
Unbewußten geworden. Heutzutage finden wir in der
Tiefenpsychologie die Einweihung in das Mysterium,
die lange Reise des psychischen Lernens,
die Ahnenverehrung, die Begegnung
mit Dämonen und Schatten,
die Leiden der Hölle.*
James Hillman

Die Dunkelmondphase des zyklischen Prozesses führt uns vom Tod zur Wiedergeburt. Es ist ein Prozeß der Transformation, der uns Zugang zu einer tiefen Quelle der Einsicht und psychischen Kraft gewährt. Letzten Endes liegt der Sinn und Zweck des Dunklen darin, Heilung und Erneuerung in unser Leben zu bringen.

Unsere Vorfahren ritualisierten diesen Gang durch die dunklen Korridore der Erneuerung zu den Riten ihrer Mysterienreligionen. Die in Mythen und Ritualen verschlüsselte alte Weisheit offenbarte das große Mysterium der Transformation, das den Fortbestand des erneuerten Lebens nach dem Tod versicherte. Einzelpersonen hatten die Möglichkeit, an einer Erfahrung teilzuhaben, die sie befähigte, zu Lebzeiten den Geheimnissen des Todes zu begegnen. Die Grundstruktur des Rituals umfaßte den Besuch des Totenreichs, die Kommunikation mit den Geistern und die Rückkehr in die Welt der Lebenden mit einem erneuerten Vertrauen in die Zukunft.

Unsere heutige Kultur ist von ihren Wurzeln in den Mysterientraditionen der Göttin abgeschnitten. Wir haben keine Mythen oder Geschichten, die auf den Tod zu sprechen kommen und den Sinn und die Hoffnung in einer unruhigen Welt wiederherstellen.

James Hillman schreibt: »Am tiefsten vergraben in jedem von uns ist die Mißachtung des Todes in unserer Kultur.« Wir haben eine Welt geerbt, die die Möglichkeit des neuen Lebens nach dem Tod verneint; doch zugleich durchleben wir gerade jetzt eine Dunkelmondzeit von großer Tragweite, in der wir Menschen und unsere Umwelt an unserem sich ansammelnden Giftmüll sterben. Während die Zusammenhänge von Krebs, Aids und Herzerkrankungen mit der atomaren Kernstrahlung, dem Ozonloch, Lebensmittelgiften, dem Waldsterben und verseuchten Gewässern in das allgemeine Bewußtsein dringen, müssen wir in zunehmendem Maße unserer Beziehung zum Tod ins Auge sehen.

Das Tempo, in dem Veränderungen in unserer Gesellschaft vor sich gehen, ist heute schneller als je zuvor. Die Zukunft ist nicht vorhersehbar und unsicher. Diese fehlende Stabilität im Leben des einzelnen und in gesellschaftlichen Strukturen zwingt uns in jeder Schicht unserer Existenz durch einen beschleunigten Prozeß des Wandels hindurch, in dem wir dem Tod des Alten entgegentreten müssen. Als Kultur sind wir dazu konditioniert, dieses große dunkle Unbekannte zu fürchten, und besitzen wenig Wissen und Rüstzeug, die uns die Mysterien dieses Übergangsritus lehren.

Die Göttin ist nun aus der Dunkelmondphase eines langfristigen lunaren Zyklus in einer Zeit zum Vorschein gekommen, zu der die Menschheit kollektiv eine dunkle Phase im Präzessionszyklus der Zeitalter durchmacht. Mit der Wiedergeburt der Göttin wird uns die Möglichkeit gegeben, ihren dunklen Aspekt zurückzugewinnen. Die Dunkle Göttin des Dunkelmondes birgt die Lehren in sich, die uns durch die Mysterien von Tod und Erneuerung führen können. Ihr Erwachen in der menschlichen Psyche korrespondiert mit Untersuchungen und neuen Entdeckungen in den unbewußten Dimensionen des Geistes und einem wiederauflebenden Interesse für das Sterben und den Tod.

Erst im vergangenen Jahrhundert hat man in der westlichen Kultur angefangen, das in den Tiefen des Geistes verborgene Wissen zu erforschen. Sigmund Freud und C. G. Jung halfen, die Geburt einer Psychologie einzuleiten, die danach strebt, die Wirkungsweisen des Unbewußten zu verstehen. Heute sind viele psychotherapeutische Techniken konstruktive Beispiele für außergewöhnliche Erfahrungen des menschlichen Bewußtseins.

Die erneuerte Präsenz der Dunklen Göttin in unserer Welt zeigt sich ebenfalls an der starken Zunahme von Informationen über das Sterben und den Tod, die die benötigte Führung und Mitgefühl mit sich bringen, um dem einzelnen bei der Vorbereitung auf die Schlußphase seines Lebens zu helfen. Sterbekliniken als Übergangszentren für die unheilbar Kranken werden als wichtige gesellschaftliche Institutionen ins Leben gerufen. Diese dunkle Phase im Zyklus des menschlichen Lebens wird ferner durch viele neue Bücher, die sich mit der Erforschung des »Lebens nach dem Tod« befassen, und die Verbreitung der östlichen Lehren vom Karma, den Ursachen des Leidens, und der Reinkarnation erhellt.

Für die Alten waren Initiationsriten die Techniken, mit deren Hilfe der einzelne in die Unterwelt hinabsteigen konnte, um das große Mysterium von Tod und Wiedergeburt zu enthüllen. Aber die alten Götter und Göttinnen, die die Menschheit in die Transformationsriten einweihten, haben uns nicht verlassen. Wir haben ihre Präsenz in unserem Leben als die archetypischen Kräfte in unseren Persönlichkeiten verinnerlicht, die die verborgenen Teile der Psyche bewohnen. Moderne Menschen erfahren diesen alten Übergangsritus nun als den psychologischen Abstieg in das Unbewußte, durch den wir die alchemistische Transformation, die neues psychologisches Leben gebiert, erfahren.

Psychoanalytiker stellen Verbindungen zwischen diesen alten Riten und der modernen Psychotherapie her, da sie die Symbole eines alten Einweihungsprozesses wiederholt in den Träumen und Phantasien ihrer Patienten auftauchen sehen.

Während die Gesellschaft in diese dunkle Mondphase eingetaucht ist, findet eine Massenbewegung statt, bei der sowohl Individuen wie auch die Gesellschaft eine Vielzahl physischer und psychologischer Veränderungen durchlaufen. Der Abstieg in die Unterwelt beginnt immer mit einem Tod, entweder dem physischen Tod eines Körpers oder dem psychischen Tod eines Aspekts von uns. Weil die meisten von uns nicht mehr die Rolle des Todes im zyklischen Prozeß verstehen und statt dessen zu der Überzeugung gelangt sind, daß der Tod einen Zustand der absoluten Endgültigkeit darstellt, haben wir Angst vor unseren modernen Einweihungen der psychologischen Transformation. Wir sträuben uns gegen jegliche Veränderung, die den Verlust dessen, was wir als Sicherheit kennen, mit sich bringt, und wir drücken uns davor, uns mit traumatischen Erinnerungen verbundene Ereignisse ins Gedächtnis zurückzurufen, die uns in negativen, selbstzerstörerischen Verhaltensmustern gefangenhalten. In unserem Widerstand gegen die Veränderung, die ja gerade die Quelle der Erneuerung ist, stagnieren und sterben wir wirklich.

In diesem transformativen Prozeß kann etwas Neues erst wiedergeboren werden, wenn zuvor etwas Altes gestorben ist. Wann immer wir also an etwas, das ausgedient hat, festhalten, sei es eine Person, ein Ort, ein Gegenstand oder eine Situation, hindern wir uns nur daran, den Reichtum der Erneuerung zu erfahren. In der modernen Welt ist der Initiationsritus, der uns auf unseren endgültigen Tod vorbereitet, der Weg des bereitwilligen Akzeptierens von Veränderung und psychologischer Transformation. Im Lauf unseres Lebens heißt das, viele »kleine Tode« durch den Prozeß des Loslassens zu erleben. Auch wenn Loslassen und Veränderung zuerst erschreckend zu sein scheinen, sind sie doch der notwendige Teil des Zyklus, der Erneuerung berücksichtigt.

Das Ziel des letzten Abschnitts im zyklischen Prozeß ist Vollendung und Erneuerung. Die physische, emotionale oder geistige Form, die ihre Aufgabe erfüllt hat, löst sich auf und kehrt in den formlosen Zustand der Energie zurück. Die Weisheitsessenz des Ziels dieser Form wird in eine Samenkapsel destilliert und konzentriert, die in der dunklen Erde, der Unterwelt oder dem Unbewußten begraben wird und mit der Einleitung des nächsten Zyklus auf Erneuerung wartet.

Die Stufen der psychischen Transformation

Die drei Bestandteile des Prozesses, der mit dem Tod des Alten beginnt und mit der Geburt des Neuen endet, sind (1) Zerfall, (2) Reinigung und (3) Erneuerung.

In der archetypischen Sprache der Astrologie korrespondieren diese drei Stufen der Transformation (Zusammenbruch, Zersetzung und Erneuerung) mit der Symbolik der drei äußersten Planeten im Sonnensystem: Uranus, Neptun und Pluto. Diese Planeten werden »Botschafter der Galaxis« genannt, weil sie eine Brücke schlagen zwischen unserer persönlichen Welt der endlichen Form, repräsentiert durch Saturn (im griechischen Kronos), Vater der Zeit, und den transpersonalen Schwingungen des Kosmos. Sie verkünden die Zerstörung der alten kristallisierten Formen, indem sie uns symbolisch in den transformativen Prozeß bewegen, eine Reise, die uns mit den kollektiven Kräften des Universums in Einklang bringen kann.

Uranos, der Himmelsgott, der manchmal in Form eines Blitzableiters erscheint, entspricht dem plötzlichen Zusammenbruch und Zerfall der Form. Der mythologische Meeresgott Neptun verkörpert das Prinzip der Zersetzung und kennzeichnet die Stufe des transformativen Prozesses, auf der Reinigung, Läuterung und Heilung erfolgen. Pluto schließlich, der mit Tod und Wiedergeburt assoziierte Gott der Unterwelt, verändert, erneuert, empfängt und läßt das neue, zukünftige Leben in sich reifen.

Die geheime Lehre des Dunklen Mondes handelt davon, loszulassen, sich zurückzuziehen, sich hinzugeben, zu reinigen, zu heilen, Weisheitsessenz zu destillieren, sich zu verändern, zu streben und in der Ruhe und Stille auf Erneuerung zu warten. Dieses Transformationsmodell läßt sich sowohl auf die vielen »kleinen Tode«, die sich als physische und psychologische Verluste im Lauf unseres Lebens ereignen, als auch auf den endgültigen »großen Tod« am Ende unseres Lebens anwenden.

Zerfall

Zerfall, die erste Stufe des transformativen Prozesses, ist durch das Zerbrechen und Zerspringen der alten Form gekennzeichnet, was zuweilen plötzlich und unerwartet geschieht. In dieser Zeit gehen die wichtigsten Strukturen in unserem Leben, wie unsere Beziehungen, unsere Familie, Arbeit, Gesundheit, unser Zuhause oder unsere Glaubenssysteme, in die Brüche, funktionieren nicht mehr gut oder genügen unserem Zweck nicht mehr. Eine tiefe Wahrheit über die Wirklichkeit unserer Situation versucht, unsere gewohnheitsmäßig konditionierte Denkart zu durchbrechen, diese überwältigende Kraft dient dazu, unsere Situation aufzubrechen.

Vielleicht erleben wir diese Stufe als den tiefen Kummer infolge des Endens einer Beziehung, die sehr weit gegangen ist, und des damit verbundenen Verlustes unseres Partners oder unserer Partnerin durch Trennung, Betrug, Scheidung oder Tod. Vielleicht beginnt unsere Familie auseinanderzufallen, da unsere Eltern uns durch Krankheit, Scheidung oder Tod verlassen, oder unsere Kinder verlassen uns, indem sie fortlaufen, sich uns entfremden, erwachsen werden oder wegziehen.

Es kann unser physischer Körper sein, der versagt und unser Gefühl des Wohlbefindens und der Gesundheit, das uns unserem Leben nachgehen läßt, aufs tiefste erschüttert. Die Entdeckung, der Ausbruch oder akute Symptome lebensbedrohlicher Krankheiten, wie Krebs, Aids, einer Herzkrankheit oder Alzheimer oder die Genesung von einer Drogenabhängigkeit können uns in den Zusammenbruch unserer Welt, wie wir sie gekannt haben, stürzen.

Manchmal verlieren wir unsere Arbeit oder sind gezwungen, sie aufzugeben. Dafür kann es viele Gründe geben.

Ein Zusammenbruch kann auch auf der psychischen Ebene vor sich gehen, wenn Umstände uns zwingen, ein Glaubenssystem neu einzuschätzen oder uns von ihm abzuwenden, sei es ein spirituelles, religiöses, politisches, philosophisches oder intellektuelles Glaubenssystem, das unser Leben bestimmt und unsere Werte geprägt hat. Auch die Erkenntnis, daß unsere Kindheit und Vergangenheit nicht so verlaufen sind, wie wir glaubten, kann unsere hochgeschätzten Annahmen erschüttern. Die Entdeckung von Geheimnissen, Skandalen, »Leichen im Keller« der Familie, wie Mißbrauch, Vergewaltigung, Alkoholismus und andere Süchte, Adoption, Unehelichkeit, unkonventionelle Sexualität und Liebesaffären kann plötzlich die falschen Annahmen, auf denen wir unsere Wirklichkeit aufgebaut haben, zerstören.

In all diesen Fällen kann dies eine Zeit der plötzlichen unerwarteten Veränderung in unserem Leben sein, eine Zeit, zu der wir unsere Beziehung zu einer anderen Person, unseren Familienverband, unsere Arbeit, unser physisches Wohlbefinden, unser Glaubenssystem oder unser Heim verlieren. Falls es unsere Beziehung ist, die in die Brüche gegangen ist, zerstört dies unsere Routine, die auf der Interaktion mit unserem Partner beruhte. Unsere Identität als Lebensgefährte und oft als Paar in gesellschaftlichen Situationen löst sich auf. Unsere wirtschaftliche Sicherheit, die wir in der Beziehung genossen haben, wird wahrscheinlich ebenfalls bedroht und instabil. Die Zukunft sieht trübe aus, wenn wir uns fragen, wie wir physisch und emotional überleben sollen.

Der Zweck dieser ersten Stufe liegt darin, das Alte zu beenden. In dem Maße, wie wir imstande sind, das Alte loszulassen und freizugeben, können wir eine plötzliche Befreiung von den Begrenzungen der Vergangenheit erfahren. Doch wenn wir den zyklischen, zum Tod und zur Wiedergeburt führenden Prozeß der Veränderung nicht voll und ganz verstehen, versuchen wir verzweifelt, an dem festzuhalten, was war und nicht mehr ist. Das ist eine normale Reaktion, die zum Schock führt, ein Bruch, der uns bis ins Mark erschüttert.

Wir empfinden ein Gefühl von Unwirklichkeit, während wir uns durch den Tag hindurchbewegen. Wir können nicht glauben, daß dies wirklich mit uns passiert. Vielleicht werden wir infolge unserer plötzlichen instabilen und unsicheren Lage von Panik und Unruhe ergriffen. Wir wissen nicht, wie wir damit fertig werden und weitermachen sollen. Wir können von erstarrter Verleugnung und zu hysterischer Labilität wechseln. Hektisch hin- und herlaufend, versuchen wir vielleicht, mit unserem Partner, unseren Eltern, unserem Kind, unserem Chef oder unserer Bank zu feilschen und eine Vereinbarung zu treffen, um aus der Beziehung, dem Anwesen oder einer bestimmten Lebensstruktur, welche gefährdet ist, »zu retten, was zu retten ist«.

Wutausbrüche über die Ungerechtigkeit unserer Situation sind normal und richten sich oft gegen diejenigen, die unserer Meinung nach unsere Schwierigkeiten verursacht haben, gegen das Schicksal oder gegen Gott. Innerlich fühlen wir uns verwirrt, wie zerstückelt, unfähig, uns zu konzentrieren oder Entscheidungen zu treffen. Physisch können wir nervös, unruhig oder verängstigt sein oder haben Schwierigkeiten, zu schlafen und zu essen. Schlaflosigkeit, Verdauungsstörungen, Zittern, Schwitzen und Herzklopfen sind physische Symptome, die in dieser Phase häufig auftreten.

Aus buddhistischer Sicht ist die Hauptursache für Leiden die Anhaftung an die Dauerhaftigkeit von allem, was es auch sei. Buddha lehrte, daß es in der Natur aller Dinge liegt, unbeständig zu sein und dem Wandel zu unterliegen. Falls wir das verstehen, sind wir nicht mehr schockiert, wenn wir das unvermeidliche Ende und den Verlust erleben, und ein Akzeptieren der Wirklichkeit, so wie sie ist, ist nicht mehr so schmerzlich. Je mehr wir andererseits versuchen, an der alten Form festzuhalten und leugnen, was vor sich geht, um so stärker ist die zerstörerische Kraft, die wir unbewußt ins Leben rufen, um uns von unseren Anhaftungen loszureißen. Die Lektion während dieser Uranus-Stufe besagt, loszulassen und den Zerfallsprozeß beginnen und geschehen zu lassen.

Wir müssen keine so erschütternde Erfahrung machen, wenn wir bewußt akzeptieren, wie wichtig es ist, unsere alte Denk- und Seinsweise aufzugeben. Auch unsere geistigen Vorstellungen, die unsere Sicht von der Wirklichkeit prägen, werden aufgebrochen. Mit diesem Zerspringen werden die Türen geöffnet, um das Alte hinausgehen und das Neue eintreten zu lassen. Wir können uns von unseren vorgefaßten Ideen darüber, wie die Dinge sein sollten, befreien, so daß wir ein größeres Bild von dem, wie die Dinge sein können, zu sehen vermögen.

Während wir die Zügel lockern, die unseren Geist unter Kontrolle halten, finden wir uns in einer ungeheuren Weite, in einem offenen Terrain. Wir werden offen für eine neue Art und Weise, uns und die Welt zu sehen, auf die wir vorher mit unserem alten Denken nie gekommen wären. Wir können das ganze Spektrum von Möglichkeiten betrachten, die einem unermeßlichen Potential innewohnen. Hier können wir intuitive Eingebungen erhalten und blitzschnell nichtlineare Verbindungen herstellen, die uns einen Einblick in die Form der Wahrheit gewähren.

Wir können diesen Prozeß dadurch unterstützen, daß wir unsere Gedanken schweifen lassen, frei assoziieren, dieses und jenes in Betracht ziehen. Wir können landschaftlich schöne Umwege auf unseren Reisen machen, die unsere engen Termine und Reiserouten vorher nicht zugelassen haben. Wir beobachten unsere Tagträume, entspannen unseren Körper und unseren Geist, übernehmen uns nicht, kultivieren ein Gespür dafür, was natürlich und echt ist. Wir greifen nicht nach Stabilität und versuchen nicht, etwas zum Abschluß zu bringen oder beständig zu machen. Wir lassen zu, daß Veränderung, Spontaneität, das Unvorhergesehene unser Leben ändern und beeinflussen. Wir unternehmen vollkommen neue Dinge.

Das geheime Geschenk der ersten Stufe des Transformationsprozesses ist Einsicht. Um sie zu erhalten, müssen wir das Gesetz der Veränderung, die Natur der Unbeständigkeit und das unermeßliche, unausgereifte Potential, welches das Rohmaterial der Schöpfung ist, anerkennen.

Auch wenn es für einige überbewußte Einzelpersonen theoretisch möglich ist, Befreiung und sofortige Transformation während der ersten Stufe zu erreichen, kämpfen die meisten von uns mit unseren Anhaftungen. Dann bewegen wir uns allmählich auf die zweite Stufe des transformativen Prozesses zu, auf der uns eine andere Art von Prozeß, Herausforderung, Lektion und Geschenk verfügbar ist.

Reinigung

Auf der zweiten Stufe des Transformationsprozesses werden wir aufgefordert, uns hinzugeben, zu reinigen, zu heilen und die Grenzen der endlichen Form zu überschreiten, um mit einem größeren Ganzen zu verschmelzen. Der Beginn dieser Stufe kann durch die Panik gekennzeichnet sein, die sich in einen Zustand der Verzweiflung und Gefühle der Hilflosigkeit einschleicht. Wir spüren, daß unsere vergangene Identität und Sicherheit verschwunden sind, und nichts ist da, um sie zu ersetzen. Zu diesem Zeitpunkt verschwinden die Kleidung und Habseligkeiten unseres Expartners aus unserem Haus; oder falls wir ausziehen, werden unsere unnötigen Besitztümer gelagert, verkauft oder verschenkt. Nichts ist stabil, sicher oder zuverlässig, es gibt nichts, worauf wir uns verlassen können.

Diese zweite Stufe dient dazu, daß wir die Überreste unserer Vergangenheit auflösen und wegspülen. In dem Maße, wie wir in der Lage sind, uns dem hinzugeben, was ist, und es zu akzeptieren, kann unsere Erfahrung eine der Transzendenz und Verschmelzung sein. Auf der ersten Stufe wurden wir aufgefordert, unsere Vorstellungen loszulassen; auf dieser zweiten Stufe besteht unsere Herausforderung darin, unsere Emotionen zu reinigen und unseren Schmerz freizugeben. Doch wenn wir den Prozeß nicht ganz verstehen, halten wir weiterhin fest. Und wenn wir unsere alten, nicht länger angemessenen emotionalen Muster beibehalten, halten wir ebenfalls an dem Schmerz fest, den diese Muster hervorgerufen haben. Unsere vorrangige Erfahrung wird zu einer der Qual und Täuschung.

Schmerz und emotionales Leiden werden zu unserer Wirklichkeit. Wir versinken oft in eine Depression, und unser Leben wird von Traurigkeit beherrscht. Wir können den Tränenstrom nicht zurückhalten, der unseren Körper erschüttert. Einige von uns können vielleicht in der Gegenwart anderer weinen, während diese Erleichterung für andere nur in der Ungestörtheit ihrer Einsamkeit möglich ist. Bei wieder anderen von uns verweilen die Tränen still, unausgesprochen, unausgeweint in den tiefliegenden Höhlen ihrer Verzweiflung.

Wir fühlen uns mit anderen nicht verbunden und immer einsamer in unserer Isolation. Vielleicht haben wir das Gefühl, daß unsere Bedürftigkeit größer als je zuvor ist und wir nicht die Liebe und Unterstützung von anderen erhalten, von denen wir glauben, daß sie für uns da sein sollten. In unserer Überzeugung, ungerecht behandelt zu werden, übernehmen wir die Rolle des Sündenbocks oder des Märtyrers. Vielleicht verlieren wir den Freundeskreis oder stellen die Geduld unserer Freunde auf die Probe, die unserer Klagen über unser Elend überdrüssig werden, besonders wenn wir ihren Rat ignorieren oder ablehnen; wir können das Gefühl haben, von ihnen zurückgewiesen zu werden.

Während wir uns in der Dunkelheit und Verwirrung des Nichtwissens verlieren, sind wir vielleicht melancholisch, trübselig oder pessimistisch. Es scheint keine Hoffnung, keine Vision zu geben, nichts, was sich gut anfühlt. Innerlich sind wir benebelt, nichts ist klar. Tagsüber übernehmen manchmal furchterregende, verzerrte, die Form verändernde Vorstellungen die Macht über unser Denken, und ähnlich bizarre Bilder können uns nachts in unseren Träumen heimsuchen. Wir können paranoid werden und diverse Phobien entwickeln und das Gefühl bekommen, daß andere darauf aus sind, uns zu täuschen oder auszunutzen. Wir gehen Menschen aus dem Weg, die versuchen, uns festzulegen oder von uns endgültige Entscheidungen zu fordern.

Physisch fühlen wir uns müde, schwach, energielos und haben keine Lust, uns zu bewegen oder etwas zu unternehmen. Wir können uns wie Zombies fühlen, die durch eine traumähnliche Phantomexistenz schlafwandeln. Vielleicht schlafen wir viel; es scheint keinen guten Grund zu geben, um aufzustehen. Die Leere des äußeren Lebens spiegelt die Verwirrung unseres inneren Geistes wider. Um der Realität unserer immer sinnloseren oder schmerzhafteren Existenz zu entkommen, sind viele von uns versucht, Trost in den betäubenden Eigenschaften von Suchtmitteln zu finden – Alkohol, Drogen, Sex, Essen, Fernsehen. Uns geschlagen gebend, bewegen wir uns spiralförmig in selbstzerstörerische Aktivitäten.

Der Grund, warum wir auf der zweiten Stufe des transformativen Prozesses Isolation, Erschöpfung, Schmerz und Illusion erfahren, liegt darin, daß wir nun dahin geführt werden sollen, unsere Emotionen durch Rückzug, Ruhe, Reinigung und Öffnung unserer Herzen anderen gegenüber zu heilen. Wenn sich im Lunationszyklus die abnehmende Mondsichel in Dunkelheit auflöst, strebt die lunare Energie den Rückzug von der äußeren Welt der manifesten Aktivitäten an. Gleichermaßen können wir freiwillig diese Gelegenheit zum Rückzug und zur Ruhe begrüßen, da die Arbeit der Heilung am besten in der Dunkelheit vonstatten geht, genauso wie sich unsere Körper jede Nacht regenerieren, während wir schlafen. Wir müssen unser Bedürfnis nach Schlaf und Ruhe akzeptieren und dürfen uns nicht von unseren eigenen Erwartungen und denen anderer unter Druck setzen lassen, um Entscheidungen zu treffen, zu handeln und etwas zu leisten.

Diese Zeit ist ideal dafür, um uns sowohl in physischer als auch in emotionaler Hinsicht durch die Wasser der Auflösung zu reinigen und so die Vergangenheit fortzuspülen. Wir können unseren Körper mit speziellen Diäten und durch Fasten reinigen, große Mengen Wasser trinken, in die Sauna gehen und Mineralbäder nehmen. Wir können unsere Lebensumgebung reinigen, indem wir Dinge weggeben, besonders solche, die Erinnerungen und Anhaftungen anregen, von denen wir uns zu befreien versuchen. Auf geistiger Ebene müssen wir unsere Hoffnung auf Rückkehr zu dem, was war, und unsere Verzweiflung über die Zukunft aufgeben.

Auf der emotionalen Ebene müssen wir verstehen, wie unsere Gefühle der Wut, des Hasses, des Stolzes, des übermäßigen Verlangens, der Gier, der Eifersucht und des Neides unseren Schmerz aufrechterhalten. Wenn diese negativen emotionalen Zustände Besitz von uns ergriffen haben, werden biochemische Gifte in unseren Körpern erzeugt, die zu unserem verwirrten Geisteszustand beitragen.

Es ist eine Zeit der Trauer und des Weinens. Tränen sind das Wasser des Körpers, das unseren emotionalen Schmerz, seine giftigen Rückstände wegspült. In unserem Kummer fangen wir vielleicht an, uns nicht nur mit unserem Leiden zu identifizieren, sondern werden mitfühlend für das Leiden anderer, die ebenfalls diese Verluste durchmachen. Wir erkennen, daß wir nicht allein mit unserer Erfahrung dastehen; daß dies der universelle Zustand ist und wir ihn alle teilen und gemeinsam erleiden. Während wir anfangen, unsere Herzen anderen zu öffnen und versuchen, sie mit Freundlichkeit und Mitgefühl zu erreichen, um ihren Schmerz zu berühren, der unserem Schmerz gleichen oder sich von ihm unterscheiden mag, beginnen wir eine Heilung in uns zu bewirken. Dadurch, daß wir andere zu erreichen und ihnen auf die verschiedensten Weisen zu helfen versuchen, beispielsweise indem wir uns einer bedürftigen Person annehmen, Zeit oder Geld für eine verdienstvolle Sache anbieten, Sozialdienst leisten oder einem Freiwilligenverband oder einer Unterstützungsgruppe beitreten, können wir die Heilung beschleunigen, die während dieser Stufe eintreten soll.

Unser Schmerz erweitert in hohem Maße die Grenzen dessen, was wir ertragen zu können glauben, und in dieser Erweiterung unserer Sinneswahrnehmung werden wir offen und empfänglich für die größeren Kräfte des Universums. Auf dieser Stufe besteht die Möglichkeit der religiösen oder transzendenten Erfahrung, der Entwicklung von psychischer Empfindsamkeit und der Fähigkeit, sich in die Gefühle anderer hineinzuversetzen. Träume und Visionen können Quellen der Weisheit, Inspiration und Kreativität werden.

Das geheime Geschenk der zweiten, durch den Meeresgott Neptun symbolisierten Stufe der Transformation ist Mitgefühl (ein gebrochenes Herz ist ein offenes Herz). Um es zu erhalten, müssen wir erkennen, daß wir die künstlichen Grenzen, die unser Gefühl des Getrenntseins erhalten, auflösen und unsere Angst vor Isolation heilen können, indem wir in das Bewußtsein, daß alles Existierende miteinander verbunden ist, eintreten.

In der Zurückgezogenheit, durch Ruhe, Reinigung und die Öffnung unseres Herzens können wir allmählich anfangen, uns zu heilen. Wir können uns der Wirklichkeit von dem, was ist, hingeben, die Unvermeidlichkeit unseres Verlustes und möglicherweise sogar den Gedanken, daß es vielleicht ein notwendiger und letztendlich vorteilhafter Verlust war, akzeptieren. Diese Erkenntnisse bereiten uns auf die Arbeit der dritten Stufe vor.

Wenn uns unsere Ängste und Irrtümer jedoch daran hindern, diesen Prozeß zu integrieren, und wir immer noch nicht unsere alten negativen emotionalen Muster loslassen können, wird auf der dritten Stufe eine andere Reihe von Schwierigkeiten auftauchen, die uns oft auf gewaltsame Weise zwingen, uns unserem Widerstand zu stellen.

Sobald wir den Tod des Alten akzeptieren, gelangen wir an einen neuen Anfangspunkt, an dem wir uns fragen: »Und was nun? Was kommt als nächstes?« Obgleich wir noch nicht bereit sind, zu handeln oder uns vorwärtszubewegen, ist das einfache Aufkeimen von Gedanken über eine völlig neuartige Zukunft das Tor zur dritten Stufe der Transformation.

Erneuerung

Auf der dritten Stufe des Transformationsprozesses wird von uns verlangt, daß wir uns regenerieren und erneuern. In dem Maße, wie wir die Notwendigkeit dessen nicht verstehen, uns während der dritten Stufe etwas Neues vorzustellen und uns darauf vorzubereiten, werden wir Wut und Selbstzerstörung erfahren. Hier begegnen wir der Macht in ihren furchteinflößenden Ausmaßen, die wir einsetzen können, um zu vernichten oder zu erschaffen.

Der mit dieser Stufe assoziierte mythologische Gott ist Pluto, Persephones Gatte, der die Unterwelt regiert. Während dieser Stufe vollziehen wir den Abstieg in unser Unbewußtes, dem unsere abgelehnten und geleugneten Teile innewohnen. Diese in der Jungschen Psychologie als »der Schatten« bezeichneten Inhalte nehmen die Formen der Dämonen an, die Besitz von uns zu ergreifen und uns anzustacheln scheinen, eine furchterregende und zerstörerische Wirklichkeit zu erschaffen. Unserem Schatten steht ein Reservoir an eng zusammengerollter, fokussierter und konzentrierter Energie zur Verfügung, die entweder zum Schaden anderer oder zu unserer eigenen Transformation verwendet werden kann. Dieser Gott dringt bis in unseren Kern ein, um unsere tiefsten Grundfragen zu enthüllen; er zerstört, um zu erneuern, und er verfügt über die Macht, zu transformieren und Veränderung herbeizuführen.

In dem Bestreben, unsere innere Natur zu ergründen, können wir das Gefühl haben, nackt ausgezogen zu werden. All die falschen Masken unserer gesellschaftlich konditionierten Persönlichkeit werden fortgerissen, und wir fühlen uns nackt, allen Blicken ausgesetzt, verwundbar und unbeschützt. In unserem wilden Kampf ums Überleben schlagen wir auf diejenigen ein, die wir als unsere Feinde wahrnehmen oder für unseren Verlust und unser Leiden verantwortlich machen. In unserer Wut setzen wir unsere Macht ein, um anderen zu schaden, ihnen zu drohen, sie zu ruinieren, einzuschüchtern oder zu beherrschen – wobei wir allen anderen außer uns die Schuld für unsere mißliche Lage geben. Während wir versuchen, andere zu kontrollieren, haben wir die Kontrolle über uns selbst verloren, wenn wir unseren Partner, unser Kind, unser Haustier schlagen, das Auto zu Schrott fahren oder die Möbel zertrümmern.

Wenn wir die uns zur Verfügung stehende Macht leugnen, können wir Opfer der Machtangriffe von anderen werden. Oder wir können, wenn wir das Freisetzen dieser plutonischen Macht unterdrücken und sie statt dessen nach innen richten, versuchen, uns selbst zu zerstören. Gefühle der Scham und der Wertlosigkeit treiben uns weiter an und lassen uns in unseren selbstzerstörerischen und suchterzeugenden Mustern auf den Nullpunkt sinken. In dieser Zeit ist es nicht ungewöhnlich, Selbstmordphantasien zu haben oder sich andere drastische Maßnahmen auszudenken, um allem ein Ende zu bereiten. Wenn wir diese negative Energie projizieren, sehen wir die Kräfte des Bösen überall um uns herum, die nur darauf warten, sich auf uns zu stürzen und uns zu vernichten, sobald wir einen Augenblick in unserer Wachsamkeit nachlassen.

Uns steht die verständigere Möglichkeit zur Verfügung, diese plutonische Kraft zu unserer Transformierung zu verwenden, indem wir die letzten Spuren unserer alten Anhaftungen zerstören, die uns an der Erneuerung hindern. Die Herausforderung der dritten Stufe besteht darin, unsere Feinde als die abgelehnten Teile unseres Selbst zu erkennen, und sie dadurch in unsere Hüter umzuwandeln, daß wir sie in die Ganzheitlichkeit unseres Seins aufnehmen. Jede Form von Tiefenpsychologie, Hypnose, Rückführung in vergangene Leben, die uns befähigt, die Bilder und Muster in unserem Unbewußten zu ergründen und mit unseren Dämonen Frieden zu schließen – die niemand anders sind als wir selbst –, ist überaus hilfreich. Während sich diese letzte und tiefste Phase des Loslassens und Transformierens abspielt, sind wir schließlich zu der Wiederaufbauarbeit der dritten Stufe bereit.

Während dieser Stufe werden wir aufgefordert, die Samenkapsel für die Zukunft zu erschaffen, die mit Beginn der nächsten Neumondphase keimen wird. In diese Samenkapsel wird dreierlei gelegt: (1) die Destillation unserer Weisheitsessenz aus dem vergangenen Zyklus; (2) unser unerledigtes Karma und unsere unbewußten Gewohnheiten; und (3) unsere Verpflichtungen für den zukünftigen Zyklus. Ungefähr zu dem Zeitpunkt, zu dem sich diese Stufe ihrem Ende nähert, sollten wir eine Vision entwickelt haben, die einen Sinn unserer Absicht im größeren System der Dinge, eine zu erfüllende Mission und die Bereitschaft, unserer Vision zu folgen, enthält.

Wenn wir die Überreste der Lebensstruktur, welche auch immer transformiert wird, losgelassen und vernichtet haben, bleibt oft ein Körnchen Sinn und Wert erhalten. Während dieser Stufe nehmen wir möglicherweise eine Bestandsaufnahme unserer Vergangenheit vor und versuchen, eine Bedeutung, die wir herausgefunden haben, und etwas von Wert, das noch immer vorhanden ist und im nächsten Zyklus verwertet werden kann, herauszuarbeiten. Durch Reflexion und Analyse versuchen wir zu verstehen, was geschehen ist, welchem Zweck der vergangene Zyklus gedient hat und welche Lektionen wir gelernt haben. Welche Informationen haben wir über uns gewonnen, wie stehen wir in Beziehung zur Welt, welche Wahrheiten haben wir erkannt, und wo täuschen wir uns und andere weiterhin? Wir machen eine Bestandsaufnahme von unseren Stärken, Fähigkeiten, Kenntnissen und Begabungen, die Teil unseres essentiellen Selbst bleiben, und wir erkennen, wie wir diese inneren Ressourcen weiterhin für das, was vor uns liegt, verwenden und anpassen können.

Es ist diese Kombination von Weisheit und Fähigkeiten, die als geläuterte Essenz erhalten bleibt. Wir können diese Kombination aus der Vergangenheit hinübertragen, um den fruchtbaren Boden zu schaffen, in dem die Zukunft empfangen werden kann. Dies ist der Behälter für unsere Samenkapsel, der das neue Leben in der Schwangerschaftsperiode nähren und erhalten wird.

Für jeden einzelnen von uns gibt es verschiedene Ebenen, auf denen der Transformationsprozeß verläuft. Bei vielen von uns dringt der Prozeß nicht in die tiefsten Schichten des Unbewußten ein, um auf dieser Ebene Veränderungen herbeizuführen. Deshalb legen wir zusammen mit unserer Weisheitsessenz eine große Menge an unbewußtem Material in die Samenkapsel. Dieses unbewußte Material besteht aus dem ungelösten Karma – Fragen, die wir in der Vergangenheit nicht geklärt haben und die hinübergetragen werden müssen. Wir fügen ebenfalls unsere konditionierten und tief eingewurzelten Gewohnheitsmuster sowie unsere genetischen, kulturellen und archetypischen Neigungen hinzu. In dem Maße, wie wir uns unserer unbewußten Motivationen und gewohnheitsmäßigen Reaktionen bewußt sind, sind wir uns auch dieser Inhalte bewußt.

Schließlich geben wir unsere Bestrebungen, Absichten und Verpflichtungen für die Zukunft in unsere Samenkapsel. In dieser Zeit sollten wir mit unseren Träumen und Sehnsüchten in Berührung kommen, darüber nachdenken, was wir uns vielleicht in der Vergangenheit gewünscht haben, aber aufgrund unserer Lebensumstände nicht verwirklichen konnten. Vielleicht wollten wir unsere Ausbildung abschließen, haben dann aber zu früh Kinder bekommen, oder wir wollten Reisen unternehmen, aber unser Partner interessierte sich nicht dafür. Vielleicht wollten wir ein eigenes Geschäft gründen, hatten aber Angst vor dem Risiko und mußten für die finanzielle Sicherheit unserer Familie sorgen; oder wir wollten Künstler oder Musiker werden, hatten aber nicht genug Vertrauen in unser Talent und hielten es für unbrauchbar. Weil diese alten Beschränkungen nicht mehr existieren, sollten wir jetzt darüber nachdenken, ob es möglich ist, unseren alten Träumen zu folgen und neue zu erschaffen.

An diesem Punkt hilft uns eine Übung. Wir stellen uns vor, was wir gern tun würden, wenn uns alle Möglichkeiten zur Verfügung stünden und es keine Hindernisse gäbe – egal in welchem Bereich. Vielleicht ist es uns nicht möglich, unsere Idealvorstellungen zu verwirklichen, aber es ist wichtig, eine Ahnung von den entferntesten Reichweiten unserer Möglichkeiten zu bekommen.

Von hier aus können wir anfangen, Pläne zu schmieden, was zu erschaffen für uns konkret möglich ist. Es ist noch nicht an der Zeit, den Traum zu verwirklichen, aber es ist angebracht, Erkundigungen einzuziehen – wir können schriftlich oder telefonisch um Informationen bitten, Recherchen anstellen, herausfinden, wann Studienprogramme anfangen oder welche Termine für Reisen angeboten werden und wie teuer sie sind, welche finanziellen Hilfen möglicherweise verfügbar sind, welche Qualifikationen notwendig sind, ob die Art der Tätigkeit am Wohnort angeboten wird oder ein Umzug erforderlich ist.

Nun ist die Zeit gekommen, über unsere Absichten nachzudenken – was wir für uns tun wollen und warum. Was wollen wir zum Wohl anderer, die wir jetzt oder aus der Vergangenheit kennen oder die noch nicht in unser Leben eingetreten sind, unternehmen; was wollen wir für den Planeten tun und warum. Auf dieser Stufe gehen wir vor der Geburt des Neuen Verpflichtungen ein, die wir in zukünftigen Zyklen erfüllen wollen.

In unserem Samen haben wir die Essenz der Vergangenheit und die Absicht für die Zukunft miteinander vermischt. An diesem Punkt auf der plutonischen Stufe wartet unser aufkeimendes Bewußtsein auf seine ersehnte Wiedergeburt. Auf der buchstäblichen Ebene liefert die künftige Zusammenkunft unserer Mutter und unseres Vaters und deren sexuelle Vereinigung die Verbindung, damit der Samen in den Schoß der Mutter, den Kessel der Wiedergeburt, eintreten kann. Der Traum in der Samenkapsel reift im embryonalen Zustand. Auf der fötalen Entwicklungsstufe unserer physischen oder psychischen Schwangerschaft werden der Entwurf von Weisheitsessenz, Karma und unbewußten Gewohnheiten sowie zukünftige Absichten den psychischen Kanälen und neurologischen Schaltungen eingeprägt, die die unbewußten Dimensionen der Psyche miteinander vernetzen.

In der Zeit, in der sich die planetarischen Energien nach dem neuen Sinn und Zweck der Seele ausrichten, kündigen die Wehen den Beginn der Reise der Seele durch den Geburtskanal an. Wir tun unseren ersten Atemzug, treten in die Welt der Form ein, und das neue Leben ist die Geburt zu Beginn der Neumondphase des zyklischen Prozesses. Der Zyklus kehrt zum Ausgangspunkt zurück.

In unserem Versuch, das Dunkle im neuen Licht zu sehen, bietet diese Diskussion über die Stufen der Transformation, die sich während der dunklen Phase des zyklischen Prozesses abspielen, ein Modell dafür, wie wir uns durch die dunklen Zeiten in unserem Leben mit Verständnis, Bewußtsein und dem Glauben an Erneuerung hindurchbewegen können. Mit diesem Modell ist es uns möglich, das Potential für Bedeutung, Heilung und Kreativität zu maximieren, die naturgemäß der dunklen Phase innewohnen.

Der Dunkle Mond und die Heilung der Seele

Die dunkle Phase im zyklischen Prozeß ist der Schoß der Seele. Sie überspannt die Naht zwischen der Welt der Lebenden und der der Toten und Ungeborenen. Wir treten in die dunkle Phase durch den Tod ein und verlassen sie durch die Wiedergeburt. Auf der Ebene der psychologischen Transformation betreten wir das Dunkle durch den Tod eines alten und nicht mehr notwendigen Teils unseres Selbst oder unseres Lebens, und wir verlassen es wieder, sobald wir anfangen, uns eine neue regenerierte Identität oder einen neuen regenerierten Sinn und Zweck zu eigen zu machen.

Diese Erfahrungen der dunklen Phase sowohl auf der physischen wie auf der psychologischen Ebene ereignen sich während der Abwesenheit des Mondlichts.

Wenn wir diese Phase des zyklischen Prozesses durchschreiten, bereisen wir ein Gebiet unserer Psyche, das normalerweise unserem bewußten Gewahrsein verborgen ist und wir mit unserem bewußten Verstand nicht erfassen können. Die dunkle Sphäre der menschlichen Psyche umfaßt alles, was unterhalb der Bewußtseinsschwelle liegt. Als das Heim der Seele ist die dunkle Phase der Ort, an dem wir die zurückgebliebenen Erinnerungen an die Gesamtsumme unserer Vergangenheit in diesem und in früheren Leben aufbewahren. Hier finden wir die Wunden der Seele, die danach schreien, geheilt zu werden. In der Unterwelt der Psyche treffen wir auf die Geister unserer Vergangenheit und begegnen Visionen vom Himmel und von der Hölle.

Im Schlußabschnitt des zyklischen Prozesses kehrt alles zur Quelle zurück und verschmilzt mit dem größeren Ganzen. Die Energien der dunklen Phase ziehen uns magnetisch hinunter in die undifferenzierten Gewässer des unermeßlichen kosmischen Ozeans der Einheit. Dieses Untertauchen in das Wissen von unserem Einssein mit dem ganzen Leben wird später, wenn wir physisch inkarniert sind, als die mystische Sehnsucht nach dieser Verbundenheit wahrgenommen, die den Schmerz der Trennung und Isolation in unserem Leben heilen könnte. Spirituelles Streben, Drogensucht und andere Abhängigkeitsverhältnisse sind Wege, denen moderne Menschen in ihrer Sehnsucht nach dem Frieden und der heiteren Gelassenheit in dieser schwach erinnerten anderen Welt folgen.

In diesem Raum zwischen den Welten und in dieser Zeit zwischen den Inkarnationen bietet die dunkle Phase eine Öffnung in die Unterwelt unseres Unbewußten, wo wir Zugang zum gesamten Universum von Vergangenheit, Gegenwart und Zukunft haben, das in unsere Psyche fließt. Es ist die Quelle für die verborgene Weisheit und der geheimen Lehren, die in universellen, mythischen und archetypischen Bildern verkörpert sind. Die buddhistische Tradition lehrt, daß wir in diesem als *Bardo* bezeichneten Zwischenzustand den friedlichen und zornigen Gottheiten begegnen. Dane Rudhyar schreibt, daß wir hier sowohl den Engeln des Lichtes als auch den Wächtern der Schwelle gegenübertreten.

In dieser tiefen Nische unserer Psyche können unsere Engel uns zu unserer Quelle des transzendenten Verständnisses, der schöpferischen Inspiration und der höchsten Bestrebungen der selbstlosen Liebe und des selbstlosen Dienstes führen. Mit den Engeln verflochten sind unsere Dämonen, deren Gesichter all unsere Mißerfolge, Frustrationen, Verweigerungen, Ängste, Wut, Gier, Eifersucht, unseren Haß und unsere Beschränktheit widerspiegeln. Die Wurzeln unserer Engel und Dämonen reichen in die Freuden und den Schmerz der Vergangenheit zurück, und ihre Zweige erstrecken sich in unsere Zukunft hinein.

Durch die dunkle Phase ist jeder von uns mit der Vergangenheit und der Zukunft verbunden. Es ist eine Metapher für das ungesehene Wirkliche all dessen, was geschieht, bevor wir uns erinnern können. Die unterhalb der Schwelle des bewußten Gewahrseins im verborgenen liegende dunkle Dimension beherbergt das Lager der vergessenen Erinnerungen der Vergangenheit und die latente Kraft der zukünftigen

Möglichkeiten. Die Gesamtsumme unserer persönlichen und kollektiven Vergangenheit, sowohl Erfolge als auch Niederlagen, ist in den vielen Schichten des Unbewußten aufgezeichnet.

Auch wenn dieses psychische Material dem bewußten Verstand normalerweise nicht zugänglich ist, hat es eine starke Wirkung darauf, wie wir die Welt wahrnehmen und mit ihr interagieren. Die Quelle der für unseren rationalen Verstand unbekannten verborgenen Kräfte, die über unsere Handlungen herrschen und unsere Lebensumstände prägen, liegt in der Unterwelt der Psyche. Dies ist der Boden, aus dem unsere bewußten Erfahrungen und Umstände geschaffen und genährt werden.

In der westlichen Psychologie wird diese Dimension des Geistes als das Unbewußte bezeichnet, das unsere unterdrückten traumatischen Erinnerungen und abgelehnten Teile von uns aufbewahrt. In der östlichen Philosophie wird sie unter den Aspekten von Karma und Reinkarnation beschrieben. Beide Schulen gehen davon aus, daß die in unserer vergessenen Vergangenheit vorgefallenen Ereignisse, bei denen wir jemanden verletzt haben oder verletzt wurden, die Samen für die anhaltenden Wunden in unserer Seele sind, die geheilt werden müssen. Ob diese Kraft nun als Karma oder unbewußte Motivationen bezeichnet wird, im östlichen und westlichen Denken herrscht Einigkeit über die Existenz eines durch das Unbewußte verlaufenden Musters, das die alten Fäden unserer Zukunft webt.

Unsere Passage durch das Dunkle bietet uns die Möglichkeit, diese Wunden zu heilen, und dabei können wir den verborgenen Reichtum des Unbewußten entdecken. Nur dadurch, daß wir in die dunkle Zeit des inneren Raums eintreten und mit unseren Erinnerungen ins reine kommen und unsere Fragen klären, öffnet sich ein Weg zur Heilung. Im Verlauf dessen können wir den Reichtum der Unterwelt der Psyche, Erneuerung und Kreativität, entdecken und mit der Seele des Kosmos verschmelzen.

Dunkelmondphase und Karma

Die Wunden unserer Seele rühren von dem unbewußten Material her, das wir aus der Vergangenheit hinübertragen. Die östliche Sichtweise erklärt diesen Prozeß mit Karma und Reinkarnation. Diese Begriffe bilden die Grundlage für die Annahme, daß Moralgesetze in der Bewußtseinssphäre wirken. Östliche Philosophen erläutern anhand dieser Ansicht, wie sich unbewußte Kräfte aus der Vergangenheit auf die Gegenwart und die Zukunft auswirken.

Die Lehre vom Karma und der Reinkarnation besagt, daß wir die Ergebnisse all unserer vorherigen positiven und negativen Taten aus diesem oder früheren Leben ernten; und durch unsere Reaktion säen wir die Samen der zukünftigen Ereignisse. Dieser Ansicht zufolge brauchen der Verlust und das Leiden, denen wir während unserer Dunkelmondphasen begegnen, nicht einzig und allein die Folge dieses Lebens zu sein; sie können die Früchte von schädlichen Handlungen gegenüber anderen, unerledigten Lektionen und ungelösten Beziehungen sein, die wir aus der Vergangenheit mitbringen. Was vom bewußten Auge in dieser irdischen Wirklichkeit gesehen wird, ist nur die Spitze eines Eisbergs, dessen vorhergegangene Ursachen tief in die Vergangenheit hineinreichen. Wenn wir unsere unbewußte Vergangenheit unter diesem Aspekt betrachten, können wir Klarheit und Mitgefühl gewinnen und die Ursachen von Leiden, Verlust, Schmerz und anscheinend ungerechten Belastungen verstehen, die während unserer Übergangszeiten des Dunklen Mondes auftauchen. Es sollte in diesem Zusammenhang auch nicht unerwähnt bleiben, daß wir infolge von positiven Taten in der Vergangenheit Fülle und Wohlstand in unserem Leben ernten.

Der in unseren Dunkelmondphasen stattfindende transformative Prozeß bietet uns die Möglichkeit, unsere karmischen moralischen Verpflichtungen zu erfüllen, freiwillig unsere ausstehenden Schulden zu übernehmen und somit ungelöste Fragen aus der Vergangenheit wieder in einen Zustand des Gleichgewichts und der Vollendung zu bringen. Die Energien der dunklen Phase können uns aufrechterhalten, indem sie unermeßliche verborgene Ressourcen an Kraft und Weisheit zur Verfügung stellen, damit wir unsere Absicht erfüllen. Fühlen wir aber den sich ausbreitenden Schmerz unserer Wunden, so besagt die karmische Lehre des Dunklen, daß unsere Seele erst heilen wird, wenn wir die Notwendigkeit der Transformation der Haltungen und Taten erkennen, die diese Ergebnisse hervorgerufen haben. Wenn wir uns der Funktionsweisen des Gesetzes von Ursache und Wirkung bewußt werden, scheint sich unser Karma zu beschleunigen, und die Ergebnisse reifen schneller. Wir können rasch ein altes Karma abtragen, wenn wir bereitwillig danach streben, die nötigen Verbesserungen vorzunehmen und ganz bewußt unsere schädlichen Verhaltensweisen in nützliche zu ändern.

Dies ist die karmische Lektion, die uns in der dunklen Nacht der Seele ein Geschenk der Heilung anbietet. In der Bibel wird das karmische Gesetz in den folgenden drei Versen zusammengefaßt: »Denn was der Mensch sät, das wird er ernten« (Galater 6,7). »Auge um Auge, Zahn um Zahn« (Exodus 21,24). »Alles nun, was ihr wollt, daß euch die Leute tun sollen, das tut ihnen auch« (Matthäus 7,12).

In dem Maße, wie unser Bewußtsein in einer dualistischen Welt wirksam ist, in der wir die Wirklichkeit als polarisiert in eine Trennung zwischen Objekt und Subjekt wahrnehmen, sind wir durch das karmische Gesetz von Ursache und Wirkung gebunden. Das Dunkle als Symbol der Abschlußphase des zyklischen Prozesses ist der Ort, an dem alles zur Quelle zurückkehrt und miteinander verschmilzt. Es umfaßt die Möglichkeit der direkten Erfahrung des »Einsseins«, die als das Gesetz der Gnade, als Christusbewußtsein und Buddha-Geist bezeichnet wird. Das Gesetz der Gnade transzendiert das Gesetz vom Karma, wenn sich die Unterscheidung zwischen dem Ich und dem anderen in ein eher einschließendes Bewußtsein von der grundlegenden Einheit allen Lebens auflöst.

Im Osten bezeichnet der Begriff *Bodhisattva* ein Wesen, das Erleuchtung dadurch erlangt hat, daß es sein Karma erfüllt und vollendet hat. Anstatt jedoch im klaren Licht zu bleiben, zieht dieses Wesen es vor, weiterhin in diese dualistische Dimension wiedergeboren zu werden, um anderen beizustehen. Das Leben des *Bodhisattva* wird von dem Wunsch motiviert, Leiden zu lindern und andere zur Heilung und Befreiung zu führen.

Unsere Energien der dunklen Phase können auf unsere Verpflichtungen, dem *Bodhisattva*-Ideal nachzueifern, hinweisen. Auf der Ebene, wo das Gesetz der Gnade oder das Einssein wirksam ist, sind die Bürden von Schmerz und Leiden keine karmische Vergeltung, sondern vielmehr die zusätzlichen Verpflichtungen, die wir freiwillig übernommen haben, um anderen zu helfen. Das Muster, das sich oft entfaltet, ist das des verwundeten Heilers.

Im frühen Leben erleiden wir einen großen Schmerz, Verlust oder Ablehnung, eine Erfahrung, die tatsächlich die Schule dafür ist, unsere emphatischen Fähigkeiten zu vertiefen. Im späteren Leben wirken wir aus der Kraft und der Weisheit unserer eigenen Erfahrung heraus, um anderen in ähnlichen Situationen helfen und sie heilen zu können.

Aus dieser Sicht können die Energien der Dunkelphase ebenfalls auf die Schwierigkeiten hinweisen, denen wir begegnen, wenn wir als Entlastungsventil zur Reinigung von Karma und toxischen Ansammlungen dienen – nicht nur bei uns, sondern auch bei der Familie oder Gruppe, der wir angehören. In gestörten Familien wird gewöhnlich das ungeschützteste und verwundbarste Mitglied diese Funktion ausüben; und in der Gesellschaft nimmt der Sündenbock die Rolle des Märtyrers an. Faktoren der Dunkelphase können auf die Verpflichtungen hindeuten, die wir übernehmen, um ein kollektives oder archetypisches Problem zu lösen, und die Heilung eines Individuums wird Nachwirkungen auf die gesamte Gruppe haben. Dies kann außerdem darauf hinweisen, ein symbolisches Leben zu leben, in dem wir nicht unsere persönlichen, sondern kollektive Themen ausleben.

Wenn Karma und Reinkarnation mit den Vorstellungen von Evolution und Fortschritt verbunden sind, werden sie die Mittel, durch die das Bewußtsein in die Selbstverwirklichung eintritt. Karma ist das Prinzip, durch das wir unsere Persönlichkeit und Wirklichkeit entsprechend unseren Entscheidungen und Taten prägen. Sich durch Ewigkeiten hindurchbewegend, bietet die Reinkarnation uns viele Leben und unterschiedliche Erfahrungen an, mittels derer wir den Akt der Schöpfung verstehen, durchführen und vervollkommnen sollen. Unsere unbewußten karmischen Muster, die nach Lösung und Vollendung in diesem Leben streben, sind in der dunklen Phase unseres Tranformationsprozesses enthalten.

Der östliche Weg lehrt, daß das Ziel der Erleuchtung die Befreiung von der Illusion der Dualität ist, die die Wiedergeburt und das endlose Leiden des menschlichen Zustands heraufbeschwört. Westliche okkulte Traditionen zielen auf die Entwicklung eines totalen Gewahrseins davon ab, daß wir eine Bewußtseinseinheit innerhalb des größeren Geistes bilden und mit der Erde und allen lebenden Dingen in Harmonie leben. Dies ist die innere Bedeutung der Erfahrung der dunklen Phase als Opfer, selbstloser Dienst, spirituelle Praxis und Erleuchtung.

Der Dunkle Mond
und das psychologische Unbewußte

Wie bereits erwähnt, entspricht die dunkle Dimension des menschlichen Bewußtseins in der westlichen Psychologie dem Unbewußten. C. G. Jung ging davon aus, daß sich das Unbewußte aus zwei Dimensionen zusammensetzt – der von Freud entdeckten persönlichen Schicht, die aus dem biographischen unterdrückten Material einer Person besteht, und einer zweiten Schicht, dem sogenannten kollektiven Unbewußten, dessen Inhalte niemals bewußt sind und nicht von den Erinnerungen und Erfahrungen einer Person herrühren. Diese ererbten Neigungen in der menschlichen Psyche reichen über die vorkindliche Zeit hinaus in die Überreste des Ahnenlebens zurück. Die Urbilder im kollektiven Unbewußten, die die ältesten und universellen Gedankenformen der Menschheit sind, bezeichnete Jung als »Archetypen«. Dieses zweite System im Unbewußten enthält die präexistenten Gedankenformen in der Psyche, die universell sind: unpersönliche geistige und emotionale Muster, die bei den Menschen aller Zeiten hindurch identisch sind und in der Menschheit interkulturell als Themen in der Mythologie, Religion und in den Märchen auftauchen.

Das kollektive Unbewußte birgt nicht nur die Quelle für Ahnen-Erinnerungen aus der Vergangenheit in sich, es ist auch das »Lagerhaus« für die latenten Möglichkeiten und Träume der noch eintretenden Zukunft des bewußten Geistes. Völlig neue Gedanken und schöpferische Ideen, die nie zuvor bewußt gewesen sind, können aus dem Unbewußten auftauchen. Dies bildet einen wichtigen Teil unserer unterschwelligen Psyche, wo sich keimende Ideen für die Zukunft aus den dunklen Tiefen des Geistes erheben können. Wir können uns das kollektive Unbewußte als eine Schatzkammer vorstellen, die die Quelle aller Inspiration, Kreativität und Weisheit ist.

Inzwischen deuten zeitgenössische Psychologen, die die Landkarte der Psyche erweitern, darauf hin, daß es außer der persönlichen und kollektiven Schicht des Unbewußten noch eine dritte Schicht gibt, und zwar die perinatale. Die perinatale Schicht ist die Schnittstelle zwischen der persönlichen und der transpersonalen (kollektiven) Dimension des Unbewußten, und sie umfaßt die Erfahrungen, denen wir bei unseren Geburts- und Todesübergängen begegnen. Aus Beobachtungen geht hervor, daß viele psychopathologische Formen und unbewußte Motivationen in den biologischen Aspekten von Geburt und Tod, die ebenfalls den Prozessen der spirituellen Wiedergeburt entsprechen, tief verwurzelt sind.

Der Psychiater Stanislav Grof, ein Vertreter der transpersonalen Psychologie, schlägt die Existenz eines Organisationsprinzips der Psyche vor, für das er die Bezeichnung »COEX-System« oder *systems of condensed experience* (Systeme verdichteter Erfahrung) prägte. Ein COEX-System ist eine dynamische Konstellation von Erinnerungen aus verschiedenen Lebensabschnitten eines Individuums, von der biologischen Geburt und aus bestimmten Bereichen des transpersonalen Reiches, wie frühere Inkarnationen, Identifikationen mit Tieren und mythologische Handlungsabfolgen, deren gemeinsamer Nenner eine starke emotionale Besetzung von der gleichen Qualität ist. Es repräsentiert ein oder zwei bedeutende Themen oder Komplexe im Leben einer Person, die von der unbewußten Vergangenheit ererbt sind. Die meisten COEX-Systeme sind mit spezifischen Aspekten des Geburtsvorgangs dynamisch verbunden. Wenn unsere perinatalen Übergänge mit schwierigen Erfahrungen verschlüsselt sind, treten sie später im Leben als die Formen unserer Krankheiten auf. Der innere Heiler in jedem Individuum, der sich immer auf einen ganzheitlichen Zustand zubewegt, wird Situationen im Leben anziehen oder wiederschaffen, die ähnlich emotional besetzt sind. Dieser Prozeß bietet uns die Möglichkeit, uns den schmerzlichen unbewußten Fragen, die aus unseren Geburts- und Todeserfahrungen entstehen und unser Leben prägen, aufs neue zu stellen und sie zu heilen.

Unsere unbewußte Vergangenheit umfaßt dieses in unserer Psyche verborgene multidimensionale Reich, in dem sich die machtvollen, zwanghaften Kräfte erheben, die Verwirrung und Schmerz in unserem Leben auslösen. Sie sind die Wunden in unserer Seele. Weil diese Kräfte nicht leicht zu erkennen sind, werden sie zu unseren versteckten Feinden, der Quelle unserer Selbstzerstörung. In Wirklichkeit sind diese geheimen Feinde, die auf subversive Weise versuchen, uns zu täuschen, zu verletzen und zu vernichten, die verborgenen Aspekte unseres Selbst.

Die dunklen Reiche unserer Psyche enthalten alles, was mit uns in einer Zeit vor der Grenze unseres Erinnerungsvermögens geschehen ist, was sich sowohl auf unsere persönliche biographische Vergangenheit in diesem Leben und in früheren als auch auf unsere kollektive archetypische Vergangenheit bezieht. Viele dieser Ereignisse sind die Ursachen unserer Zwänge, die uns auf eine Art und Weise handeln lassen, die wir nicht verstehen und die schließlich dazu führt, daß wir uns selbst oder andere verletzen. Sie sind in unseren unbewußten Gewohnheitsmustern, tiefsitzenden Glaubensvorstellungen, karmischen Ansammlungen und vergessenen Traumata verwurzelt. Bestimmte Fragen können zu lebenslangen Themen werden, die sich als wiederholte Zyklen von physischem und emotionalem Trauma mit anschließendem Leiden manifestieren.

In der westlichen Psychologie wird davon ausgegangen, daß die unbewußten Motivationen, die uns zu selbstzerstörerischen Verhaltensweisen antreiben, von unterdrückten Energien vergessener Traumata und absorbierter Eindrücke herrühren, die zu assimilieren und zu integrieren wir nicht imstande waren. Unser Verteidigungssystem neigt dazu, die Erinnerungen zu unterdrücken, die mit machtvollen Erfahrungen in Zusammenhang mit Angst, Scheitern, Schmerz, Verlust oder Gefahr assoziiert werden. Wenn wir die mit diesen traumatischen Erfahrungen einhergehenden ungeklärten Gefühle nicht anerkennen oder befreien können, werden sie in die unbewußte Vernetzung unserer Psyche eingeschlossen. Unter Druck und Einschränkung im Zaume gehalten, schwären und verunreinigen sie unser System. Diese giftigen Inhalte unserer Psyche verzerren unsere Wahrnehmung und beeinflussen unsere Ansicht darüber, um was es im Leben eigentlich geht. Die blockierten, emotional besetzten Energien sind die Quelle der anscheinend irrationalen Ängste, Phobien, Zwänge, Schuldgefühle und Scham, die uns plagen, und bilden außerdem die Grundlage der psychosomatischen Krankheitssymptome in unserem physischen Körper. Heilung erfordert, daß wir uns das mit dem Trauma assoziierte besetzte Gefühl ins Gedächtnis zurückrufen, verstehen und freilassen.

Jedoch wehrt sich unser bewußter Verstand dagegen, diese verborgenen dunklen Bilder aufzudecken, weil die Erkenntnisse vielleicht mehr sind, als wir ertragen können, und uns überwältigen und zerstören würden. Hierin liegt unsere konditionierte Angst vor dem Dunklen. Ein Großteil unserer Lebensenergie wird eingesetzt, um diese bedrohlichen und potentiell zerstörerischen Kräfte zurückzuhalten. Je mehr der bewußte Verstand ausschließt, um so stärker entwickelt sich unser Selbstbild von der Ganzheitlichkeit unseres Seins auseinander.

Unsere Weigerung und Unfähigkeit, mit diesen verborgenen und vergessenen Teilen von uns fertig zu werden, führen zum Jungschen Konzept des Schattens. Der Schatten ist der Feind in unserem Inneren, der uns zu selbstzerstörerischen Verhaltensweisen antreibt. Projizieren wir unseren Schatten, wird er zum äußeren Feind, der danach strebt, uns zu verletzen und zu vernichten. Die dämonische Natur des Schattens nimmt die Form unserer negativen Gedankenmuster an, die durch Unterdrückung hervorgerufen werden. Diese geistigen Muster verzerren unsere Wahrnehmung der Wirklichkeit, und sie dienen dazu, unsere Beziehungen mit anderen zu verfälschen, was Konflikt, Verwirrung und Mißtrauen mit sich bringt. Der Schatten ist der Bote aus dem Unbewußten. Durch seine Aktivität lernen wir die Natur des Schmerzes unseres verborgenen Selbst kennen.

Heilung im Dunklen erfordert, daß wir die abgelehnten und verlorenen Teile von uns wiederfinden und in die Ganzheitlichkeit unseres Seins integrieren. Aus spiritueller Sicht muß die Energie dieser zerstörerischen Emotionen zutage gefördert und gereinigt werden. Dann kann sie in die entsprechenden Eigenschaften der Weisheit umgewandelt werden, die der erleuchtete Gebrauch ebendieser Energien sind.

Die Seele heilen

Die Heilung der Seele ist eine der Kernfragen der Dunkelmondphasen in unserem Leben. Die dunkle Sphäre ist der Ort, der die tiefen Wunden in der Psyche in sich birgt. Sowohl die westliche Psychologie wie die östliche Philosophie befassen sich mit den Prozessen in unserer unbewußten Vergangenheit, die die schmerzhaften Umstände der Gegenwart hervorbringen. Die Heilung der psychischen Wunden einer Person sieht die Jungsche Psychologie als ihre Aufgabe an, und die Befreiung vom Leiden ist das Ziel der östlichen Erleuchtung. Beide Richtungen streben danach, die Wunde der Seele zu heilen und eine spirituelle Transformation in Richtung Selbstverwirklichung und erleuchtetem Bewußtsein zu vollziehen.

Jungs Prozeß bewegt sich auf die Verwirklichung der individuellen Ganzheitlichkeit zu, indem ein Kommunikationsnetzwerk zwischen dem Bewußten und dem Unbewußten hergestellt wird und diese Bestandteile unseres Seins ineinander integriert und miteinander in Einklang gebracht werden. Mit der Selbstverwirklichung geht das Bewußtsein von einer ethischen Verantwortung insofern einher, als wir nicht länger unser Leben führen können, als ob uns die verborgenen Funktionsweisen unseres Unbewußten nicht klar wären. Die buddhistische Praxis zielt auf das erleuchtete Bewußtsein von unserer wahren Natur um aller Wesen willen ab. Die Ursachen für unser Leiden werden als die Illusion der Getrenntheit und die nachfolgenden Ergebnisse unserer früheren selbstnachgiebigen und egoistischen Haltungen und Taten erkannt. Diese Erkenntnis führt eine Veränderung in unserem Verhalten und Benehmen herbei.

Verletzungen entstehen aus der Trennung von der Einheit der Quelle. Wenn wir in die Unterwelt unseres Bewußtseins hinabsteigen, begegnen wir unseren Engeln und Dämonen, den tiefen Wunden in unserer Psyche und den Mitteln für die Heilung der Seele. Es ist der Ort, an dem wir in überaus schmerzlicher Weise allein sind, bis wir unsere Verbundenheit mit dem größeren Ganzen erkennen. Heilung bedeutet, sich auf einen Zustand der Ganzheitlichkeit in sich selbst und mit dem übrigen Leben zuzubewegen.

Heilung findet im Dunklen statt, wenn in der Schlußphase des zyklischen Prozesses die Arbeit der Vollendung und Erneuerung geleistet wird. Das verwundete wilde Tier zieht sich instinktiv in die Stille und Ruhe der dunklen, leeren Höhle zurück, um sich zu heilen; die Psyche verlangt ebenfalls, daß wir in die Tiefen des Unbewußten hinuntergehen, um die Seele zu heilen. Hier können wir die verborgenen Ursachen der Wunden in unserer Psyche aufdecken und uns nach den der Schlußphase innewohnenden Energien des Freilassens und der Transformation ausrichten, um Heilung zu bewirken.

Während wir zwischen den Welten reisen, von der Dimension der bewußten manifesten Wirklichkeit zu dem unbewußten phänomenalen Reich, müssen wir unsere Wahrnehmung ändern, um in den zur Unterwelt der Psyche führenden Tunnel eintreten zu können. Unsere Zeiten der Dunkelmondphase eignen sich hervorragend dafür, uns auf jede Form der inneren Arbeit einzulassen, um die verborgenen Dimensionen unseres Seins zu erforschen. Uns stehen viele verschiedene Methoden aus den psychologischen, spirituellen, künstlerischen und pharmazeutischen Disziplinen zur Verfügung, um Zugang zum Unbewußten zu finden. Für die Begegnung mit den Inhalten des Unbewußten ist es wichtig, angemessene Schutz- und Vorsichtsmaßnahmen zu treffen; ansonsten kann dieser Prozeß den bewußten Verstand überwältigen und zu einem Zusammenbruch führen.

Wenn wir die Gesichter unserer verborgenen Neigungen kennenlernen und diese Bestandteile unseres Seins als in uns und nicht außerhalb von uns akzeptieren, gelangen wir in die nächste Phase der Heilung: die Umwandlung der negativen Energien in ihre positive Natur. In den buddhistischen Lehren werden negative emotionale

Energien fünf grundlegenden Gruppen zugeordnet: (1) Unwissenheit/Dummheit; (2) Anhaftung, die Verlangen und Gier entstehen läßt; (3) Abneigung, die Haß, Zorn und Aggression hervorruft; (4) Stolz, die Ursache von Arroganz; und (5) Neid, der zur Eifersucht führt. Wenn die Energie der Emotion gereinigt und umgewandelt ist, kommt sie als eine bestimmte »Weisheit« oder ein Aspekt des erwachten Geisteszustandes zum Ausdruck. So wird beispielsweise die Energie in uns, die sich negativ als Zorn manifestiert, in spiegelgleiche Weisheit umgewandelt, deren Essenz Klarheit, leuchtende Helligkeit und die präzise Wahrnehmung der Dinge, wie sie sind, ist.

Indem wir uns heilen, nähern wir uns einem Zustand der Ganzheitlichkeit in uns, und dieses Gewahrsein führt die Erkenntnis von unserer Verbundenheit mit dem ganzen Leben herbei. Die transzendente Funktion des Prozesses der dunklen Phase ist aktiviert, wenn wir anfangen, andere nicht als getrennt von uns zu betrachten, und entsprechend handeln. An diesem Punkt beginnen wir, von derselben Energie, die vorher blockiert und verzerrt war und zu unbewußten Handlungen führte, die schädlich und schmerzhaft für uns und andere waren, auf eine Weise Gebrauch zu machen, daß wir uns selbst oder andere nicht mehr verletzen und ihnen vielleicht aktiv helfen.

Letztendlich sollten wir die Frage, wie mit problematischen Wunden der Seele umzugehen ist, vom altruistischen Standpunkt aus betrachten. Die Energien der dunklen Phase sind nicht ausschließlich zu persönlichen Zwecken zu verwenden. Indem wir anderen helfen, heilen wir uns selbst. In unseren psychologischen Transformationen können wir die Verpflichtungen eingehen, bestimmte Aspekte von uns durch selbstlose Liebe und den Dienst an anderen zu heilen. Indem wir die Dunkelmond-Energien anrufen, können wir Sensibilität gegenüber Bedürftigen entwickeln und Leidenden Empathie und Mitgefühl entgegenbringen. Wir können ein Reservoir an Kraft anzapfen, um die Bürden anderer zu tragen, für die Kranken zu sorgen oder uns in der freiwilligen Arbeit, im Sozialdienst und in wohltätigen Aktionen zu engagieren.

Hier müssen wir uns der dünnen Linie zwischen selbstloser Liebe und dem Dienst als einem Weg der Heilung und zwanghafter übertriebener Fürsorge und Co-Abhängigkeit bewußt bleiben. Es ist wichtig, daß wir keine professionellen Retter und Erlöser werden, die unentwegt Opfer manifestieren müssen, um sie dann retten zu können. Wenn wir anderen geben, weil wir von Erwartungen der Liebe, Sicherheit, Anerkennung oder Gegenleistung motiviert sind, oder wenn unsere Fürsorge danach ausgerichtet ist, uns, indem wir die Abhängigkeit eines anderen von uns fördern, unentbehrlich zu machen, geraten wir in die Falle von selbstzerstörerischen Beziehungsmustern. Dennoch entdecken wir dadurch, daß wir die Energien der dunklen Phase nutzen, um eine erweiterte Wahrnehmung der Ganzheit allen Lebens zu entwickeln, die Quelle unserer verborgenen Stärken und Begabungen.

Der Dunkle Mond ist der Schleier, hinter dem wir in das Reich des ungesehenen Realen eintreten, und er zeigt uns den Weg, wie wir in die tiefen Nischen unseres Geistes eindringen können, um geheime Weisheit aufzudecken. Während der

Dunkelmondphasen in unserem Leben ist uns die Schatzkammer all der inspirierten Kreativität und Weisheit zugänglich. Sie ist das Tor zum kollektiven Unbewußten, wo wir Zugang zu universellem Wissen haben und die Vermittler und Übermittler von ewigen Themen werden können. Die archetypischen Symbole in diesem Reich sprechen uns direkt in einer Sprache an, die für alle Menschen zu jeder Zeit Bedeutung hat.

Durch die Kraft unserer Imagination, Visionen, Träume und Phantasien können wir die geheime Weisheit der Vergangenheit und Zukunft innerlich und durch die mythologischen Motive, die sich in religiösen Riten, künstlerischen Symbolen und Märchen zeigen, äußerlich erfassen. Joseph Campbell sagt, daß Mythen die Repräsentationen der unbewußten Energien in uns sind und Hinweise auf den spirituellen Sinn des Lebens geben. Alle Götter und Göttinnen wohnen uns als die Weisheitswesen, Geistführer und inneren Lehrer inne, die uns zu dieser reichen Ader von psychischem Material in unserem Unbewußten führen, das unser Wissen um Wahrheit und Schönheit hervorruft.

Die Erfahrungen, denen wir im dunklen Reich des Bewußtseins begegnen, bieten uns die Möglichkeiten, uns mit Quellen von metaphysischem Wissen und spirituellen Überzeugungen zu verbinden. An diesem Ort, an dem alles in die Quelle übergeht, überschreiten der Glaube und das Wissen, die der direkten Erfahrung in den feinstofflichen Reichen entspringen, intellektuelle Vorstellungen und rationale Logik. Dies ist der Tempel der geheimen Lehren, in dem wir uns durch Ritual, Gebet und Meditation nach den kosmischen oder göttlichen Energien ausrichten und inspirierte Schöpfungen kanalisieren können. In diesem Reich sind wir empfänglich für die höheren Bewußtseinszustände und können unsere psychischen und telepathischen Fähigkeiten aktivieren. Es ist die Quelle unserer inneren Macht, die wir in Krisen in Anspruch nehmen.

Die dunkle Phase ist vor allem die Domäne der Mysterien. Als Hüter der Initiation offenbart dieser Abschnitt den Abstieg in die Unterwelt, wo wir auf die Wirklichkeit der nichtphysischen Dimension stoßen und die Geheimnisse von Tod und Wiedergeburt, Erneuerung und Regeneration erfahren. Diese geistige Welt birgt die Erinnerungen an die Vergangenheit und Träume von der Zukunft in sich. Diese geistigen Geschenke von seiten der Engelwelten sind unsere geheimen Ressourcen und Begabungen, die den verborgenen Reichtum der Unterwelt bilden.

Auch wenn wir den Beistand eines spirituellen Lehrers, psychologischen Beraters oder Geistführers haben, ist unsere Reise in das Dunkle eine, die wir im wesentlichen ohne fremde Hilfe unternehmen müssen. Unsere Beziehung zum Dunklen spiegelt unsere Beziehung zu uns selbst wider, wenn wir allein sind. Das Dunkle fordert uns auf, uns von der äußeren Welt zurückzuziehen und Zuflucht in unseren inneren Räumen zu suchen. Es spricht unser Bedürfnis nach Ruhe und Zurückgezogenheit an, so daß wir uns der Heilungsarbeit zuwenden können.

Für einige von uns zeugen die dunklen Augenblicke unserer Einsamkeit von einem reichen Innenleben der Kontemplation, Introspektion, spirituellen Praxis und künstlerischen Selbstdarstellung. Hier können wir uns mit den verborgenen Geschenken unseres Unbewußten verbinden. Wir fühlen uns wohl dabei, allein zu sein, und sind nicht einsam. Es ist eine zentrierende und schöpferische Erfahrung, wodurch wir unsere Energie wiederaufladen, Zugang zu unserer inneren Weisheit haben und uns heilen können.

Bei manchen von uns bringt die Erfahrung des Alleinseins Gefühle der Entfremdung zum Vorschein. Unsere vorrangige emotionale Reaktion besteht darin, von anderen abgeschnitten zu sein, und wir fühlen uns verlassen, ungeliebt und unerwünscht. Wir geraten in Panik, sind unruhig, verängstigt und verzweifelt, wenn wir mit uns allein sind oder Leerlauf in unserem Leben haben, den wir mit nichts ausfüllen können.

Noch andere von uns verwenden die Energien des Rückzugs in der dunklen Phase, um einen Schutzpanzer um sich herum zu errichten, der ihre Geheimnisse verbirgt. Wir vermeiden es, öffentlich preisgegeben zu werden, bleiben distanziert und verhalten uns ausweichend. Wir werden besessen davon, andere daran zu hindern, unsere Täuschungen, heimlichen Beziehungen, Liebesaffären, physischen Störungen, Suchtabhängigkeiten und Familienprobleme herauszufinden.

Der Wiederaneignungsprozeß des Dunklen beinhaltet, daß wir unsere Beziehung zu den verborgenen Teilen unseres Lebens im Wachzustand heilen, und zwar wenn wir allein sind. Wenn unsere Erfahrung des Alleinseins unser Gefühl der Isolation und des Ausschlusses verstärkt oder wenn wir uns in uns zurückziehen, um unsere Missetaten und Scham zu verbergen, sind wir nicht in der Lage, die Energien der Dunkelmondphase auf positive und selbstbejahende Weise einzusetzen.

Während wir das Dunkle im neuen Licht betrachten, lernen wir die dunkle Zeit als eine heilende Zeit kennen, in der wir uns und andere transformieren, erneuern und befähigen können. Das Dunkle ist das verborgene transformative Reich unseres Bewußtseins, das uns über unsere Grenzen, wie wir sie kennen, hinausführen kann. Im Westen assoziieren wir Dunkelheit mit Leere und Öde, aber in der buddhistischen Philosophie ist die Leere kein Synonym für das Nichts. Es ist vielmehr der reine Energiezustand des grundlegenden Potentials aller Formen. Die dunkle Lücke umfaßt dieses formlose Reich, das zwischen der manifestierten Wirklichkeit unserer Lebensstrukturen und Vorstellungen existiert. Das Dunkle ist der Boden und die Quelle allen Werdens, wo Heilung und Erneuerung stattfinden.

Anstatt das Dunkle abzulehnen, sollten wir es anerkennen, erforschen, bereitwillig annehmen und über es hinausgehen. Unsere Passagen durch das Dunkle bieten uns die Gelegenheit, in die Tiefen unserer Psyche hinabzusteigen, wo wir uns unseren Ängsten vor dem Unbekannten stellen und sie untersuchen können. Diese Arbeit ermöglicht es uns, die schmerzhaften blockierten Energien freizusetzen, die uns in unbewußten zerstörerischen Gewohnheitsmustern erstarren lassen. Wir können uns weiterbewegen, um die Wunden in unserer Seele zu heilen, Wissen über die Mysterien zu gewinnen und unser Leben zu transformieren.

Literatur

Algeo, John: *Reinkarnation. Evolution der Seele,* Satteldorf: Adyar Theosophische Verlagsgesellschaft 1996

Allione, Tsultrim: *Places Where She Lives,* zitiert in *Tara Foundation Newsletter,* April 1990

Angus, Samuel: *The Mystery Religions and Christianity,* London 1925

Aristophanes: *Sämtliche Komödien,* Zürich – München: Artemis 1987

Bachofen, Johann Jakob: *Das Mutterrecht. Eine Untersuchung über die Gynaikokratie der alten Welt nach ihrer religiösen und rechtlichen Natur,* Frankfurt am Main: Suhrkamp 1989

Bancroft, Anne: *Ursprünge des Heiligen: Die Faszination früher Kultstätten,* Solothurn u.a.: Walter 1993

Beriault, Marc: »The Dark Moon«, *Considerations* 1987

Black Koltuv, Barbara: *Das Geheimnis Lilith: oder die verteufelte Göttin,* München: Goldmann 1988

Bleakley, Alan: *Früchte des Mondbaumes: Eine neue Sicht unseres Lebens durch das indianische Medizinrad,* München: Goldmann 1987

Bolen, Jean Shinoda: *Göttinnen in jeder Frau: Psychologie einer neuen Weiblichkeit,* München: Hugendubel (Sphinx) 1995

Campbell, Joseph: *Die Masken Gottes: Mythologie des Westens,* Basel: Sphinx 1992

Cirlot, J. E.: *Dictionary of Symbols,* New York: Philosophical Library 1971

Cronenburg, Petra von: *Schwarze Madonnen. Das Mysterium einer Kultfigur,* München: Hugendubel (Sphinx) 1999

Downing, Christine: *The Goddess: Mythological Images of the Feminine,* New York: Crossroad 1981

Durdin-Robertson, Lawrence: *The Cult of the Goddess,* Enniscorthy, Eire: Cesara Publications 1974

Eisler, Riane: *Kelch und Schwert: Von der Herrschaft zur Partnerschaft; weibliches und männliches Prinzip in der Geschichte,* München: Goldmann 1993

Eliade, Mircea: *Ewige Bilder und Sinnbilder,* Frankfurt am Main: Insel-Verlag 1986

Fagan, Brian: *Aufbruch aus dem Paradies. Ursprung und frühe Geschichte der Menschen,* München: Beck 1991

Forbes, A. Jr.; T.R. Crowder: »The Problem of Franco-Cantabian Abstract Signs: Agenda for a New Approach«, *World Archaeology* 10, 1979

Fortune, Dion: *Moon Magic,* San Francisco: Harper & Row 1989

Francia, Luisa: *Drachenzeit,* München: Frauenoffensive 1996

Frazer, James G.: *Der goldene Zweig,* Reinbek bei Hamburg: Rowohlt Taschenbuch 1989

Freud, Sigmund: »Das Medusenhaupt« in *Gesammelte Werke, Bd. 17, Schriften aus dem Nachlaß 1892–1939*, Frankfurt: Fischer 1993
Gadon, Eleanor: *The Once and Future Goddess*, San Francisco: Harper & Row 1989
Gelhard, Richard: *The Traveler's Key to Ancient Greece*, New York: Knopf 1989
George, Demetra: *Das Buch der Asteroiden. Mythologie, Psychologie, Astrologie und neue Weiblichkeit*, unter Mitarb. v. Douglas Bloch, Mössingen: Chiron 1991
Gimbutas, Marija: *Die Sprache der Göttin*, Frankfurt am Main: Zweitausendeins 1995
Gimbutas, Marija: *The Goddesses and Gods of Old Europe: Myth and Cult Images*, Berkeley: University of California Press 1982
Göttner-Abendroth, Heide: *Die Göttin und ihr Heros. Die matriarchalen Religionen in Mythos, Märchen und Dichtung*, München: Frauenoffensive 1980
Goodrich, Norma L.: *Priestesses*, New York: Franklin Watts 1989
Grant, Michael: *The Myths of the Greeks and Romans*, New York: Mentor Books 1964
Greene, Liz: *Schicksal und Astrologie: Die Familie im Spiegel des Horoskops*, München: Heyne 1997
Greene, Liz; Sharman-Bourke, Juliet: *Delphisches Tarot. Orakel aus der griechischen Götterwelt*, München: Hugendubel (Kailash) 1991
Grimal, Pierre (Hrsg.): *Larousse World Mythology*, New York: Harper & Row 1979
Grof, Stanislav: *Das Abenteuer der Selbstentdeckung. Heilung durch Veränderte Bewußtseinszustände*, Reinbek bei Hamburg: Rowohlt Taschenbuch 1994
Gustafson, Fred: *The Black Madonna*, Boston: Sigo Press 1990
Haddon, Genia Pauli: *Body Metaphors. Releasing God-Feminine in Us All*, New York: Crossroad 1988
Hadingham, Evan: *Secrets of the Ice Age*, New York: Walker 1979
Hall, Nor: *The Moon and the Virgin*, New York: Harper & Row 1980
Harding, Esther: *Frauen-Mysterien einst und jetzt*, Berlin: Verlag Schwarze Katz 1982
Harris, Maxine: *Sisters of the Shadow*, Norman, Oklahoma und London: University of Oklahoma Press 1991
Harrison, Jane Ellen: *Religion in Ancient Greece*, London: Archibald Constable 1905
Henderson, Joseph; Oakes, Maude: *The Wisdom of the Serpent*, New York: Collier Books 1971
Hillman, James: *Am Anfang war das Bild*, München: Kösel 1983
Jay, Delphine: *Interpreting Lilith*, Tempe, AZ: American Federation of Astrologers 1981
Jaynes, Julian: *Der Ursprung des Bewußtseins durch den Zusammenbruch der bikameralen Psyche*, Reinbek bei Hamburg: Rowohlt Taschenbuch 1993

Johnson, Buffie: *Die große Mutter in ihren Tieren,* Olten/Freiburg: Walter-Verlag 1990

Jung, C.G.: *Gesammelte Werke Bd. 5, Symbole der Wandlung,* Olten/Freiburg: Walter-Verlag 1995

Jung, C.G.; Kerényi, Karl: *Einführung in das Wesen der Mythologie. Der Mythos vom göttlichen Kind und Eleusinische Mysterien,* Düsseldorf: Walter 1999

Kaufer, Nelly; Osmer-Newhouse, Carol: *Weibliche Spiritualität. Ein Wegweiser für Frauen,* München: Hugendubel (Sphinx) 1999

Kerényi, Karl: *Die Mythologie der Griechen.* Bd. 1: *Die Götter- und Menschheitsgeschichten,* München: Deutscher Taschenbuch Verlag 1966

Kerényi, Karl: *Die Mysterien von Eleusis,* Zürich: Rhein-Verlag 1962

Kramer, Noah: *The Sumerians: Their History, Culture and Character,* Chicago: University of Chicago Press 1963

Lederer, Wolfgang: *The Fear of Women,* New York: Harcourt Brace Jovanovich 1968

Leroi-Gourhan, André: *Prähistorische Kunst. Die Ursprünge der Kunst in Europa,* Freiburg: Herder 1975

Marshack, Alexander: *The Roots of Civilization. The Cognitive Beginnings of Man's First Art, Symbols and Notation,* New York: McGraw-Hill 1972

McGillis, R.F.: »George MacDonald and the Lilith Legend in the XIXth Century«, *Mythlore,* Winter 1979

McLean, Adam: *The Triple Goddess,* Edinburgh, Scotland: Hermetic Research Series 1983

Meier, C.A.: *Der Traum als Medizin. Antike Inkubation und moderne Psychotherapie,* Zürich: Daimon Verlag 1985

Meyer, Marvin (Hrsg.): *The Ancient Mysteries,* San Francisco: Harper & Row 1987

Milton, John: *Das verlorene Paradies,* München: Winkler 1966

Moacanin, Radmilla: *Jung's Psychology and Tibetan Buddhism,* Berkeley: Shambhala 1973

Murray, Alexander S.: *Manual of Mythology,* New York: Tudor Publishing 1895

Mylonas, George: *Eleusis and the Eleusinian Mysteries,* Princeton: Princeton University Press 1961

Neumann, Erich: *Die große Mutter. Eine Phänomenologie der weiblichen Gestaltungen des Unbewußten,* Düsseldorf: Walter 1997

Neumann, Erich: *Ursprungsgeschichte des Bewußtseins,* Frankfurt am Main: Fischer Taschenbuch 1995

Noble, Vicki: *Shakti. Die heilende Energie der Frau,* Düsseldorf: Walter 1994

Noble, Vicki: »The Dark Goddess: Remembering the Sacred«, *Woman of Power* 12, Winter 1989

Oken, Alan: *Der Mensch, Spiegelbild des Kosmos,* München: Frederiksen und Weise, Tabula Smaragdina 1996

Ovid: *Metamorphosen*. Übers. u. hrsg. v. Hermann Breitenbach, Stuttgart: Reclam 1971

Pollack, Rachel: *Im Körper der Göttin. Weibliche Weisheit in Mythos, Landschaft und Kultur,* München: Hugendubel (Sphinx) 1999

Patai, Raphael: *The Hebrew Goddess,* New York: Avon Books 1978

Patai, Raphael: *Gates to the Old City,* New York: Avon Books 1980

Plassmann, Joseph O. (Übers.): *Orpheus: Altgriechische Mysterien (Orphei hymni),* Köln: Diederichs 1982

Praz, Mario: *The Romantic Agony,* London: Oxford University Press 1951

Ranke-Graves, Robert von: *Griechische Mythologie. Quellen und Deutung,* Reinbek bei Hamburg: Rowohlt Taschenbuch 1994

Ranke-Graves, Robert von: *The White Goddess,* New York: Farrar, Straus, and Giroux 1966

Redgrove, Peter: *The Black Goddess and the Unseen Real,* New York: Grove Press 1987

Redmond, Layne: *FrauenTrommeln. Eine spirituelle Geschichte des Rhythmus* (mit Musik-CD), München: Hugendubel (Sphinx) 1999

Rose, H.J.: *A Handbook of Greek Mythology,* New York: Dutton & Co. 1959

Rossetti, Christina: »Lady Moon« in: *The Oxford Book of Children's Verse,* hrsg. v. Irma und Peter Opie, Oxford: Oxford University Press 1872

Rossetti, Dante Gabriel: *Collected Poems,* hrsg. v. W.M. Rossetti, London 1906

Rudhyar, Dane: *Der Sonne-Mond-Zyklus: Ein Schlüssel zum Verständnis der Persönlichkeit,* Wettswil: Ed. Astrodata 1988

Rudhyar, Dane: *Das astrologische Häusersystem,* München: Hugendubel (Kailash) 1981

Sarton, May: *Collected Poems,* New York: W.W. Norton 1974

Shelley, P.B.: *Poems of Shelley,* hrsg. v. Thomas Hutchinson, London: 1965

Shuttle, Penelope; Redgrove, Peter: *Die weise Wunde Menstruation,* Frankfurt a.M.: Fischer Taschenbuch 1992

Siebers, Tobin: *The Mirror of Medusa,* Berkeley/Los Angeles: University of California Press 1983

Sjöö, Monica; Mor, Barbara: *The Great Cosmic Mother,* San Francisco: Harper & Row 1987

Slater, Philip: *The Glory of Hera,* Boston: Beacon Press 1968

Der Sohar. Das heilige Buch der Kabbala, München: Diederichs 1998

Sonneville-Bordes, D. de: »The Upper Paleolithic: 33,000 BC–10,000 BC« in: *France Before the Romans,* hrsg. v. S. Piggot, London: 1973

Spretnak, Charlene: *Lost Goddesses of Early Greece,* Berkeley: Moon Books 1978

Staal, Julius: *The New Patterns in the Sky,* Blacksburg: The McDonald and Woodward Publishing Co. 1988

Stein, Diane: *Casting the Circle: A Woman's Book of Ritual,* Freedom, The Crossing Press 1990

Stone, Merlin: *Als Gott eine Frau war,* München: Goldmann 1989
Time-Life (Hrsg.): *The Epic of Man,* New York: Time-Life Inc. 1961
Trungpa, Chögyam: *Spirituellen Materialismus durchschneiden,* Berlin: Theseus 1989
Walker, Barbara G.: *Die Spirituellen Rituale der Frauen. Zeremonien und Meditationen für eine neue Weiblichkeit,* München: Hugendubel (Sphinx) 1998
Walker, Barbara G.: *Die geheimen Symbole der Frauen. Lexikon der weiblichen Spiritualität,* München: Hugendubel (Sphinx) 1997
Walker, Barbara G.: *Das geheime Wissen der Frauen,* München: Deutscher Taschenbuch Verlag 1996
Walker, Barbara G.: *Die Geheimnisse des Tarot. Mythen, Geschichte und Symbolik,* Bindlach: Gondrom 1994
Walker, Barbara G.: *Die weise Alte,* München: Frauenoffensive 1991
Gordon Wasson, Carl Ruck und Albert Hofmann: *The Road to Eleusis,* New York: Harcourt Brace Jovanovich 1978
Weidigger, Paula: *Menstruation and Menopause,* New York: Knopf 1975
Weis, Patricia: »The Dark Goddess«, *Women of Power* 8, Revisioning the Dark, Winter 1988
Wenke, Robert J.: *Patterns of History: Humankind's First Three Million Years,* New York: Oxford University Press 1984
White, Randall: *Dark Caves, Bright Visions: Life in Ice Age Europe,* New York: American Museum of Natural History 1986
Whitmont, Edmond: *The Symbolic Quest,* New York: G.P. Putnam's Sons 1969
Woodman, Marion: *Addiction to Perfection,* Toronto: Inner City Books 1982
Woolger, Roger und Jennifer: *Göttinnen. Urbilder für eine Psychologie der Frau,* Bergisch Gladbach: Bastei Lübbe 1994
The Zohar, 5 Bde., ins Englische übersetzt von Harry Sperling und Maurice Simon, New York: Rebecca Bennet Publishers und London: Socino Press 1985
Zuckoff, Avina Cantor: »The Lilith Question«, *Lilith* 1, Juni 1976

Register

Ackerbau 79
Adam 168 ff.
Adati 35
Aither 115
Allione, Tsultrim 59
Alter 24, 27, 205 ff.
Anath 147, 152
Angst 12 f.
Anima, Animus 101, 158
Aphrodite 35, 37, 191
Archetyp 48, 56, 110 ff., 191, 209, 257
Artemis 33, 35 f., 136, 201
Astarte 35
Athene 36, 104, 147, 149 ff., 153, 155
Aurignacien 82
Aussaat-Phase 68, 71

Baba Yuga 34
Balsamische Phase 69, 71
Bleakley, Alan 127
Blutmysterien 199
Bolen, Jean Shinoda 161
Briffault, Robert 193
Bronzezeit 89
Buckelmond-Phase 68, 70
Buddha 245
Buddhismus 59, 245

Campbell, Joseph 111
Çatal Hüyük 34, 88
Ceres 104
Cerridwen 34
Chakra 160
Chaos 116
Chöd 59
Circe 34, 48, 138, 201
Coatlicue 34
COEX-System 257

Dakini 34, 181
Danae 148
Demeter 33, 35, 37, 43, 104, 137, 191, 214 ff., 224, 229

Depression 12
Diana 36, 136, 201
Dornröschen 102
Drache 41, 93 f., 99
Dreieck 66
Dreifaltige Göttin 36, 162
Dreifaltige Mondgöttin 33, 35 f., 38, 146
Dumuzi 40
Durga 35

Eisler, Riane 86
Eleusinische Mysterien 100, 215, 225 ff.
Eliade, Mircea 11
Erdmutter von Laussel 81, 87
Erebos 115
Ereshkigal 34, 37
Erinnyen 117 f., 121 ff.
Erneuerung 249
Erstviertel-Phase 67, 70

Fata Morgana 131
Fee, böse 34
Fische-Zeitalter 62
Fortuna 131
Francia, Luisa 198
Frau Holle 34
Frauenbewegung 63
Furie 34, 48, 110, 118

Gaia 94, 111, 115, 125
Geburt 62, 186, 201, 203
Geburtstag 24
Gehirn 43 ff.
Giamario, Daniel 103
Gilgamesch 166
Gimbutas, Marija 78, 114
Gorgonen 34, 147 f.
Göttin 199
Göttin, Schwarze 36
Graien 149
Greene, Liz 132

Hacılar 34, 88
Hall, Nor 145

Stone, Merlin: *Als Gott eine Frau war,* München: Goldmann 1989
Time-Life (Hrsg.): *The Epic of Man,* New York: Time-Life Inc. 1961
Trungpa, Chögyam: *Spirituellen Materialismus durchschneiden,* Berlin: Theseus 1989
Walker, Barbara G.: *Die Spirituellen Rituale der Frauen. Zeremonien und Meditationen für eine neue Weiblichkeit,* München: Hugendubel (Sphinx) 1998
Walker, Barbara G.: *Die geheimen Symbole der Frauen. Lexikon der weiblichen Spiritualität,* München: Hugendubel (Sphinx) 1997
Walker, Barbara G.: *Das geheime Wissen der Frauen,* München: Deutscher Taschenbuch Verlag 1996
Walker, Barbara G.: *Die Geheimnisse des Tarot. Mythen, Geschichte und Symbolik,* Bindlach: Gondrom 1994
Walker, Barbara G.: *Die weise Alte,* München: Frauenoffensive 1991
Gordon Wasson, Carl Ruck und Albert Hofmann: *The Road to Eleusis,* New York: Harcourt Brace Jovanovich 1978
Weidigger, Paula: *Menstruation and Menopause,* New York: Knopf 1975
Weis, Patricia: »The Dark Goddess«, *Women of Power* 8, Revisioning the Dark, Winter 1988
Wenke, Robert J.: *Patterns of History: Humankind's First Three Million Years,* New York: Oxford University Press 1984
White, Randall: *Dark Caves, Bright Visions: Life in Ice Age Europe,* New York: American Museum of Natural History 1986
Whitmont, Edmond: *The Symbolic Quest,* New York: G.P. Putnam's Sons 1969
Woodman, Marion: *Addiction to Perfection,* Toronto: Inner City Books 1982
Woolger, Roger und Jennifer: *Göttinnen. Urbilder für eine Psychologie der Frau,* Bergisch Gladbach: Bastei Lübbe 1994
The Zohar, 5 Bde., ins Englische übersetzt von Harry Sperling und Maurice Simon, New York: Rebecca Bennet Publishers und London: Socino Press 1985
Zuckoff, Avina Cantor: »The Lilith Question«, *Lilith* 1, Juni 1976

Register

Ackerbau 79
Adam 168 ff.
Adati 35
Aither 115
Allione, Tsultrim 59
Alter 24, 27, 205 ff.
Anath 147, 152
Angst 12 f.
Anima, Animus 101, 158
Aphrodite 35, 37, 191
Archetyp 48, 56, 110 ff., 191, 209, 257
Artemis 33, 35 f., 136, 201
Astarte 35
Athene 36, 104, 147, 149 ff., 153, 155
Aurignacien 82
Aussaat-Phase 68, 71

Baba Yuga 34
Balsamische Phase 69, 71
Bleakley, Alan 127
Blutmysterien 199
Bolen, Jean Shinoda 161
Briffault, Robert 193
Bronzezeit 89
Buckelmond-Phase 68, 70
Buddha 245
Buddhismus 59, 245

Campbell, Joseph 111
Çatal Hüyük 34, 88
Ceres 104
Cerridwen 34
Chakra 160
Chaos 116
Chöd 59
Circe 34, 48, 138, 201
Coatlicue 34
COEX-System 257

Dakini 34, 181
Danae 148
Demeter 33, 35, 37, 43, 104, 137, 191, 214 ff., 224, 229

Depression 12
Diana 36, 136, 201
Dornröschen 102
Drache 41, 93 f., 99
Dreieck 66
Dreifaltige Göttin 36, 162
Dreifaltige Mondgöttin 33, 35 f., 38, 146
Dumuzi 40
Durga 35

Eisler, Riane 86
Eleusinische Mysterien 100, 215, 225 ff.
Eliade, Mircea 11
Erdmutter von Laussel 81, 87
Erebos 115
Ereshkigal 34, 37
Erinnyen 117 f., 121 ff.
Erneuerung 249
Erstviertel-Phase 67, 70

Fata Morgana 131
Fee, böse 34
Fische-Zeitalter 62
Fortuna 131
Francia, Luisa 198
Frau Holle 34
Frauenbewegung 63
Furie 34, 48, 110, 118

Gaia 94, 111, 115, 125
Geburt 62, 186, 201, 203
Geburtstag 24
Gehirn 43 ff.
Giamario, Daniel 103
Gilgamesch 166
Gimbutas, Marija 78, 114
Gorgonen 34, 147 f.
Göttin 199
Göttin, Schwarze 36
Graien 149
Greene, Liz 132

Hacılar 34, 88
Hall, Nor 145

270

Harding, Esther 196f.
Hathor 35
Heilung 259
Hekate 34, 37, 48, 110, 133 ff.
Hel 34, 39
Hemera 115
Henderson, Joseph 226
Hera 35, 49, 99, 104, 126, 194
Hesperiden 110, 117f., 125 ff.
Hestia 104
Hexe, böse 34
Hillman, James 142
Hölle 39
Hormon 187 ff.
Hund 138

Inanna 33, 35, 40, 164
Initiationsmysterien 214, 227
Ishtar 33, 35, 191
Isis 33 ff., 37, 41, 43, 191

Jahresrad 22, 71 ff.
Jahresrhythmus 21
Jahreszyklus 22
Jahreszyklus, siderischer 91
Jericho 34, 88
Jung, C.G. 47, 58, 64, 110, 158, 257, 259f.
Jungfrau 200
Jungfrau Maria 35
Jungpaläolithikum 76 ff.
Juno 104

Kalender 15f., 192
Kali 32, 34, 37, 43, 191, 202
Karma 55, 131f., 251f., 254 ff.
Kastrationsangst 196
Keltisches Jahresrad 23
Kirche 42
Kleine Mysterien 220 f.
Koltuv, Barbara 173, 175
Königin von Scheba 173
Kore 137, 219
Krise 210 f.
Kuan Yin 35, 37
Kübler-Ross, Elisabeth 28, 63, 231
Kundalini(schlange) 19, 127, 160, 170, 212 f.
Kybele 43

Lamien 48
Leroi-Gourhan, André 83
Letztviertel-Phase 69, 71
Leviathan 41
Licht 62
Lilie 165
Lilith 33, 34, 48, 110, 163 ff., 173, 175 f.
Lotos 165
Lunationsphase 67, 72
Lunationszyklus 13f., 18, 64, 71, 73, 90

Maat 35
Mädchen 200f.
Magdalénien 82f.
Maria 41
Marshack, Alexander 81, 87
Matriarchat 33
McGillis, R.F. 174
Medea 34, 48, 138
Medusa 34, 41, 48, 110, 146ff., 151ff., 159
Menarche 26, 186, 200
Menopause 25ff., 186, 203, 205f.
Menstruation 25f., 53, 180, 186f., 197
Menstruationszyklus 17, 187, 189
Mesolithikum 85
Metis 147, 152f.
Minerva 94
Mitgefühl 248
Moira, Moiren 16, 34, 110, 117f., 128 ff.
Mondgöttin 14, 16
Mondphase 66
Mondzyklus, siderischer 14
Morgan 34
Morgan Le Fay 131
Morrigan 131
Mutter 181, 229 f.
Muttergöttin 199
Mutterschaft 231
Mythos 110

Naamah 175
Neith 35, 117, 147
Nemesis 34, 48, 110, 118 ff.
Neolithikum 86
Nephtys 34
Neumond 18, 200
Neumond-Phase 67, 70
Noble, Vicki 186

Nuit 117
Nut 117
Nyx 34, 110 ff., 114 ff., 121, 124

Oya 34

Pallas Athene 36, 104, 149
Parzen 118
Patriarchat 33, 40, 53
Périgordien 80, 82
Persephone 34, 136 f., 214 ff., 229
Pfau 183
Pferd 154
Pflanze, Pflanzenzyklus 17 f. 21
Plutarch 10
Prämenstruelles Syndrom (PMS) 25
Präzession 62 f., 91, 93, 95, 103
Präzessionszyklus 90
Projektion 50
Prytania 135, 141
Psyche 102

Ranke-Graves, Robert von 126, 146, 224
Redgrove, Peter 191
Reinigung 246
Reinkarnation 52, 55, 254, 256
Rote Göttin 36
Rote Mutter 37
Rudhyar, Dane 70

Schatten 47, 49 ff., 57 f.
Schicksalsgöttin 34
Schlange 19, 41, 53, 56, 93 f., 99, 125, 160 f., 163, 166, 212 f.
Schlangengöttin Anath 152
Schneewittchen 102
Schreckliche Mutter 34, 202
Schwangere 202
Schwangerschaft 25 f., 186, 201
Schwarz 117, 138
Schwarze Göttin 36
Schwarze Greisin 37
Schwarze Madonna 34
Sexualität 51, 53 f., 193 f.
Shakti 35
Shekinah 35
Shuttle, Penelope 191
Sichelmond-Phase 67, 70
Sirenen 34

Sohar 163
Solutréen 82
Sonnengott 14, 16
Sophia 35
Spinne 56
Stier-Zeitalter 94 ff.
Stillen 186, 201
Stute 154

Tageszyklus 22
Tara 37
Tethys 112
Thesmophoria 220
Tiamat 35
Tierkreis 92 f.
Tiertotem 37
Tochter 229 f.
Tod 23, 27 f., 33, 45, 53, 55, 62, 214
Transformation 20, 29 ff., 55, 242
Trauer 28

Unbewußtes 56, 257
Unterwelt 20, 60, 111, 166, 262
Uranos 115

Vagina 205
Venus von Willendorf 81
Veränderung 210
Verlust 28, 226
Vesta 104
Vogelfrau 165
Vollmond 18, 68, 70, 201
Vulva 157

Wachstum 62
Walker, Barbara G. 192
Wassermann-Zeitalter 62, 103
Weird Sisters 131
Weiße Göttin 36, 191
Weltzeitalter 91
Widder-Zeitalter 96 f.
Wiedergeburt 31, 33, 55, 62, 214
Wintersonnenwende 24 f., 103
Yin/Yang 44, 101

Zeitschema 74
Zerfall 243
Zyklus 11, 21, 65